Contemplações significativas

Contemplações significativas

COMO NOS TORNAR UM AMIGO DO MUNDO

Tradução:
KELSANG PELSANG

Tharpa Brasil

Geshe Kelsang Gyatso

Título original:
Meaningful to Behold

Tradução autorizada pelo autor

Projeto gráfico e diagramação: Ana Isabel Siano
Arte:
Chating Jamyang Lama (pintura da capa do Bodissatva Shantideva)
Gen Kelsang Wangchen (ilustrações do miolo)

Dados Internacionais de Catalogação na Publicação (CIP)
(Câmara Brasileira do Livro, SP, Brasil)

Gyatso, Geshe Kelsang, 1932-
Contemplações significativas : como se tornar um amigo do mundo / Geshe Kelsang Gyatso ; tradução Kelsang Pelsang - São Paulo : Tharpa Brasil, Centro Budista Mahabodhi, 2009.

Título original: Meaninful to Behold
ISBN 978-85-85928-25-4
1. Bodissatva 2. Budismo - Kadampa 3. Budismo Mahayana
I. Título.

09-00230 CDD-294.382

O lucro recebido com a venda deste livro será doado para o Projeto dos Templos Internacionais da Nova Tradição Kadampa (NKT-IKBU), uma institução beneficente budista pela paz mundial.

2009

EDITORA THARPA BRASIL
Rua Mourato Coelho, 910 - CEP 05417-001
São Paulo- SP - Brasil
Fone (11) 3812 7509 / fax 3476 2329

Sumário

Ilustrações

Prólogo

Por Yongdzin Trijang Rimpoche

Esse excelente autor, o grande mestre espiritual Kelsang Gyatso, estudou uma miríade de escrituras budistas no famoso Colégio Je, da grande universidade monástica de Sera, Tegchen Ling, praticou o sentido dos ensinamentos que recebeu e tornou-se um Professor importante, sábio e realizado. Da chuva do profundo e extenso Darma que concedeu a seus discípulos afortunados, ele deu recentemente uma instrução prática sobre o grande *Bodhisattvacharyavatara* (*Guia do estilo de vida do Bodissatva*). Esse comentário foi agora publicado em inglês com o título *Meaningful to Behold*, em tibetano "tong pa don den".

Esse texto é a essência-coração de todos os Sugatas dos três tempos e a incomparável prática dos grandes Filhos dos Conquistadores. Explica claramente a mente de bodichita desenvolvida por meio das práticas de equalizar e de trocar eu por outros – o fundamento do estilo de vida do Bodissatva. Também explica os benefícios dessa mente mahayana, a maneira de guardá-la e como devemos praticar as grandes ondas das seis perfeições, uma vez que a bodichita tenha sido cultivada. Visto tratar-se de um grande compêndio dos caminhos da tradição mahayana, merece receber muitas flores de louvor, que concedo com apreço.

Rezo e faço dedicatórias para que todos os seres sencientes possam praticar sinceramente o sentido das instruções explicadas nesse texto e para que realizem sem esforço tanto os seus propósitos pessoais quanto os propósitos dos outros. Que todos alcancem rapidamente o estado iluminado dos quatro corpos [de um Buda], conquistando todas as etapas dos solos e caminhos espirituais.

Yongdzin Trijang Rimpoche

Agradecimentos

Os ensinamentos contidos neste livro foram concedidos pelo Venerável Geshe Kelsang Gyatso como uma série de palestras aos estudantes do Centro Manjushri em Ulverston, Inglaterra. Por mais de três meses, a partir do final de 1977, Venerável Geshe Kelsang transmitiu um comentário oral, verso a verso, à obra-prima do século VIII, o *Guia do estilo de vida do Bodissatva*, de Shantideva, um dos mais famosos e importantes textos estudados no budismo mahayana.

Do fundo do coração, agradecemos ao autor por sua inconcebível bondade em compor este livro. Durante toda a apresentação e revisão desses ensinamentos, o Venerável Geshe Kelsang demonstrou, por meio de sua compaixão, sabedoria e inesgotável paciência, que o caminho do Bodissatva à iluminação continua a ser seguido 1. 200 anos depois que Shantideva e 2.500 anos depois que Buda Shakyamuni faleceram. Não pode haver prova mais cabal do imenso valor do estilo de vida do Bodissatva que o exemplo vivo desse mestre realizado, Geshe Kelsang.

Também agradecemos a todos os dedicados estudantes seniores que ajudaram o autor na transcrição para o inglês e àqueles que prepararam o manuscrito final para a publicação.

Notem, por favor, que os números entre colchetes referem-se aos números no texto raiz de Shantideva, *Guia do estilo de vida do Bodissatva*.

Introdução

Este texto é um comentário ao *Guia do estilo de vida do Bodissatva*, de Shantideva (*Bodhisattvacharyavatara*, em sânscrito) e divide-se em três partes:

1. As preeminentes qualidades do autor;
2. Introdução ao texto;
3. A explanação do texto.

AS PREEMINENTES QUALIDADES DO AUTOR

É costume, no início de comentários como este, apresentar uma biografia do autor, neste caso, o grande pândita indiano Shantideva (687-763). Segue-se um breve relato da sua vida, extraído de fontes tradicionais.

Shantideva nasceu como o príncipe herdeiro de uma família real em Gujarat, um reino situado no oeste da Índia. Seu pai era o rei Kushalavarmana (Armadura de Virtude) e sua mãe era reconhecida como uma emanação da deidade tântrica Vajrayoguini. No seu nascimento, o príncipe recebeu o nome de Shantivarmana (Armadura de Paz).

Desde a tenra infância, Shantivarmana mostrou possuir grande habilidade em assuntos espirituais e, aos sete anos, já era considerado um perito na ciência interior da religião. Seu principal Professor naquela época era um iogue que havia gerado plenamente a sabedoria penetrante e, por isso, dizia-se que alcançara a união com Manjushri – o Buda que corporifica a sabedoria de todos os seres iluminados. Quando Shantivarmana fez um retiro de meditação, ele próprio também recebeu uma visão direta de Manjushri e muitos augúrios proféticos.

Pouco tempo depois, o rei Kushalavarmana faleceu, deixando Shantivarmana como seu sucessor. Mas, na noite anterior à coroação, Manjushri apareceu ao príncipe num sonho e lhe disse que deveria renunciar ao trono e tornar-se um monge celibatário. Assim que acordou, Shantivarmana fugiu do palácio e desapareceu na floresta para meditar. Novamente, recebeu uma visão de Manjushri, que lhe ofereceu uma espada simbólica de madeira. Ao empunhá-la, Shantivarmana obteve oito realizações perfeitas. Viajou então para o famoso monastério de Nalanda, onde foi ordenado pelo abade Jayadeva (Deus da Vitória) e recebeu o nome de ordenação de Shantideva (Deus de Paz).

Em Nalanda, o desenvolvimento espiritual de Shantideva progrediu com rapidez, especialmente como resultado de seu treino nos métodos profundos e exigentes do tantra. No entanto, porque fazia todas as suas práticas secretamente à noite e dormia durante o dia, os outros monges achavam que ele se dedicava apenas a três atividades – comer, dormir e defecar. Por essa razão, referiam-se a ele sarcasticamente como as "Três Realizações". Julgando-o irresponsável e uma ameaça à boa reputação da ilustre universidade, eles arquitetaram um plano para se livrar dele. Supondo incorretamente que não possuía experiência em meditação nem conhecimentos teóricos da doutrina, convidaram-no para proferir uma palestra a todos os membros do monastério. A idéia era fazê-lo sentir-se tão humilhado com a exposição da sua ignorância, que, envergonhado, decidiria partir.

Quando o dia da humilhação pública chegou, Shantideva subiu ao trono de ensinamento e, para espanto geral, proferiu um discurso que, quando transcrito, ficou conhecido como o *Guia do estilo de vida do Bodissatva*, considerado até hoje o melhor conjunto de instruções jamais escritas para se tornar um Bodissatva – um ser destinado à plena iluminação. Enquanto expunha o nono capítulo, a respeito da sabedoria que apreende a verdadeira natureza da realidade, Shantideva disse: "Tudo é como o espaço". Naquele instante, começou a levitar, subindo cada vez mais alto, até ficar fora do alcance da visão, embora sua voz ainda pudesse ser claramente ouvida. Foi dessa maneira miraculosa que o restante do capítulo nono e todo o décimo foram transmitidos.

Não querendo retornar a Nalanda, Shantideva partiu para o sul da Índia. Nem é preciso dizer que os monges que deixou para trás estavam profundamente impressionados e, de algum modo confusos diante dos ensinamentos de Shantideva e de sua demonstração de poderes miraculosos. Pouco tempo depois, surgiu um debate sobre esses ensinamentos. Os pânditas da Caxemira diziam que Shantideva ensinara somente nove capítulos, enquanto os eruditos de Magada, que possuíam grande capacidade de memorização, argumentavam que ele ensinara dez capítulos. Foi decidido que a única maneira de solucionar o impasse seria ouvir os ensinamentos mais uma vez; assim, vários monges deixaram Nalanda à procura daquele que, um dia, eles haviam desprezado e lhe pediram que repetisse o ensinamento. Shantideva assim o fez e ainda deu-lhes o texto do *Compêndio dos treinamentos* (*Shikshasamuchchaya*, em sânscrito), que também explica as práticas de um Bodissatva. Dessa época em diante, o estudo e a prática da obra de Shantideva floresceram amplamente por toda a Índia e em outros lugares onde o budismo mahayana era praticado.

Conforme a fama de Shantideva se espalhava cada vez mais longe, muitos não-budistas ficaram com inveja. Um desses importantes professores, chamado Shankadeva, desafiou Shantideva para um debate e propôs que o perdedor renegasse sua doutrina e adotasse a do vencedor. Usando seus poderes miraculosos e lógica impecável, Shantideva venceu o debate e, desse modo, trouxe Shankadeva e todos os seus discípulos para o budismo.

Em outra ocasião, quando uma grande fome assolava o sul da Índia, Shantideva anunciou que praticaria um ato de generosidade. No dia seguinte, muitas pessoas se juntaram para ver o que ele faria. Então, Shantideva passou a satisfazer a fome de todas aquelas pessoas com uma única cuia de arroz! Por causa disso, a população local desenvolveu grande fé em Shantideva e adotou o estilo de vida budista.

Esta é apenas uma breve biografia do grande Bodissatva Shantideva, que ao longo de toda a sua vida realizou incontáveis feitos para difundir os ensinamentos de Buda, o Darma, e ajudar os seres sencientes. Até hoje, aqueles que são afortunados o bastante para ler, estudar e meditar nos textos excepcionais de Shantideva o reconhecem como fonte de grande insight e benefício.

INTRODUÇÃO AO TEXTO

Como o *Guia do estilo de vida do Bodissatva* foi organizado e o que contém? A obra consta de dez capítulos, e devemos nos empenhar ao máximo para compreender o significado de cada um deles. Caso contrário, seremos como o tolo que foi enviado por seus familiares a uma loja para examinar o que se comercializava ali. Quando voltou para casa, perguntaram-lhe quais as mercadorias disponíveis e ele teve de responder: "Não sei, esqueci". Sua ida à loja foi uma completa perda de tempo. Igualmente, se ao terminar a leitura desse texto, não conseguirmos nos lembrar do conteúdo de cada capítulo, devemos nos envergonhar de nós mesmos. Para que nosso estudo seja proveitoso e não uma completa perda de tempo, devemos, além de ler as palavras, tentar aprender com empenho o significado delas.

Segue-se uma breve descrição do conteúdo de cada um dos dez capítulos do texto raiz.

Primeiro capítulo

A meta última da prática espiritual budista é a aquisição do estado mental plenamente desperto. Esse estado totalmente perfeito – também conhecido como a iluminação, a budeidade ou o nirvana superior – pode ser conquistado por qualquer um que remova as obstruções densas e sutis que anuviam a mente e desenvolva as qualidades mentais positivas no seu pleno potencial. No entanto, não seremos capazes de alcançar esse estado plenamente desperto sem antes gerarmos a bodichita, a mente de iluminação. O que é a bodichita? É o estado mental contínuo e espontâneo que se empenha constantemente para alcançar essa perfeita iluminação unicamente para o benefício de todos os seres vivos. Conforme será explicado adiante neste comentário, cultivamos a bodichita treinando a mente de duas maneiras: praticando a meditação das sete etapas de causa e efeito (com base na lembrança do amor materno) ou praticando a meditação de trocar eu por outros.

A fim de gerar essa preciosa bodichita, temos de pensar profundamente sobre seus inúmeros benefícios. Um homem de negócios que antevê as vantagens de uma determinada negociação investirá grande esforço para concretizá-la. Do mesmo modo, se virmos os inúmeros benefícios da bodichita, lutaremos continuamente para desenvolvê-la. Por essa razão, o primeiro capítulo consiste numa explicação detalhada desses benefícios.

Segundo capítulo

Para gerar a bodichita, temos de destruir os obstáculos que atrapalham o seu crescimento, bem como reunir os prerrequisitos necessários ao seu cultivo. O principal obstáculo ao desenvolvimento da bodichita é o mal, definido como aquilo que tem a potencialidade para produzir sofrimento. Visto que temos um grande acúmulo dessas tendências desencadeadoras de desgraça, oriundas de ações não-virtuosas que cometemos no passado, achamos extremamente difícil gerar o precioso e virtuoso pensamento da bodichita.

É virtualmente impossível uma semente medicinal germinar onde plantas venenosas crescem em profusão. Do mesmo modo, o pensamento virtuoso da iluminação não surgirá em uma mente sufocada por ervas daninhas não-virtuosas. Portanto, no segundo capítulo do seu *Guia*, Shantideva explica como preparar a mente para o cultivo da atitude supremamente altruista, desenraizando e removendo tudo aquilo que seja potencialmente prejudicial ao seu crescimento. Para realizar essa purificação do mal temos de expor nossa não-virtude acumulada e depois erradicá-la por meio dos quatro poderes oponentes explicados nesse capítulo.

Terceiro capítulo

Entretanto, purificar negatividade não é, por si só, suficiente para os nossos propósitos. Também temos de acumular grande quantidade de mérito, ou energia positiva em potencial, e isso acontece com a prática de virtude. Assim como não seria apropriado que um mendigo recebesse um rei num ambiente desarrumado e sujo, também é impossível que uma mente destituída de mérito abrigue a preciosa bodichita, o rei de todos os pensamentos. Aqueles que desejam receber esse ilustre convidado em suas mentes devem primeiro acumular uma grande fortuna de energia mental positiva. Depois de fazerem isso, poderão captar e manter essa preciosa mente de iluminação. Assim, no terceiro capítulo, Shantideva explica como adquirir e reter a bodichita.

Quarto capítulo

Depois de conquistar a preciosa bodichita, é preciso impedir que ela decresça. Para tanto, devemos nos dedicar conscienciosamente às ações virtuosas de corpo, fala e mente. Essa conscienciosidade é o tema do quarto capítulo.

Quinto capítulo

Tendo desenvolvido e, depois, estabilizado a bodichita por meio da conscienciosidade, precisamos lutar para levar essa mente ao seu completo amadurecimento: a perfeita iluminação. Isso se faz tomando os votos do Bodissatva e praticando as seis perfeições. Geralmente, a perfeição de dar é a primeira perfeição a ser explicada. Nesse texto, contudo, Shantideva discute o dar no décimo e último capítulo, juntamente com a dedicatória. Seu motivo para fazê-lo é que a perfeição de dar, ou generosidade, faz parte da dedicatória geral de todas as coisas boas e bonitas deste universo a todos os seres vivos. Por conseguinte, Shantideva começa sua discussão sobre as seis perfeições com a segunda delas, a prática de disciplina moral, no capítulo intitulado "Guardar vigilância".

Do sexto ao décimo capítulos

Cada um dos capítulos remanescentes é devotado a uma das demais perfeições. Do sexto ao oitavo, Shantideva discute as perfeições de paciência, esforço e concentração. O nono capítulo é dedicado a uma extensa explanação da sabedoria. Como foi dito, o décimo capítulo trata da perfeição de dar e da dedicatória de mérito.

O desenvolvimento da bodichita ocorre em três etapas. Os dez capítulos do livro de Shantideva cobrem o desenvolvimento dessas etapas, enunciado resumidamente na seguinte prece frequentemente recitada:

Que a preciosa, suprema bodichita
Cresça onde ainda não tenha crescido;
Onde tenha crescido, possa ela não decrescer,
Mas florescer para sempre.

Nos dois primeiros versos, rezamos para que os seres sencientes que ainda não geraram a bodichita, inclusive nós mesmos, possamos fazê-lo. A seguir, rezamos para que aqueles que já geraram essa mente altruísta sejam capazes de mantê-la sem deixar que diminua. No verso final, rezamos para que aqueles que cultivaram e estabilizaram a bodichita sejam capazes de levá-la ao seu pleno amadurecimento. Na mesma ordem, o método para gerar a bodichita é explicado nos três primeiros capítulos desse texto, a maneira de estabilizar a bodichita é o assunto do quarto capítulo; do quinto ao décimo capítulos são descritos os métodos pelos quais a bodichita estabilizada pode ser continuamente desenvolvida até a plena iluminação.

Se praticarmos de acordo com as instruções propostas nos dez capítulos do *Guia do estilo de vida do Bodissatva*, não será muito difícil alcançarmos o excelso estado mental conhecido como "iluminação" ou plena e completa budeidade. Nesse estado, todas as nossas potencialidades humanas estarão plenamente desenvolvidas, e seremos capazes de beneficiar os outros da maneira mais perfeita possível.

A EXPLANAÇÃO DO TEXTO

Esta seção tem quatro partes:

1. O significado do título;
2. A homenagem dos tradutores;
3. A explicação do significado do texto;
4. O significado da conclusão.

O SIGNIFICADO DO TÍTULO

O título original desse texto em sânscrito é *Bodhisattvacharyavatara* e a tradução tibetana é *Jang chub sem pai cho pa la jug pa*. Em inglês, ele pode ser traduzido por *Guide to the Bodhisattva's Way of Life*, e, em português, por *Guia do estilo de vida do Bodissatva.*

É costume que todos os textos traduzidos do sânscrito para o tibetano apresentem logo no início o título original. Por que isso é necessário? Há duas razões para essa prática. Em primeiro lugar, o sânscrito é considerado a mais sublime de todas as línguas, além de ser a língua na qual o próprio Buda deu os ensinamentos. Portanto, ter o título em sânscrito ajuda a imprimir marcas dessa língua sagrada no fluxo mental daqueles que lêem o texto. Em segundo lugar, o título é apresentado na língua original para nos ajudar a lembrar a grande bondade daqueles que traduziram o texto do sânscrito para o tibetano. Foi somente graças à compaixão e ao esforço diligente desses tradutores que o povo tibetano e, posteriormente, o mundo ocidental tiveram a oportunidade de estudar, de meditar e de praticar os métodos profundos contidos nessa escritura sagrada.

A HOMENAGEM DOS TRADUTORES

Antes de começar a trabalhar nesse texto, os tradutores tibetanos prestaram homenagem e se prostraram a todos os Budas e Bodissatvas, a fim de remover obstruções e garantir a conclusão do seu trabalho.

Tal homenagem está de acordo com a tradição estabelecida pelos grandes reis do Darma do Tibete. Essa tradição estipulou que a homenagem dos tradutores deveria indicar a qual categoria dos ensinamentos de Buda, ou cesta (*pitaka*, em sânscrito), pertence o texto original em sânscrito. Assim, se um determinado texto pertencer à categoria do vinaya – que trata principalmente do treino em disciplina moral superior –, a homenagem deverá ser prestada ao Onisciente. Se o texto pertencer ao *Sutra Pitaka* – que trata principalmente do treino em concentração superior –, a homenagem deverá ser prestada aos Budas e Bodissatvas. Por fim, se o texto pertencer à terceira categoria, *abidarma pitaka* – que, por sua vez, trata principalmente do treino em sabedoria superior –, a homenagem será prestada ao jovem Manjugosha, a corporificação da sabedoria iluminada. Assim, lendo a homenagem, podemos facilmente dizer em qual das três categorias de ensinamento está inserido um determinado texto. Nesse caso, a homenagem foi feita aos Budas e Bodissatvas, deixando claro que o *Guia do estilo de vida do Bodissatva* pertence ao *Sutra Pitaka*, a categoria de discursos que trata principalmente do treino em concentração meditativa.

Os benefícios da bodichita

A EXPLICAÇÃO DO SIGNIFICADO DO TEXTO

O corpo principal deste comentário está dividido em duas partes:

1. A explicação preliminar;
2. A explicação efetiva das etapas do caminho à iluminação.

A EXPLICAÇÃO PRELIMINAR

Este item tem três partes:

1. A expressão de devoção;
2. A promessa de compor;
3. O motivo para compor.

A EXPRESSÃO DE DEVOÇÃO

[1ab] O texto propriamente dito começa com a homenagem, ou prostração, de Shantideva aos Budas (literalmente, aos Sugatas: aqueles que passaram para o êxtase), aos seus nobres Filhos e Filhas e a todos os outros objetos veneráveis de devoção. Essa prostração é, na realidade, a maneira pela qual Shantideva demonstra seu respeito pelas Três preciosas e sublimes Jóias do refúgio budista: Buda, Darma e Sanga. Uma explicação mais detalhada das Três Jóias será dada no terceiro capítulo deste comentário. Por ora, basta

Buda Shakyamuni

dizer que Buda é um ser plenamente desperto; Darma são os ensinamentos espirituais que Buda transmite aos outros para conduzi-los do sofrimento e insatisfação à felicidade temporária e última; e Sanga é a comunidade daqueles que seguem esses ensinamentos iluminados.

Por que é necessário buscar refúgio nesses três objetos? Para recuperar-se, um doente deve confiar em um médico competente, em remédios eficazes e em enfermeiros prestativos e atenciosos. Do mesmo modo, os seres sencientes, presos no círculo vicioso da existência cíclica (samsara, em sânscrito), estão todos afligidos pela doença interior que são as suas delusões, sem encontrar nada em que possam buscar verdadeiro refúgio. Somente entregando-se aos cuidados de Buda, o médico perfeito, do remédio que é o Darma e da Sanga, que são os enfermeiros, é que eles serão curados de suas enfermidades. Portanto, para que nosso sofrimento e insatisfação possam chegar ao fim, precisamos descobrir essas Três Jóias preciosas e sublimes e confiar nelas.

No início da primeira estrofe, o próprio Shantideva homenageia as Três Jóias a fim de eliminar os obstáculos que poderiam surgir enquanto compunha esse texto. Prostra-se primeiro aos Sugatas, ou Budas, que são dotados com o corpo-verdade de um ser iluminado (darmakaya, em sânscrito), e a todas as Jóias Darma. A seguir, homenageia a Sanga, prostrando-se aos Bodissatvas, os nobres Filhos e Filhas dos Budas. Por fim, homenageia os abades e preceptores e todos aqueles que são dignos de veneração. Assim termina sua expressão de devoção.

A PROMESSA DE COMPOR

[1cd] A seguir, vem a tradicional promessa de compor. Era costume que os autores da época incluíssem tal promessa no início da sua obra, a título de uma breve introdução ao assunto a ser tratado. A intenção de Shantideva nesse texto é apresentar uma síntese de todos os caminhos que levam à

aquisição da mais elevada iluminação, a budeidade. Esse é o significado de *Bodhisattvacharyavatara*. Somente nos comprometendo com o estilo de vida do Bodissatva – aventurando-nos nas atividades dos Filhos e Filhas dos Sugatas – que poderemos alcançar essa meta suprema.

O estudo deste texto precioso traz dois benefícios. O benefício temporário é obtermos uma compreensão do caminho completo à iluminação e nos tornar aptos a praticá-lo. O benefício último é, na dependência deste texto, poder alcançar o estado plenamente iluminado da budeidade.

O benefício último depende do benefício temporário; o benefício temporário apóia-se no significado do texto que, por sua vez, apóia-se no texto em si. Essa relação dependente é conhecida como a relação do texto. Assim, a promessa de compor o texto, feita por Shantideva na primeira estrofe, indica que este texto foi composto de acordo com as escrituras de Buda e contém as quatro qualidades: significado, benefício temporário, benefício último e relação.

O MOTIVO PARA COMPOR

[2] A seguir, Shantideva explica quais as razões que o levaram a compor este texto. Admite que o trabalho não contém nada que não tenha sido explicado antes. Além disso, visto que ele próprio não domina a arte da retórica ou da poesia, diz que não tenciona beneficiar aqueles que já compreenderam os ensinamentos de Buda. Escreveu esse texto para que sua própria virtude aumentasse, para que sua própria compreensão das escrituras não diminuísse e para que sua mente ficasse mais familiarizada com o significado das escrituras. [3] Prossegue dizendo que, pelo poder de sua fé, composição e sabedoria, explicará o sentido de todas as escrituras; assim, suas próprias realizações aumentarão por algum tempo. Espera que, se outras pessoas tão afortunadas quanto ele contemplarem este texto, isso se mostrará igualmente significativo para elas.

Assim termina a explicação preliminar. Na quarta estrofe, Shantideva começa sua apresentação do caminho efetivo a ser seguido por aqueles que desejam adotar o estilo de vida do Bodissatva.

A EXPLICAÇÃO EFETIVA DAS ETAPAS DO CAMINHO À ILUMINAÇÃO

Esta explicação tem duas partes principais:

1. A exortação para captar a importância desta preciosa vida humana;
2. O método para tornar significativa esta preciosa vida humana.

A EXORTAÇÃO PARA CAPTAR A IMPORTÂNCIA DESTA PRECIOSA VIDA HUMANA

[4] Shantideva começa fazendo-nos lembrar que, atualmente, temos a mais rara e preciosa posse: uma vida humana plenamente dotada. Em contraposição à imensa maioria dos seres do universo, incluindo a maioria dos nossos colegas humanos, temos a oportunidade de fazer algo verdadeiramente significativo com a nossa vida. Estamos livres de certas restrições e em poder de certas habilidades e circunstâncias favoráveis que nos possibilitam atingir metas muito além do alcance da maioria dos seres. Contudo, se não usarmos nossa existência atual da maneira mais útil possível, será extremamente difícil obtermos outra vida humana tão bem dotada no futuro. Para melhor apreciar esses pontos, precisamos nos habituar com a análise detalhada que será apresentada a seguir.

Em primeiro lugar, por que nosso estado atual de existência é considerado tão raro e difícil de ser alcançado? O motivo é que nenhum de nós nasceu humano por acaso. Cada efeito tem uma causa, e nossa existência atual como seres humanos

– e seres humanos especialmente dotados – é resultado de inúmeras causas específicas e difíceis de serem criadas. Em geral, um nascimento como humano depende das práticas anteriores de disciplina moral pura e de generosidade. Mais especificamente, cada aspecto de uma vida humana plenamente dotada (conforme será explicado adiante) possui sua própria causa. Além disso, para que esta vida tenha sido obtida, precisamos ter gerado pensamentos puros, ou preces, para receber um veículo corporal com o qual teríamos a disponibilidade e a habilidade de aprimorar nossa mente por meio da prática constante do Darma, ou ensinamentos espirituais. Para serem efetivas, tais preces têm de estar livres da poluição de sentir apego ao conforto e à felicidade temporais. Como é raro que consigamos criar até mesmo uma única dessas causas necessárias, segue-se que o fruto que resulta da combinação de todas elas também é algo muito raro de se encontrar.

Nossa situação atual pode ser compreendida em termos de uma analogia. Se alguém encontrar uma pepita de ouro, mas não identificar seu valor e raridade, é provável que a jogue fora. Atualmente, nós obtivemos uma preciosa vida humana, muito mais valiosa que ouro; contudo, se não identificarmos seu valor, estaremos propensos a desperdiçá-la em buscas insignificantes e sem propósito. Assim, antes de mais nada, é muito importante reconhecermos as oito liberdades e os dez dotes desta rara e preciosa oportunidade.

As oito liberdades, ou lazeres, são em relação a oito estados de servidão. Quatro deles podem ocorrer até quando nascemos como ser humano. As quatro liberdades da servidão dos estados de existência não-humanos são:

1. Estar livre de ter nascido como um ser-inferno;
2. Estar livre de ter nascido como um espírito faminto;
3. Estar livre de ter nascido como um animal;
4. Estar livre de ter nascido como um deus comum (*deva*, em sânscrito).

As quatro liberdades de obstáculos encontrados na existência humana são:

5. Estar livre de ter nascido e de ficar num país onde não há religião;
6. Estar livre de ter nascido e de ficar num país onde não há o Budadarma;
7. Estar livre de ter nascido e de ficar com deficiências físicas ou mentais;
8. Estar livre de adotar visões errôneas que negam o Darma, tais como não acreditar na lei cármica de causa e efeito, na continuidade da consciência etc.

Esses oito estados são chamados de as oito liberdades porque estão livres dos obstáculos que atrapalham ou impedem totalmente nossa prática de Darma.

Os dez dotes são de dois tipos: os cinco dotes pessoais e os cinco dotes circunstanciais. Os cinco dotes pessoais são:

1. Ter nascido como ser humano;
2. Ter nascido e ficar num país onde o Darma esteja florescendo – denominado "terra central";
3. Ter nascido e ficar com faculdades perfeitas, livre de deficiências mentais ou físicas;
4. Não ter cometido nenhuma das cinco ações de retribuição imediata. Estas ações são: matar a própria mãe, matar o próprio pai, matar um Arhat, sangrar um Buda com má intenção e causar divisão numa comunidade espiritual;
5. Ter fé nas três categorias de ensinamentos de Buda (*tripitaka*, em sânscrito) e nos ensinamentos budistas como um todo.

Os cinco dotes circunstanciais são:

1. Ter um renascimento humano num mundo onde Buda apareceu;
2. Ter um renascimento humano num mundo onde Buda ensinou o Darma;
3. Ter um renascimento humano num mundo onde o puro Darma continua a ser ensinado;
4. Ter um renascimento humano num mundo onde há pessoas praticando o puro Darma;
5. Ter um renascimento humano num mundo onde existem benfeitores e patrocinadores para os praticantes de Darma.

Esses dez estados são chamados de dotes porque eles completam as condições conducentes à prática do Darma.

Graças às ações virtuosas que acumulamos anteriormente, hoje temos esta preciosa vida humana, dotada com as 18 características mencionadas. Portanto, agora é a hora de nos regozijarmos com a nossa extraordinária boa fortuna. Qual é o propósito desta preciosa vida humana e por que ela é tão valiosa para nós? O propósito e o valor de uma existência como esta residem na oportunidade que ela nos oferece de conquistarmos um dos três proeminentes alvos. A maior meta que temos hoje a nosso alcance é a aquisição da iluminação, o completo e perfeito despertar de um Buda. A meta intermediária é a aquisição da libertação pessoal do samsara, o ciclo vicioso de nascimento e morte repleto de sofrimento e insatisfação. A meta menor é conseguir renascer como um deus ou como um ser humano.

Em geral, continuamos completamente inconscientes do valor da nossa situação atual. Estamos cegos particularmente em relação à preciosa oportunidade de que dispomos para atingir uma dessas três metas. Em vez disso, perdemos nosso tempo e desperdiçamos esta preciosa oportunidade, correndo atrás dos prazeres temporários desta vida. Se viéssemos a reconhecer plenamente o valor e o potencial desta preciosa vida humana, certamente iríamos aproveitá-la, estudando o Darma e perseguindo uma das três metas. Como diz Shantideva: "Se não extrairmos nenhum significado deste precioso renascimento agora, como esperar que iremos nos deparar com isso de novo no futuro?"

Existe uma história que ilustra a importância de aproveitarmos plenamente nossa preciosa vida humana. Num vilarejo remoto do Tibete, vivia um homem que não tinha pernas. Um dia, enquanto se deslocava com dificuldade pelos campos, apoiado em muletas, ele tropeçou na beira de um barranco e despencou. Por sorte, caiu no lombo de um cavalo selvagem que pastava logo abaixo. O cavalo, muito assustado, disparou a galope com o homem agarrado no seu lombo. Bastante tempo se passou e, para espanto de quem presenciava a cena, o homem não dava sinais de cansaço. Quando passou às carreiras, alguém gritou: "Por que não desmontas desse cavalo?". Ele respondeu: "De jeito nenhum! É a primeira vez na vida que monto um cavalo. Quando um homem sem pernas como eu terá uma oportunidade como essa de novo? Vou tirar o máximo proveito disso enquanto posso". Falando assim, continuou a galopar agarrado às costas do cavalo selvagem. Assim como o homem dessa história tirou o máximo proveito da sua sorte excepcional, nós também devemos tirar o máximo proveito da nossa presente vida humana plenamente dotada, treinando a mente com a prática do Darma.

O MÉTODO PARA TORNAR SIGNIFICATIVA ESTA PRECIOSA VIDA HUMANA

Este tópico tem duas partes:

1. Contemplar os benefícios da bodichita;
2. Como praticar as seis perfeições depois de gerar a bodichita.

CONTEMPLAR OS BENEFÍCIOS DA BODICHITA

Esta seção tem quatro partes:

1. A explicação dos benefícios da bodichita;
2. Reconhecer a bodichita;
3. As razões que fundamentam os benefícios da bodichita;
4. Louvor àquele que gera a bodichita.

A EXPLICAÇÃO DOS BENEFÍCIOS DA BODICHITA

Como foi indicado, o método supremo para tornar significativo este raro e precioso renascimento humano é utilizá-lo como um veículo para alcançar a mais perfeita e completa iluminação. Trabalhar por qualquer meta menor é jogar fora esta oportunidade única. Já que a conquista da iluminação depende de primeiro gerarmos a mente de iluminação, a bodichita – a motivação de conquistar a plena iluminação para ser mais eficaz em ajudar os outros a saírem do seu sofrimento –, Shantideva encoraja-nos a cultivá-la e descreve suas numerosas vantagens. Essas estão divididas nos seguintes dez notáveis benefícios:

A vitória sobre todos os grandes males

[5] Assim como numa noite escura, o repentino e poderoso clarão de um raio ilumina brevemente a paisagem, as poderosas bênçãos de Buda fazem as pessoas mundanas desenvolverem, ao menos por um breve instante, a intenção de praticar virtude.

[6] Normalmente, as virtudes das pessoas mundanas são fracas, enquanto seus instintos de não-virtude são fortes. Por isso, precisamos lutar constantemente para superar o grande poder que esse mal da não-virtude exerce sobre nós, substituindo-o por uma prática forte de ações virtuosas.

Do contrário, se nada fizermos para corrigir nossa situação atual, os sofrimentos do samsara serão nossa única experiência. Qual é o melhor método para abandonar o mal e criar virtude? Temos de lutar para obter a preciosa bodichita. Só ela tem o poder de superar o mal e de aumentar imensamente nossa virtude. O que mais teria a habilidade de subjugar um mal tão grande a não ser a ilimitada mente de bodichita? Refletindo bem sobre isso, ficará claro que, decididamente, devemos gerar a bodichita.

A aquisição da mais sublime felicidade

[7] Em geral, existem muitas maneiras pelas quais podemos beneficiar os seres sencientes, mas os Budas, que passaram éons examinando qual é a melhor maneira de ajudar os outros, dizem que gerar a bodichita é o método supremo. Por quê? Porque com o desenvolvimento da bodichita não apenas nos tornamos capazes de alcançar a felicidade suprema da budeidade para nós mesmos, mas também nos capacitamos a conduzir incontáveis seres sencientes ao êxtase incomparável desse estado supremo. Reconhecendo os benefícios inigualáveis da bodichita para nós e para os outros, devemos lutar para alcançá-la.

Satisfação de desejos

[8] Outro benefício de gerar a bodichita é que todos os nossos desejos serão realizados. Se quisermos ser salvos das inúmeras desgraças do samsara e dissipar a infelicidade dos outros, a bodichita poderá satisfazer esses objetivos. Além disso, ela satisfaz o desejo de todos os seres, inclusive o nosso, de sentirmos alegria ilimitada e incomensurável. Portanto, já que essa mente de iluminação atende a todos os desejos, Shantideva nos aconselha a refletir sobre seus inúmeros benefícios e nunca parar de lutar para alcançá-la.

A bodichita traz consigo um nome e um significado especiais

[9] Shantideva diz que qualquer um que gere a bodichita será chamado de "Filho dos Budas" (literalmente, um "Filho dos Sugatas"), um Bodissatva. Essa pessoa torna-se um objeto digno de ser venerado e respeitado por deuses mundanos – como Brama e Indra – e por toda a humanidade, inclusive os bem-nascidos reis e rainhas. A pessoa que gera a bodichita pode até ser um pobre mendigo maltrapilho – isso não tem importância. Ao gerar a mente de iluminação, essa pessoa também se tornará um objeto digno da mais elevada veneração.

É importante lembrar que para gerar a bodichita não é preciso ser monge, ter nascido numa família aristocrática ou ter um corpo masculino. Embora use o título "Filho dos Budas", Shantideva não está sendo restritivo. Uma mulher que gere a mente de iluminação tornar-se-á conhecida como "Filha ou Princesa dos Budas" e também será um objeto a ser venerado por todos os deuses e humanos.

Por que gerar a bodichita nos torna merecedores de tanto respeito? Porque todos os Budas – os seres plenamente despertos que são fonte de felicidade suprema – nasceram dos Bodissatvas, assim chamados em virtude da sua motivação de bodichita, ou seja, a intenção de conquistar o pleno despertar para o benefício de todos. Assim, os Budas surgem dos Bodissatvas, que, por sua vez, surgem da bodichita.

Para enfatizar o valor supremo da bodichita, Buda Shakyamuni diz que é mais importante nos prostrarmos ou prestarmos homenagem a um Bodissatva – alguém que desenvolveu a bodichita – do que nos prostrarmos a um Buda. Ele explica isso usando o exemplo da lua nova. Alguém que se curva à lua nova está se curvando igualmente a todas as outras fases da lua entre a nova e a cheia. Por quê? Porque ao respeitar uma causa, estamos implicitamente respeitando cada um dos seus sucessivos efeitos. Assim, se nos prostrarmos diante de um Bodissatva, implicitamente estaremos respeitando todos os futuros estados do seu desenvolvimento até a budeidade. Por essas razões, a bodichita é muito preciosa, e quem quer que a desenvolva se tornará digno de veneração.

O grande pândita indiano Atisha teve muitos Professores e recebeu deles muitas instruções sobre como cultivar a bodichita. Porém, não satisfeito com isso, partiu numa perigosa viagem para um país que hoje é a Indonésia, a fim de receber ensinamentos do famoso Guru Serlingpa (Suvarnadipa). A difícil viagem levou treze meses, ao cabo dos quais Atisha pôde receber desse Guru instruções perfeitas e completas sobre o método para gerar a mente de iluminação.

Embora Atisha tenha tido mais de 150 Professores, referia-se a Serlingpa como seu Guru raiz. Mesmo muitos anos mais tarde, quando estava no Tibete, assim que ouvia o nome do seu Guru raiz, Atisha descia imediatamente de seu assento e prostrava-se a ele. Os tibetanos notaram que não fazia o mesmo para seus demais Professores e lhe perguntaram por quê. Ele respondeu que, graças às instruções que lhe foram dadas pelo Guru Serlingpa, havia compreendido como gerar a preciosa bodichita. Atisha, o possuidor de extensos e profundos conhecimentos, considerava a bodichita como suprema; consequentemente, venerava Serlingpa acima de seus demais Professores.

Transformação do inferior em supremo

[10] Os alquimistas afirmam que existe um elixir especial que tem o poder de transformar metais básicos em ouro. Se gerarmos e praticarmos a bodichita, este nosso corpo humano impuro será igualmente transformado no corpo sagrado de um Buda, a mais valiosa e incomparável das jóias.

Segue-se uma explicação de como meditar sobre esse tópico. Primeiro, devemos contemplar continuamente a impureza do corpo humano, pensando no quanto é indesejável renascer constantemente nesta forma densa e impura. Devemos abandonar qualquer desejo que tenhamos por esse corpo humano comum e, em vez disso, pensar na preciosidade do corpo transcendente de um Buda. Temos de gerar um forte desejo de obter essa forma sagrada e examinar as causas necessárias para obtê-la. Mediante constante reflexão, vamos reconhecer que tal forma só pode ser obtida pelo poder da bodichita. Compreendendo isso, devemos então gerar uma forte determinação de alcançar a bodichita e, com contínua-lembrança, reter essa determinação.

O valor da preciosa bodichita, tão difícil de encontrar

[11] Entre todas as jóias, a legendária jóia-dos-desejos é a mais rara, inestimável e importante, porque alivia a pobreza de todos. Do mesmo modo, entre todos os tipos de virtude, a mais rara e inestimável é a bodichita, porque somente ela é capaz de dissipar a miséria daqueles que são pobres de virtude. Aqueles que desejam se livrar dos sofrimentos do samsara devem manter firmemente essa preciosa bodichita.

Um barqueiro habilidoso transporta mercadores do continente até uma ilha preciosa. Do mesmo modo, Buda é um barqueiro que possui uma mente de compaixão ilimitada e métodos habilidosos. Essa mente é a embarcação da bodichita e, nela, ele transporta todos os seres vivos através do oceano de sofrimento até a preciosa ilha da iluminação. Se fizermos um exame completo, veremos claramente que esse barco da bodichita é o mais sublime e raro de todos os métodos para conquistar felicidade.

Os frutos da bodichita são inesgotáveis e não param de crescer

[12] Outras virtudes a não ser a bodichita são como bananeiras, cujos frutos são limitados e logo se esgotam. Por exemplo, uma pessoa enriquece em consequência da sua prática de dar feita numa vida anterior, mas os frutos dessa virtude são gradualmente consumidos e, quando essas riquezas acabam, outras não surgirão.

Por outro lado, os frutos virtuosos da árvore celestial da bodichita são inesgotáveis. São como uma gota de água que cai na imensidão do oceano e, portanto, nunca será perdida até que o grande oceano, ele próprio, deixe de existir. Nossas virtudes em geral podem ser fracas, no entanto, quando são motivadas pela bodichita, seus frutos nunca serão exauridos até que alcancemos o completo despertar. Por que os frutos de tais ações são ilimitados? Há dois motivos para isso. Em primeiro lugar, visto que os seres sencientes beneficiados com a bodichita são incontáveis, o mérito que surge de ações criadas para beneficiá-los será igualmente ilimitado. Em segundo lugar, visto que todo esse mérito é dedicado unicamente à nossa conquista da iluminação, ele não se esgotará até que essa iluminação seja alcançada.

Diz-se que, com a motivação de bodichita, mesmo se dermos apenas um pouco de comida a um único mendigo, isso produzirá mérito inesgotável. Se não tivermos tal motivação, ainda que distribuamos muito ouro e prata a uma multidão de seres, os frutos dessas ações virtuosas serão limitados e rapidamente se esgotarão. Quando compreendermos quão abundantes são os frutos de todas as ações oriundas da bodichita, veremos que não há nada mais importante do que nos empenharmos para cultivar essa mente preciosa.

O poder de proteção contra o grande medo

[13] Um homem que esteja viajando por uma região onde o perigo de ladrões e animais selvagens é grande sentirá muito medo. Contudo, pondo-se sob a proteção de um guia corajoso, ele será imediatamente aliviado de seus temores. Nós, os seres humanos, porque cometemos ações muito prejudiciais e maléficas no passado, também estamos expostos aos horríveis perigos de nascer num dos três estados de existência inferior – como ser-inferno, espírito faminto ou animal. Mesmo na condição de um ser humano, tememos o nascimento, doença, perda, violência, velhice, morte e outros efeitos dolorosos de nossas ações não-virtuosas. O que pode nos aliviar desse medo? Apenas a preciosa bodichita. Sendo assim, por que aqueles que são precavidos e sensatos não se devotam ao desenvolvimento dessa mente preciosa?

A destruição rápida e fácil do grande mal

[14ab] O mundo em que vivemos passa por grandes ciclos de nascimento e decadência. No final deste atual grande éon, nosso universo será completamente destruído pelo fogo, de modo que nem as suas cinzas restarão. Esse fogo destruidor será completamente diferente do fogo comum deste mundo e milhares de vezes mais intenso. Se gerarmos a preciosa bodichita, o fogo dessa mente será igualmente intenso, o suficiente para consumir instantaneamente todo o mal incomensurável que acumulamos.

As citações das escrituras sobre os benefícios da bodichita

[14cd] Os extensos benefícios da bodichita foram explicados por Buda Maitreya ao Bodissatva Sudana, no sutra *Ramo de talos* (*Gandavyuhasutra*). Na conclusão da sua 14ª es-

trofe, Shantideva recomenda aos que desejam conhecer as numerosas vantagens da bodichita que consultem essa famosa escritura mahayana.

Se quisermos nos comprometer com o desenvolvimento efetivo da bodichita, precisamos de uma forte inspiração, que só pode ser adquirida se refletirmos sobre os inúmeros benefícios dessa mente. Se conhecêssemos um rei possuidor de grande riqueza, poder e conhecimento, provavelmente pensaríamos: "Que maravilhoso seria me tornar como ele!". Tal desejo só surge porque reconhecemos as boas qualidades que o rei possui e, por isso, desejamos imitá-lo. Do mesmo modo, primeiro precisamos compreender as boas qualidades da bodichita, para que então surja o pensamento: "Que maravilhoso seria dar origem a essa mente tão preciosa".

No momento, contudo, se alguém nos perguntasse se preferimos gerar a bodichita ou ganhar uma barra de ouro, escolheríamos o ouro. Isso acontece porque vemos as qualidades valiosas do ouro, mas não conseguimos ver os benefícios e as qualidades incomparáveis da bodichita. Se compreendêssemos esses benefícios, nossa escolha seria diferente. Entenderíamos que o ouro pode ser facilmente obtido, mas não há dinheiro no mundo capaz de comprar a bodichita, algo que não se encontra à venda em lugar algum. A única maneira de obtermos a preciosa bodichita é cultivá-la, nós mesmos, com muito tempo de meditação.

Até desenvolvermos uma aspiração contínua e espontânea de gerar a bodichita, devemos passar muito tempo contemplando seus benefícios gerais. Dos dez benefícios citados por Shantideva, devemos selecionar aquele que tenha o efeito mais forte sobre nossa mente e meditar nesse benefício ponderadamente. Para que seja mais valiosa, essa meditação deve ser contínua e concentrada. Então, no encerramento da sessão de meditação, devemos repetir a prece citada na introdução deste comentário:

Que a preciosa, suprema bodichita
Cresça onde ainda não tenha crescido;
Onde tenha crescido, possa ela não decrescer,
Mas florescer para sempre.

Ao recitar essa prece, estamos expressando nosso desejo de gerar a bodichita o mais rapidamente possível. Podemos recitá-la depois de qualquer ação virtuosa.

Devemos lembrar que, sem a bodichita, quaisquer poderes que tenhamos e quaisquer milagres que eventualmente possamos executar não trazem real benefício. Ser capaz de voar não é importante, pois até pássaros podem fazê-lo. Já tivemos tais poderes miraculosos e clarividência muitas vezes em nossas vidas passadas, mas de que nos serviram? Agora é a hora de controlarmos, com a bodichita, nossa mente indomada. Com a bodichita, a mente se apazigua; a iluminação e a satisfação de todos os nossos desejos não estão muito distantes.

É importante lembrar que não poderemos alcançar a iluminação sem, primeiro, nos acostumarmos com a bodichita e, depois, dominarmos os métodos para gerá-la. É preciso praticar tais métodos com a máxima diligência, durante todo o tempo em que estivermos nos encorajando para gerar essa preciosa atitude. Nos dias de hoje, com o mundo em tumulto, é particularmente necessário que os ocidentais cultivem a bodichita. Para que possamos atravessar esses tempos perigosos, verdadeiros Bodissatvas precisam aparecer tanto no ocidente como no oriente.

Quatro preparações devem ser completadas para desenvolvermos a bodichita. É muito importante conhecê-las porque, preparando-nos bem, será fácil gerar a bodichita. Assim, devemos: 1) acostumar nossa mente com os benefícios da bodichita; 2) acumular uma profusão de mérito; 3) purificarmo-nos de toda não-virtude; 4) compreender o método para gerar a bodichita. Este último ponto será discutido na próxima seção deste comentário.

RECONHECER A BODICHITA

Esta seção tem três partes:

1. A classificação da bodichita;
2. Os benefícios da bodichita de aspiração;
3. Os benefícios da bodichita de compromisso.

A CLASSIFICAÇÃO DA BODICHITA

Para que nossa meditação na bodichita tenha êxito, precisamos entender exatamente qual é a essência dessa mente. Como foi dito, a bodichita é um estado mental espontâneo e contínuo que busca a iluminação unicamente para o benefício de todos os seres sencientes. Shantideva diz [15] que essa mente pode ser de dois tipos: a bodichita de aspiração e a bodichita de compromisso. Para compreender o significado desses dois tipos de bodichita e as distinções entre eles, é útil nos familiarizarmos com os métodos tradicionais de cultivar essa mente.

A bodichita pode ser desenvolvida seguindo-se um dos seguintes métodos: 1) as instruções das sete etapas de causa e efeito; 2) equalizar e trocar eu por outros. O primeiro método foi ensinado originalmente por Buda Shakyamuni e, depois, transmitido por meio de Maitreya e Assanga, em linhagem ininterrupta, a mestres como Serlingpa e Atisha. O segundo método – equalizar e trocar eu por outros – foi especialmente concebido para os que possuem inteligência aguçada. Também foi ensinado por Buda Shakyamuni e, depois, transmitido por Manjushri em linhagem ininterrupta de mestres indianos, até Shantideva. Ambas as linhagens sobreviveram até os dias de hoje e são ensinadas por Professores realizados de todas as tradições do budismo mahayana.

O método de equalizar e trocar eu por outros será explicado em detalhes no oitavo capítulo. O que se segue é uma explicação de como gerar a bodichita por meio da meditação nas instruções das sete etapas de causa e efeito. Esse método floresceu amplamente por toda a Índia e Tibete. Estudando-o, veremos que a bodichita não é algo que possa ser alcançado instantaneamente, mas é o resultado de um processo gradual de treino e desenvolvimento da mente.

O método "sete etapas de causa e efeito" pressupõe o desenvolvimento sucessivo de sete realizações:

1. Reconhecer que todos os seres vivos são nossas mães;
2. Relembrar a bondade de todos os seres-mães;
3. Gerar o desejo de retribuir a bondade de todos os seres-mães;
4. Gerar amor afetuoso;
5. Gerar grande compaixão;
6. Gerar intenção superior;
7. Gerar a bodichita.

Esse método é chamado de sete etapas de causa e efeito porque essas sete realizações formam uma cadeia de causa e efeito que leva à realização final, a bodichita. Por exemplo, a realização do amor afetuoso atua como causa para o desenvolvimento da grande compaixão.

Antes de começar nossa meditação no método "sete etapas de causa e efeito", é útil meditarmos primeiro sobre equanimidade. No momento, nossa mente é agitada e parcial; em vez de olharmos para todos os seres igualmente com o olhar da compaixão, sentimo-nos muito próximos de uns e muito distantes, ou até hostis, em relação a outros. Nesse estado tão desequilibrado, é difícil reconhecer todos os seres como nossas mães – a primeira das realizações desse método. Portanto, para que nossa meditação tenha êxito, o primeiro passo é tentar remover nossos preconceitos, cultivando uma atitude de equanimidade.

Segue-se um breve esquema de como gerar equanimidade. Primeiro, devemos nos lembrar de três pessoas que atualmente consideramos como um inimigo, como um amigo e como um estranho. A seguir, devemos nos perguntar por que as classificamos dessa maneira. Investigando, vamos verificar que a pessoa que hoje chamamos de inimigo recebeu esse rótulo devido a algum mal – grande ou pequeno, mental ou físico, real ou imaginado – que ela nos causou no passado. Se olharmos para trás, no entanto, poderemos nos lembrar de muitas ocasiões em que essa mesma pessoa nos tratou com bondade. E se pudéssemos enxergar nossas vidas passadas (conforme será discutido adiante), indubitavelmente encontraríamos ocasiões nas quais esse pretenso "inimigo" foi nossa bondosa e altruísta mãe, alimentando-nos com seu leite e protegendo-nos de medos e perigos. Mesmo sem considerar a existência de outras vidas além desta, é fácil constatar que a condição de inimigo é temporária e sujeita a mudanças. Se amanhã recebêssemos uma ajuda inesperada, um elogio ou uma simples palavra bondosa desse nosso atual inimigo, será que continuaríamos a considerá-lo como inimigo?

As mesmas considerações podem ser aplicadas à pessoa que hoje chamamos de nosso querido amigo. Embora vê-la, ou simplesmente pensar nela, já baste para suscitar em nós uma sensação calorosa, isso nem sempre foi assim. Houve épocas, nesta vida ou em vidas passadas, em que esse querido amigo ou parente foi nosso pior inimigo e, como tal, infligiu-nos imenso sofrimento. E pode acontecer que por causa de uma pequena diferença de opinião, uma palavra áspera ou algum ato impensado venhamos subitamente a nos afastar da mesma pessoa a quem somos tão apegados.

Do mesmo modo, o estranho nem sempre foi o objeto da nossa indiferença, e não podemos afirmar que permanecerá sempre assim. Houve épocas em que essa pessoa – hoje tão invisível para nós que mal percebemos sua existência – foi nosso inimigo mortal, e houve outras em que foi nosso melhor amigo e protetor.

Usando exemplos extraídos da nossa experiência pessoal ou da experiência dos outros e empregando vários argumentos lógicos, poderemos nos convencer do quanto é limitado e, em última instância, equivocado pensar que alguém é, de modo permanente ou inerente, um amigo, um inimigo ou um estranho. Se esse for o caso – se essas três posições forem tão temporárias e variáveis –, então quem seria o objeto apropriado do nosso apego ou ódio? Se justificarmos o ódio por nosso inimigo atual, vamos ter de odiar a todos, pois em algum momento do passado cada pessoa já foi considerada nosso inimigo. Por outro lado, se for correto sentir apego ou preferência por nosso amigo atual, em função de algum benefício que recebemos dele recentemente, então devemos sentir o mesmo por todos, porque num momento ou noutro cada um foi extremamente bondoso conosco, a ponto de ter sido nossa mãe.

Se investirmos energia suficiente na meditação habituando-nos aos exemplos e raciocínios apresentados e tentarmos alterar nossa maneira de ver as pessoas, perceberemos como é limitado nos sentirmos muito próximos de alguns seres e permanecermos hostis ou indiferentes em relação a outros. Em vez de concordar, como fazemos hoje, com uma classificação rígida e apressada de amigo, inimigo e estranho e ter uma visão parcial, podemos gerar verdadeira equanimidade – a base do amor e da compaixão necessários para gerarmos a preciosa bodichita e conquistarmos a iluminação. Como esta é uma meta extremamente valiosa, precisamos examinar nossos preconceitos habituais e expô-los da maneira descrita.

Nesse ponto, talvez surja uma dúvida a respeito da meditação que foi apresentada. Foi afirmado que o propósito de gerar equanimidade é nos preparar para reconhecer todos os seres como nossa mãe. Podemos, portanto, nos questionar: "Se for correto considerar todos os seres como minha mãe porque supostamente eles foram minha mãe no passado, não seria igualmente correto considerar cada um deles como meu inimigo pelo mesmo motivo?". Para reconhecer a falácia dessa conclusão, precisamos entender que sempre que chamamos alguém de nosso inimigo, o fizemos basicamente por razões infundadas e como resultado de uma visão equivocada da nossa parte. O hábito de atribuir nossos sofrimentos e dificuldades aos outros – os chamados inimigos – é uma maneira deludida de pensar, que não entende que o responsável por nosso tormento é essencialmente nosso estado mental, e não as circunstâncias externas.

Na origem da nossa decisão de considerar alguém como nosso inimigo, está uma falsa projeção da nossa mente, uma concepção equivocada dos fatos. Esquecidos da bondade e dos cuidados maternais que essa pessoa nos dispensou e inconscientes de que somos culpados pelo nosso próprio sofrimento, tomamos o mal que recebemos dela como uma justificativa válida para chamá-la de inimiga e tratá-la com hostilidade. Apesar de agirmos assim o tempo todo, essa atitude é deludida e, em última instância, indefensável. Por outro lado, como será explicado na próxima seção, não há nada de errado ou deludido em considerar todos os seres como nossa mãe. Isso é verdadeiro e pode ser verificado. Além disso, abre as portas para um contínuo crescimento espiritual e nos proporciona uma experiência imediata de felicidade e bem-estar.

A meta da meditação sobre equanimidade é remover todas as atitudes parciais da mente, capacitando-nos assim a ver todos os seres, sem distinção, como nossa mãe. Isso, por sua vez, nos motivará a examinar de que modo podemos retribuir sua infinita bondade. Se, como resultado dessa meditação, formos capazes de considerar até nosso mais odiado inimigo como nossa bondosa mãe, estaremos prontos para obter a realização da primeira etapa das sete causas e efeitos, que nos levam ao desenvolvimento da bodichita.

Manjushri

Reconhecer que todos os seres vivos são nossas mães

Uma vez que tenhamos gerado uma visão imparcial sobre todos os seres, estaremos prontos para vê-los igualmente como seres que foram nossa mãe. Esse é o alicerce firme sobre o qual a mente supremamente altruísta da bodichita será edificada. Mas como é possível reconhecer todos os seres como nossa mãe? Quais são as razões para acreditar que compartilhamos dessa relação íntima de mãe e filho com cada um deles?

Para responder essas questões, vamos considerar a linha de raciocínio a seguir. A mulher que reconhecemos atualmente como nossa mãe é aquela que nos deu à luz. Mas esta não foi a primeira nem a única vez que nascemos. A continuidade da nossa consciência remonta a tempos infinitos, e os nascimentos que tivemos foram incontáveis. Como renascemos incontáveis vezes, segue-se que tivemos incontáveis mães. Assim, não há um único ser vivo que, ao longo da amplitude incalculável de tempos sem-início, não tenha sido nossa mãe. A despeito da forma e da aparência modificadas daqueles que encontramos e das deficiências da nossa memória extremamente limitada, uma vez convencidos da lógica do raciocínio explicado, nada nos impedirá de reconhecer cada ser vivo com o mesmo carinho que hoje destinamos espontaneamente à nossa mãe atual.

Embora o argumento acima seja consistente internamente, é óbvio que não terá nenhum poder de persuasão se não entendermos e não tentarmos, ao menos provisoriamente, aceitar a existência de vidas passadas e futuras. Enquanto rejeitarmos essa possibilidade – aferrando-nos à crença de que o nascimento e a morte desta vida marcam as fronteiras mais distantes da nossa existência –, será completamente impossível reconhecer todos os seres como nossa mãe, a não ser como metáfora. Muitos outros tópicos importantes de Darma, como a lei de causa e efeito, também dependem de levarmos em consideração a existência de vidas passadas e futuras. Assim, embora esse tópico possa apresentar certas dificuldades para algumas pessoas, especialmente no ocidente, é muito importante tentar manter uma mente aberta e examinar a questão sem preconceitos.

O ponto crucial é compreendermos a natureza da mente, pois, ao realizar que nossa mente é um continuum sem forma e que esse continuum é sem-início, seremos capazes de compreender a existência de vidas anteriores. Uma maneira de meditar nisso consiste em observar nosso atual fluxo de pensamentos, percepções e emoções – todos os fatores que identificamos como mentais – e procurar sua origem, voltando ao fluxo mental do momento anterior, do minuto anterior, da hora anterior. Depois, poderemos recuar ainda mais e rastrear sua origem no dia de ontem, na semana passada e no último ano. Dependendo da acuidade da nossa memória, poderemos rastrear esse fluxo mental ano a ano até nos aproximarmos da época do nosso nascimento. Mesmo se chegarmos à nossa estadia no útero ou no instante da concepção, não poderemos nunca apontar um momento e dizer: "Nesse instante, minha mente começou a existir".

Algumas pessoas que fazem essa meditação são capazes de ir além do instante da concepção e lembram-se do fluxo mental no final de uma vida anterior. Entretanto, como essa experiência é pouco comum (e é motivo de dúvida para muitas pessoas), não podemos usá-la legitimamente como prova de que a mente é um continuum sem-início. Em vez disso, é mais benéfico conhecermos melhor nossa própria mente e questionarmos nossas próprias suposições a respeito da sua natureza e origem.

Existem algumas questões e observações que, se forem lembradas, poderão ser úteis nessa investigação. Quando procuramos a origem do nosso corpo atual, chegamos por fim à união do espermatozóide e do óvulo de nossos pais. Essa também seria a origem do nosso fluxo mental? Se respondermos que sim, muitas dificuldades surgirão. Como explicar, por exemplo, as notáveis diferenças entre nossa mente e as mentes de nossos pais e irmãos? Se buscarmos a origem da nossa mente nas células germinais de nossos pais, qual será a relação entre tais células e as mentes deles? Poderia a mente ser reduzida a uma causa física? Ou, por ser algo essencialmente sem forma, deveria ela ter uma causa não-física própria, completamente distinta da origem do nosso corpo físico?

Algumas pessoas afirmam que, no nascimento, a mente é como uma lousa vazia com algumas poucas marcas pré-natais. Dizem que aquilo que denominamos mente não passa de um comportamento adquirido durante nosso crescimento e desenvolvimento. Essa teoria é satisfatória? Contempla as diferenças de temperamento entre as pessoas, diferenças que podem ser notadas até em recém-nascidos de uma mesma família? Contempla a complexidade do comportamento mental encontrado em crianças comuns e as habilidades e aptidões de alguns jovens excepcionalmente dotados?

Se realmente quisermos entender a natureza da mente e descobrir se ela é ou não um continuum sem-início, precisamos examinar essas questões com cuidado. É verdade que a maioria das pessoas – inclusive as instruídas e as que trabalham profissionalmente com os fenômenos mentais – tem apenas uma vaga idéia do que é a mente. Se nossas próprias opiniões forem igualmente indefinidas – se não tivermos uma teoria coerente, capaz de explicar a relação entre a forma material e a mente imaterial –, não será sensato rejeitarmos de antemão uma teoria embasada na lógica, observação, experiência e testemunho dos seres iluminados. No mínimo, devemos nos manter abertos e dispostos a examinar a questão com imparcialidade.

De acordo com o pensamento budista, nosso fluxo de consciência estava presente quando éramos um feto. Retornando até o instante da concepção, esse fluxo mental ingressou na célula embrionária formada pela união do espermatozóide paterno e do óvulo materno. Antes de tal ingresso, essa consciência ou continuum mental era a consciência de uma vida anterior que, por sua vez, surgiu de uma vida anterior, e assim por diante *ad infinitum*. Nem mesmo a mente onisciente de Buda Shakyamuni encontrou um início para esse processo. Logo, se a continuidade da mente é sem-início, necessariamente tivemos incontáveis renascimentos e, portanto, incontáveis mães. Consequentemente, não existe um único ser vivo que não tenha sido, em algum momento, nossa mãe.

Sendo assim, por que não reconhecemos intuitivamente os outros seres como tendo sido nossa mãe? O motivo é que as experiências traumáticas da morte e do renascimento geralmente apagam nossas memórias das vidas passadas. Além disso, o modo como os seres mudam de forma de uma vida para outra torna difícil o seu reconhecimento. Por exemplo, se nossa mãe atual morresse e renascesse como um cachorro, seríamos totalmente incapazes de reconhecê-la, mesmo que fosse nosso animal de estimação! Assim, apesar das aparências, atualmente estamos rodeados por incontáveis seres que foram, cada um deles, nossa mãe.

É importante saber que alguns seres têm a habilidade de se lembrar de sua existência anterior. Por exemplo, muitos iogues adquiriram a habilidade de ver suas vidas passadas em virtude de práticas meditativas, nas quais os obscurecimentos mentais densos são progressivamente removidos. Até algumas pessoas comuns, em particular crianças pequenas, têm memórias de suas vidas passadas, em virtude de marcas mentais especialmente claras. Contudo, não é nada surpreendente que a maioria de nós não tenhamos essas recordações. Afinal, até os obscurecimentos desta vida e nossa nebulosidade mental em geral são suficientes para bloquear a lembrança de fatos que ocorreram no início da nossa infância, quando éramos um bebê ou quando estávamos no útero.

Considerar linhas de raciocínio como as que foram apresentadas e examinar cuidadosamente se são lógicas, coerentes, plausíveis e aplicáveis à nossa experiência é o processo denominado meditação analítica. Desse processo de averiguação surgirá uma conclusão que, nesse caso, é um forte sentimento de que todos os seres foram nossa mãe. O próximo passo é reter tal sentimento ou conclusão pelo poder da nossa contínua-lembrança e permanecer unifocadamente nele. Esse processo é denominado meditação posicionada. Por meio da prática constante da meditação posicionada, verdadeiras realizações despontam em nossa mente. Quando firmarmos o reconhecimento de que todos os seres sencientes foram nossa mãe, teremos alcançado a realização da primeira das sete etapas do desenvolvimento da bodichita.

Relembrar a bondade de todos os seres-mães

Se todos os seres foram nossa mãe, o que fazer para nos recordar da sua bondade? Nossa mãe atual carregou-nos no seu ventre durante nove meses. Estivesse ela sentada, andando, comendo ou até dormindo, mantinha-se sempre consciente da nossa presença. Seu único pensamento era nosso bem-estar e considerava-nos como uma pedra preciosa. Embora nosso nascimento possa ter lhe causado intensa dor, ela continuou a pensar unicamente em nosso bem-estar e felicidade.

Quando bebês, éramos pouco mais do que uma lagarta indefesa, incapazes de saber o que era benéfico ou prejudicial. Nossa mãe cuidou de nós e nos alimentou com seu leite. Nos momentos de medo, ela nos confortava com o calor do seu corpo, envolvendo-nos e acalentando-nos em seus braços amorosos. Usava roupas macias para não ferir nossa pele sensível.

Aonde fosse, levava-nos consigo. Banhava nosso corpo e limpava a sujeira do nosso nariz. Enquanto brincava conosco, cantava doces melodias e repetia nosso nome com especial ternura. Protegia-nos constantemente de perigos como fogo e acidentes; de fato, se não fosse por seus cuidados constantes, hoje não estaríamos vivos. Tudo o que temos e desfrutamos deve-se à bondade da nossa mãe. Ela se regozijava com nossa felicidade e compartilhava nosso pesar. Preocupada em nos poupar do mais leve desconforto, daria de bom grado a própria vida em troca da nossa. Ensinou-nos a andar, falar, ler e escrever e enfrentou muitos sacrifícios para nos dar uma boa educação e o melhor de tudo o que possuía.

Cuidando dos filhos com ternura, uma mãe os aprecia da concepção até a morte, com grande devoção e amor incondicional. Trazer à mente a bondade ilimitada da nossa mãe atual leva-nos a entender o infinito cuidado amoroso que recebemos, desde tempos sem-início, de todas as incontáveis mães que nos nutriram. Quão bondosos foram todos esses seres sencientes!

Gerar o desejo de retribuir a bondade de todos os seres-mães

Não basta simplesmente nos lembrarmos da bondade de todos os seres sencientes mães. Só a pessoa mais insensível e ingrata não perceberia que temos o dever e a responsabilidade de retribuir essa bondade. Podemos fazer isso concedendo aos outros presentes materiais, prazeres ou benefícios temporários. No entanto, a retribuição suprema à bondade infinita que recebemos é conduzir todos os seres à felicidade do pleno despertar.

Gerar amor afetuoso

A próxima etapa no desenvolvimento da bodichita é olhar todos os seres com amor afetuoso. Esse estado mental surgirá naturalmente como resultado de meditarmos por um longo período nas três etapas anteriores.

Em geral, sempre que vemos nossos pais, filhos, marido ou esposa, surge naturalmente um sentimento caloroso de afeição e os valorizamos imensamente. Mas tal afeição não surge quando vemos outros seres sencientes, especialmente aqueles que nos perturbam. Para que possamos gerar a verdadeira bodichita, esse sentimento caloroso tem de ser ampliado de modo a abranger todos os seres. Se, como resultado de longa e constante meditação, nossa mente se acostumar a olhar todos os seres com afeição e carinho, teremos realizado essa quarta etapa no desenvolvimento da mente de iluminação.

Gerar grande compaixão

Grande compaixão é o estado mental que deseja que todos os seres fiquem livres do sofrimento. Se já tivermos gerado o amor afetuoso e ampliado esse amor a todos os seres vivos, quando meditarmos profundamente no sofrimento que os atormenta agora, facilmente sentiremos grande compaixão por eles. Assim, a causa primária da grande compaixão é o amor afetuoso gerado anteriormente.

A mente de grande compaixão abrange todos os seres sencientes sem exceção. No momento, somos incapazes de suportar nosso próprio sofrimento porque nos apreciamos profundamente. Além disso, não toleramos presenciar o sofrimento dos nossos pais, familiares e amigos porque também os apreciamos. Entretanto, quando vemos nossos inimigos sentindo dor, gostamos de saber que estão sofrendo. Por quê? O motivo é que não os apreciamos em absoluto. Essa é a mente preconceituosa que temos de domar e transformar. Faremos isso familiarizando-nos com as quatro primeiras etapas até considerarmos espontaneamente todos os seres como nossa bondosa mãe. Então, ao nos lembrarmos do sofrimento e da insatisfação deles, facilmente desenvolveremos grande compaixão. A medida para avaliar nosso progresso é que, quando nos defrontarmos com um inimigo, sentiremos um desejo espontâneo de que ele se livre de toda infelicidade. Como foi dito, até que tenhamos gerado amor afetuoso por todos, seremos incapazes de gerar essa grande compaixão por eles.

Há duas tradições no que se refere ao desenvolvimento de amor afetuoso. A tradição de mestres indianos como Chandragomin e Chandrakirti afirma que o amor afetuoso resulta do aprofundamento da realização das três primeiras etapas anteriormente explicadas. De acordo com a tradição de Shantideva, essa afeição calorosa é desenvolvida principalmente pelo método de trocar eu por outros, que será explicado adiante.

Como foi mencionado, se gerarmos amor afetuoso por todos os seres e, depois, enfocarmos seu sofrimento em meditação, desenvolveremos a mente de grande compaixão, desejando que eles se livrem de sua desgraça. Se, por outro lado, enfocarmos sua falta de felicidade pura – o fato de estarem privados de verdadeiros prazeres e alegrias –, nosso amor afetuoso se transformará naquilo que é conhecido como grande amor. Grande amor é o desejo sincero de que nenhum ser senciente jamais seja separado da felicidade e de suas causas.

Gerar intenção superior

Com base na plena realização de grande compaixão, surgirá o pensamento: "Eu pessoalmente assumirei a tarefa de libertar todos os seres do sofrimento; é meu dever e responsabilidade". Assumir essa responsabilidade pessoal pela libertação de todos os seres sencientes é o que chamamos de intenção superior. Um exemplo nos ajudará a entender melhor esse ponto. Se uma criança estiver se afogando num rio, aqueles que estiverem observando a cena sentirão o sincero desejo de que ela seja salva. Porém, se o pai da criança a vir correndo tal perigo, ele não se contentará em simplesmente desejar que seu filho seja salvo. Nascerá nele a forte intenção de agir para salvar seu filho. Ele pensará: "Filho, eu vou te salvar". A mente dos observadores é como a grande compaixão, enquanto a mente do pai é como a intenção superior.

A pessoa que gerou essa intenção superior, embora tenha o forte desejo de trabalhar para a libertação de todos os seres sencientes, logo perceberá que não tem poder para atingir esse alvo. Assim como um pai inválido não pode responder ao pedido de socorro do filho, essa pessoa não é capaz de satisfazer seu desejo altruísta. Ter uma realização profunda dessa situação particularmente difícil – a inabilidade de agir de acordo com os nossos desejos –, leva-nos ao resultado pretendido por essa meditação.

Gerar a bodichita

Por meio de contemplação e de investigação, descobriremos que apenas um ser totalmente perfeito, que despertou do sono da ignorância, um Buda plenamente iluminado, tem pleno poder para libertar os outros do sofrimento. A verdade dessa afirmação fica clara quando pensamos nos atributos que um verdadeiro libertador dos outros precisa possuir, ou seja, as quatro características de um Ser Desperto:

1. Estar livre de todas as obstruções que impedem a libertação e a onisciência;
2. Ter grande habilidade para libertar os seres vivos de seu sofrimento;
3. Ter compaixão por todos os seres vivos sem discriminação;
4. Beneficiar todos os seres, independente de ter ou não ter sido beneficiado por eles.

Neste mundo, não encontramos nenhuma pessoa comum que possua tais qualidades. Um ser que possua essas quatro características é o que os budistas intitulam "Buda". No passado, muitas pessoas em países orientais fizeram por merecer esse título, desenvolvendo qualidades supremas por meio da meditação no caminho mahayana. Tenho a esperança de que, nos dias de hoje, alguns ocidentais também desenvolvam essas qualidades preciosas e alcancem a budeidade.

Em resumo, quando a sexta realização, a intenção superior, tiver sido desenvolvida e subsequentemente reconhecermos que somente um Buda, dotado com as quatro qualidades mencionadas, tem pleno poder para satisfazer esse desejo puro, alcançaremos o resultado pretendido por essa meditação. Surgirá em nossa mente o pensamento contínuo de buscar a plena iluminação da budeidade para beneficiar todos os seres sencientes mães e livrá-los do sofrimento. Essa é a mente de iluminação, a bodichita, e todo aquele que a desenvolver será chamado de "Bodissatva".

Como disse Shantideva na estrofe anterior, apesar de existirem muitos tipos de bodichita, todos estão incluídos em dois aspectos: a mente de aspiração e a mente de compromisso, ou aventurosa. [16] Estas mentes podem ser comparadas ao desejo de ir a algum lugar e o ato efetivo de ir. Primeiro, a mente que aspira ou deseja ir à sua destinação surge e continua a surgir enquanto a viagem está acontecendo. De modo similar, a bodichita de aspiração, que procura alcançar a iluminação para o benefício de todos os seres sencientes, surge e continua a surgir até que essa meta seja alcançada. No que se refere à mente de compromisso, ela começa quando os votos do Bodissatva são tomados. É nesse ponto que realmente nos comprometemos com as práticas que conduzem à iluminação – as seis perfeições e as outras virtudes.

Guardando os preceitos e os votos adequados, os dois aspectos da bodichita são estabilizados em nossa mente. Primeiro, na presença de um preceptor ou da assembléia visualizada de Budas, assumimos um compromisso com a mente de aspiração. Nessa ocasião, prometemos nunca abandonar essa mente, mas mantê-la com firmeza até que a iluminação seja alcançada. Depois, tomamos os seguintes oito preceitos a fim de impedir que essa mente de aspiração se degenere nesta vida e em todas as vidas futuras. Para que ela não se degenere nesta vida, tomamos os votos de:

1. Lembrar os benefícios da bodichita seis vezes por dia;
2. Gerar a bodichita seis vezes por dia;
3. Não abandonar nenhum ser vivo;
4. Acumular mérito e sabedoria.

Os quatro preceitos que impedem a degeneração da mente de aspiração em vidas futuras são:

5. Não trapacear ou enganar nossos preceptores ou Guias Espirituais;
6. Não criticar os que ingressaram no caminho mahayana;
7. Não fazer com que os outros se arrependam das suas ações virtuosas;
8. Não fingir que temos boas qualidades nem esconder nossos defeitos sem uma intenção pura e especial.

Quando a mente de aspiração tornar-se estável e repleta de encorajamento, o Bodissatva gera naturalmente o desejo de praticar todas as perfeições, os feitos puros de um Bodissatva. Nesse ponto, os votos da mente de compromisso são tomados, quer na presença de um preceptor quer diante da assembléia visualizada de Budas. Nesse momento, assumimos o compromisso de observar os numerosos preceitos contidos na prática das seis perfeições. Essas seis perfeições serão explicadas posteriormente neste comentário, e a cerimônia para tomar os votos bodissatva será explicada no terceiro capítulo.

Quando o conjunto completo dos votos do Bodissatva é tomado, a bodichita de aspiração torna-se a bodichita de compromisso. Se todos os preceitos forem mantidos puramente, o Bodissatva se aproximará cada vez mais da aquisição da suprema iluminação. Porém, se tais preceitos forem ignorados, violados e abandonados, incorreremos em pesadas consequências negativas, afastando nossa mente da meta. Uma explicação completa dos dezoito votos raízes e dos 46 votos secundários de um Bodissatva pode ser encontrada no texto de Arya Assanga, *Solos de um Bodissatva* (*Bodhisattvabhumi*, em sânscrito), no texto de Je Tsongkapa, *O caminho principal à iluminação* (*Jang chub shung lam*, em tibetano), e no livro *O voto do Bodissatva*.

OS BENEFÍCIOS DA BODICHITA DE ASPIRAÇÃO

Como foi dito, se oferecêssemos um universo repleto de jóias aos seres plenamente iluminados, o mérito criado seria de fato enorme. No entanto, Buda Shakyamuni disse que o mérito que surge da mente que busca a iluminação para beneficiar os outros é milhares de vezes maior que isso. Essa mente de aspiração supera as desvantagens e os impedimentos do samsara e sobrepuja as qualidades dos praticantes espirituais que trabalham somente por sua libertação pessoal – os assim chamados Ouvintes e Conquistadores Solitários. [17] Contudo, por maiores que sejam tais benefícios, um fluxo ininterrupto de mérito não surge da mente de aspiração do mesmo modo que surge da mente de compromisso.

OS BENEFÍCIOS DA BODICHITA DE COMPROMISSO

[18-19] A partir do instante em que os votos completos do Bodissatva são tomados com a mente destemida, que nunca desiste da sua tarefa de libertar todos os seres sencientes do sofrimento e de conduzi-los à iluminação, surge um mérito imenso e inconcebível. O mérito de tal mente é muito maior que aquele que nasce da mente de aspiração, e continua surgindo até quando o Bodissatva está dormindo, despreocupado ou aparentemente bêbado. Ademais, quaisquer ações de corpo, fala e mente da pessoa que possui essa mente de compromisso tornam-se causas para que ela, por fim, conquiste a mais elevada e perfeita iluminação.

AS RAZÕES QUE FUNDAMENTAM OS BENEFÍCIOS DA BODICHITA

Existem dois tipos de raciocínio que estabelecem os imensos benefícios da bodichita: os raciocínios das escrituras e os raciocínios da lógica. No que se refere ao primeiro, [20] no *Sutra solicitado por Subahu* (*Subahuparipreehasutra*), o próprio Buda enumerou muitos benefícios de gerar a bodichita. Por que esse ensinamento foi dado? Para persuadir aqueles que estavam inclinados a seguir o caminho hinayana, que conduz apenas à libertação pessoal do sofrimento, a adotarem o caminho mahayana, que conduz à plena iluminação para o benefício dos outros.

O raciocínio que estabelece os benefícios da bodichita decorre da observação de que, em geral, podemos ter muitos tipos de intenções virtuosas ou benéficas. Por exemplo, uma mãe tem uma intenção benéfica em relação a seus filhos, e nós podemos ter uma intenção benéfica em relação aos pobres e necessitados. Porém, a intenção benéfica de um Bodissatva, cuja grande compaixão se estende a todos os seres vivos, é muito maior que a desses dois exemplos. A diferença entre o impulso virtuoso de um ser comum e o de um Bodissatva equivale a diferença entre a largura de uma unha e a vastidão do céu.

Os benefícios extensos e insuperáveis da bodichita são ilustrados por uma história extraída de uma das vidas anteriores de Buda Shakyamuni. Conta-se que naquela vida ele criou muito carma negativo ao brigar com sua mãe e passar por cima de sua cabeça, quando ela estava deitada no chão tentando bloquear sua partida. Como resultado dessa grave ação não-virtuosa, ele renasceu num estado de existência infernal. Naquele reino carmicamente criado, teve de passar pelo sofrimento contínuo e excruciante de ter a cabeça perfurada. Ao seu redor, estavam outros seres sofrendo o mesmo tormento. A visão desses seres sofredores mexeu com algo no coração do menino. Em sua mente havia uma marca cármica de uma intenção benéfica anterior, e quando ela surgiu em resposta ao tormento alheio, ele rezou: "Que maravilhoso seria se todos os seres sencientes ficassem livres dessa dor infligida à sua cabeça; que todo esse tormento amadureça em mim!". Foi tamanho o poder dessa intenção benéfica que todo o carma negativo acumulado ao maltratar sua mãe foi completamente purificado, e ele renasceu imediatamente num reino dos deuses.

[21] Shantideva usa o exemplo do grande mérito que surge de uma simples intenção benéfica de querer aliviar a dor de cabeça dos outros como um padrão de comparação. Se o mérito dessa intenção limitada é tão grande, [22] o que dizer dos méritos ilimitados da intenção pura de um Bodissatva? Sua intenção, que deriva da motivação de bodichita, é afastar todos os seres sencientes de todos os seus sofrimentos e conduzi-los ao estado supremo da budeidade. O Bodissatva trabalha não apenas para trazer felicidade temporária aos seres sencientes, mas também para conduzi-los à felicidade última da budeidade.

[23] Teriam nossos pais a mesma intenção benéfica que um Bodissatva tem em relação a nós? Os grandes deuses Brama e Indra ou até os sábios teriam uma intenção tão benéfica? Não. É verdade que nossos bondosos pai e mãe querem dissipar nosso sofrimento temporário e nos dar felicidade temporária, mas não lhes ocorre desejar-nos o sublime estado alegre do pleno despertar, a cessação completa de todo o nosso sofrimento.

Em geral, apesar de todo o nosso auto-apreço, nós os seres comuns lutamos apenas pela felicidade desta vida. Não temos a intenção de alcançar o estado supremo da iluminação e não pensamos sequer na felicidade das nossas vidas futuras. Também não temos a intenção de nos libertar dos sofrimentos de um renascimento infernal ou dos sofrimentos do samsara como um todo. [24] Se a intenção benéfica de ficar livre de todo o sofrimento e de alcançar a iluminação nunca surge em prol de nós mesmos, nem em nossos sonhos, como iria ela surgir a favor dos outros? Se nós mesmos não desejamos nos livrar do samsara, como poderemos desejar livrar os outros dele?

Se meditarmos profundamente, considerando o sofrimento constante ao qual estamos sujeitos, conseguiremos gerar o desejo de nos libertar de todos os estados insatisfatórios que compõem o samsara. Esse desejo de ser livre é chamado de renúncia. Se refletirmos sobre os sofrimentos daqueles que estão na mesma situação que nós e compreendermos que todos os seres sencientes estão sofrendo no samsara, surgirá o desejo de que eles também se libertem. É assim que geramos verdadeira compaixão, que, por sua vez, resulta na geração do desejo de bodichita.

[25] A bodichita é a fonte de felicidade para todos os seres sencientes. É a panacéia universal que alivia os outros de todo o sofrimento. [26] Como medir o mérito infinito e inexplicável dessa mente, dessa jóia preciosa? Haveria alguma maravilha comparável ao nascimento da preciosa bodichita em nossa mente?

Beneficiar outro ser é certamente uma prática excelente, mas para que nossa intenção benéfica seja pura, ela não deve estar misturada com máculas, como apego. Apenas quando essas contaminações estiverem ausentes é que obteremos grande mérito. [27] E se, como foi dito, a intenção pura de beneficiar simplesmente um único ser vivo é superior à ação de fazer vastas oferendas aos infinitos Budas, o que dizer da intenção benéfica de um Bodissatva? Com bodichita pura, ele ou ela deseja afastar todos os seres sencientes do sofrimento e conduzir cada um deles ao êxtase estável da insuperável iluminação.

Para entender o alcance da atividade de um Bodissatva e compreender quão poderosos são os resultados da sua motivação, podemos considerar o que segue. Se tivermos uma intenção benéfica em relação a cem pessoas, cem méritos surgirão. Do mesmo modo, se nossa intenção benéfica dirigir-se a mil seres, mil méritos surgirão. Se essa intenção benéfica dirigir-se a incontáveis seres, os méritos que surgirão também serão incontáveis. Portanto, os frutos que surgem da motivação de bodichita são ilimitados. Por quê? Porque o objeto da bodichita são os incontáveis seres sencientes que povoam o universo.

[28] Alguém poderia dizer que um Bodissatva não precisa dissipar os sofrimentos dos seres sencientes e conduzi-los à felicidade, uma vez que estes farão isso por conta própria. Mas os seres comuns ignoram completamente a lei das ações e seus efeitos. Portanto, embora queiram se livrar do sofrimento, rumam diretamente para ele, e o fazem com sua criação constante e ignorante de não-virtude, a verdadeira causa do sofrimento. Do mesmo modo, embora não queiram nada além de felicidade, destroem sistematicamente a virtude, a causa de felicidade, como se fossem o seu pior inimigo.

[29] Em resumo, os seres sencientes não conhecem o método para alcançar a libertação do sofrimento. Estão privados de felicidade e sempre afligidos por dor e pesar. É o Bodissatva que, pelo poder da preciosa bodichita, dissipa o

sofrimento desses seres e os conduz à felicidade. [30] Portanto, onde haveria uma virtude comparável à bodichita, a mente de iluminação, que dissipa a confusão de todos os seres, erradica seu sofrimento e lhes concede alegria ilimitada? Onde haveria um amigo igual à preciosa bodichita, que realiza todo benefício e impede todo mal? Onde haveria um mérito similar ao da mente de iluminação?

LOUVOR ÀQUELE QUE GERA A BODICHITA

[31] Neste mundo, geralmente respeitamos e louvamos alguém que retribui a bondade que recebeu de outro. Sendo assim, como podemos sequer começar a falar da grande bondade demonstrada pelo Bodissatva, esse amigo infinitamente compassivo, que beneficia os outros sem levar em conta se foi ou não favorecido por eles? Comprometido com a grande compaixão, o Bodissatva ajuda incondicionalmente todos os seres sencientes, conduzindo-os de incontáveis maneiras do sofrimento à felicidade. Por acaso é necessário mencionar o louvor e a veneração merecidos por esse glorioso ser?

[32] Vamos imaginar que um homem dê um pouco de comida a alguns mendigos, o suficiente para satisfazer a fome deles pela metade de um dia. Ainda que faça essa caridade com rancor e maus sentimentos, qual será a reação geral ao seu gesto? Os mendigos ficam agradecidos, e o homem é elogiado pelas outras pessoas, que dizem: "Ele é um grande benfeitor e acumulou muita virtude". [33] Sendo assim, o que dizer do louvor e da veneração merecidos pelo Bodissatva? Esse incomparável benfeitor luta, desde que o samsara existe, para satisfazer não apenas os desejos temporários dos incontáveis seres sencientes, mas também a meta última que é conceder-lhes os deleites incomparáveis dos Seres Despertos. Quando compreendermos bem essas razões, devemos sempre gerar o mais profundo respeito por esses Bodissatvas. Só de nos regozijarmos com suas ações benéficas, acumulamos méritos ilimitados.

Alguns podem se perguntar o que faz um Bodissatva para praticar generosidade temporária e última em relação aos outros. Existe uma grande variedade de atividades possíveis, porque o Bodissatva sempre age de acordo com as diferentes inclinações de cada ser. Às vezes, ele ou ela beneficiará os outros ensinando; em outros casos, dando ajuda material ou protegendo aqueles que estão em perigo ou amedrontados. Os Bodissatvas muito avançados são capazes de se manifestar sob diferentes formas de acordo com a necessidade dos outros. Dependendo da situação e da necessidade, eles podem se manifestar como amigos, ajudantes e até como objetos inanimados. Entretanto, a principal maneira de um Bodissatva ajudar os outros é ensinando-lhes o Darma, pois esse é o autêntido método capaz de conduzir os seres sencientes dos sofrimentos do samsara ao estado da mais elevada iluminação. Porém, se alguns seres não tiverem interesse pelo Darma, o Bodissatva não poderá lhes ensinar. Portanto, para esses seres, o Bodissatva se manifestará de acordo com suas necessidades temporárias.

Esse relato dos feitos de um Bodissatva pode soar inacreditável, e talvez tenhamos dificuldade em aceitar tudo isso no momento. Mas se nos familiarizarmos e, por fim, entendermos o vasto Darma mahayana, vamos entender que os feitos de um Bodissatva são, de fato, como acabamos de descrever. Assim, devemos primeiro ouvir os ensinamentos de Darma para, depois, começar a entender e a apreciar suas qualidades.

No Tibete, havia um Lama chamado Purchok Jampa Rimpoche, que tinha um discípulo conhecido como Kachen Yeshe Guialtsen. O discípulo vivia embaixo da caverna do Professor e frequentemente não dispunha de alimentos e roupas para suprir suas necessidades. Certo dia, um nobre visitou o local e ofereceu a Yeshe Guialtsen manteiga e um saco de tsampa, farinha de cevada tostada. O discípulo pensou: “Devo ser uma pessoa muito especial para que um aristocrata me faça essas oferendas”.

No dia seguinte, Jampa Rimpoche deu ensinamentos e, no meio da exposição, disse: "Um dos meus discípulos ainda não percebeu que um Lama pode se manifestar como tsampa e manteiga". Então, olhando diretamente para Yeshe Guialtsen, prosseguiu: "Esse aluno pensa que tais provisões lhe foram oferecidas unicamente graças aos seus méritos". De repente, Yeshe Guialtsen percebeu que o nobre e seus presentes eram uma manifestação do seu Guru, e um sentimento de profunda fé e devoção surgiu em sua mente.

Histórias como essa, contudo, não são facilmente recebidas por iniciantes. Assim, pode ser difícil aceitar esses fatos e acreditar neles. Só descobriremos se uma determinada comida é gostosa ou não, provando-a. Do mesmo modo, só compreenderemos as qualidades do Darma praticando os ensinamentos de Buda. No momento, ainda não experimentamos o "sabor" do Darma mahayana; logo, é normal a dificuldade em aceitá-lo. Mas se provarmos essa comida, conheceremos seu sabor.

Quanto ao Bodissatva, seu trabalho definitivo ou último é conduzir todos os seres vivos à aquisição da iluminação. Isso exige preparações. Se fôssemos convidar um rei ou alguém muito importante para visitar nossa casa, teríamos de preparar com antecedência uma recepção à altura do convidado. O Bodissatva deseja convidar todos os seres sencientes mães para o banquete da suprema budeidade. Ele faz os preparativos para que isso aconteça, buscando ele próprio a budeidade. Quando alcançar esse estado elevado, ele será capaz de aliviar todos os seres sencientes do sofrimento e levá-los ao êxtase da iluminação. Assim, o Bodissatva é nosso mais bondoso benfeitor, aquele que satisfaz todos os nossos desejos temporários e últimos.

Nesse ponto, uma dúvida pode surgir. Se um Buda tem a habilidade de libertar todos os seres do sofrimento, como foi afirmado, por que os incontáveis Budas do passado ainda não conduziram todos os seres à iluminação? A resposta é a seguinte: por terem superado todas as obstruções e limitações, os Budas possuem a sabedoria, a compaixão e os meios habilidosos necessários para conduzir os seres à budeidade; contudo, se os próprios seres sencientes, do seu lado, não investirem o esforço necessário – se não se derem ao trabalho de seguir o caminho que lhes é mostrado pelos Budas –, eles continuarão aprisionados dentro do samsara. Como se diz frequentemente, um Buda não pode remover o sofrimento e as delusões de outro ser do mesmo modo que arrancamos um espinho da carne de alguém. Sem esforço cooperativo, nada pode ser alcançado. Simplesmente confiar num ser iluminado não basta.

Shantideva prossegue, aconselhando como nos comportar em relação a um Bodissatva. [34] Ele cita Buda Shakyamuni, dizendo que um instante de raiva dirigida a um Bodissatva, esse incomparável benfeitor de todos os seres vivos, contamina a mente com um enorme resíduo não-virtuoso. Como resultado, vamos ficar no torturante reino dos seres do inferno por tantos éons quantos tiverem sido os momentos de raiva. [35] Entretanto, se gerarmos uma mente virtuosa, tal como a fé, em relação a um Bodissatva, os frutos dessa ação vão se multiplicar ainda mais profusamente que os resultados de uma mente raivosa. A raiva contra um Bodissatva é mil vezes pior que a raiva contra um ser comum, e a fé em um Bodissatva é muito mais meritória que a fé num objeto comum.

A bodichita possui tantas boas qualidades e conduz a tantos resultados benéficos que o corpo de alguém que gerou essa mente supremamente preciosa é digno de ser um objeto de prostrações. Em uma de suas vidas anteriores, ainda como um Bodissatva, Buda Shakyamuni foi o Rei Maitribala. Ele era sábio, caridoso e amado por seus súditos e rapidamente sua fama espalhou-se por toda parte. Notícias sobre esse rei chegaram enfim à morada de cinco demônios canibais. Eles ficaram com muita inveja das boas qualidades do rei e planejaram matá-lo. Conhecendo sua fama de pessoa generosa, apareceram diante dele e imploraram caridade. O rei imediatamente lhes deu muito ouro e prata, mas em vez de aceitarem a oferta, os demônios retrucaram: "Essa oferenda é inadequada; somos canibais e queremos tua carne e sangue". O rei assentiu ao pedido cruel e, conforme lhes oferecia seu sangue, rezou: "Assim como estou agora satisfazendo-os com meu sangue, possa eu um dia satisfazê-los com o puro Darma e, desse modo, ser verdadeiramente benéfico para eles". Quando, mais tarde, esse rei nasceu como Buda Shakyamuni, os cinco demônios foram seus cinco primeiros discípulos. Depois de ouvirem o primeiro discurso de Buda, proferido em Sarnath, quando girou a Roda do Darma pela primeira vez, os cinco se tornaram Arhats, alcançando a completa libertação pessoal de todo o sofrimento. [36] Assim, até para aqueles que os prejudicam, os Bodissatvas retribuem com alegria temporária e última. Uma vez que esses Bodissatvas são o fundamento para a felicidade de todos os seres sencientes, é correto nos refugiarmos neles continuamente.

Apesar de existirem numerosas práticas mahayanas, de sutra e de tantra, nenhuma é mais importante do que a bodichita. Seguindo o caminho do tantra, podemos alcançar a iluminação no curto espaço de uma vida. Contudo, se não tivermos gerado a bodichita, por mais que pratiquemos, será totalmente impossível alcançar a iluminação. Assim, é um grande equívoco pensar que, porque o tantra é o caminho mais rápido à iluminação, devemos ingressar nele imediatamente e nos esquecermos completamente de cultivar a bodichita. Tal maneira desorientada de praticar o Darma não trará nenhum resultado.

É extremamente importante seguir o caminho espiritual de modo correto e gradual, sem omitir nenhuma das suas etapas. Treinando nossa mente dessa forma, vamos emular os grandes praticantes como Milarepa, que alcançaram a iluminação em uma vida. Certa vez, Milarepa disse: "Primeiro eu temia os oito estados de cativeiro. Meditei sobre a impermanência, a morte e os defeitos do samsara. Segui cuidadosamente a lei das ações e seus efeitos e confiei unicamente nas Três preciosas e sublimes Jóias de refúgio. Durante bastante tempo, treinei os dois métodos para gerar a bodichita. Mais tarde, compreendi que tudo o que aparecia à minha mente carecia de existência verdadeira e era como uma ilusão. Agora, não tenho medo do renascimento nos reinos inferiores". Esse método organizado de praticar deve ser nosso guia enquanto seguimos o caminho do Bodissatva.

Assim termina o capítulo intitulado "Os benefícios da bodichita", o primeiro capítulo do texto *Contemplações significativas,* um comentário ao *Guia do estilo de vida do Bodissatva*, de Shantideva.

Exposição do mal

No primeiro capítulo do *Guia*, Shantideva expõe os benefícios de gerar a mente de bodichita. No segundo, ele mostra como podemos eliminar os obstáculos que normalmente nos impediriam de cultivar esse intuito iluminado. Assim, o esquema do comentário prossegue como a seguir.

COMO PRATICAR AS SEIS PERFEIÇÕES DEPOIS DE GERAR A BODICHITA

Este tópico tem duas partes:

1. Manter a bodichita;
2. Como praticar as seis perfeições.

MANTER A BODICHITA

Esta seção do esquema geral tem duas partes, que correspondem ao segundo e ao terceiro capítulos deste comentário:

1. Como destruir obstáculos e purificar ruindade;
2. Como aceitar e manter a bodichita efetiva.

COMO DESTRUIR OBSTÁCULOS E PURIFICAR RUINDADE

Como foi dito, o principal obstáculo ao desenvolvimento da bodichita é nosso acúmulo de energia negativa, ou não-virtude. Se quisermos gerar estados mentais benéficos,

Shantideva

como a bodichita, temos de purificar essa não-virtude e substituí-la por energia virtuosa, ou meritória. Esse processo duplo de acumular mérito e de purificar não-virtude, ou ruindade, pode ser realizado com as práticas preliminares e a confissão:

1. Os membros preliminares da prática;
2. A confissão de não-virtude.

OS MEMBROS PRELIMINARES DA PRÁTICA

Este tópico tem três partes:

1. Oferenda;
2. Prostração;
3. Buscar refúgio.

OFERENDA

O primeiro membro preliminar dessa prática é fazer oferendas. A exposição de Shantideva tem duas partes:

1. A necessidade de fazer oferendas e de reconhecer os objetos de oferenda;
2. A oferenda propriamente dita.

A NECESSIDADE DE FAZER OFERENDAS E DE RECONHECER OS OBJETOS DE OFERENDA

Neste segundo capítulo, Shantideva assume pessoalmente a postura de alguém que deseja se purificar da não-virtude acumulada. Ele percebe a necessidade de seguir as práticas preliminares e declara abertamente o seguinte:

[1] A fim de manter e de consumar a preciosa bodichita, a fonte de felicidade para todos os seres do universo, farei agora oferendas aos objetos de devoção: a todos os Tatagatas (aqueles que passaram para a vaziez, os Budas), à Jóia do sagrado Darma e aos Filhos de Buda, os Bodissatvas, como o jovem Manjugosha, Avalokiteshvara e outros, que possuem oceanos de excelência.

A OFERENDA PROPRIAMENTE DITA

Shantideva fornece uma lista detalhada dos vários tipos de oferenda que podem ser apresentados a esses três objetos sublimes: Buda, Darma e Sanga. Tais oferendas dividem-se em três categorias:

1. Oferendas que não têm dono;
2. Oferenda do nosso próprio corpo;
3. Oferendas mentalmente transformadas.

OFERENDAS QUE NÃO TÊM DONO

[2-7] Tudo o que vem a seguir, a vós eu ofereço. Dentre todas as flores que existem, ofereço-vos as mais belas; frutos, ervas medicinais, muitas jóias e águas minerais puras e refrescantes; montanhas feitas de jóias, lindos bosques e recantos calmos e alegres; árvores celestiais em floração e outras cujos galhos vergam ao peso de deliciosos frutos.

Refinados aromas dos reinos celestiais, incenso, árvores-dos-desejos, árvores de jóias, colheitas que dispensam cultivo e todos os ornamentos dignos de serem oferecidos. Lagos e lagoas adornados com magníficos lótus e que ecoam o som melodioso de gansos selvagens.

> Do fundo do meu coração, ofereço aos seres supremos – os Budas e seus Filhos – todos esses presentes que não têm dono, vindos das esferas ilimitadas do espaço, juntamente com tudo o que é digno de ser oferecido. Ó Compassivos, pensai bondosamente em mim e aceitai as oferendas que vos faço. Tenho pouco mérito e nenhum outro presente de beleza ou valor a oferecer. Pelo vosso poder, ó Protetores, vós que estais interessados no bem alheio, por favor, aceitai essas oferendas para meu próprio bem.

Entre os belos e raros itens aqui oferecidos, Shantideva menciona vários – como as montanhas de jóias e as árvores-dos-desejos – que podem nos parecer surpreendentes. Onde se pode encontrar essas montanhas feitas de jóias? O que é uma árvore-dos-desejos e onde está localizada? Para compreender tudo isso, precisamos ter uma noção da cosmologia budista. Esse sistema de ver o universo difere bastante da visão apresentada pela teoria científica vigente e contém elementos dificilmente aceitáveis, se for interpretado de maneira muito literal ou concreta. Contudo, se tivermos em mente o real propósito dessa cosmologia – possibilitar que visualizemos o universo inteiro como uma oferenda aos seres iluminados –, a estranheza inicial desse sistema rapidamente desaparecerá.

Buda ensinou que existem incontáveis mundos no universo; alguns são como o nosso, enquanto outros são completamente diferentes. O nosso mundo é composto de quatro "continentes" situados nos pontos cardeais, e nós vivemos no continente sul. No centro desse mundo, ergue-se uma vasta montanha de quatro lados. É o Monte Meru. Cada lado dessa montanha central tem a natureza de uma substância preciosa. A cor do céu acima de cada continente é determinada pela luz que é refletida pelo Monte Meru. Porque o lado sul do monte é feito de lápis-lazúli, o céu acima do continente sul mostra-se azul. Do mesmo modo, o lado leste do Monte Meru é de cristal e reflete uma luz branca sobre o continente oriental; o lado oeste é feito de rubi e reflete luz vermelha; e o lado norte é feito de ouro e reflete luz amarela.

Os continentes possuem vegetação e minerais que lhe são peculiares e, além disso, cada qual tem um tesouro especial, que é seu maior atributo. Esses quatro tesouros, que em virtude de seu esplendor oferecemos aos Budas, são: uma montanha feita de jóias do continente leste, uma árvore-dos-desejos do nosso continente sul, uma vaca-dos-desejos do continente oeste e uma colheita que dispensa cultivo do continente norte. Esses presentes que representam o que há de mais precioso e belo em todo o universo, juntamente com o sol, a lua e outros itens especiais, podem ser reunidos numa visualização imaginada e oferecidos a Buda, Darma e Sanga sob uma forma conhecida como "oferenda do mandala". Se essa oferenda visualizada for feita com seriedade, sua vastidão e qualidade suprema podem ter um efeito extremamente positivo em nossa mente e, assim, levar à criação de grande mérito. Uma explicação detalhada das oferendas de mandala pode ser encontrada no livro *Guia à Terra Dakini.*

Fazer oferendas às Três Jóias – Buda, Darma e Sanga – é, predominantemente, uma atividade mental. Uma vez que essa oferenda não requer presentes materiais, até uma pessoa muito pobre será capaz de fazer oferendas magníficas, contanto que sua motivação seja pura e sua visualização, ampla. Essa prática foi idealizada para nos ajudar a superar a estreiteza das nossas atitudes de avareza e seus benefícios podem ser realmente vastos. Conta-se a história de um menino que desejava ardentemente oferecer algo precioso ao Buda que vivia na sua época. Como era pobre e não podia comprar nada, ele encheu um pote com areia e o ofereceu, imaginando que resplandecia como ouro. A força e a pureza da sua motivação foram tão poderosas que o menino acumulou um imenso mérito. Em outra vida, ele renasceu como o grande rei budista e benfeitor Ashoka. Durante seu reinado, muito fez para estabelecer o Darma na Índia e no Sri Lanka. Num único dia, viabilizou a construção de um milhão de monumentos religiosos, alguns dos quais podem ser vistos até hoje.

Se reconhecermos que os seres iluminados superaram todos os obstáculos e possuem todas as boas qualidades, nossa prática de lhes fazer oferendas nos aproximará da sua suprema aquisição. Tal aquisição depende de obtermos sucessivas realizações ao longo do caminho espiritual e, para consegui-las, precisamos de uma grande quantidade de mérito, ou energia positiva. Os discípulos que viviam na época de Buda Shakyamuni possuíam grandes reservas desse mérito positivo e alguns deles só de ouvirem uma palavra dos ensinamentos de Buda alcançavam realizações rapidamente. Por exemplo, quando a Roda do Darma foi girada pela primeira vez, e Buda ensinou as quatro nobres verdades, muitos discípulos obtiveram uma realização direta da vacuidade, a suprema realidade, e alguns chegaram a alcançar o estado do nirvana, a completa libertação pessoal de todo sofrimento. O Darma ensinado hoje é igual ao Darma ensinado por Buda Shakyamuni, e aqueles que o ensinam são como o próprio Buda; então, por que não obtemos realizações, apesar de ouvirmos ensinamentos por meses a fio? Isso se deve simplesmente à nossa falta de mérito acumulado. Portanto, se quisermos obter realizações, temos de acumular uma profusão de mérito, e um dos principais métodos para tanto é fazer oferendas aos iluminados.

O benefício de fazer oferendas foi comprovado pela experiência de muitos meditadores do passado. Conta-se o caso de uma monja plenamente ordenada que recebeu uma visão de Avalokiteshvara, o Buda da Compaixão, como resultado direto de fazer oferendas de mandala. O grande Guia Espiritual Je Tsongkapa usou a prática de oferecer mandalas para obter uma realização direta da vacuidade. Na realidade, essa prática é recomendada pelos Professores de todas as tradições do budismo mahayana.

OFERENDA DO NOSSO PRÓPRIO CORPO

> [8-9] Em todas as minhas vidas, oferecerei todos os meus corpos aos Budas e a seus Filhos. Por favor, aceitai-me, ó Heróis Supremos, à medida que me torno reverentemente vosso súdito e sigo vosso conselho. Protegido pelo vosso poder, não temerei o sofrimento do samsara e beneficiarei os outros. Minhas ruindades anteriores serão purificadas e, no futuro, não voltarei a cometê-las.

Oferecendo nosso próprio corpo aos seres iluminados, podemos acumular imenso mérito. Purificaremos gradualmente os efeitos das nossas ações não-virtuosas do passado e nos absteremos de cometer outros erros no futuro. Por que isso acontece? A não-virtude incomensurável que temos cometido desde tempos sem início deve-se à nossa atitude de auto-apreço. Com uma atitude egoísta em relação ao nosso próprio corpo, cometemos inúmeras ações negativas, tentando a todo custo obter o melhor para nós mesmos. Portanto, se formos capazes de oferecer nosso corpo aos seres iluminados e, desse modo, privarmos nossa atitude de auto-apreço do seu principal objeto, não haverá mais razão para cometermos ações não-virtuosas. Se pudermos superar o egoísmo e a avareza, oferecendo-nos mentalmente aos Budas como um servo, teremos muitos resultados positivos. Ademais, meditando constantemente dessa maneira, estamos nos preparando para, efetivamente, oferecer nosso corpo como um servo. Os benefícios insuperáveis dessa ação são evidentes na vida do grande iogue Milarepa, que fez do seu corpo um servo do seu Professor, Marpa. Como resultado da sua intensa devoção ao Guru, ele alcançou a plena iluminação naquela mesma vida.

Se oferecermos aos Budas, não apenas nosso corpo atual, mas também os corpos das nossas vidas futuras, ficaremos livres dos medos do samsara. Quando uma pessoa se coloca integralmente a serviço de um rei, ela recebe a proteção real e, consequentemente, ninguém ousa prejudicá-la. Do mesmo modo, se oferecermos nosso corpo aos Budas, nos tornaremos seu servo e estaremos a salvo do mal causado por humanos e não-humanos.

OFERENDAS MENTALMENTE TRANSFORMADAS

Existem dois tipos de oferendas mentalmente transformadas:

1. Oferendas normais;
2. Oferendas sublimes.

OFERENDAS NORMAIS

Shantideva descreve agora uma elaborada cerimônia visualizada, na qual doze oferendas mentalmente transformadas são oferecidas aos Budas. São elas: 1) água perfumada para banhar os Budas; 2) vestes celestiais; 3) jóias ornamentais; 4) óleos perfumados para ungir os Budas; 5) flores; 6) incenso; 7) alimentos; 8) lamparinas; 9) palácios; 10) pára-sóis adornados com jóias; 11) música; 12) a prece por uma chuva contínua de oferendas. Ao fazer a visualização a seguir, devemos lembrar que os seres iluminados não possuem impurezas corporais ou mentais a serem purificadas. Somos nós que precisamos abandonar, exteriormente, nossa forma impura e, interiormente, todos os males e obstruções da nossa mente, a fim de alcançar o estado puro de um Buda. Assim, a limpeza e a purificação que estamos prestes a fazer são, na realidade, para o nosso próprio benefício.

[10] Primeiro, devemos visualizar a sala de ablução onde a purificação acontecerá. O assoalho de cristal brilha e a atmosfera é permeada por um doce aroma de sândalo. Quatro pilares adornados com jóias e pedrarias estão nos pontos cardeais e, suspensos no teto, estão dois preciosos dosséis decorados com pérolas. No centro da sala de banho, há uma lagoa de água delicadamente perfumada. Três degraus de pedras preciosas cintilantes, vindos de três direções, conduzem até a lagoa.

[11] Depois de visualizar esse lindo cenário, convidamos todos os Tatagatas e Bodissatvas para se banharem nessa lagoa. Conforme os vemos chegar, emanamos muitas deusas do nosso coração, uma para cada Buda e Bodissatva. Essas deusas retiram as vestes dos seres iluminados e dos Bodissatvas, enquanto outras, usando lindos jarros preciosos, banham seus corpos com água pura e perfumada, ao som de músicas e canções.

[12] A seguir, visualizamos as deusas enxugando os convidados com toalhas feitas de tecidos macios e deliciosamente perfumados. [13] Depois, oferecemos finos trajes nas cores condizentes e muitos ornamentos de pedras preciosas aos magníficos Seres Superiores – Samantabadra, Manjugosha, Avalokiteshvara e os outros. [14] Então, como se estivéssemos polindo ouro puro, ungimos os corpos radiantes dos Budas e dos Bodissatvas com raro perfume, cuja fragrância permeia milhares de milhões de mundos.

Depois de ungir seus corpos desse modo, visualizamos esses seres sagrados no espaço à nossa frente e lhes enviamos lindas deusas, cada qual portando uma oferenda específica. [15] As deusas presenteiam os seres gloriosos com: guirlandas de lindos e perfumados lótus, mandaravas, upalas e outras flores raras; [16] nuvens de incenso de delicada fragrância; deliciosas comidas e bebidas; [17] lamparinas dispostas sobre botões de lótus dourados, cuja luz dissipa a escuridão da ignorância de milhares de milhões de mundos; [18] e um magnífico palácio celestial, feito de pérolas e pedras preciosas. Dentro desse fabuloso palácio, os assoalhos transparentes estão cobertos de lindas flores e, das paredes, pendem pérolas e pedras preciosas. Por toda essa morada celestial, belas deusas entoam alegres canções de louvor aos Budas. [19] Espalhados pelo palácio, erguem-se muitos guarda-sóis de lindo formato e vasto diâmetro, com cabos moldados em ouro e bordas enfeitadas com diversos tipos de jóias. [20] Todas essas magníficas oferendas vibram ao som de encantadora música, cujas belas harmonias dissipam completamente até o mais leve vestígio de dor de todos os seres.

[21] A oferenda final desse grupo é a nossa própria prece para que, até o cessar do samsara, caia uma chuva contínua de flores, incenso e jóias preciosas sobre as imagens e estátuas dos Budas e Bodissatvas, sobre o santo Darma e sobre os sagrados monumentos-relicários.

OFERENDAS SUBLIMES

As oferendas sublimes são mais puras que as oferendas comuns visualizadas que acabamos de fazer. São oferendas manifestadas pelos Seres Superiores. Para emular o exemplo deles, Shantideva reza:

> [22] Assim como Manjugosha e Samantabadra fizeram lindas oferendas aos Budas e Bodissatvas, possa eu também fazer oferendas aos Protetores e a seus Filhos.

Os seres supremos, como Manjugosha e Samantabadra, possuem realizações espirituais que lhes conferem a habilidade de emanar as oferendas que foram anteriormente descritas. No momento, só o que podemos é visualizar tais oferendas, mas os Bodissatvas Superiores – os seres avançados que possuem a bodichita e um insight direto da realidade – são capazes de manifestar essas substâncias e oferecê-las para o uso dos seres iluminados. Tais manifestações também podem ser utilizadas pelos seres sencientes.

Poderes de manifestação como esses não eram desconhecidos na Índia e no Tibete. No livro *Cem mil canções de Milarepa* (*Milarepai gurbum*, em tibetano), conta-se a história da chegada do grande pândita Padampa Sanguie ao Tibete. Milarepa queria testar os poderes espirituais do ilustre visitante e, para tanto, voou até uma montanha por onde ele iria passar. Enquanto esperava, transformou-se numa flor à beira da estrada. Quando Padampa Sanguie passou pela flor, aparentemente incapaz de notar o disfarce, Milarepa pensou que o indiano não tinha poderes de clarividência. Contudo, logo a seguir, o pândita parou e, voltando-se para a flor, chutou-a dizendo: "Levanta-te Milarepa!". Imediatamente o iogue tibetano reassumiu sua forma humana e saudou calorosamente o pândita: "Bem-vindo ao Tibete. Tu és, de fato, um grande mestre". Ao que Padampa Sanguie respondeu: "Tu também és muito conhecido na Índia como um grande iogue". A história da competição que eles travaram para demonstrar seus respectivos poderes miraculosos e as canções de realização que Milarepa cantou mais tarde podem ser lidas em diversas biografias, já traduzidas em inglês.

Se frequentemente fizermos as oferendas visualizadas normais dos doze tipos mencionados, marcas positivas serão gravadas em nossa mente; marcas que, por fim, se transformarão na habilidade de fazer as oferendas sublimes dos Bodissatvas Superiores. Contudo, existe uma outra oferenda sublime, que somos capazes de fazer corretamente desde já: praticar os ensinamentos que recebemos do nosso Guia Espiritual, ou Guru. Se tivermos recebido instruções do nosso Guia Espiritual sobre como abandonar não-virtude e praticar virtude e as seguirmos sinceramente, essa será nossa oferenda mais sublime. Milarepa disse ao seu Professor, Marpa, que, embora não tivesse objetos materiais para lhe ofertar, pretendia recompensar sua bondade dedicando seu corpo, fala e mente à prática do Darma. Porque um Guia Espiritual está interessado unicamente na felicidade de seus discípulos, quando esses lhe oferecem sua prática de Darma, isso lhe parece muito mais prazeroso que qualquer riqueza material.

Outro método de fazer oferendas sublimes consiste em transformarmos todo o mérito coletado com ações positivas em presentes dignos de serem oferecidos, tanto aos seres supremos como aos seres comuns.

PROSTRAÇÃO

O segundo membro preliminar da prática é oferecer prostração, ou homenagem, aos seres supremos. Trata-se de uma prática vasta, que Shantideva resume a seguir:

> [23-25] Com versos ilimitados de harmonioso louvor, glorificarei os Budas e os Bodissatvas, detentores de oceanos de excelência. Que nuvens de suaves canções de louvor, exaltando suas boas qualidades, ascendam sempre à assembléia dos Superiores.
>
> Com corpos tão numerosos quanto os átomos em todas as terras búdicas, prostro-me aos seres iluminados dos três tempos, ao Darma e à suprema comunidade da Sanga.
>
> Prostro-me igualmente às bases para gerar a bodichita, às estupas que contêm relíquias sagradas, a todos os abades e preceptores eruditos e a todos os praticantes que ingressaram no caminho que conduz à libertação.

Aqui Shantideva menciona especificamente dois tipos de prostração: a verbal e a física. Outros textos especificam um terceiro tipo, a prostração mental, que se refere à atitude de respeito e fé que oferecemos aos objetos meritórios. Os louvores prestados aos Budas, Bodissatvas etc. constituem as prostrações de fala. As prostrações físicas podem ser de vários tipos. Na forma mais benéfica de praticar, os três tipos de prostração são feitos simultaneamente.

No que se refere às prostrações físicas, existem dois métodos mais utilizados. O primeiro é chamado de meia-prostração e, para executá-lo, ajoelhamo-nos e tocamos o chão com ambas as mãos e com a testa. A prostração completa exige que estendamos o corpo inteiro no chão. Instruções detalhadas sobre as técnicas e os benefícios dessas práticas foram transmitidas por Buda Shakyamuni e, mais tarde, comentadas pelos pânditas posteriores; descrições das prostrações de corpo inteiro podem ser encontradas no sutra *Ramo de talos* (*Gandhavyuhasutra*, em sânscrito). Oferecer prostrações era a prática principal de muitos eminentes pânditas indianos. O famoso mestre Naropa, que era o Guru principal de Marpa e o divulgador de profundos métodos de ioga praticados até hoje, usava as prostrações como seu método exterior mais importante de acumular mérito.

A prática de prostração tem grande poder para purificar nossa não-virtude e acumular energia positiva, meritória. Mas sua efetividade depende da nossa própria mente. Se abordarmos essa prática com uma motivação pura, desejando superar nosso inadequado sentimento de orgulho, e nos lembrarmos das qualidades das Três Jóias supremas, Buda, Darma e Sanga, é certo que colheremos efeitos benéficos. Diz-se que, como resultado dessa prática, renasceremos numa família importante, dotados com um corpo saudável e atraente, e nos tornaremos um objeto de respeito para os outros. Existe uma tradição segundo a qual o mérito que obtemos ao prestar homenagem dessa maneira equivale ao número de átomos do chão que cobrimos ao prostrar nosso corpo.

Qual é o método exato de fazer prostrações? Há várias tradições de prática, inclusive entre as escolas budistas mahayanas. De acordo com uma tradição amplamente seguida, ficamos de pé e juntamos as palmas da mão numa atitude de prece com os polegares dobrados para dentro para simbolizar a jóia-dos-desejos. (Deve-se notar que simplesmente manter as mãos nesse ou noutro gesto de respeito similar, ou mesmo abaixar levemente a cabeça, já qualificam uma prostração física; não é necessário tocar o chão). A seguir, com as mãos juntas, tocamos quatro lugares do nosso corpo, a fim de plantar as sementes para alcançar as várias qualidades de um ser iluminado. Primeiro, tocamos o topo da cabeça para obter a *ushnisha* de um Buda, a protuberância da coroa que resulta de prestarmos respeito ao nosso Guia Espiritual, símbolo das realizações interiores de um Buda. Depois, tocamos a testa, a garganta e o coração para obter o fio de cabelo encaracolado (sinal de sabedoria), o poder da fala e o poder da mente, respectivamente. Se nossa motivação e fé forem fortes, essas práticas deixarão poderosas marcas em nosso fluxo mental, para que, no futuro, obtenhamos o corpo, a fala e a mente transcendentes de um Buda. Depois de tocar esses quatro lugares, curvamo-nos para fazer uma meia-prostração ou uma prostração inteira e, imediatamente, nos levantamos. Repetimos essa sequência três vezes no mínimo e, ao terminá-la, tocamos novamente nossos quatro lugares – coroa, testa, garganta e coração – com as mãos postas.

Oferecer prostrações era uma prática muito difundida em todo o Tibete. Je Tsongkapa enfatizava a importância dessa prática e, durante um retiro com vários dos seus principais discípulos, fez 3 milhões e 500 mil prostrações de corpo inteiro. Outro eminente Professor tibetano, Jampa Rimpoche, considerado uma manifestação de Buda Maitreya, dizia publicamente que seu método exterior de acumular mérito se resumia a duas práticas diárias: oferecer cem potes de água e fazer cem prostrações. Até em idade avançada, ele manteve sua prática. Como era um homem muito alto, ao se prostrar, seu corpo cobria uma grande extensão do chão e, por isso, acumulava muito mérito com sua prática. Um dia exclamou: "Que maravilhoso seria se eu fosse ainda mais alto, pois então acumularia ainda mais mérito!"

No Tibete, a prática de prostração era popular também entre a população leiga, e muitas pessoas enfrentavam grandes sacrifícios a fim de oferecê-la. Era bastante comum que contornassem a capital do Tibete, Lhasa, prostrando-se ao longo de todo o trajeto. Além disso, algumas pessoas eram conhecidas por terem feito prostrações de corpo inteiro desde seu distrito natal, no leste do Tibete, até a montanha sagrada de Kailash, no oeste; uma jornada que, normalmente, leva seis meses a pé.

Embora as prostrações aqui descritas sejam uma prática física, seu verdadeiro valor, como ocorre com todas as outras práticas de Darma, depende da nossa atitude mental. Assim, se durante essa prática visualizarmos nosso corpo aparecendo em inumeráveis manifestações, todas elas fazendo prostrações aos infinitos Budas e Bodissatvas, os benefícios que receberemos serão proporcionais à vastidão da nossa visualização.

Em seu *Guia*, Shantideva refere-se a fazer prostração às bases para gerar a bodichita. As bases para gerar a bodichita são três: 1) o Darma mahayana, que descreve os métodos e os benefícios de gerar a bodichita; 2) o Guia Espiritual mahayana, que nos dá instruções precisas; 3) o lugar efetivo onde a bodichita é gerada. O desenvolvimento da bodichita é algo tão valioso que até os lugares onde essa mente é gerada tornam-se dignos de veneração. Na Índia, há muitos lugares de peregrinação que assinalam os locais onde meditadores famosos obtiveram realizações espirituais. Bodh Gaya, em particular, onde Buda Shakyamuni demonstrou sua aquisição da plena iluminação, é considerado um lugar muito auspicioso para fazermos prostrações. Do mesmo modo, os lugares onde Buda nasceu (Lubini), onde girou a Roda do Darma pela primeira vez (Sarnath) e onde morreu (Kushinagar) são pontos de peregrinação, especialmente, para práticas de prostração.

BUSCAR REFÚGIO

A terceira prática preliminar para purificar negatividades e acumular mérito consiste em voltar nossa mente para a fonte de refúgio apropriada e última. Como diz Shantideva:

> [26] Desse momento em diante, até alcançar a essência da grande iluminação, buscarei refúgio nos Budas, no Darma e na suprema assembléia de Bodissatvas Superiores.

A explicação do refúgio tem cinco partes:

1. As causas de buscar refúgio;
2. Os objetos de refúgio;
3. A medida de ter buscado refúgio perfeitamente;
4. Os compromissos de buscar refúgio;
5. Os benefícios de buscar refúgio.

Se desconhecermos as causas de buscar refúgio, não teremos motivação para iniciar essa prática; e se não soubermos quais são os objetos de refúgio adequados, a quem iremos nos dirigir? Se não soubermos como aferir se estamos nos refugiando perfeitamente, não saberemos como concluir essa prática; e se ignorarmos os compromissos de buscar refúgio, seremos incapazes de cumprir o propósito dessa prática. Por fim, se não conhecermos os benefícios de buscar refúgio, nos privaremos da inspiração necessária para fazer essa prática sincera e repetidamente.

AS CAUSAS DE BUSCAR REFÚGIO

Buscar refúgio é um fundamento muito importante do caminho budista. Representa a determinação de nos afastar do ciclo infindável de confusão e de insatisfação que tem marcado nossa vida e de encontrar um modo de vida mais saudável e íntegro. Como foi dito, nossa acumulação passada de ações negativas de corpo, fala e mente é responsável tanto pela nossa confusão e infelicidade diárias, como pela dificuldade que temos de atingir realizações ao longo do caminho espiritual. Se esse padrão de comportamento descontrolado continuar intato, ele nos levará a estados de sofrimento e de tormento ainda mais agudos no futuro. Assim, existem duas causas inter-relacionadas para buscarmos refúgio em Buda, Darma e Sanga. Antes de tudo, devemos sentir um sincero terror dos atormentados estados de existência samsárica, para os quais nosso comportamento descontrolado de corpo, fala e mente nos empurram. Em termos da cosmologia budista, esse terror é interpretado como uma intensa aversão aos sofrimentos dos três reinos inferiores de existência ou, melhor ainda, como um sentimento de nojo pela natureza insatisfatória de todos os estados condicionados pela ignorância. Além desse verdadeiro terror, devemos ter fé e convicção inabaláveis nas Três Jóias, compreendendo corretamente o seu poder de nos proteger contra todas as formas de sofrimento. Fundamentando nossa convicção na razão, em autoridade legítima e, o que é mais importante, em nossa experiência pessoal, voltamo-nos para as Três Jóias de refúgio pensando que somente elas podem mostrar o caminho que nos afasta do medo e da insatisfação e que nos conduz à paz mental.

Os ensinamentos budistas descrevem três níveis progressivos de prática espiritual. As duas causas para buscar refúgio anteriormente descritas variam de acordo com o nível em que estamos. Uma pessoa no nível inicial de motivação percebe com clareza que sua mente está poluída por delusões violentas, como raiva, inveja e avareza. Ela teme que, sem um treinamento adequado, essa mente desregrada irá expô-la ao intenso sofrimento dos três reinos inferiores – os estados infernal, fantasmagórico e animalesco –, que resultam de ações extremamente não-virtuosas de corpo, fala e mente. Então, ela gera fé e convicção no poder das Três Jóias de oferecer proteção contra esse mal.

Quando uma pessoa avança para o nível intermediário de motivação, ela percebe que a totalidade da existência samsárica – tanto os estados elevados como os inferiores – está permeada de insatisfação e de sofrimento. Não querendo mais circular nessa infindável roda da existência, a pessoa se volta para as Três Jóias em busca de um método para obter a libertação total de todos os estados infelizes de existência.

No nível mais elevado de motivação, o buscador espiritual é motivado por grande compaixão. Ele ou ela transcende os interesses individuais, egoístas, para perceber que todos os outros seres também estão girando na escuridão da sua ignorância, criando causas para mais e mais sofrimentos. Com um intenso desejo de ajudar essas pobres criaturas, cada uma das quais ele reconhece como tendo sido sua mãe numa vida anterior, o praticante se volta para as Três Jóias, acreditando firmemente que somente elas podem conduzi-lo à iluminação – o estado plenamente perfeito, no qual é possível beneficiar ao máximo todos os seres.

OS OBJETOS DE REFÚGIO

É muito importante ter uma idéia clara do que são exatamente os três objetos de refúgio. No budismo, eles são conhecidos como as Três Jóias ou os Três Sublimes e Preciosos – Buda, Darma e Sanga. Uma definição geral das Três Jóias foi apresentada no primeiro capítulo deste livro. De acordo com essa definição, Buda é um ser iluminado (o médico), o Darma são os seus ensinamentos (o remédio), e a Sanga é a comunidade espiritual que segue a doutrina de Buda (os enfermeiros). Buscamos refúgio nessas Jóias da mesma maneira que um doente busca um médico para ser curado, confia no remédio prescrito e é ajudado por enfermeiros experientes.

À medida que nosso interesse em seguir o caminho espiritual aumenta, faz-se necessária uma compreensão mais detalhada dessas Três Jóias. Para ganhar esse entendimento de quais são os verdadeiros objetos de refúgio, é útil nos habituarmos com um esquema dos caminhos mahayanas, ou estados de consciência, que culminam na plena iluminação.

Tendo desenvolvido o desejo de bodichita, ingressamos no primeiro dos cinco caminhos progressivos que levam à aquisição da budeidade. O principal trabalho a ser realizado ao longo desses caminhos é a remoção, passo a passo, de todas as obstruções que cobrem nossa mente e a impedem de exibir sua natureza essencial, basicamente pura. Essas obstruções são classificadas como: *obstruções-delusões*, que impedem a libertação, e *obstruções ao conhecimento*, que impedem a onisciência. Podemos removê-las, desenvolvendo e habituando nossa mente com sabedoria, especificamente a sabedoria que possui uma compreensão não-conceitual direta da verdadeira natureza da realidade. Essa compreensão remove a ignorância obscura, camada por camada, da densa à muito sutil, até que a natureza de clara-luz da nossa mente seja plenamente revelada.

Nos dois primeiros dos cinco caminhos, os caminhos da acumulação e da preparação, treinamos para gerar um entendimento conceitual progressivamente mais acurado e profundo da realidade. Para tanto, desenvolvemos uma poderosa concentração e a visão superior (conforme é explicado no oitavo e nono capítulos deste comentário). Por fim, como resultado desse treino e do mérito acumulado, nossa compreensão torna-se direta, ou não-conceitual. Nesse exato momento, ingressamos no terceiro caminho, o caminho da visão, e todas as nossas delusões intelectualmente formadas são removidas. Tornamo-nos um Bodissatva Superior – um nobre Filho ou Filha dos Budas. O restante do nosso treino pressupõe a eliminação gradual, no quarto caminho, o caminho da meditação, de todas as delusões inatas e das suas marcas que ainda obscurecem nossa mente. Quando isso for plenamente realizado e não restar nem o mais sutil dos véus a cobrir a natureza de clara-luz da nossa consciência, conquistaremos o quinto e último caminho, o caminho do não-mais-aprender, a plena iluminação da budeidade. Na condição de um Ser Desperto, todas as nossas ações de corpo, fala e mente irão beneficiar espontaneamente e sem esforço todos os seres vivos, pois seremos impulsionados pela nossa motivação de bodichita a guiar todos os seres ao êxtase da libertação e da iluminação.

Com esse breve esquema do caminho mahayana em mente, podemos agora retornar aos objetos de refúgio e expor o significado das Jóias Buda, Darma e Sanga. Uma Jóia Buda é um ser que percorreu e concluiu os caminhos mahayanas e que, portanto, está dotado com as quatro características mencionadas no capítulo anterior: estar livre de obstruções, ter meios habilidosos, compaixão universal e imparcialidade. A Jóia Darma refere-se às duas últimas das quatro nobres verdades, os *verdadeiros caminhos* (isto é, consciências de sabedoria) que nos livram para sempre das obstruções à libertação ou à onisciência; e as *verdadeiras cessações* (isto é, liberdade de toda obstrução) que são conquistadas por meio desses caminhos. Finalmente, a Jóia Sanga refere-se aos seres dotados com a Jóia Darma, os Bodissatvas Superiores – os nobres praticantes que atingiram, pelo menos, o caminho da visão e, portanto, têm uma compreensão direta da verdadeira natureza da realidade.

A MEDIDA DE TER BUSCADO REFÚGIO PERFEITAMENTE

O verdadeiro refúgio depende de identificarmos claramente as causas anteriormente mencionadas. Tendo cultivado pavor das diversas formas de sofrimento samsárico e a compreensão de que somente as Três Jóias têm o poder de nos proteger contra esse sofrimento, do fundo do nosso coração devemos confiar firmemente em Buda, Darma e Sanga. Quando fizermos isso de maneira sincera e consistente, teremos um refúgio efetivo. Para lembrar nosso refúgio e aprofundá-lo, podemos recitar a seguinte prece: "Busco refúgio nos Gurus, busco refúgio nos Budas, busco refúgio no Darma e busco refúgio na Sanga".

OS COMPROMISSOS DE BUSCAR REFÚGIO

Depois de tomar refúgio nas Três Jóias, há vários compromissos que devemos nos empenhar em observar puramente. Eles incluem três ações a serem abandonadas, três ações a serem admitidas, ou reconhecidas, e seis compromissos gerais.

Os três abandonos

Uma vez que tenhamos tomado refúgio na Jóia Buda, devemos abandonar o refúgio em professores que contradizem a visão de Buda e em deuses samsáricos. Tendo tomado refúgio na Jóia Darma, devemos parar de prejudicar os outros. Tendo tomado refúgio na Jóia Sanga, não devemos nos deixar influenciar por pessoas que rejeitam os ensinamentos de Buda.

Os três reconhecimentos

Tendo tomado refúgio em Buda, devemos considerar qualquer imagem de Buda – feita de ouro, madeira ou outro material e independente de ser antiga ou nova – como um Buda efetivo. Nosso refúgio no Darma requer que consideremos qualquer escritura de Darma, e até mesmo cada uma de suas letras, como uma Jóia Darma efetiva, a própria fala de Buda. Por isso, os textos de Darma não devem ser tratados com descaso, deixados no chão ou pisados. Tendo tomado refúgio na Jóia Sanga, devemos considerar todo aquele que usa as roupas de uma pessoa ordenada como uma Jóia Sanga efetiva.

Os seis compromissos gerais

Devemos nos lembrar dos seis compromissos gerais de buscar refúgio durante toda a nossa vida. Cada um deles foi concebido para aprimorar atitudes benéficas e para manter vivo em nossa consciência o pensamento libertador do refúgio. Assim devemos: 1) buscar refúgio nas Três Jóias repetidamente, lembrando-nos das suas boas qualidades e das diferenças entre elas e reconhecendo sua superioridade sobre as formas de refúgio comuns e mundanas; 2) oferecer a primeira porção de tudo o que comemos ou bebemos às Três Jóias, lembrando-nos da sua bondade; 3) com o coração repleto de compaixão – e levando em conta as diferentes capacidades dos seres vivos –, sempre encorajar os outros a buscarem refúgio; 4) lembrando os benefícios do refúgio, nos refugiar no mínimo três vezes durante o dia e três vezes durante a noite; 5) executar as nossas ações com plena confiança nas Três Jóias – independentemente da situação que surja, do nosso humor ou estado de saúde; 6) jamais abandonar as Três Jóias, nem de brincadeira, ainda que isso nos custe a própria vida.

A prática de refúgio é extremamente vasta e profunda. Todas as práticas dos veículos pequeno e grande do budismo, sem exceção, estão incluídas no refúgio tomado pelos seres que possuem esses diversos tipos de motivação. Quando o grande mestre indiano Atisha foi ao Tibete pela primeira vez, ele ensinou amplamente o refúgio. Em razão disso, os tibetanos, jocosamente, o apelidaram de o "Lama do Refúgio". Ao saber que os tibetanos estavam se referindo a ele desse modo, Atisha ficou radiante.

OS BENEFÍCIOS DE BUSCAR REFÚGIO

Existem oito benefícios de buscar refúgio: 1) tornamo-nos um puro budista, ou um ser interior; 2) estabelecemos o fundamento para tomar todos os outros votos, como os votos de leigo, de ordenado, bodissatvas e tântricos; 3) purificamos o carma negativo que acumulamos no passado; 4) diariamente reunimos uma vasta quantidade de mérito; 5) somos impedidos de cair em reinos inferiores; 6) somos protegidos contra os danos provocados por humanos e não-humanos; 7) satisfazemos todos os nossos desejos temporários e últimos; 8) alcançamos rapidamente a plena iluminação, a budeidade.

A CONFISSÃO DE NÃO-VIRTUDE

Os três membros – oferenda, prostração e refúgio – são práticas preliminares que conduzem à prática principal, descrita neste capítulo: a confissão de não-virtude. Essa confissão, ou declaração, das nossas ações não-virtuosas capacita-nos a neutralizar os efeitos prejudiciais que tais ações nos acarretariam. A conclusão plena e correta dessa prática depende da utilização dos quatro poderes oponentes listados a seguir. Se esses quatro poderes forem executados corretamente, com pleno entendimento de seu significado, toda a nossa não-virtude do passado poderá ser definitivamente purificada. Os quatro poderes oponentes são:

1. O poder do arrependimento;
2. O poder da confiança;
3. O poder da força oponente;
4. O poder da promessa.

O PODER DO ARREPENDIMENTO

O primeiro passo para purificar os efeitos das ações negativas é admitir para nós mesmos que elas eram realmente negativas e prejudiciais. Essa admissão sincera dos erros que cometemos contra nós mesmos e contra os outros permite que o processo de arrancar essas negatividades pela raiz tenha início. Assim, precisamos cultivar, desde o começo, um forte sentimento de arrependimento pelas ações prejudiciais que foram cometidas sob o domínio dos nossos estados mentais deludidos. Na longa citação do *Guia* que se segue, Shantideva assume o ponto de vista de um praticante espiritual que está profundamente convencido da extensão e da gravidade de sua própria não-virtude:

> [27-29] Com profundo arrependimento por minhas não-virtudes do passado, junto as palmas das mãos rogando àqueles que possuem grande compaixão, todos os Budas e Bodissatvas Superiores que vivem nas dez direções. Desde tempos sem início, nesta vida e em vidas anteriores, por ignorar a lei das ações e seus efeitos, cometi pessoalmente muitas não-virtudes e também instiguei os outros a cometê-las. Dominado por ignorância enganosa, cheguei a ponto de me regozijar com a não-virtude que os outros cometiam; mas, agora, reconheço todas essas ações como enganos e, do fundo do coração, eu as declaro na vossa presença, ó Protetores.
>
> [30-31] Quaisquer ações prejudiciais de corpo, fala e mente - que, com a mente perturbada pelas delusões, eu tenha cometido contra o Campo de Mérito, as Três Jóias, meu Guia Espiritual, meus pais e os outros – e todos os demais erros da minha mente contaminada, hoje, abertamente eu os declaro aos salvadores do mundo.
>
> [32-33] Se eu morrer sem purificar esses grandes males, indubitavelmente experienciarei um sofrimento inimaginável. Eu vos suplico, por favor, protegei-me rapidamente de todos esses medos. Tenho outros motivos para buscar rapidamente vossa proteção. A duração da minha vida é totalmente incerta e, para o imprevisível Senhor da Morte, não faz a menor diferença que eu tenha ou não declarado as minhas não-

virtudes. Sem esperar que eu conclua o trabalho que estou fazendo e indiferente ao meu estado de saúde, ele subitamente se lançará sobre mim. Ó Protetores, por favor, salvai-me de todos os medos de morrer.

[34-36] Durante minha vida, não compreendi que meus familiares, meu corpo, riqueza, posses e todo o restante seriam deixados para trás, e que eu partiria sozinho desta vida para a próxima. Por ignorância, cometi muita não-virtude em nome de meus familiares e amigos e fiz muitas crueldades tentando destruir meus inimigos. Agora vejo a loucura de tais ações e arrependo-me profundamente dos atos que cometi no passado. Compreendo agora que meus inimigos, familiares e amigos, e até eu, iremos todos finalmente morrer e nos tornar nada. Do mesmo modo, minha riqueza, posses e todas as coisas vão se tornar nada. Os prazeres e a felicidade vividos num sonho tornam-se apenas uma pálida memória quando despertamos. Do mesmo modo, os divertimentos desta vida serão apenas uma simples memória na hora da morte. Tudo o que passou não será mais visto ou experimentado novamente.

[37-38] No breve espaço desta única vida, muitos amigos e inimigos já morreram e não serão mais vistos. Contudo, o insuportável fruto maldoso que cresceu das ações não-virtuosas que cometi em nome desses amigos e inimigos está, agora, diretamente à minha frente. Não tendo entendido que certamente iria morrer, que a hora da minha morte seria totalmente incerta e que nada, senão o Darma, poderia me ajudar nessa hora, cometi muitas ruindades por ignorância, apego e raiva. Com profundo arrependimento, declaro abertamente tudo isso diante de vós.

[39] Dia e noite, momento a momento, esteja eu sentado, andando, comendo ou falando, minha vida se enfraquece. Esse refluir da vida não pode

ser detido, nem minha vida pode ser prolongada. Sendo assim, existe algum motivo para pensar que a morte não virá para mim? E como ela será?

[40-42] Com minhas não-virtudes ainda por declarar e a prática de Darma ignorada, o Senhor da Morte cairá subitamente sobre mim. No meu leito de morte, embora rodeado de amigos e de familiares, eu sozinho sentirei intenso sofrimento e medo, conforme a vida estiver sendo tirada de mim. Quando eu for agarrado pelos horripilantes mensageiros do Senhor da Morte, que benefícios esses familiares e amigos poderão me trazer? Tivesse eu acumulado mérito, tomado refúgio, praticado disciplina moral e outras virtudes, isso tudo agora seria a minha proteção. Mas foram essas as práticas que ignorei e, agora, sinto o mais profundo arrependimento e medo. Ó Protetores, esquecido do terrível sofrimento dos três reinos inferiores, cometi uma profusão de males em nome desta vida passageira. Profundo é o meu arrependimento.

[43-44] Quando é capturado pelas autoridades e levado para a tortura, o prisioneiro fica aterrorizado, sua boca seca e seu rosto empalidece. Seus olhos se arregalam e sua aparência fica transfigurada. Se a tortura infligida por seres humanos pode causar tamanho pavor, o que dizer do terror que surgirá em mim quando os mensageiros não-humanos do Senhor da Morte me agarrarem e eu for assaltado pelo pânico da morte? Completamente indefeso, minha desolação será extrema.

[45-46] Ver os carrascos do Senhor da Morte já basta para suscitar grande terror e gritos de angústia. Com olhos arregalados e fixos, procurarei nas quatro direções alguém para me dar refúgio. Mas não vendo refúgio em parte alguma, serei invadido pela sombra e pelo desespero. Completamente desprotegido, expos-

> to a um sofrimento intolerável, o que farei? É agora que preciso agir. A partir deste instante, tenho de abandonar todas as causas que poderiam me levar a tais experiências infernais.

Sem o forte arrependimento que foi tão bem ilustrado por Shantideva, seremos incapazes de purificar nossa não-virtude. No entanto, em geral não sentimos sequer o mais leve arrependimento por nossas ações não-virtuosas do passado. Por quê? Porque não entendemos plenamente que essas ações nos trarão apenas frutos de sofrimento. Enquanto continuarmos a ignorar a relação causal entre as ações deludidas e não-virtuosas e as experiências de dor resultantes, não iremos abandoná-las nem nos arrepender do nosso estilo de vida equivocado. Além de sermos incapazes de purificar os efeitos das nossas negatividades do passado, continuaremos a criar causas para mais sofrimento no futuro.

Só poderemos cultivar uma atitude de arrependimento quando reconhecermos a conexão entre o mal que criamos e o mal que recebemos. No entanto, é importante não interpretar incorretamente o que significa nos arrependermos das nossas ações inabilidosas. Não devemos ver o nosso sofrimento como uma punição imposta a nós exteriormente para punir nossos pecados; tampouco precisamos nos sentir culpados, pensando que ofendemos alguma autoridade, ou força, pronta para se vingar de nós. O verdadeiro arrependimento não se preocupa com essas atitudes irrelevantes.

A diferença entre uma atitude adequada e outra exagerada nesse tipo de assunto pode ser ilustrada com um exemplo. Os pais de um menino, cientes dos perigos do fogo, proibiram o filho de brincar com fósforos. Ele ignorou a proibição e queimou o dedo. A reação mais adequada e benéfica seria que o menino se arrependesse da sua falta de cuidado e aprendesse com sua experiência de dor a não se expor a perigos similares no futuro. Uma reação exagerada seria o menino pensar que os fósforos o puniram deliberadamente por ter desobedecido aos pais. Essa reação supersticiosa apenas confunde a situação e introduz considerações irrelevantes, como culpa, que poderiam reduzir, ao invés de aumentar, a habilidade da criança para lidar racionalmente com situações de perigo no futuro.

Voltando à aplicação correta dos poderes oponentes, devemos tentar cultivar uma atitude de arrependimento frente às nossas ações inábeis e não-virtuosas fundamentadas não em culpa, mas sim numa clara compreensão de que causas prejudiciais acarretam resultados prejudiciais. Os seres iluminados denominaram algumas ações de "não-virtuosas" exatamente por causa dos seus efeitos nocivos. Ao ver que cometemos e que continuamos a cometer essas ações potencialmente indutoras de sofrimento, sentir sincero arrependimento é uma reação plenamente adequada e natural.

Por que resultados prejudiciais seguem-se a ações prejudiciais? É por meio de uma marca gravada em nossa mente que o potencial para experienciar sofrimento futuro vem à tona. Por exemplo, uma pessoa que comete assassinato grava uma forte marca negativa em sua própria mente, e essa marca, ou semente, contém o potencial para afundar essa mente num estado de extrema dor. A menos que a marca dessa ação não-virtuosa seja purificada, essa semente latente permanecerá na consciência; com seu poder adormecido, porém, intacto. Quando as circunstâncias propícias finalmente se reunirem, o poder potencial dessa marca será ativado, e a semente amadurecerá fazendo surgir uma experiência de intenso sofrimento, como, por exemplo, um renascimento num reino de tormento infernal carmicamente criado.

A situação é análoga à de um terreno árido, no qual foram plantadas sementes há muito tempo. Enquanto não forem de algum modo destruídas, elas conservarão seu potencial para crescer. Caso o terreno seja suficientemente regado, essas sementes há muito esquecidas subitamente vão germinar. De modo similar, nossas ações cármicas plantam sementes no campo da nossa consciência e, quando encontrarmos as condições propícias, essas sementes vão germinar e produzir seu fruto cármico.

Ao cometer e deixar de purificar ações negativas e prejudiciais, plantamos em nossa mente incontáveis sementes, com potencial igualmente negativo. O fruto dessas sementes não se limita à experiência de um renascimento inferior. Por exemplo, como resultado de prejudicar os outros numa vida anterior, podemos ter uma vida repleta de doenças. Também o sofrimento mental e a infelicidade atuais podem ser resultados de termos perturbado os outros no passado. Do mesmo modo, pobreza é resultado cármico de avareza, e ter um corpo disforme ou feio é resultado de raiva. Além disso, não precisamos esperar até uma vida futura para colher o resultado da não-virtude que cometemos agora; todos nós sabemos que raiva e cobiça podem nos trazer dor e infelicidade quase de imediato.

Os outros seres são os objetos visados, ou as vítimas, de ações não-virtuosas como roubo, discurso divisor e maldade. Contudo, existem ações mentais que não são dirigidas para fora, mas, em vez disso, atingem diretamente aquele que as comete. Tais ações mentais pertencem ao grupo denominado "adotar visões errôneas e pervertidas" e constituem as ações mais graves e prejudiciais dentre todas as ações inabilidosas. Ações desse tipo vão desviar nossa mente e nos impedir de obter uma visão correta da realidade. Se adotarmos visões errôneas - como, por exemplo, defender convictamente a idéia de que não existe refúgio efetivo contra o sofrimento mundano; gerar fé em um objeto de refúgio impróprio, como as nossas próprias delusões; ou negar obstinadamente a existência de uma relação causal entre as ações e os seus resultados - nossa mente será mal direcionada e estaremos nos impedindo de obter uma visão correta da realidade. Como resultado, nossa ignorância vai aumentar e nos levar a criar mais e mais ações prejudiciais de corpo, fala e mente. Se nos agarrarmos a essas visões que negam a verdade com suficiente obstinação, elas irão plantar poderosas sementes negativas em nossa mente. Um efeito possível dessas sementes é uma experiência de grande dificuldade quando tentarmos, mais tarde, estudar o Darma ou meditar nele.

Algumas pessoas não têm qualquer aptidão para o Darma; rejeitam sectariamente tudo que tenha um sabor espiritual. Esse tipo de comportamento também é resultado de ter defendido visões errôneas em uma vida anterior. Além disso, existem certos países onde os ensinamentos espirituais nunca penetram. Essa ampla ausência de Darma é o resultado coletivo de ações não-virtuosas passadas que foram cometidas pelo povo que renasceu naquele país. Assim, quer na experiência de indivíduos quer na experiência de grupos de pessoas, o infortúnio e a infelicidade são resultados de predisposições mentais negativas.

Todas as ações não-virtuosas, as que se dirigem contra os outros e as que se dirigem contra nós mesmos, contaminam nossa mente. Assim, se queremos cultivar realizações de qualquer aspecto do Darma, precisamos purificar nossa não-virtude o máximo possível. Um pote sujo não pode ser usado como recipiente de uma bebida potável antes de ser inteiramente limpo; caso contrário, a bebida será contaminada e se tornará imprópria para consumo. Para usar outra imagem, se não livrarmos nossa mente das suas impurezas, o sol da bodichita não poderá nascer dentro dela. Em contrapartida, se conseguirmos purificar nossa não-virtude e acumular um tesouro de mérito, poderemos ganhar realizações profundas até de um tópico tão difícil como a visão profunda da realidade última (o assunto do nono capítulo), sem ter que receber extensos ensinamentos de Darma.

Neste ponto, será útil falarmos sobre os diversos graus de não-virtude. Algumas pessoas pensam que a não-virtude de matar um pequeno inseto é insignificante quando comparada à não-virtude de matar um animal grande.

No entanto, o tamanho da vítima não é necessariamente o critério mais importante para determinar a gravidade das nossas ações. A diferença entre uma não-virtude grande e uma pequena é determinada pelo interrelacionamento de quatro fatores: objeto, época, ação e mente. Incorreremos no carma não-virtuoso mais pesado se o objeto da nossa ação não-virtuosa for venerável e digno de respeito. Nessa categoria estão incluídos, entre outros, os seres de caráter religioso, um Buda, um Bodissatva, um Arhat, um membro da Sanga, um Professor espiritual ou nossos pais. Em termos da época, a gravidade das ações não-virtuosas aumenta se forem cometidas em dias reservados para a observância religiosa e espiritual ou para tomarmos preceitos e votos. A maneira como cometemos uma ação não-virtuosa também afeta sua gravidade. Por exemplo, matar outro ser lentamente e infligindo-lhe muita dor é uma ação mais grave do que tirar a vida alheia de maneira rápida e indolor. Por fim, o estado mental com o qual a ação é cometida determina em grande parte a gravidade dos resultados dessa ação. Uma mente motivada por intensa raiva e que se regozija com ações que prejudicam os outros é excepcionalmente má; logo, a não-virtude acumulada é imensa. Quanto mais essas quatro características negativas estiverem presentes numa ação, mais prejudicial será a não-virtude acumulada.

Como foi dito, as ações são denominadas não-virtuosas ou inabilidosas porque elas conduzem a futuro sofrimento. Cada ação não-virtuosa possui três possíveis efeitos de sofrimento. O primeiro, *o efeito plenamente amadurecido*, é o renascimento futuro ao qual somos arremessados pelo amadurecimento da semente plantada pela ação correspondente. Por exemplo, se matarmos alguém e as quatro condições – objeto, época, ação e mente – forem suficientemente graves, poderemos renascer num estado de sofrimento infernal. Quanto menos graves forem essas condições, mais elevado será o reino em que renasceremos. O segundo resultado de uma ação não-virtuosa é conhecido como o *efeito similar à causa*. Exemplos desse segundo resultado, no caso de uma ação de matar, seriam os sofrimentos específicos de uma vida repleta de doenças ou o temperamento sádico e cruel de uma criança. Por fim, o terceiro efeito de nossas ações não-virtuosas é *o efeito ambiental*. O lugar onde seremos obrigados a passar nossa vida, seja num dos três reinos inferiores seja quando renascermos novamente como ser humano, será inóspito, árido e perigoso, como resultado das tendências não-virtuosas de matar plantadas em nossa mente. O mesmo conjunto triplo de efeitos pode ser aplicado a todas as outras ações não-virtuosas.

Conforme revelou Shantideva nas passagens parafraseadas anteriormente, toda a desgraça e frustração que são vividas nos diversos reinos do samsara nascem da nossa não-virtude. O que fazer quando, pelo poder dessa não-virtude, tivermos renascido como cachorro? Os pescadores talvez se alegrem de tirar a vida dos peixes, mas o que farão quando, amanhã, eles próprios tiverem nascido como peixe? Nossa forma humana não tem nada de permanente e ninguém pode afirmar quando a morte virá; poderá ser hoje! Sentindo arrependimento por nossa não-virtude do passado, temos de encontrar, imediatamente, um antídoto contra esse veneno mortal. Todos os nossos feitos perversos devem ser declarados agora mesmo.

Quem acha que pode adiar para o futuro a purificação de suas ações negativas que se cuide! A morte é imprevisível e pode descer sobre nós a qualquer momento. O Senhor da Morte não leva em consideração se sua vítima purificou ou deixou de purificar a não-virtude. Ele não aceita subornos nem desculpas. Quando a morte repentinamente chega, de nada adianta dizer: "Volte mais tarde, sou arrimo de família" ou "Ainda sou muito jovem, volte daqui a alguns anos" ou "Por favor, deixe-me viver um pouco mais". Tudo isso é inútil. O Senhor da Morte não faz acordos.

O sopro repentino de uma brisa pode extinguir em poucos minutos uma vela com capacidade para queimar durante horas. Enquanto um homem idoso e doente está se agarrando tenazmente à vida por vários anos, as pessoas jovens ao seu redor podem estar morrendo, uma a uma. Todos nós vamos morrer, e quem garante que nossa morte não será amanhã ou mesmo hoje?

No Tibete, vivia um astrólogo famoso por sua grande habilidade de prever o futuro. Um dia, decidiu descobrir quando morreria. Pegou seus livros e mapas e começou a calcular. Para sua total surpresa, descobriu que seria naquele mesmo dia! "Isso é muito estranho", pensou consigo. "Devo ter cometido algum engano nos meus cálculos. Seguramente não vou morrer hoje. Estou perfeitamente saudável". Assim conjeturando, recostou-se contra a aba da janela e começou a limpar a cera do ouvido com uma longa agulha de metal que mantinha especialmente para esse fim. "Onde terei errado...", ele pensava, cutucando distraidamente o ouvido. De repente, uma rajada de vento abriu a folha da janela, que bateu contra seu braço. O movimento do braço foi tão brusco que a peça de metal atravessou diretamente seu tímpano e perfurou o cérebro, matando-o instantaneamente. Assim, quem pode ter certeza de que a morte não está quase chegando?

Frente a essa incerteza, temos de purificar nossa não-virtude imediatamente. As circunstâncias que poderiam acarretar nossa morte são muito mais numerosas que aquelas que nos mantêm vivos. Em todos os lugares ao nosso redor, pessoas estão morrendo de doenças ou em guerras e acidentes. Como esperar, credulamente, que viveremos até a velhice? Refletindo nos exemplos que encontramos todos os dias nos noticiários, devemos meditar sobre a incerteza da hora da nossa morte.

De nossos familiares, amigos, parentes e compatriotas, quem vai continuar por aqui nos próximos cem anos? Então, por que cometemos tanta injustiça em nome de seres que vão desaparecer tão depressa? No entanto, todos nós já cometemos essa não-virtude e, para assegurar nosso futuro, temos de purificar esse mal imediatamente. O fundamento da purificação é o arrependimento. Esse sentimento surgirá se considerarmos a impermanência, a morte e os frutos das nossas ações equivocadas. Suponhamos que três pessoas, inadvertidamente, comem um alimento envenenado. Se a primeira morrer e a segunda cair doente, o que pensará a terceira? Decerto ela se arrependerá profundamente de ter ingerido aquela comida. De modo similar, podemos pensar nas inúmeras pessoas que praticaram o mal, morreram e, agora, estão num reino inferior padecendo horrivelmente, e depois lembrar que nós também cometemos as mesmas ações desafortunadas.

Por forte apego, mentimos e roubamos em defesa dos nossos amigos. Com intensa raiva, fizemos muitas ruidades contra nossos inimigos. A causa principal para todo o mal que cometemos é a nossa ignorância da lei das ações e seus efeitos. Sem entender que o sofrimento será o único resultado das nossas ações, ignorantemente persistimos no nosso comportamento não-virtuoso.

Como é difícil entender que a nossa vida ruma a passos largos para a morte e que nada podemos fazer para impedir que isso aconteça! Segundo a segundo, nossa força vital se esvai. Ao contrário do dinheiro que, enquanto não for gasto, permanece no banco, nosso tempo de vida regularmente diminui. Agora é a hora de admitir, ou confessar, nossa não-virtude e de praticar tudo o que é virtuoso.

Precisamos começar a nos arrepender e a purificar o dano que fizemos, dando assim um novo rumo à nossa vida. Se não fizermos isso, estaremos insensatamente pavimentando a estrada que leva a uma futura experiência nos reinos infernais. No entanto, algumas pessoas defendem convictamente a não existência desses reinos, alegando que não podem vê-los pessoalmente. Essa lógica é ridícula! Equivaleria a dizer que, porque não enxergamos o que acontecerá amanhã nem vemos as antigas civilizações que existiram neste planeta, o passado e o futuro também não existem. Não podemos dizer que não adoeceremos no próximo mês simplesmente porque não vemos a causa dessa doença agora. Mesmo um homem de grande erudição, que vai morrer num acidente de carro amanhã, será incapaz de prever sua morte hoje. Portanto, não devemos nos deixar influenciar por uma falsa lógica que assume, gratuitamente, que aquilo que não podemos ver não existe.

Ademais, embora se possa questionar a realidade dos reinos do inferno, quem duvidaria da existência de situações chamadas de "infernos vivos"? Passar meses sentindo a dor extrema do câncer, ficar preso nas profundezas da paranóia ou da depressão suicida, morrer queimado – esses são apenas alguns exemplos de sofrimentos similares aos do inferno, que podem ser facilmente reconhecíveis no nosso reino humano. Para evitar tal sofrimento, temos que purificar as causas não-virtuosas nas quais eles estão enraizados e, no futuro, nos abster de todas as ações negativas e prejudiciais similares.

Buda Shakyamuni e os eruditos pânditas que o seguiam tinham grandes poderes de compreensão e de clarividência. Esses seres iluminados estabeleceram a existência dos infernos e de outros reinos inferiores, por meio de sua experiência pessoal e de vários argumentos lógicos. Embora atualmente não possamos ver a existência dos reinos do inferno por nós mesmos, é importante manter uma mente aberta a esse respeito. Desse modo, muitos benefícios serão ganhos e, na hora da morte, não teremos medo. Se realmente estamos preocupados com nosso bem-estar futuro, é melhor nos mantermos conscientes dos perigos de possíveis reinos do inferno e, então, temendo tal sofrimento, praticarmos o que é benéfico, purificarmos todo o mal e ingressarmos no caminho do Darma.

Em muitas escrituras, Buda expôs minuciosamente os sofrimentos dos reinos do inferno. Sua intenção certamente não era apenas a de nos assustar. Um Buda tem grande compaixão e amor por todos os seres sencientes e deseja afastá-los do sofrimento. Foi exatamente por isso que Buda Shakyamuni deu ensinamentos sobre os reinos de sofrimento e transmitiu muitas instruções sobre como evitar esse tipo de renascimento. Ensinou-nos a abandonar o mal e a praticar virtude, não porque quisesse nos assustar, mas sim porque queria nos ver felizes.

Quando uma mãe explica a seu filho pequeno os perigos de brincar numa rua movimentada, ela não o faz porque quer apavorar a criança. Ela ensina por compaixão e interesse pela segurança da criança, pois tem uma visão realista dos perigos da situação. O mesmo se aplica aos ensinamentos dos seres iluminados. Eles vêem o tormento que a não-virtude nos trará e nos avisam do perigo para que possamos evitá-lo. De outro modo, sem essas instruções e sinais de alerta, pularíamos diretamente nas labaredas de sofrimento. Assim, é importante que sejamos devidamente alertados. Se não soubermos que certo animal é peçonhento, facilmente poderíamos atravessar seu caminho, mas quem dentre nós se aproximaria de uma víbora sabendo que sua picada é fatal?

Em termos da nossa prática de Darma, é importante que um pavor de renascer nos estados inferiores seja cultivado agora e não na hora da morte. O medo que nos torna prudentes em relação às nossas ações atuais é um medo útil; mas o medo que surge na hora da morte não é em nada benéfico. De que servirá lamentar nossa não-virtude quando estivermos face a face com o Senhor da Morte ou padecendo no inferno? A única coisa sensata que temos a fazer agora é praticar os métodos que nos impedirão de passar por tais sofrimentos no futuro. Devemos purificar nosso fluxo mental antes que os frutos da nossa não-virtude amadureçam. Uma vez que tenham amadurecido, até para um Buda será tarde para nos ajudar. Os Budas protegem os seres sencientes ensinando-lhes o Darma e indicando o caminho capaz de afastá-los do sofrimento e de conduzi-los à iluminação, mas não podem extrair os seres sencientes do sofrimento que estes já acarretaram para si mesmos. Se não resguardarmos nossas ações, não haverá muito a ser feito, nem por um Buda.

O PODER DA CONFIANÇA

Na próxima passagem, Shantideva, totalmente arrependido dos seus erros, volta-se para as Três Jóias em busca de refúgio contra o sofrimento:

> [47-53] Busco refúgio em todos os Budas, aqueles que protegem todos os seres sencientes contra o medo. Busco refúgio na Jóia Darma, que é possuída por esses Budas. Busco refúgio na assembléia de Bodissatvas Superiores. Busco refúgio em vós, as Três Jóias, e rezo para ser protegido da não-virtude, a causa de renascimento no inferno.
>
> Ofereço meu corpo a ti, Arya Samantabadra, e rezo para que me protejas dos medos do inferno. Ofereço meu corpo como teu servo, Arya Manjushri, e rezo para que também me protejas contra tais medos. Desesperadamente imploro a ti, Senhor Avalokiteshvara, por favor, protege-me, pois tenho sido um malfeitor. Do fundo do meu coração, eu vos suplico, ó Compassivos, Arya Akashagarba, Arya Ksitigarba, Arya Sarvanivaranaviskambini e Arya Maitreya, por favor, protegei-me! E busco refúgio em ti, Arya Vajrapani, cuja aparição faz com que os mensageiros do Senhor da Morte fujam aterrorizados para as quatro direções.
>
> Ó Budas, anteriormente eu transgredi vossos conselhos e cometi grande mal, mas agora vejo os resultados disso, os tormentos do inferno, e busco

refúgio em vós. Por confiar em vós, que todos esses males e temores sejam rapidamente purificados.

Nesta passagem, Shantideva afirma que cometeu lamentáveis ações não-virtuosas porque não deu ouvidos aos ensinamentos dos seres iluminados. Já que a purificação de todo o mal depende de seguirmos sinceramente esses ensinamentos, Shantideva invoca o poder da confiança, refugiando-se do fundo do seu coração em Buda, Darma e Sanga.

Na tradição mahayana, o poder da confiança refere-se a buscar refúgio e a gerar bodichita. Vamos examinar uma analogia para compreender por que essas ações são chamadas de poder da confiança. Quando escorregamos e caímos no chão, para nos reerguer, confiamos no próprio chão, ou seja, usamos o chão como um apoio para nos levantar. Do mesmo modo, para nos reerguer depois de cometer uma ação inábil, devemos confiar nos objetos contra os quais cometemos aquela ação. Todas as ações não-virtuosas podem ser incluídas em duas categorias, de acordo com o objeto ao qual elas se dirigem: ações não-virtuosas dirigidas às Três Jóias e ações não-virtuosas dirigidas aos seres sencientes. Assim, a purificação das ações cometidas contra as Três Jóias implica em confiarmos no refúgio que tomamos em Buda, Darma e Sanga. Quando nossas ações são cometidas contra os seres sencientes, o poder da confiança implica em restaurarmos o precioso pensamento da bodichita, lembrando que buscamos a iluminação unicamente para o benefício daqueles seres, que nós lamentavelmente prejudicamos.

O PODER DA FORÇA OPONENTE

Esse terceiro poder, quando combinado a um profundo arrependimento, é o que efetivamente irá purificar os efeitos das nossas ações negativas. Em geral, existem seis tipos de atividades usadas como forças oponentes do mal, contudo, não há nada de mágico nisso. Essas atividades só se mostram eficazes quando fundamentadas num forte arrependimento e combinadas com o sincero desejo de purificar negatividades. Esses seis métodos tradicionais são: 1) recitar os nomes dos Budas; 2) recitar mantras; 3) recitar escrituras de Darma budistas; 4) meditar na visão profunda da realidade – a vacuidade; 5) fazer oferendas; 6) confeccionar, pintar ou reparar imagens de corpo, fala e mente de um Buda.

Se quisermos purificar não-virtude, podemos usar qualquer ação virtuosa como força oponente. Até o ato de varrer um local de meditação, quando realizado com sincero arrependimento e a forte intenção de purificar não-virtude, pode se tornar uma poderosa força oponente. A famosa história do monge Lam Chung, que viveu na época de Buda Shakyamuni, ilustra esse ponto. Antes de se tornar monge, ele já possuía a indesejável reputação de ser obtuso e incapaz de aprender. Foi enviado à escola e logo expulso, porque seus professores concluíram que não era capaz de se lembrar das lições. Então, seus pais o encaminharam para estudar as escrituras védicas, sob a orientação de um brâmane. Novamente, mostrou-se incapaz de memorizar e compreender o que lhe ensinavam e, uma vez mais, foi expulso.

Pensando que uma situação monástica poderia ser mais do seu agrado, os pais o enviaram para estudar com seu irmão mais velho, Arya Lam Chen, que o ordenou monge. Lam Chen responsabilizou-se pela educação do caçula e começou ensinando-lhe uma única estrofe de Darma. Lam Chung estudou esses versos durante três meses, mas nunca os dominou! Quando os memorizava pela manhã, esquecia-os ao anoitecer; quando os memorizava ao anoitecer, esquecia-os na manhã seguinte. Tentou estudar ao ar livre, esperando que isso ajudasse sua mente, mas foi em vão. Nas montanhas, recitou a estrofe tantas vezes que até os pastores de ovelhas vieram a memorizá-la e a compreendê-la, mas o pobre Lam Chung continuava incapaz de aprender. Os próprios pastores tentaram ensinar-lhe, mas fracassaram. Lam Chung era incapaz de aprender. Diante dos seus repetidos fracassos, o irmão mais velho viu-se forçado a dispensá-lo.

Lam Chung ficou totalmente desolado. Deprimido e chorando, ele se pôs a caminhar lentamente pela estrada, pensando: "Agora não sou nem monge nem leigo. Quão desgraçado eu sou!". Buda, com seu poder de clarividência, viu tudo o que acontecera com o pobre Lam Chung e foi ao seu encontro. Perguntou-lhe por que chorava, e Lam Chung respondeu: "Sou tão estúpido que não consigo memorizar nem uma única estrofe das escrituras. Agora, meu próprio irmão desistiu de mim".

Buda disse-lhe para não se preocupar. Como método para purificar sua mente das negatividades do passado, ensinou-lhe apenas duas palavras de Darma e nomeou-o varredor do templo. Lam Chung ficou radiante com seu novo posto. Varria o templo com grande dedicação, recitando as poucas palavras que Buda lhe ensinara.

Ele varreu e varreu sem parar. Mas, pelo poder de Buda, sempre que Lam Chung limpava o lado direito do templo, mais poeira aparecia do lado esquerdo e, quando limpava o esquerdo, a poeira aparecia novamente no direito. Sem desanimar, ele continuou a varrer e a purificar, exatamente como Buda o instruíra. Essa situação prolongou-se por muito tempo, até que um dia, repentinamente, Lam Chung se deu conta de que a poeira que estava varrendo não tinha existência verdadeira, independente. Isso foi uma profunda realização, graças a qual obteve uma compreensão direta da vacuidade, a natureza última da realidade. Meditando sobre essa vacuidade continuamente, ele foi capaz de alcançar a libertação completa do sofrimento. Tornou-se um glorioso Arhat.

Buda Shakyamuni percebeu que as técnicas de purificação prescritas a Lam Chung haviam surtido ótimos efeitos e decidiu anunciar publicamente suas novas qualidades. Incumbiu seu discípulo Ananda de informar a uma certa comunidade de monjas que, dali em diante, Lam Chung seria seu novo Guia Espiritual. As monjas ficaram bastante contrariadas: "Como podemos aceitar como nosso abade um monge tão estúpido a ponto de não conseguir se lembrar de uma única estrofe dos ensinamentos, após vários meses de estudo?" Concluíram que, se expusessem publicamente as fraquezas de Lam Chung, não teriam de aceitá-lo como seu líder. Então, espalharam a notícia de que um monge tão sábio quanto o próprio Buda viria dar ensinamentos em breve, e que todos os que comparecessem certamente obteriam grandes realizações. Para humilhá-lo ainda mais, erigiram um trono enorme e pomposo, que não tinha nenhuma escada de acesso.

Na data prevista, Lam Chung chegou à comunidade das monjas, onde mais de cem mil pessoas estavam reunidas, algumas para ouvi-lo, outras para assistir a sua humilhação. Ao ver o imenso trono sem degraus, Lam Chung percebeu que fora assim construído com a intenção de ridicularizá-lo. Sem hesitar, estendeu a mão, que ficou parecendo uma imensa tromba de elefante e, com ela, reduziu o trono até que ele ficasse do tamanho de um grão. Então, fez o trono voltar ao tamanho anterior e, para o crescente espanto do público, voou ao seu topo! Depois de uma curta meditação, elevou-se aos céus e voou ao redor das pessoas. Sentou-se novamente no trono e falou: "Ouvi-me com atenção. Vou falar durante uma semana sobre o significado de uma única estrofe de Darma. São os mesmos versos que, no passado, fui incapaz de compreender e memorizar, mesmo após três meses de tentativas".

Quando os sete dias de ensinamentos foram concluídos, milhares de pessoas haviam atingido uma realização direta da realidade, enquanto outras alcançaram os elevados estados de Ingressante na Corrente, Retornado Uma Vez, Nunca Retornado e Arhat pleno. Outras pessoas que estavam presentes conseguiram gerar a preciosa bodichita, e aquelas que haviam comparecido para testá-lo conseguiram fortalecer sua fé nas Três Jóias. Mais tarde, o próprio Buda profetizou que, entre seus discípulos, Lam Chung seria aquele com maior habilidade para domar as mentes alheias. Até hoje, a imagem de Lam Chung pode ser vista na arte budista como um dos dezesseis Arhats.

Essa história mostra que até uma prática pouco convencional, quando realizada sinceramente e com a motivação correta, serve de oponente à nossa não-virtude. Contudo também é verdade que nenhum remédio, por mais poderoso que seja, jamais terá efeito se não o aplicarmos; e só nos sentiremos motivados a fazê-lo uma vez que tenhamos tomado consciência de que precisamos nos curar.

Uma pessoa gravemente doente, temendo que não viverá muito tempo, seguirá os conselhos de um médico porque está com medo de morrer. [54] Se temos de acatar o conselho de um médico quando estamos assustados com uma doença comum, seria preciso dizer quão mais necessário é ouvir e seguir o conselho espiritual do mais habilidoso de todos os médicos, o compassivo Buda? Seu poderoso remédio, o Darma, pode curar as doenças que nos afligem desde tempos sem início – as delusões venenosas, como apego, raiva e ignorância.

Não é preciso muitas causas para renascer num reino do inferno. Se incorrermos num segundo de raiva contra um Bodissatva e isso não for purificado, em breve nos veremos no inferno. A virulência da raiva tem esse poder! [55] Nem a raiva nem qualquer dessas doenças mentais perniciosas e mundialmente devastadoras, como apego, inveja, orgulho etc., podem ser curadas por médicos ou tratamentos comuns. Somente o grande doutor Buda e seu tratamento de Darma podem vencer tais enfermidades. [56] Se não tomarmos o remédio que nos é oferecido, onde mais encontraremos alívio? É extremamente tolo e ignorante querer nos livrar do sofrimento samsárico e, ao mesmo tempo, negligenciarmos nossas práticas espirituais, a única maneira efetiva de obter a salvação desejada.

[57] Se precisamos demonstrar cautela quando caminhamos à beira de um penhasco, o que dizer do cuidado requerido quando estamos à beira de um precipício que desce às profundezas do inferno? O inferno é como uma cova com milhares de quilômetros de profundidade, e somos ali precipitados por um tempo extremamente longo, por causa de nossa criação de não-virtude.

Portanto, temos de purificar rapidamente toda a nossa não-virtude. [58] É insensato pensar que hoje podemos nos divertir, achando que não vamos morrer. Ninguém pode afirmar com certeza: "Hoje não morrerei". Inevitavelmente chegará o dia em que nos tornaremos nada. Quando esse dia chegar, os outros vão se referir a nós do mesmo modo que nós agora nos referimos aos que já partiram.

Shantideva conclui essa seção sobre o poder da força oponente perguntando:

> [59] Quem poderia me dar garantias: "Tu cometeste o mal, mas eu vou protegê-lo"? Ninguém. Quando penso que a morte é certeza e que a hora da morte é tão incerta, como posso não sentir intenso medo? Se a hora em que vou me tornar nada chegará inevitavelmente, como posso relaxar e continuar a me divertir desse modo?

Essa última frase não significa que nunca devemos relaxar e nos divertir. Entretanto, devemos perceber que, no momento atual, temos um precioso renascimento humano. Desperdiçar todo o nosso tempo somente com os interesses desta vida, cometendo inconsequentemente ações não-virtuosas, é levar uma vida que não difere da vida de um animal irracional. Se queremos tornar esta preciosa vida humana verdadeiramente significativa, temos de proteger nossas vidas futuras, praticando o Darma agora, de acordo com a nossa capacidade. É assim que podemos tirar proveito dessa rara oportunidade.

Purificar os efeitos da não-virtude, aplicando a força oponente apropriada, é um procedimento fundamental.

O PODER DA PROMESSA

O último dos quatro poderes incluído na confissão de não-virtude é a nossa firme promessa de nunca mais repetir determinadas ações não-virtuosas. Se esses quatro poderes forem oportunamente aplicados, não há dúvida de que todo o nosso mal pode ser totalmente purificado.

Em vidas passadas, renascemos muitas vezes em posições sociais elevadas, tivemos formas bonitas e encantadoras, grandes riquezas e todos os prazeres e alegrias do samsara. Entretanto, como diz Shantideva:

> [60-61] O que nos resta de todas essas experiências agora? Nenhuma delas nos trouxe benefícios; eram vazias de significado. Até o homem mais rico do mundo tem de deixar toda a fortuna para trás na hora da sua morte, pois ele parte sozinho. Na hora da nossa morte, as únicas coisas que levaremos conosco são os frutos das nossas próprias ações. Hoje, envolvemo-nos em prazeres mundanos, julgando-os importantes, mas eles são ilusórios e sem sentido. Apesar disso, continuamos apegados a esses prazeres mundanos e, em nome deles, transgredimos o conselho dos nossos Guias Espirituais. Uma vez que este corpo e meus familiares, amigos e riquezas terão de ser deixados para trás quando eu morrer e for sozinho para outro lugar qualquer, que sentido faz eu me arriscar em nome dessas preocupações passageiras?

Shantideva enfatiza a falta de sentido dos nossos incessantes esforços para obter os prazeres passageiros deste mundo. Ele mostra que, além de já termos tido esses prazeres muitas vezes no passado, no afã de satisfazer nossos desejos insaciáveis, envolvemo-nos em ações negativas que só nos trazem futuro sofrimento.

Temos muitas outras visões errôneas a respeito dos nossos prazeres e conforto. Por exemplo, costumamos pensar que todas as nossas posses e riquezas são resultados dos esforços que fizemos nesta vida. Acreditamos também que nossa felicidade é causada por nós mesmos, ao passo que nosso sofrimento é causado pelos outros. Essas atitudes são, contudo, incorretas.

Devemos entender que todas as nossas experiências de prazer e dor possuem dois tipos de causas. A causa substancial de cada uma dessas experiências foi criada numa vida passada ou anteriormente nesta mesma vida; já as causas circunstanciais são as condições necessárias que ocorrem nesta vida e que fazem frutificar a causa substancial. É verdade que um homem rico talvez tenha trabalhado arduamente durante sua vida para enriquecer; contudo esse trabalho é apenas uma causa circunstancial de sua riqueza. A causa central, substancial, do seu enriquecimento foi sua prática de dar numa vida anterior. Buda ensinou que a causa principal de felicidade nesta vida é a nossa prática de virtude no passado; do mesmo modo, nosso sofrimento atual é resultado da não-virtude que cometemos em vidas anteriores.

A importância de uma causa substancial adequada pode ser ilustrada com um exemplo. Dois irmãos decidem abrir um negócio no mesmo ramo, independentemente um do outro, e cada qual monta sua própria loja. Embora tenham sido criados na mesma família, recebido o mesmo tipo de educação, iniciado seu negócio no mesmo ramo, investido a mesma soma de dinheiro etc., um irmão é bem-sucedido e enriquece, enquanto o outro vai à falência. Isso é uma simples ilustração, mas todos nós temos conhecimento de situações similares. O que explica resultados tão diferentes? Em nosso exemplo, ambos os irmãos criaram as causas circunstanciais adequadas para enriquecer. Então, por que um teve êxito e o outro não? O motivo é que a causa principal de sucesso – nesse caso, a prática de dar, que leva à aquisição de riqueza no futuro – foi criada somente por um dos irmãos. O outro irmão não tinha essa causa e, por isso, nunca iria enriquecer, por mais que tentasse.

A experiência de sofrimento também possui causas substanciais e circunstanciais. Assim, uma pessoa acometida por um problema digestivo adoece e padece fisicamente de um sofrimento. Novamente, o sofrimento dessa pessoa surgiu em razão de duas causas. A causa circunstancial foi não digerir corretamente o alimento ingerido; mas a causa substancial foi alguma ação não-virtuosa que ela cometeu anteriormente. Foi essa ação que plantou em sua consciência a semente para experimentar sofrimento quando encontrasse a causa circunstancial favorável. Se a pessoa não houvesse cometido aquela ação não-virtuosa e, portanto, não tivesse criado a causa substancial, ainda que ingerisse uma comida que causasse indigestão aos outros, ela mesma nunca padeceria desse sofrimento. Essa pessoa seria como um pavão, que é capaz de comer plantas venenosas e, em vez de adoecer, torna-se mais vigoroso. Esses exemplos, embora triviais, servem para ilustrar que todo o sofrimento e felicidade surgem de uma combinação de causas circunstanciais desta vida com causas substanciais anteriores.

Shantideva resume o poder da promessa e de toda a prática de confissão de não-virtude na seguinte passagem conclusiva:

> [62-65] Todo o sofrimento nasce da não-virtude; toda a felicidade nasce da virtude. Assim, ao longo do dia e da noite devo refletir sobre como posso livrar-me da não-virtude, a fonte de todo sofrimento.
>
> Por ignorância, cometi incontáveis ações não-virtuosas, quebrei votos ou me envolvi em feitos que

eram incorretos por natureza. Toda essa não-virtude, humildemente, eu declaro nas vossas presenças, Budas e Bodissatvas. Com as palmas das mãos unidas, prostrando-me muitas vezes, eu vos suplico que me livrem desses grandes males. Não voltarei a cometer aquilo que é não-virtuoso.

Assim termina o capítulo intitulado "Exposição do mal", o segundo capítulo do texto *Contemplações significativas,* um comentário ao *Guia do estilo de vida do Bodissatva*, de Shantideva.

Aceitação plena da bodichita

Antes que a nossa mente esteja preparada para aceitar e reter o precioso pensamento de bodichita, é preciso que ela seja purificada de suas máculas e dotada com grande mérito. Esse procedimento é similar ao que faz um agricultor quando prepara seu campo para o plantio. Primeiro, ele precisa remover as pedras e plantas daninhas e, depois, certificar-se de que o solo recebeu os nutrientes adequados e água em quantidade suficiente. Somente então poderá sentir-se seguro de que as sementes que plantou irão germinar e amadurecer da maneira desejada.

Enquanto preparamos nossa mente para a preciosa bodichita, existem métodos tradicionais de purificar não-virtude e de acumular mérito a serem seguidos. Esses métodos estão contidos na prática dos sete membros. Os três primeiros membros foram apresentados no segundo capítulo: 1) prostração; 2) oferenda; 3) confissão de não-virtude. Neste capítulo, Shantideva apresenta os outros quatro: 4) regozijo com virtude; 5) pedido aos Budas para que girem a Roda do Darma; 6) súplica aos Budas para que não morram; 7) dedicatória de mérito.

Cada um dos sete membros serve de oponente direto a uma determinada delusão, embora o efeito da prática dos sete membros seja bem mais abrangente. Especificamente, a prostração destrói a delusão do orgulho, ao passo que a prática de fazer oferendas ajuda a superar a avareza. A confissão de não-virtude combate as três delusões venenosas de ignorância, apego e raiva por meio da aplicação dos quatro poderes oponentes; contudo, ela combate principalmente

Serlingpa

nossa ignorância. O regozijo com as virtudes alheias supera a inveja, e o pedido aos Budas para que girem a Roda do Darma ajuda a purificar as visões errôneas e quaisquer atos irreligiosos cometidos anteriormente. A súplica aos Budas para que não morram remove perigos e obstáculos à nossa própria vida e planta sementes que amadurecerão como a aquisição do corpo indestrutível de um Buda. Por fim, dedicando nosso mérito para o benefício de todos os seres sencientes, vamos superar o demônio do auto-apreço.

Neste capítulo, Shantideva explica como os sete membros da prática – em particular os quatro últimos – preparam-nos para a aceitação plena da bodichita quando tomarmos formalmente os votos do Bodissatva. Assim, este capítulo pode ser esboçado como segue:

COMO ACEITAR E MANTER A BODICHITA EFETIVA

Esta seção tem três partes:

1. As práticas preparatórias para acumular mérito;
2. Aceitar plenamente a bodichita;
3. Atividades de conclusão.

AS PRÁTICAS PREPARATÓRIAS PARA ACUMULAR MÉRITO

Como foi indicado, esta seção foi organizada com os quatro últimos dos sete membros e uma explicação adicional de como treinar a mente na prática de dar. Assim, a seção divide-se em cinco partes:

1. Regozijo com virtude;
2. Pedido aos Budas para que girem a Roda do Darma;
3. Súplica aos Budas para que não morram;
4. Dedicatória de mérito;
5. Treinar a mente em dar.

REGOZIJO COM VIRTUDE

Regozijo é uma mente alegre, livre de inveja e de orgulho, que se deleita em testemunhar as ações virtuosas dos outros ou até as nossas. O regozijo com a virtude dos outros nos traz grande mérito, ao passo que o regozijo com nossa própria virtude aumenta copiosamente o mérito. Diz-se que o regozijo é a principal prática de um Bodissatva. Embora não sejamos ainda capazes de nos regozijar tão plenamente quanto esse ser de mente elevada o faz, podemos praticar de maneira similar. O regozijo é uma prática vasta, extremamente eficaz para domar o elefante selvagem que é a nossa mente; tanto que seria inteiramente apropriado dedicarmos uma vida inteira à prática do regozijo.

Inveja é o oponente da mente de regozijo. Geralmente ela surge em relação a alguém que é mais instruído ou afortunado que nós. Enquanto o regozijo com a boa fortuna dos outros nos traz felicidade e benefício, a inveja não faz nada além de prejudicar nossa mente. Se praticarmos regozijo sinceramente, seguir-se-ão dois resultados benéficos. Em primeiro lugar, plantaremos sementes para obter as mesmas qualidades com as quais estamos nos regozijando. Em segundo lugar, cultivando essa mente de alegria, poderemos superar o veneno da inveja. Isto é extremamente valioso. A inveja destrói nossa virtude e nos empurra para baixo, além de nos impedir de gerar a preciosa bodichita.

Quando nos regozijamos com a felicidade e o conforto dos outros, criamos causa para que nós mesmos desfrutemos de experiências similares. Porém, se o bem-estar dos outros provocar inveja em nossa mente, seremos infelizes tanto no presente como no futuro. Que maravilhoso seria se essa mente venenosa pudesse ser eliminada para sempre! Ela não tem um único aspecto positivo e, ao contrário, é responsável por grande parte das brigas e conflitos que hoje assolam o mundo. A mente deludida de inveja é uma fonte frequente de conflitos, que vão desde brigas entre vizinhos até guerras entre nações.

De que modo a inveja pode ser extirpada? Como acontece com todas as delusões, a solução definitiva passa por compreender que a raiz da inveja é a ignorância do autoagarramento. Somente a realização direta da vacuidade – a realização direta de que todas as coisas carecem de existência inerente – é capaz de cortar essa ignorância pela raiz. Contudo, antes de estar em posição de aplicar essa solução definitiva, podemos e devemos usar os oponentes temporários apresentados nos ensinamentos de Darma. Portanto, assim como nossa raiva é atenuada pelas práticas de amor e de paciência, e nosso apego pode ser diminuído meditando-se nas características desagradáveis ou repulsivas de um objeto de desejo, também podemos nos contrapor à mente de inveja regozijando-nos com as virtudes dos outros. Enfraquecendo e depois extirpando totalmente nossas delusões dessa maneira, poderemos por fim obter a completa libertação do sofrimento.

Alguém que obteve essa liberdade para si é chamado de Arhat, ou Destruidor de Inimigos. Entretanto, mesmo depois de ter erradicado todas as delusões, ele ainda terá as marcas das delusões. Essas marcas são denominadas obstruções ao conhecimento, ou obstruções à onisciência, porque impedem a mente de obter uma percepção ininterrupta da verdadeira natureza de todos os fenômenos. Por meio da geração da bodichita e da prática dos ensinamentos mahayanas, até essas obstruções sutis à onisciência podem ser removidas. Aquele que, além de erradicar todas as suas delusões, tiver removido o véu das marcas das delusões, se tornará um ser plenamente iluminado, um Buda. Abandonar as delusões é como remover o almíscar de uma caixa, e purificar as marcas que impedem a iluminação é como remover o odor que continua impregnado na caixa.

O caminho que leva à aquisição da iluminação consiste num desenvolvimento estável das nossas qualidades mentais positivas. Cada passo do treino espiritual nos aproxima da meta final. De todas as práticas do caminho, a mais simples e efetiva é regozijar-se com virtude. Como disse o grande meditador tibetano Gungtang Jampelyang: "Se desejas acumular uma grande quantidade de mérito até enquanto estás deitado, então regozija-te com as virtudes dos outros". Quando o rei Prasenajit pediu a Buda Shakyamuni uma prática que pudesse seguir sem precisar abandonar sua família e seu reino, Buda aconselhou-o a praticar regozijo, cultivar a bodichita e dedicar seus méritos. Até alguém que está muito ocupado com os afazeres do mundo tem tempo para fazer essas três práticas, e uma grande quantidade de energia positiva pode ser gerada por elas.

A habilidade de nos regozijarmos sinceramente com ações virtuosas, as nossas e as dos outros, baseia-se na nossa avaliação dos efeitos positivos dessas ações. Quanto mais entendermos que felicidade é o resultado de uma determinada prática, mais capazes seremos de nos regozijar com esta. No seu *Guia*, Shantideva menciona três áreas de atividades dignas de regozijo, que estão presentes quando se trata de adquirir: 1) um renascimento elevado como humano ou deus; 2) a completa libertação do sofrimento; 3) o estado plenamente iluminado de um Buda. O primeiro resultado da atividade virtuosa, conquistar felicidade em estados de existência futuros, é frequentemente chamado de resultado temporário da prática espiritual. O resultado último da prática espiritual é chamado de bondade ou virtude definitiva, e engloba a aquisição da libertação pessoal para o praticante que se preocupa principalmente com seu próprio bem-estar, e a aquisição da plena iluminação para o praticante que se preocupa principalmente com o bem-estar dos outros. Esses três estados de aquisição são caracterizados por níveis crescentes de felicidade e de paz mental; são, portanto, dignos do nosso regozijo.

[1] Shantideva começa esta seção regozijando-se com as causas e os efeitos virtuosos dos estados de existência afortunados. As causas para nascer num desses estados, como ser humano ou deus, incluem as práticas de disciplina moral, generosidade e prece imaculada. Se praticarmos generosidade sem egoísmo, guardarmos disciplina moral pura, cultivarmos paciência, fizermos as preces adequadas e assim por diante, poderemos evitar os três reinos inferiores e obter um renascimento superior. Ademais, se nos regozijarmos com outras pessoas que também estão seguindo essas práticas puras, isso será causa para obtermos ainda mais benefício e mérito para nós mesmos.

Conta-se uma história sobre o Rei Prassenajit, mencionado anteriormente, que convidou Buda e seu séquito para um grande banquete no palácio. No portão do palácio, estava um mendigo que se regozijou com a generosidade do rei e ficou triste pensando que ele próprio, por ser pobre, não tinha a oportunidade de realizar tais ações virtuosas. No final do banquete, Buda, que entendeu a mente de cada um dos convidados, dedicou os méritos do mendigo e não os do anfitrião do banquete, como de praxe! O rei, tomado de surpresa, perguntou a Buda por que fizera isso. Buda respondeu: "Nesta ocasião, a prática de virtude do mendigo foi mais pura que a tua. A virtude de tuas oferendas foi maculada com pensamentos mundanos de reputação, orgulho etc., ao passo que a virtude de se regozijar do mendigo estava livre de tais impurezas. Assim, dediquei os méritos dele".

[2] A seguir, Shantideva regozija-se com os ensinamentos que conduzem os seres sencientes do estado de dor e sofrimento do samsara ao descanso e à paz da libertação. Existem muitos caminhos que levam à conquista da libertação, mas todos estão incluídos nos três treinos superiores: disciplina moral, concentração e sabedoria. Disciplina moral comum, o abandono das dez ações não-virtuosas, pode levar a um renascimento como um humano ou deus, mas

por si só não basta para a conquista da libertação. Para tanto, a disciplina moral de renúncia pelo samsara como um todo é essencial. Quando combinada com o pensamento de renúncia, a disciplina moral ganha o título de disciplina moral superior. Do mesmo modo, tendo a renúncia como base, as práticas de concentração unifocalizada e de insight sobre a verdadeira natureza da realidade tornam-se treinos de concentração superior e de sabedoria superior. Quando esses três treinos superiores forem completados, o praticante certamente alcançará a libertação.

Depois de se regozijar com as causas que levam à aquisição de renascimento elevado e de libertação, Shantideva volta-se para as ações que nos conduzem à plena iluminação da budeidade:

> [3-4] Regozijo-me com a grande iluminação dos Budas e com sua causa – os dez solos espirituais, ou níveis, do caminho virtuoso dos Bodissatvas. Com satisfação, regozijo-me com a virtude obtida com a geração da bodichita: a mente de um Bodissatva, que deseja felicidade para todos os seres e os beneficia de acordo com suas capacidades e inclinações.

Se nos regozijarmos com as virtudes dos outros e rezarmos intensamente para sermos capazes de praticar tais virtudes pessoalmente, grandes benefícios seguir-se-ão. Reconhecendo a ajuda incomparável que os Bodissatvas concedem aos seres sencientes, regozijando-nos com seu mérito e rezando para nos tornarmos iguais a eles, chegará o dia em que nós mesmos indubitavelmente nos tornaremos um Bodissatva. Isso será uma decorrência natural das nossas práticas de regozijo e preces e da lei das ações e seus efeitos.

Quais são as causas e os efeitos virtuosos da grande iluminação? Como havíamos dito, a causa primária é a preciosa mente de bodichita. Alguém que gerou essa mente recebe automaticamente o título de Bodissatva e ingressa no primeiro dos cinco caminhos de um Bodissatva, o caminho da acumulação. Com a força da concentração unifocalizada, o Bodissatva medita na visão profunda da vacuidade e, quando gera a visão superior, atinge o segundo caminho do Bodissatva, o caminho da preparação. Ele continua essa meditação na vacuidade até ganhar uma realização direta. Por meio dessa gloriosa conquista, torna-se um Bodissatva Superior, atinge o caminho da visão e ingressa no primeiro dos dez solos espirituais de um Bodissatva Superior.

Ao atingir o terceiro caminho, o caminho da visão, o Bodissatva Superior abandona todos os aspectos intelectualmente formados do auto-agarramento. Contudo, o Bodissatva Superior ainda tem que abandonar os nove níveis do auto-agarramento inato, que variam do maior do grande ao menor do pequeno. Continuando a familiarizar sua mente com a meditação na vacuidade, o Bodissatva Superior abandona essas formas inatas de auto-agarramento, das densas às sutis, e avança pelas diversas etapas do quarto caminho, o caminho da meditação. Quando tiver atingido o oitavo solo espiritual no quarto caminho, o Bodissatva Superior terá abandonado todas as formas de delusão. Porém, as marcas dessas delusões, as obstruções à onisciência, ainda permanecem e só serão removidas com constante meditação na vacuidade ao longo do oitavo, nono e décimo solos espirituais. Finalmente, até os últimos vestígios das marcas de delusão são removidos, e o Bodissatva Superior atinge o quinto caminho, o caminho do não-mais-aprender, o estado da perfeita e completa iluminação. O Bodissatva efetivou por fim a sua meta e se tornou um Buda.

Apesar de breve, é útil nos habituarmos com esse esboço do caminho de um Bodissatva, pois assim poderemos compreender melhor e também nos regozijar com as causas e efeitos de sua prática. Quanto mais claramente compreendermos o caminho dos seres elevados, mais capazes seremos de nos regozijar com cada um dos seus níveis. Isso planta as sementes para que nós mesmos sejamos capazes de avançar por esses níveis e de alcançar a plena iluminação da budeidade.

PEDIDO AOS BUDAS PARA QUE GIREM A RODA DO DARMA

A seguir, Shantideva reza como segue:

> [5] Com as palmas das mãos unidas em sinal de devoção, rogo a todos os Budas que vivem em cada direção: por favor, ouvi-me. Para o bem de todos os seres sencientes, que sofrem continuamente na melancolia escura da ignorância, por favor, acendei a vossa luz do Darma.

Pedir aos Budas para girarem a Roda do Darma ou, como diz Shantideva, para acenderem a luz do Darma, é uma prática muito importante. Se for feita ao longo da nossa vida e na hora da morte, plantará poderosas sementes em nossa consciência para encontrarmos um ser iluminado no futuro e recebermos seus ensinamentos. Mesmo se não pudermos encontrar um Buda em pessoa, certamente conheceremos um Professor mahayana capaz de nos mostrar o caminho à iluminação.

Pode ser que hoje não estejamos mais adotando visões errôneas, no entanto as marcas das visões errôneas que adotamos no passado são tão fortes que continuam atrapalhando constantemente nossa prática. Talvez aceitemos os ensinamentos até certo ponto, mas interiormente ainda temos sérias dúvidas sobre a existência de vidas passadas e futuras, de reinos inferiores ou até da própria budeidade. Quando tentamos meditar em tópicos como as quatro nobres verdades, os doze elos dependente-relacionados ou a visão profunda da realidade, nossa mente fica nublada e envolta em sombras. Quem pode dissipar essa escuridão? Só o Guia Espiritual, que acende a luz do Darma, pode remover a escuridão da nossa mente. Portanto, devemos implorar aos Budas e a todos os Guias Espirituais para que acendam essa luz em benefício de todos os seres que, como nós, continuam a vagar na escuridão da ignorância.

SÚPLICA AOS BUDAS PARA QUE NÃO MORRAM

> [6] Com as palmas das mãos unidas em sinal de devoção, suplico aos Budas que desejam cessar de existir e ingressar no paranirvana para que, em vez disso, permaneçam por incontáveis éons para o bem dos desnorteados seres sencientes, que vagam como homens cegos sem um guia.

Um corpo efetivo de Buda não morre, pois está livre do ciclo de nascimento e morte. Então, por que precisamos suplicar aos seres iluminados para que não morram? A fim de compreender esse ponto, temos de conhecer algo sobre os quatro corpos de um Buda.

Quando tivermos erradicado da nossa mente todas as delusões e marcas e desenvolvido todas as qualidades positivas, alcançaremos o estado plenamente purificado da budeidade. Nesse momento, alcançamos os quatro "corpos" de um Buda: o corpo-verdade sabedoria, o corpo-natureza, o corpo-fruição e o corpo-emanação. O corpo-verdade sabedoria e o corpo-natureza são a mente onisciente de um Buda e a vacuidade dessa mente, respectivamente; os dois juntos são conhecidos como o corpo-verdade (*darmakaya*, em sânscrito). O darmakaya e o corpo-forma completamente purificado – o corpo-fruição (*sambogakaya*, em sânscrito) – são indestrutíveis; portanto, juntos eles são conhecidos como o "corpo-vajra".

O corpo-verdade só pode ser percebido por outros Budas, e o corpo-fruição, apenas por Budas e Bodissatvas Superiores. Portanto, a fim de beneficiar os seres sencientes comuns, os Budas manifestam vários corpos-emanação (*nirmanakaya*, em sânscrito). Uma vez que tais corpos existem unicamente para beneficiar os outros, eles podem assumir ampla variedade de formas. Por exemplo, para beneficiar homens e mulheres, um Buda pode se manifestar sob a forma de um ser humano e, se for benéfico, poderá aparecer como um deus, um animal ou até como um objeto inanimado. Um Buda pode aparecer com qualquer forma, desde que isso seja útil às mentes de determinados seres sencientes. Esse corpo-emanação, que aparentemente não difere do nosso, é o corpo que parece morrer quando um Buda falece. Já que essa é a única forma com a qual podemos nos relacionar com os Budas no momento atual, pedimos a eles que não morram e permaneçam conosco por muitos éons, até que todos nós tenhamos obtido a iluminação. Essa é uma prática muito importante.

DEDICATÓRIA DE MÉRITO

Dedicatória é uma prece feita na conclusão de uma prática, de modo que a energia positiva desta prática seja direcionada para um resultado específico. Essa energia positiva acumulada, ou mérito, é como um cavalo, que nos levará a qualquer direção que tenha sido determinada por nós na dedicatória. Se o mérito de uma ação virtuosa for dedicado para a aquisição de um nascimento como humano ou deus, essa ação se tornará a causa de um renascimento nesses reinos. Do mesmo modo, se o mérito for dedicado para a aquisição da libertação, da iluminação, do desenvolvimento da bodichita ou da realização da vacuidade, ele amadurecerá de acordo com a dedicatória. Neste capítulo, o mérito gerado com os seis primeiros membros da prática é dedicado para o benefício de todos os seres sencientes.

Na tradição mahayana, devemos sempre nos lembrar de dedicar o mérito que acumulamos para o desenvolvimento da preciosa mente de bodichita. Esse é o propósito da prece, já mencionada duas vezes, na qual expressamos nossa esperança de que a bodichita venha a crescer, nunca decresça e floresça em abundância.

Existem coisas importantes a serem lembradas no início e no final de qualquer ação virtuosa. Para que a ação seja pura e efetiva, devemos garantir que nossa motivação inicial seja incontaminada e correta. Depois, quando a ação for concluída, devemos dedicar o mérito desenvolvido para o objetivo almejado. Antes de meditar ou de entrar em retiro, devemos gerar, no mínimo, a motivação de renúncia. Isso garante que nossas práticas não estão sendo usadas para um propósito mundano. Por fim, no encerramento da sessão, qualquer virtude obtida deve ser dedicada à conquista da iluminação em prol de todos os seres. Sem uma motivação pura, nossa meditação não será uma prática pura de Darma e, sem uma dedicatória adequada, a meta da nossa meditação não será atingida.

Se gerarmos o desejo sincero de alcançar a bodichita e direcionarmos nossa motivação e dedicatória de acordo com isso, até uma simples ação como oferecer flores ou incenso a uma imagem visualizada de Buda trará grandes resultados e nos ajudará a gerar rapidamente a preciosa mente de bodichita. Graças ao poder das nossas preces e às bênçãos dos Budas, certamente conseguiremos gerar a bodichita, atingir uma concentração unifocalizada e obter uma realização da visão profunda da vacuidade.

Se o mérito das nossas ações virtuosas não for dedicado, muitos impedimentos podem surgir. Virtude sem dedicatória é como uma porta destrancada, e a raiva é o ladrão capaz de roubar qualquer mérito que tenhamos criado. Entretanto, se o mérito de uma ação virtuosa tiver sido devidamente dedicado para conquistarmos a bodichita, nenhuma raiva futura será capaz de destruí-lo. Assim, é muito importante que concluamos todas as nossas ações, especialmente as nossas práticas espirituais, com uma dedicatória completa e sincera.

No *Guia* de Shantideva, quatro tipos de dedicatória são mencionadas:

1. Dedicatória geral;
2. Dedicatória para os doentes;
3. Dedicatória para aliviar a fome e a sede;
4. Dedicatória para satisfazer os desejos dos seres sencientes.

DEDICATÓRIA GERAL

[7] Pelo mérito coletado com as práticas de prostração, oferenda, confissão e outras virtudes, que o sofrimento de todos os seres sencientes seja dissipado.

DEDICATÓRIA PARA OS DOENTES

[8] Que eu me torne o médico, o remédio e o enfermeiro para todos os seres sencientes do universo pelo tempo que permanecerem doentes.

Devemos rezar para sermos capazes de atender às várias necessidades de todos aqueles que sofrem de doenças. Graças ao poder de preces como essas e de sua poderosa concentração, os Bodissatvas avançados são capazes de manifestar autênticos remédios para o uso dos doentes. Atualmente, tais poderes estão além da nossa possibilidade; mesmo assim, devemos dedicar nosso mérito para que, no futuro, sejamos capazes de beneficiar os outros o mais amplamente possível. Para tornar nossas orações profundas e efetivas, devemos primeiro pensar nas dores e nos tormentos que o doente sofre. Podemos meditar na situação daqueles que estão internados num hospital, dos que estão doentes e morrendo em solidão, sem nenhum amigo para cuidar deles, e em outros seres cujas lágrimas e lamentos presenciamos e ouvimos. A seguir, geramos compaixão por esses seres sofredores e rezamos para nos tornar um médico, um remédio e um enfermeiro para todos aqueles que estão doentes.

DEDICATÓRIA PARA ALIVIAR A FOME E A SEDE

> [9] Que uma chuva de comida e bebida dissipe os sofrimentos de fome e sede. Durante o éon da fome devastadora, que eu mesmo me torne comida e bebida para todos.

Ao dedicar nosso mérito dessa maneira, criamos causa para nos tornarmos um benfeitor de todos os seres sencientes no futuro. A fome e a sede que são vivenciadas atualmente neste mundo são pequenas se comparadas às que virão numa era futura, quando uma fome devastadora se abaterá sobre os seres sencientes através do universo. Esse éon de infortúnio será seguido por uma era de armas, um tempo de incessante luta e morte. Quando essa era de massacre chegar ao fim, nosso mundo inteiro será consumido pelo fogo até ficar completamente vazio. Renascer como um ser humano durante o éon de fome será como renascer no reino inferior dos espíritos famintos; e os humanos nascidos nas eras seguintes de destruição vão se sentir num reino do inferno. Assim, a fim de ajudar os seres que sofrem no presente e também aqueles que sofrerão ainda mais no futuro, devemos rezar como Shantideva o faz.

DEDICATÓRIA PARA SATISFAZER OS DESEJOS DOS SERES SENCIENTES

Uma mãe, tomada de amor e compaixão por seus filhos, reza continuamente pelo bem-estar, sucesso e prosperidade deles. Com grande amor e compaixão por todos os seres sencientes, devemos rezar para nos tornar qualquer coisa que os outros precisem:

> [10] Que eu me torne um tesouro inesgotável para os pobres e desamparados. De acordo com as necessidades dos seres sencientes, possa eu me tornar qualquer coisa que almejem e estar sempre ao seu dispor.

Concluem-se assim as quatro primeiras das cinco práticas preparatórias para acumular mérito. Resta agora treinar a mente na ampla prática de dar com altruísmo.

TREINAR A MENTE EM DAR

Shantideva declara:

> [11] Desse momento em diante, sem nenhum sentimento de perda, darei meu corpo e também minhas riquezas e virtudes acumuladas ao longo dos três tempos – passado, presente e futuro – para ajudar todos os seres vivos, minhas mães.

Atualmente, fazer uma promessa tão corajosa está além da nossa capacidade. Mas se treinarmos a mente da maneira adequada, certamente seremos capazes de praticar esse dar desinteressado no futuro. Se pudermos destruir o apego ao nosso corpo e posses meditando na sua limitação e falta de essência, e se refletirmos profundamente sobre os inúmeros benefícios que surgirão de dar o que possuímos aos outros, seremos capazes de, por fim, emular os feitos dos Bodissatvas. Quando pudermos fazer isso, será como diz Shantideva:

> [12ab] Toda a dor será transcendida e alcançaremos o corpo e as excelências de um Buda.

É importante treinar nossa mente, agora, no pensamento de dar nosso corpo e posses, porque, [12cd] como aponta Shantideva a seguir, na hora da morte, de qualquer modo teremos de deixar tudo o que possuímos. Se nos aferrarmos possessivamente ao nosso corpo e riquezas quando sairmos desta vida, sofreremos grande tormento interior e plantaremos sementes para um renascimento inferior. Portanto, antes que chegue o momento em que tudo nos será tomado inapelavelmente, é sensato nos habituarmos com a idéia de dar aos outros tudo aquilo que possuímos. Ser capaz de dar voluntariamente aos outros nosso corpo e posses é a melhor maneira de extrair um significado deles.

O que significa dar nosso corpo aos outros? Certos seres superiores que treinaram a mente para superar apego e autoapreço e, além disso, meditaram sobre grande compaixão e a visão profunda da vacuidade, são capazes de entregar seu corpo sem dificuldade e dá-lo aos outros, se isso for necessário. Essa prática não lhes causa nenhum sentimento de perda, e eles são capazes de considerar seu corpo como um objeto insignificante. Contudo, é improvável que possamos praticar da mesma maneira. Enquanto formos governados pelo autoapreço, seria mais prejudicial do que benéfico sacrificar algo tão precioso como nosso corpo. Além disso, é um equívoco abrir mão deste precioso veículo humano, a não ser que haja uma grande necessidade e razões especiais para fazê-lo. Ainda assim, é importante nos regozijarmos com a ação dos Bodissatvas que podem dar seu corpo e posses, e rezar para que um dia sejamos capazes de fazer o mesmo.

Nos capítulos finais do sutra *Perfeição de Sabedoria* (*Prajnaparamitasutra*, em sânscrito), Buda Shakyamuni conta a história do Bodissatva Sadaprarudita, que aperfeiçoou altruisticamente a prática de dar como parte do seu caminho espiritual. Sadaprarudita era um praticante sincero que, como um sedento à procura de água, buscava por toda parte um Professor capaz de lhe explicar a visão profunda da vacuidade.

Um dia, ouviu uma voz vinda do céu dizendo que rumasse para o leste, onde vivia o grande Bodissatva Darmodgata, o Guru capaz de ensiná-lo. Sadaprarudita ficou radiante com a idéia de que agora receberia ensinamentos. Como sinal de sua sinceridade e devoção, quis levar uma oferenda de ouro e prata ao Bodissatva Darmodgata, mas era pobre demais para custear até um pequeno presente.

Então, uma idéia lhe veio à mente: "A única coisa de valor que possuo é meu corpo. Vou vendê-lo e, com o dinheiro que receber, poderei comprar oferendas ao meu Professor". Dirigiu-se imediatamente a uma cidade vizinha e, numa de suas ruas, começou a gritar em voz alta: "Quem quer comprar meu corpo? Vendo-o a quem se interessar". Apesar de seus brados desesperados, ninguém aceitou a oferta. Desanimado, pois não teria outro meio de levantar dinheiro para presentear seu Professor, Sadaprarudita sentou-se e começou a chorar.

Do seu reino celestial, o grande Senhor Indra, o chefe dos deuses, viu tudo o que se passava e decidiu testar o jovem Bodissatva. Transformando-se num brâmane de alta casta, Indra apareceu diante de Sadaprarudita e perguntou por que estava chorando. Quando o Bodissatva explicou sua situação, o brâmane disse: "Normalmente não preciso de carne e sangue humanos, contudo, hoje tenho de fazer um sacrifício especial e necessito de certos ingredientes raros. Portanto, pagarei de bom grado por um pedaço da tua carne." Ao ouvir essas palavras, Sadaprarudita ficou exultante; finalmente, encontrara alguém a quem poderia vender seu corpo. Começou a cortar um pedaço de carne da coxa direita e, pegando uma pedra, levantou-a para quebrar os ossos da perna.

Essa cena espantosa foi presenciada pela filha de um mercador que morava nos arredores. Alarmada, a moça correu na direção de Sadaprarudita e quis saber por que estava se mutilando de maneira tão horrível. Sadaprarudita explicou calmamente que estava vendendo sua carne para comprar oferendas ao Professor Darmodgata e receber dele os ensinamentos de sabedoria. A moça indagou: "Qual é o grande benefício desses ensinamentos para que tu te mutiles dessa maneira?". O Bodissatva respondeu que, meditando nos ensinamentos sobre a vacuidade, era possível alcançar a plena iluminação da budeidade. A filha do mercador quis saber o que era a budeidade, e o jovem Bodissatva explicou-lhe as excelentes qualidades de um ser plenamente iluminado. Ao ouvir essas qualidades insuperáveis, a moça gerou intensa fé nas Três Jóias – Buda, Darma e Sanga. Implorou a Sadaprarudita que parasse de se ferir e disse: "Meu pai é muito rico, e eu fornecerei tudo o que necessitas para fazer uma oferenda digna do grande Professor Darmodgata."

Vendo a disposição do Bodissatva de se sacrificar e ouvindo sua conversa com a filha do mercador, o sublime deus Indra percebeu quão extensa e profunda era a grande compaixão de Sadaprarudita. Retomou imediatamente seu aspecto normal e disse: "Todos os Budas do passado alcançaram sua iluminação com a grande mente e o mesmo esforço que hoje tu possuis. É realmente maravilhoso que, por amor ao Darma, estejas disposto a sacrificar teu corpo. Por favor, diga-me se existe algo em todo o universo que eu possa te dar." Sadaprarudita respondeu: "A única coisa que peço é o caminho que conduz à iluminação". Ouvindo isso, Indra foi forçado a admitir: "Posso dar-te qualquer coisa do universo, mas só um ser iluminado tem habilidade para satisfazer esse teu pedido." Então, o Bodissatva fez a seguinte prece: "Se dei meu corpo por amor ao Darma com sinceridade, então, pelo poder dessa oferenda pura, que minha saúde seja plenamente restaurada". Assim que proferiu essa prece, seu corpo mutilado voltou ao normal.

A filha do mercador levou o Bodissatva à sua casa e pediu ao pai que lhe desse o ouro e a prata a serem ofertados ao Professor Darmodgata. Quando o mercador ouviu o depoimento da filha, também foi tomado por intensa devoção e concedeu ao Bodissatva quinhentas carretas carregadas de ouro e prata, além de deliciosas iguarias. Então, o Bodissatva Sadaprarudita e a filha do mercador, acompanhados por quinhentas servas, iniciaram a viagem que os levaria à presença do Professor Darmodgata. Ao chegarem, apresentaram suas oferendas e Darmodgata ensinou-lhes toda a perfeição de sabedoria. Ouvindo esses ensinamentos, Sadaprarudita ganhou uma compreensão direta da profunda visão da vacuidade.

Depois, Darmodgata entrou numa meditação de concentração unifocalizada e permaneceu nesse estado por sete anos, enquanto Sadaprarudita esperava para receber mais ensinamentos. Durante todo esse tempo, Sadaprarudita não se preocupou em comer e beber, mas esperou pacientemente, interessado unicamente em receber mais ensinamentos. Quando Darmodgata finalmente saiu da meditação, Sadaprarudita solicitou mais instruções sobre a vacuidade e começou a dispor as oferendas adequadas num local espaçoso. Porém, encontrou muitos impedimentos enquanto tentava arrumar adequadamente o local; a poeira cobria tudo e não havia água para assentá-la. Inabalável, o corajoso Bodissatva cortou o próprio corpo e, com seu sangue, assentou a poeira, no que foi imitado pela filha do mercador e suas quinhentas servas. O sangue deles se transformou instantaneamente em água perfumada de sândalo, e o próprio Indra apareceu, oferecendo muitas flores celestiais, que o Bodissatva espalhou pelo chão. Sadaprarudita construiu um amplo trono e um lindo dossel e decorou o lugar com muitas jóias, objetos religiosos e ornamentos preciosos.

No dia seguinte, Darmodgata ensinou a perfeição de sabedoria a milhares de pessoas. A terra tremeu, uma chuva de flores caiu do céu e muitos outros milagres aconteceram. A filha do mercador e as quinhentas servas meditaram profundamente na vacuidade e, como resultado, atingiram elevadas etapas no caminho do Bodissatva. Sadaprarudita atingiu o oitavo dos dez solos de um Bodissatva e, subitamente, voou aos céus para encontrar seu Professor. Perguntou-lhe o porquê de todos aqueles milagres, e Darmodgata respondeu que aquilo era uma indicação auspiciosa do grande benefício recebido naquele dia. Graças ao pedido de Sadaprarudita e aos ensinamentos de Darmodgata, milhares de pessoas realizaram a visão correta da vacuidade e desenvolveram a preciosa mente de bodichita. Essa história ilustra o poder de um Bodissatva de nível elevado de dar seu corpo aos outros sem dificuldade. Como diz Shantideva:

> [13-14] Já que dei meu corpo por completo, não me importa o que os seres sencientes decidam fazer com ele. Para agradá-los, entreguei meu corpo aos outros. Deixe-os brincar com ele, ridicularizá-lo, espancá-lo ou até matá-lo, se isso lhes aprouver. Como dei meu corpo aos outros, qual o sentido de continuar a amá-lo por mais tempo?

Buda Shakyamuni disse que, com uma realização da vacuidade – de que todas as coisas carecem de existência verdadeira ou independente –, não é difícil abrir mão do nosso corpo, sendo ainda mais fácil abrir mão das nossas posses. Portanto, Shantideva prossegue:

> [15-16] Dou este corpo aos seres sencientes unicamente com o intuito de praticar virtude, sem causar problema ou prejuízo a ninguém. Quando os outros me encontrarem, que isso sempre se mostre significativo e benéfico para eles. Se uma pessoa sentir raiva ou fé em relação a mim, que os seus desejos possam ser satisfeitos.

Para nós é difícil considerar do mesmo modo um amigo e um inimigo. Se alguém nos prejudica, surge raiva; se alguém nos elogia, enchemo-nos de prazer. Mas um Bodissatva não se altera com elogio ou maltrato. Se estivesse sentado entre duas pessoas, uma das quais o cortasse com uma faca, enquanto a outra ungisse seu corpo com perfume, o Bodissatva olharia para ambas com igual amor e compaixão.

Shantideva prossegue suas preces para ser capaz de beneficiar os outros como segue:

> [17-22] Por mais que os outros me prejudiquem fisicamente ou me insultem verbalmente, que tudo o que fizerem torne-se a causa da sua iluminação.
>
> Durante todas as minhas vidas, que eu me torne um protetor para os desprotegidos. Que eu me torne um guia para os viajantes e um barco e uma ponte para aqueles que desejam atravessar as águas. Que eu me torne uma ilha para os que estão em perigo e uma luz para aqueles que viajam na escuridão. Que eu me torne uma morada e um lugar de repouso para os que desejam descansar e um servo para aqueles que precisam de um.
>
> Que eu me torne uma jóia-dos-desejos para os que têm desejos especiais, um tesouro de riquezas, mantras poderosos e remédios eficazes. Em todas as minhas vidas, que eu me torne uma árvore-dos-desejos e uma inesgotável vaca-dos-desejos que satisfaz todos os seres.
>
> Assim como os grandes elementos – terra, água etc. – sustentam a vida dos seres sencientes, que eu também me torne a base de sustentação para todos. Que eu me torne qualquer coisa que seja benéfica para os seres sencientes em todos os reinos de todo o universo, até que eles alcancem a completa e insuperável iluminação.

Por que é necessário fazer preces desse tipo? Se quisermos gerar a preciosa bodichita, temos de cultivar uma intenção benéfica em relação a todos os seres sencientes.

Podemos nos treinar a fazer isso prestando estreita atenção à situação dos outros. Sempre que virmos seres sencientes sofrendo, devemos pensar: "O que posso fazer para dissipar seu sofrimento e dar-lhes felicidade?" Devemos constantemente treinar nossa mente com esse pensamento benéfico.

No momento, não somos capazes de prestar ajuda ilimitada a todos os seres vivos, mas se dedicarmos nossas virtudes para o benefício dos outros, como foi sugerido, plantaremos as sementes para atingir essa meta altruísta no futuro. Se dedicarmos nosso mérito, rezando para nos tornarmos um Guia Espiritual para aqueles que não têm um guia, ou rezando para nos tornarmos um benfeitor dos pobres, no futuro esses desejos certamente serão atendidos.

Desta vez, tivemos um nascimento como ser humano e, portanto, temos a preciosa oportunidade de pensar, ponderar e treinar nossa mente. Se não fizermos nada além de nos envolvermos com os nossos pensamentos habituais de auto-apreço, não seremos muito diferentes dos animais. Até pássaros e insetos andam de um lado para outro tentando encontrar felicidade e alívio para seu sofrimento. Para tornar nosso estado de humanos útil, devemos tentar elevar nossa visão acima de tais interesses egoístas. Os ensinamentos de Shantideva sobre o treino da mente são um poderoso método para adquirirmos essa visão elevada.

ACEITAR PLENAMENTE A BODICHITA

No primeiro capítulo, foram explicados o método para gerar a bodichita por meio da instrução das sete etapas de causa e efeito, e os oito preceitos da bodichita aspirativa. Quando tivermos preparado e desenvolvido nossa mente o suficiente para conseguir praticar as seis perfeições que conduzem à iluminação, estaremos prontos para tomar os votos do Bodissatva. O objetivo de tomar esses votos é o de conquistar a meta de um Bodissatva. Qual é essa meta?

Alcançar a iluminação para o benefício de todos os seres sencientes mães. Apenas querer alcançar a budeidade para o benefício dos outros não basta; temos de tomar os votos apropriados e fazer todas as práticas necessárias.

Quando entendermos os compromissos envolvidos em tomar os votos do Bodissatva e sentirmos que somos capazes de mantê-los, terá chegado a hora de adotarmos o estilo de vida de um Bodissatva. É isso o que significa aceitar plenamente a bodichita.

A cerimônia para tomar os votos do Bodissatva pode ser planejada como se segue. Se formos receber os votos do nosso Guia Espiritual, devemos primeiro dispor oferendas bonitas e fartas e preparar o local no qual os votos serão concedidos. Quando o Guia Espiritual chegar, devemos fazer uma oferenda da prece dos sete membros, que resume as sete práticas preliminares explicadas anteriormente, e depois oferecer um mandala, presenteando todos os objetos preciosos e raros do universo a fim de que possamos gerar a bodichita. Quando todos esses preparativos forem concluídos, devemos solicitar ao Guia Espiritual que nos conceda os votos do Bodissatva.

Começamos com o seguinte pedido: "Ó Preceptor, por favor, ouve-me". (Se a cerimônia estiver sendo feita na presença dos Budas e Bodissatvas visualizados, devemos começar como segue: "Ó Gurus, Budas e Bodissatvas, por favor, ouvi o que agora direi"). Em ambos os casos, recitaremos os seguintes versos do *Guia* de Shantideva:

> [23-24] Assim como os anteriores Sugatas geraram a mente de iluminação e cumpriram todas as etapas do treinamento do Bodissatva, também eu, para o bem de todos os seres, vou gerar a mente de iluminação e cumprir todas as etapas do treinamento do Bodissatva.

Recitamos esses versos três vezes e, ao final da terceira recitação, recebemos os votos do Bodissatva.

O que significam esses versos? Todos os Budas atingiram seu estado sublime seguindo as práticas de um Bodissatva. Motivados por seu desejo de ajudar todos os seres sencientes, geraram a preciosa bodichita, receberam os votos do Bodissatva e seguiram um caminho progressivo de prática, que inclui as seis perfeições e outros feitos benéficos. Visto que nós também queremos nos tornar um ser plenamente iluminado para o benefício dos outros, prometemos solenemente seguir essas etapas da prática exatamente da mesma maneira.

Tais promessas são feitas ao nosso Guia Espiritual ou à assembléia visualizada de Budas e Bodissatvas. O Guia Espiritual de quem recebemos esses votos deve ser plenamente qualificado. Ele ou ela deve ter recebido os votos do Bodissatva e ter a habilidade de explicar cada um deles. Precisa ser capaz de conceder os votos aos outros e dar uma explicação habilidosa de todas as práticas envolvidas nas seis perfeições.

Do nosso lado, se já tivermos gerado a bodichita de aspiração, ao receber os votos do Bodissatva, devemos gerar a bodichita de compromisso. Então, será necessário que nos abstenhamos especificamente das 18 quedas raízes e das 46 quedas secundárias. (Na prática, contudo, não existe limite aos preceitos morais e éticos que um Bodissatva alegremente adota na sua dedicação abnegada em prol do bem-estar dos outros). Se esses 64 votos forem tomados uma primeira vez na presença do nosso Professor, poderemos depois retomá-los frequentemente, por conta própria, na presença visualizada dos Budas e Bodissatvas. Se quebrarmos algum dos votos, será possível tomá-los de novo numa cerimônia similar. Participando dessas cerimônias e devotando-nos às práticas de um Bodissatva, estaremos aceitando plenamente a preciosa mente de bodichita.

ATIVIDADES DE CONCLUSÃO

Até aqui, Shantideva descreveu as diversas práticas preparatórias que são proveitosas para acumularmos mérito e a cerimônia necessária para a aceitação plena da bodichita. As atividades que selam e concluem nossa aceitação plena da bodichita podem ser explicadas em três seções:

1. Meditar na felicidade de satisfazer nossos próprios desejos;
2. Meditar na felicidade de beneficiar os outros e de satisfazer os seus desejos;
3. Exortar os outros a meditarem sobre felicidade.

MEDITAR NA FELICIDADE DE SATISFAZER NOSSOS PRÓPRIOS DESEJOS

Uma vez que tenhamos gerado a preciosa bodichita, compreenderemos a extraordinária amplitude da nossa boa fortuna e nos regozijaremos na mesma medida. [25] A fim de aprimorar as boas qualidades ligadas à bodichita, devemos nos sentir plenos de louvor e de encorajamento, enaltecendo-nos com alegria:

> [26ab] Agora minha vida gerou magnífico fruto,
> minha vida humana alcançou grande significado.

Devemos pensar no quanto somos privilegiados por termos tomado os votos do Bodissatva e em como essa ação deu grande significado ao nosso renascimento humano, tornando-o verdadeiramente frutífero. Pensando desse modo, sentiremos profunda felicidade.

Estudando o Darma mahayana, meditando e gerando a bodichita, descobriremos qualidades da vida que normalmente não são conhecidas. Essa preciosa mente de bodichita não pode ser facilmente encontrada neste mundo. Eruditos estudam arduamente e obtêm doutorados e outros graus avançados; contudo, tais qualificações não se comparam com a preciosa mente de bodichita. Portanto, a pessoa que gerou essa mente preciosa tem uma grande razão para se regozijar e ser feliz. Devemos pensar:

> [26cd-27] Hoje eu nasci na linhagem de Buda e tornei-me um Bodissatva. Todas as minhas ações de agora em diante estarão de acordo com essa nobre linhagem; e a essa linhagem, pura e impecável, nunca trarei desonra.

[28] É muito raro encontrar uma jóia preciosa num monte de lixo, e mais raro ainda que seja um cego a descobri-la. Imagine a felicidade do afortunado cego ao realizar tamanha proeza! De modo similar, é muito raro encontrar alguém que esteja interessado até em tentar gerar a bodichita, e mais raro ainda encontrar alguém que a tenha gerado de fato. Imagine nossa felicidade ao realizar tamanha proeza! Nesta vida, não há qualidade maior do que ter gerado a bodichita de compromisso.

Certa vez, foi perguntado a um Geshe Kadampa, um grande Professor do passado: "O que seria preferível, desenvolver poderes miraculosos e clarividência, receber visões da nossa deidade pessoal ou gerar a bodichita?" Ele respondeu que a bodichita é mil vezes maior que qualquer outra conquista ou poder. Por quê? Em muitas vidas anteriores, geramos poderes miraculosos e até voamos no céu. Durante o primeiro éon desta era, todos os seres possuíam clarividência e corpos feitos de luz, mas onde está a essência desses poderes agora? Que benefício eles nos trouxeram? Tudo está mudando, e nós continuamos presos na roda do samsara, passando por sofrimento e insatisfação continuamente. No entanto, se houvéssemos gerado o pensamento de bodichita e nos comprometido com suas práticas, agora já poderíamos ter obtido a iluminação da budeidade e nos livrado dos problemas do samsara.

Gerar a bodichita é até mais importante do que receber visões da nossa deidade pessoal e fazer as correspondentes práticas tântricas. Se meditarmos nos nossos canais, ventos e gotas, poderemos gerar o fogo interior e até nos tornar capazes de levitar no espaço. No entanto, sem a bodichita, tudo isso será em vão. Se tivermos gerado a bodichita e obtido uma compreensão da vacuidade, tais práticas tântricas serão muito úteis para aumentar nossas realizações; mas se nos faltar essa base, seremos totalmente incapazes de praticar o caminho tântrico. Nos dias de hoje, muitas pessoas são atraídas pelo tantra porque acreditam que isso vai lhes fornecer um atalho à iluminação ou, ao menos, dotá-las com poderes mágicos; contudo, elas não compreendem a importância de criar a base de renúncia, bodichita e vacuidade para esse caminho elevado. Se praticarmos o tantra apenas para o benefício desta vida, com a esperança de obter fama ou poderes especiais, não faremos mais do que plantar as sementes para um sofrimento infernal no futuro. Quem pratica assim pode ser comparado a um desavisado que usa a preciosa madeira de sândalo para acender uma fogueira. Para dar outros exemplos, agir assim é como usar notas de dinheiro para acender um cigarro, ou um Rolls Royce para transportar esterco. Para tornar a prática de tantra significativa, a bodichita é indispensável.

MEDITAR NA FELICIDADE DE BENEFICIAR OS OUTROS E DE SATISFAZER OS SEUS DESEJOS

Nesta seção, ensina-se como meditar na felicidade de ser capaz de realizar as três seguintes atividades:

1. Aliviar os outros do seu sofrimento;
2. Eliminar as duas obstruções;
3. Proporcionar grandes benefícios e felicidade aos outros.

ALIVIAR OS OUTROS DO SEU SOFRIMENTO

Quando gerarmos a bodichita, ganharemos a habilidade de ajudar os outros seres de numerosas maneiras benéficas. Nesta seção, Shantideva discute cinco delas, comparando a preciosa bodichita com um néctar, um tesouro inesgotável, um remédio supremo, uma frondosa árvore celestial e uma ponte universal.

[29ab] Antes de tudo, a bodichita é como um néctar supremo, capaz de superar o grande poder da morte. Ela destrói o sofrimento da morte, conduzindo todos os seres sencientes ao estado insuperável e eterno da budeidade. [29cd] A bodichita também é como um tesouro inesgotável que elimina a pobreza de todos os seres sencientes, satisfazendo todos os seus desejos. De que modo os Budas e Bodissatvas – esses seres supremos que possuem a bodichita – eliminam a pobreza? Provendo-nos com inesgotáveis ensinamentos de Darma e presentes materiais, eles podem satisfazer temporariamente as nossas necessidades espirituais e físicas. Além disso, conduzindo-nos ao estado de felicidade perene e à completa iluminação, eles podem nos libertar definitivamente da pobreza. É nesse sentido que a bodichita é como um tesouro inesgotável.

Se a bodichita é tão poderosa, por que tantos seres neste e em outros reinos continuam atormentados pela pobreza e por outros males? O motivo é que o poder dos seres iluminados é como um gancho de ferro e, para que sejamos içados do nosso sofrimento, temos de estabelecer uma conexão com esse gancho por meio do nosso próprio anel de fé. Se não voltarmos nossa mente para as Três Jóias, não haverá como elas nos ajudarem; as causas para nossa salvação ainda não estarão completas. Se permanecermos passivos, à espera de uma salvação vinda de fora, sem fazer nada do nosso próprio lado para desenvolver nossa mente, continuaremos a sofrer como sempre.

Retomando a analogia de Shantideva, [30ab] a bodichita é como um remédio supremo, capaz de aliviar as doenças físicas e mentais de todos os seres sencientes. Uma vez que tenhamos tomado esse remédio, a bodichita, seremos gradualmente curados de todas as doenças da mente e do corpo. Com a mente continuamente preenchida com o remédio da bodichita, um Bodissatva é imune ao sofrimento.

[30cd] Assim como uma árvore frondosa proporciona frescor a um viajante cansado, a bodichita proporciona sombra e descanso aos seres sencientes, que vagam exaustos pelos caminhos do samsara. [31ab] Finalmente, a bodichita é como uma ponte universal, que conduz os seres do sofrimento dos reinos inferiores à felicidade dos reinos superiores e, por fim, à budeidade.

ELIMINAR AS DUAS OBSTRUÇÕES

Como foi mencionado, existem dois conjuntos de obstruções que afligem a mente: obstruções à libertação e obstruções à onisciência. A bodichita tem o poder de eliminar as duas. [31cd] Ela é como a lua que dissipa o sofrimento insuportável que as delusões causam aos seres sencientes e, desse modo, elimina as obstruções à libertação. Além disso, [32ab] ela é como o sol que dissipa a escuridão das marcas da ignorância e, desse modo, remove as obstruções à onisciência.

Se desenvolvermos a preciosa bodichita e cultivarmos as duas asas, o método e a sabedoria, seremos capazes de superar todos os obstáculos e alcançar a suprema cidadela da iluminação. A bodichita é como a mão que empunha o machado da sabedoria. Utilizando a realização da vacuidade, podemos cortar pela raiz as marcas do auto-agarramento e alcançar a total onisciência.

[32cd] Em suma, quando o leite do Darma é batido pela sabedoria, a manteiga quintessencial que obtemos é a preciosa bodichita.

PROPORCIONAR GRANDES BENEFÍCIOS E FELICIDADE AOS OUTROS

[33] A bodichita é como um anfitrião que convida os seres sencientes para um banquete de renascimento elevado e de libertação e para o deleite insuperável da iluminação. Pelo poder da sua bodichita, um Bodissatva conduz os outros aos estados de felicidade e de plenitude. Todos os seres vivos estão vagando, perdidos no deserto do samsara e sedentos de felicidade. Quem é capaz de conduzi-los para bem longe dessa desolação? Aquele que possui a preciosa mente de bodichita.

EXORTAR OS OUTROS A MEDITAREM SOBRE FELICIDADE

Shantideva resume a terceira atividade de conclusão, que sela nossa aceitação plena da bodichita, da seguinte maneira:

> [34] Hoje, na presença dos Protetores, convido todos os seres sencientes para um banquete de insuperável deleite. Que todos aqueles que apreciam o Darma – vós, deuses, semideuses, nagas e humanos – regozijem-se e sejam felizes!

Até aqui, Shantideva deu extensas explicações de vários métodos de Darma, mas como podemos de fato praticá-los? Praticaremos por meio de meditação analítica e posicionada nos ensinamentos recebidos. Primeiro, devemos examinar detalhadamente cada tema, tentando compreender seu significado e relevância para as nossas vidas. Julgar, testar e tentar compreender os ensinamentos desse modo é o que chamamos de meditação analítica. Depois de fazer isso e chegar a uma conclusão a respeito do objeto de meditação, devemos posicionar nossa mente nesse objeto com concentração unifocada. Isso é o que chamamos de meditação posicionada ou formal. Quem pensa que meditação é sentar e ficar com a mente vazia, não receberá benefício, por mais que medite.

O objeto de meditação pode ser um aspecto particular de um ensinamento, como os benefícios da bodichita, a forma de uma deidade pessoal ou mesmo nossa própria respiração. Seja qual for o objeto escolhido, devemos examiná-lo plenamente para obter uma idéia clara dele. Por exemplo, a fim de gerar concentração unifocalizada, podemos meditar na figura visualizada de um Buda, uma vez que ela representa a sabedoria e os métodos do caminho. Começamos selecionando uma pintura ou estátua que represente claramente o Buda escolhido. Devemos examinar essa imagem minuciosamente, percorrendo-a da coroa da cabeça aos pés e dos pés à coroa novamente. Fazendo isso corretamente, obteremos a imagem mental esboçada do corpo de um Buda. Essa imagem será o objeto que visualizaremos na meditação. Estaremos praticando a meditação posicionada quando nos sentarmos calmamente e tentarmos enxergar essa imagem em nossa mente, retendo o objeto com contínua-lembrança e examinando-o com vigilância.

O conjunto desse processo pode ser comparado a empreender uma viagem. Para ir a Londres, primeiro precisamos adquirir um conhecimento acurado da estrada que vamos pegar; caso contrário, poderemos chegar a Manchester! Do mesmo modo, para praticar meditação posicionada e permanecer num objeto unifocadamente, primeiro precisamos conhecê-lo muito bem por meio da meditação analítica; caso contrário, nossos esforços serão desperdiçados e muitas falhas surgirão. É importante enfatizar esse ponto: é um grande erro meditar sobre nada. Se tivermos um objeto adequado de meditação, teremos a possibilidade de avançar pelos nove níveis de concentração e conquistar o tranquilo-permanecer (*shamata*, em sânscrito). Sem um objeto de meditação adequado, obteremos poucos resultados, ainda que fiquemos sentados em meditação por mil anos.

Tudo o que foi explicado até aqui neste comentário e tudo o que virá a seguir são objetos de meditação. No texto de Shantideva, não há sequer um ensinamento que não possa ser um objeto de meditação. Portanto, é importante aprender a arte da meditação corretamente e ser capaz de aplicá-la em nossa vida diária.

Assim termina o capítulo intitulado "Aceitação plena da bodichita", o terceiro capítulo do texto *Contemplações significativas*, um comentário ao *Guia do estilo de vida do Bodissatva*, de Shantideva.

Atisha

Conscienciosidade

COMO PRATICAR AS SEIS PERFEIÇÕES

Depois de discutir os benefícios da mente de iluminação, de que modo purificar a não-virtude que impede o desenvolvimento dessa mente e como aceitá-la plenamente, Shantideva está pronto para explicar de que forma podemos impedir que nossa bodichita se degenere e como fazê-la crescer com a prática das seis perfeições. Assim, o restante do texto foi dividido em quatro partes:

1. Meditação em conscienciosidade, para que a prática da bodichita e os preceitos não se degenerem;
2. Como treinar disciplina moral praticando contínua-lembrança e vigilância;
3. Explicação das demais perfeições: paciência, esforço, concentração e sabedoria;
4. Dedicatória e a prática de dar, para o benefício de todos os seres.

MEDITAÇÃO EM CONSCIENCIOSIDADE, PARA QUE A PRÁTICA DA BODICHITA E OS PRECEITOS NÃO SE DEGENEREM

Até aqui explicou-se como o praticante gera a mente de bodichita e toma os votos do Bodissatva, dedicando-se à aquisição da plena iluminação para o benefício dos outros. Porém, se um Bodissatva for descuidado com as suas três portas – quais sejam: seu corpo, sua fala e sua mente –, ele ou ela não conseguirá seguir as práticas corretamente nem guardar seus votos com pureza. Portanto, a fim de impedir que a preciosa bodichita se degenere, Shantideva ensina o método da conscienciosidade. Conscienciosidade é um fator mental que espia a mente para saber se não nos desviamos para as delusões e se não estamos distraídos com atividades sem sentido de corpo, fala e mente. Seu oposto é uma atitude descuidada de imprudência ou de desinteresse, que resulta em atividade deludida, criação de carma negativo e degeneração de nossa prática e preceitos.

A imprudência pode se manifestar através de qualquer das nossas três portas. No que se refere ao nosso corpo, o descuido manifesta-se no nosso envolvimento em ações que estão em conflito com o Darma. Tais ações são, entre outras, matar, roubar, ter má conduta sexual, usar substâncias tóxicas, ficar viciado em jogo e outros delitos igualmente deludidos. Em termos da nossa fala, a imprudência manifesta-se como mentira, discurso divisor, discurso ofensivo e tagarelice. Por fim, a imprudência da mente inclui todos os pensamentos deludidos, como cobiça, maldade e visões errôneas.

Se formos conscienciosos a respeito do nosso comportamento, nossa compreensão e realizações automaticamente vão crescer, ao passo que a sujeira das nossas três portas diminuirá. A conscienciosidade é essencial para a nossa prática de pura disciplina moral. Quando uma pessoa conscienciosa fala, geralmente ela é cortês, diz coisas que vão beneficiar os outros e a si própria e aborda assuntos relacionados ao Darma. Um indivíduo imprudente, por outro lado, fala sob a influência da delusão. Seu comportamento é descortês e as coisas que diz, invariavelmente, perturbam a si próprio e aos outros.

Ser consciencioso com nossas três portas é o meio de garantir que nossas qualidades virtuosas e positivas – inclusive qualquer bodichita que tenhamos gerado – sejam estabilizadas e multiplicadas em profusão. Para praticar o Darma corretamente, temos de gerar conscienciosidade. Todas as comunidades de Darma adotam códigos de disciplina e pedem que seus membros se abstenham de certas ações, como fumar, beber, jogar e brigar. Qual é o motivo para essa disciplina? Não é punir os praticantes, embora assim possa parecer. Ao contrário, essas regras são estabelecidas para ajudar as pessoas a praticarem conscienciosamente. Os Guias Espirituais constantemente nos lembram de abandonar não-virtude e de proteger nossa mente contra a influência da delusão. Fazem isso para que nossas ações de corpo, fala e mente se tornem puras e sejamos capazes de colher os frutos da prática espiritual.

Todos os votos e preceitos cumprem o mesmo propósito: ajudar o praticante a se desenvolver ao longo do caminho à libertação e à iluminação. Buda Shakyamuni especificou 253 votos a serem respeitados pelos monges plenamente ordenados. Seu objetivo não era puni-los; fez isso para ajudar a prática deles. O Bodissatva também tem votos a guardar, que visam igualmente ajudá-lo a obter os frutos do caminho.

Conta-se a história de um monge que viveu durante bastante tempo numa caverna, meditando e observando pura disciplina moral. Ele era mantido por uma família, que atuava como sua benfeitora, e todos os dias a filha do casal levava-lhe alimentos e água. A moça sentia atração pelo monge e secretamente pretendia seduzi-lo a fazer amor com ela, mas não conseguia despertar seu interesse. Um dia, declarou-se abertamente. O monge respondeu com calma: "Não posso fazer amor contigo porque isso é contrário aos meus votos de celibato". Desapontada, a jovem foi embora.

Pouco depois, ela voltou trazendo consigo um jarro de álcool e uma cabra. Entrou na caverna e disse ao monge: "Hoje, tenho três pedidos a te fazer. Se não me concederes ao menos um deles, vou me matar". Depois dessa ameaça, prosseguiu: "Meu primeiro e mais sincero pedido é que faças amor comigo e não me rejeites como antes". Mas o monge voltou a repelir tal pedido, explicando que isso contrariava as regras que Buda estipulara para os monges, proibindo-lhes de ter qualquer atividade sexual.

"Muito bem" – prosseguiu ela –, "se não queres atender meu primeiro pedido, ouve então o segundo. Mata a cabra que eu trouxe comigo e vamos compartilhar sua carne juntos". O monge ficou perplexo e respondeu: "Nós, budistas, esforçamo-nos ao máximo para não maltratar nenhum ser vivo. Como poderia eu matar esse animal? Fazer o que me pedes é algo impossível para mim!".

Então, sem hesitar, a moça disse: "Já que não aceitastes meu primeiro pedido nem o segundo, terás de concordar com o terceiro ou me matarei". Falou em voz alta: "Vamos beber juntos o álcool que eu trouxe". Por alguns minutos, o monge permaneceu num dilema: "Que situação absurda! Essa mulher está desesperada e, se eu não aceitar nenhum dos seus pedidos abomináveis, ela certamente se matará. Mas qual deles devo escolher? Com certeza, não posso manter relações sexuais com ela; isso destruiria meus votos. Matar a cabra está fora de questão, pois é frontalmente contrário aos meus princípios. Beber vinho também violaria meus votos. Mas pensando bem, entre os três pedidos, esse último parece o menos prejudicial".

E assim, temendo que a mulher se matasse, o monge concordou em beber o álcool com ela. Porém, depois de alguns goles, ficou completamente bêbado. Nesse estado de total embriaguez, fora de si, manteve relações com a mulher e, depois, matou a cabra e comeu sua carne! No fim, nenhuma das ações que ele temia deixou de ser cometida. Tal é o poder de uma brecha aberta em nossa contínua-lembrança!

Uma pessoa que deseja gerar e manter a mente de bodichita precisa estar sempre consciente de suas ações de corpo, fala e mente; logo, Shantideva dedica o quarto capítulo do seu *Guia* a uma exposição completa do fator mental conscienciosidade. Se entendermos como praticar conscienciosidade e ensinarmos isso aos outros, grandes benefícios surgirão. Se os estudantes prestarem atenção nesse conselho, serão levados a praticar virtude e se tornarão capazes de atingir suas metas. Neste texto, a explicação da conscienciosidade tem três partes:

1. Introdução à conscienciosidade;
2. A explicação extensa da conscienciosidade;
3. Sumário.

INTRODUÇÃO À CONSCIENCIOSIDADE

Shantideva introduz esse assunto afirmando:

[1] Tendo aceito com firmeza as mentes da bodichita de aspiração e de compromisso, esboçadas anteriormente, o Bodissatva pratica as seis perfeições e, com conscienciosidade, guarda continuamente as práticas e os preceitos das duas bodichitas.

A EXPLICAÇÃO EXTENSA DA CONSCIENCIOSIDADE

Esta seção, que constitui o corpo central do presente capítulo, tem duas partes principais:

1. Meditar sobre conscienciosidade em relação à bodichita;
2. Meditar sobre conscienciosidade em relação aos preceitos.

MEDITAR SOBRE CONSCIENCIOSIDADE EM RELAÇÃO À BODICHITA

A primeira grande subdivisão deste capítulo tem duas partes:

1. As razões pelas quais é insensato abandonar a bodichita;
2. As falhas de abandonar a bodichita.

AS RAZÕES PELAS QUAIS É INSENSATO ABANDONAR A BODICHITA

Se não sustentarmos com firmeza a bodichita que geramos, ela poderá facilmente se degenerar; logo, é importante guardá-la com vigilância. Uma vez que geramos a bodichita, seria bastante insensato abandoná-la. Por quê? [2] Em nossos assuntos comuns, às vezes prometemos nos responsabilizar por certas tarefas, sem ter examinado de antemão se podemos ou não cumprir a promessa. Por causa disso, há casos em que é conveniente abandonar a tarefa antes de tê-la concluído. [3] Isso não deve acontecer com nosso desejo e nossa promessa da bodichita. A bodichita só pode ser desenvolvida depois de termos contemplado profundamente seus benefícios e examinado minuciosamente todas as razões para cultivar essa atitude preciosa. Uma vez convencidos da importância de gerar a bodichita, fazemos a promessa solene de beneficiar todos os seres sencientes, alcançando a plena iluminação da budeidade. Portanto, voltar atrás de uma promessa tão profundamente considerada, descuidando-nos da nossa bodichita, é algo extremamente inábil.

AS FALHAS DE ABANDONAR A BODICHITA

Esta seção tem três partes:

1. Somos levados aos três reinos inferiores;
2. O benefício para os outros diminui;
3. Somos afastados para longe dos solos do Bodissatva.

SOMOS LEVADOS AOS TRÊS REINOS INFERIORES

Como diz Shantideva:

> [4-7] Se, tendo prometido alcançar a iluminação para o benefício de todos os seres sencientes, eu rejeitar essa

> promessa e deixar de praticar, estarei enganando a todos. Haverá mal maior do que este? Onde mais renascerei, a não ser nos estados desafortunados de existência?
>
> Buda disse que alguém que pretende dar algo, por menor e mais insignificante que seja, e depois muda de idéia por avareza, renascerá mais tarde como um espírito faminto, errante. No meu caso, prometi convidar todos os seres sencientes a um banquete de insuperável excelência. Se eu quebrar essa promessa, que chance tenho de renascer nos reinos superiores? Somente um Buda onisciente pode compreender como alguém que abandonou a bodichita pode se livrar do sofrimento.

A última frase refere-se a uma história contada sobre Shariputra, um dos principais discípulos de Buda Shakyamuni, frequentemente retratado à direita do trono de Buda em várias pinturas tradicionais. A certa altura da sua prática, Shariputra gerou a bodichita e se tornou um Bodissatva. Para testar a força do seu compromisso, um demônio malvado aproximou-se dele e disse que queria sua mão direita. Shariputra prontamente cortou a mão direita e, segurando-a com a esquerda, ofereceu-a ao demônio. Com ar de indignação, este gritou: "Como te atreves a estender tua mão esquerda na minha direção!? Não tens noção de cortesia?". O demônio continuou a insultar o Bodissatva dessa maneira por algum tempo e, depois, foi embora. Shariputra ficou profundamente consternado com esse comportamento irracional e pensou: "Se a insensatez dos seres sencientes é tão grande, como poderei beneficiá-los?". Com esse pensamento, abandonou sua bodichita e retornou ao seu caminho anterior de busca pela libertação individual. Por fim, atingiu sua meta e se tornou um Arhat naquela mesma vida.

Se, como foi dito, uma pessoa que rejeita a bodichita renasce num dos três reinos inferiores, por que Shariputra não nasceu no inferno? Como foi capaz de alcançar o estado de

Arhat? A resposta de Shantideva é que somente um ser onisciente, que vê a total extensão das ações e seus efeitos, pode compreender de que modo Shariputra escapou do sofrimento dos três reinos inferiores. Compreender isso plenamente está além do poder das mentes limitadas. Contudo, é claro que, embora tenha abandonado a bodichita, Shariputra não abandonou sua renúncia pelo samsara nem a sabedoria de realizar a vacuidade. Meditando sobre renúncia e vacuidade continuamente, ele foi capaz de alcançar o nirvana e de obter a completa libertação pessoal de todo o sofrimento.

O BENEFÍCIO PARA OS OUTROS DIMINUI

Ao tomar os votos do Bodissatva de acordo com o que foi descrito no terceiro capítulo, comprometemo-nos com um certo comportamento de corpo, fala e mente. [8] O compromisso mais importante é nunca abandonar nossa motivação de bodichita. Se, por falta de conscienciosidade, o fizermos, incorreremos na mais grave de todas as violações de votos e enfraqueceremos imensamente nossa habilidade de beneficiar os outros. Perderemos nossa base para trabalhar em benefício dos outros. [9] Do mesmo modo, quem interrompe a prática virtuosa de um Bodissatva cria um carma extremamente negativo. Por quê? Tudo o que um Bodissatva faz ou acumula no caminho da virtude é apenas para a felicidade dos outros. Portanto, se ele ou ela for impedido de praticar, ainda que por um instante, todos os seres sencientes serão indiretamente prejudicados.

Porque não podemos dizer quem é ou não um Bodissatva, nunca devemos interromper alguém que está praticando virtude. Acumularemos imensa não-virtude, mesmo se a pessoa que atrapalharmos estiver simplesmente aspirando a praticar os ensinamentos mahayanas. Qualquer dano cometido contra ela abala a alegria e a felicidade de todos. [10] E se destruir a felicidade de um único ser senciente acarreta resultados negativos, o que dizer do mal que é criado ao se destruir a felicidade de todos os seres sencientes, cuja vastidão compara-se ao espaço infinito? Seria possível avaliar os resultados de sofrimento dessa ação não-virtuosa?

Se pudermos gerar a bodichita e praticar o Darma mahayana, isso sem dúvida será excelente; mas se não pudermos praticar, ao menos não devemos nos opor aos outros que desejam fazê-lo. O Darma mahayana pode ser seguido por qualquer um que queira desenvolver a preciosa bodichita; não é uma prática restrita somente a monges e monjas.

Existem outras idéias equivocadas sobre a prática do Darma mahayana. Alguns pensam que uma pessoa que simplesmente aspira a praticar o Darma mahayana não está de fato praticando. Pensam assim porque a pessoa aparentemente não está beneficiando ninguém; mas isso é um erro. Embora um praticante mahayana não seja ainda capaz de beneficiar os outros, ele está treinando a mente para se tornar apto a fazê-lo mais tarde. Essa abordagem é bastante realista. Até que tenhamos domado nossa própria mente, não podemos realmente ajudar os outros. Nossa meta principal é beneficiar todos os seres sencientes o máximo que pudermos; contudo, primeiro temos de controlar e purificar nossa própria mente, que está poluída pelas três delusões – apego, ódio e ignorância. Essa é nossa tarefa número um.

Quando plantamos sementes num campo, as plantas e os frutos não aparecem de repente. Esperar resultados espetaculares em pouco tempo é um erro. Do mesmo modo, embora seja imensamente válido treinarmos nossa mente, devemos entender que será necessário algum tempo antes que surjam os esperados benefícios, para nós e para os outros. Exigir resultados imediatos da nossa prática de meditação é tolice. Para obter o fruto do caminho, devemos meditar continuamente, ano após ano. O mestre indiano plenamente iluminado Guru Padmassambava disse: "Acumulando muitas meditações ao longo de anos de prática, realizações serão obtidas". Se tivermos o desejo sincero de alcançar a iluminação para o benefício dos outros, devemos levar a sério essas palavras de aconselhamento e praticar com firmeza e constância durante um longo período.

SOMOS AFASTADOS PARA LONGE DOS SOLOS DO BODISSATVA

[11] Como foi dito, se tomarmos os votos do Bodissatva e os quebrarmos, poderemos retomá-los numa outra cerimônia. Contudo, se ficarmos tomando votos apenas para quebrá-los de novo, prejudicaremos seriamente nossa prática. Como diz Shantideva, estaremos inviabilizando nossa aquisição das etapas mais elevadas do caminho do Bodissatva – os dez solos ao longo dos quais um Bodissatva Superior avança em sua jornada à iluminação.

Esse conselho não se aplica apenas ao desenvolvimento da bodichita. É muito difícil obter qualquer realização se nossas práticas forem constantemente interrompidas. Se tendo treinado durante um mês, abandonarmos nossa prática e a retomarmos meses mais tarde, seremos incapazes de alcançar o tranquilo-permanecer, que nos permite desenvolver verdadeira unifocalização mental. Nenhuma prática feita dessa maneira intermitente dará fruto. É impossível levar a água ao ponto de fervura, se ficarmos acendendo e apagando o fogo. Assim como a chama do fogareiro deve ser mantida a uma temperatura constante, nossas práticas de meditação devem ser estáveis e contínuas.

Por que grandes iogues como Milarepa obtiveram suas realizações, enquanto nós continuamos a sofrer no samsara? Nosso corpo não é diferente do deles, e os ensinamentos do Darma mahayana que temos ao nosso dispor são os mesmos que eles seguiram. O que explica, então, as grandes diferenças entre nós? A única razão possível é que nós ainda não reunimos todas as causas para tornar nossa prática frutífera. Nossa motivação talvez seja impura ou, quem sabe, ainda não compreendemos os métodos que nos foram ensinados. O motivo mais importante, contudo, é que não conseguimos praticar firmemente dia após dia. Isso precisa ser corrigido para alcançarmos a meta que almejamos.

Aqui termina a primeira grande seção deste capítulo – manter conscienciosidade em relação à manutenção da bodichita. Na próxima seção, Shantideva discute como a conscienciosidade deve ser aplicada a todas as práticas de um Bodissatva.

MEDITAR SOBRE CONSCIENCIOSIDADE EM RELAÇÃO AOS PRECEITOS

Os preceitos decorrentes dos votos do Bodissatva são vastos, mas todos podem ser incluídos na prática das seis perfeições e nas quatro maneiras de reunir discípulos. Nesta seção, Shantideva divide os preceitos nas seguintes três áreas de prática:

1. Conscienciosidade de abandonar não-virtude;
2. Conscienciosidade de meditar na virtude;
3. Conscienciosidade de abandonar as delusões.

CONSCIENCIOSIDADE DE ABANDONAR NÃO-VIRTUDE

Durante a cerimônia dos votos do Bodissatva, na presença do nosso Guia Espiritual ou dos Budas e Bodissatvas visualizados, prometemos alcançar a iluminação para o bem de todos os seres sencientes. [12] Shantideva lembra-nos de agir com diligência de acordo com essa promessa e nos alerta sobre o perigo de cairmos nos estados inferiores de existência, se não nos esforçarmos para guardar nossos votos. Alguns podem argumentar que não é necessário manter os preceitos assumidos, porque os Budas compassivos certamente irão nos proteger. Isso é uma crença equivocada. Se do nosso lado tivermos cometido pesadas ações não-virtuosas, sem nada fazer para purificá-las ou para acumular mérito, nem mesmo um Buda plenamente iluminado poderá nos salvar do afogamento no oceano do samsara.

[13] Incontáveis Budas apareceram no passado, mas, por causa das nossas falhas e imperfeições, não fomos o alvo direto de seus cuidados e, por isso, não fomos salvos por eles. Qual é a razão disso? Embora Buda Shakyamuni tenha alcançado a iluminação sob a árvore bodhi em Bodh Gaya, girado a Roda do Darma e conduzido milhares de seres à libertação e à iluminação, nós continuamos a nos debater no samsara. Por quê? Os discípulos de Buda também conduziram muitos seres à libertação do sofrimento, mas nós continuamos presos no pântano do samsara. Por que continuamos a sofrer?

Quando Buda Shakyamuni apareceu na Índia, há 2600 anos, será que não sabia que estávamos perambulando no samsara? É claro que sabia. Será que não tinha grande compaixão por nós e o poder para nos mostrar o caminho? É claro que tinha. A questão é que, do nosso lado, ainda não havíamos reunido, naquele momento, todas as causas secundárias necessárias para nos tornarmos um membro do seu séquito e recebermos seus ensinamentos. Por causa das nossas ações não-virtuosas anteriores, talvez estivéssemos num dos três reinos inferiores. Se tivéssemos sido afortunados o suficiente para renascer como humanos, talvez vivêssemos em lugares onde não havia Darma e, nem mesmo, a prática de disciplina moral. E ainda que tivéssemos nascido humanos e próximos a Buda, talvez fôssemos adeptos de visões errôneas e não gostássemos dos ensinamentos que ele dava. Como diz Shantideva, é só por causa das nossas próprias falhas e ações negativas que os Budas não podem nos salvar do oceano de sofrimento do samsara.

Enquanto não tivermos fé nos seres iluminados, não acreditarmos na lei das ações e seus efeitos, recusarmo-nos a considerar a continuidade da consciência e a existência de vidas passadas e futuras e rejeitarmos a prática do Darma, nem mesmo um Buda terá a possibilidade de nos ajudar. Ele não poderá nos libertar dos grilhões do sofrimento com os quais nós mesmos nos prendemos. Se continuarmos a apreciar nossas visões errôneas, não conseguiremos praticar o Darma puramente nem nos beneficiar com os ensinamentos que os seres iluminados nos deram.

Considerando tudo isso, Shantideva diz:

> [14] Se eu continuar sob a influência de visões errôneas, depois da minha morte renascerei muitas vezes nos três reinos inferiores e terei de passar pelo sofrimento de doença, morte, servidão, dilaceração e derramamento de sangue.

Buda disse que, enquanto os seres sencientes estiverem sob a influência da ignorância, terão de experienciar as quatro características do samsara: 1) o nascimento conduz inevitavelmente à morte; 2) aquilo que é reunido, por fim, deve se dispersar; 3) aqueles que ocupam posições elevadas, por fim, caem em estados inferiores; 4) todos os encontros, por fim, resultam em separação. Devemos examinar essas quatro características com muito cuidado. Quem quer que possua um status elevado, uma boa reputação ou riqueza verá isso, por fim, diminuir, decair e, em última instância, desaparecer. Existe algum real prazer a ser extraído dessas aquisições e alguma delas pode nos ajudar na hora da morte? Quem pode nos ajudar nessa hora – nosso cônjuge, amigos, familiares, nossas posses ou o governo do nosso país? Pensar que viveremos neste mundo para sempre é enganar-se grosseiramente. Este mundo não possui moradores permanentes. Dos bilhões de indivíduos que hoje estão vivos, quem ainda estará aqui em cem anos? Somos simplesmente viajantes passando por este mundo e, como viajantes, devemos pensar em nos abastecer corretamente para a nossa jornada. O que precisamos levar conosco? Nenhum dos prazeres temporários antes mencionados terá qualquer valor na hora da morte; somente a prática do Darma – o treino, o controle e a purificação da nossa mente – pode nos proteger do sofrimento.

Algumas pessoas rezam para que sejam capazes de praticar o Darma na sua próxima vida, pois acham que não têm a oportunidade de praticar agora. Isso é tolice. Tivemos um renascimento humano perfeito, encontramos os ensinamentos mahayana e temos a rara oportunidade de praticar o Darma. [15] Se não aproveitarmos essa oportunidade agora, quando reencontraremos outro renascimento humano perfeito no futuro? É raro que um Buda apareça neste mundo, raro ter um precioso renascimento humano plenamente dotado e raro gerar fé num ser iluminado. Portanto, visto que já obtivemos todas essas circunstâncias preciosas, devemos praticar o Darma agora.

Não devemos desperdiçar este precioso renascimento humano, conquistado a custa de muito esforço, em nome do conforto da vida atual. Em vez disso, precisamos usar essa rara oportunidade para gerar a preciosa mente de bodichita. Atualmente temos visão clara, audição acurada, mente lúcida e boa saúde. Se não praticarmos o Darma agora, quando tivermos oitenta ou noventa anos, se é que viveremos até lá, será tarde demais para fazê-lo. Ainda que tenhamos a intenção de praticar o Darma, nossos sentidos estarão em declínio, a nossa mente instável e o nosso corpo doente. Como diz um provérbio tibetano: "Se não praticares o Darma enquanto és jovem, quando a velhice chegar, te arrependerás".

Gungtang Rimpoche, um grande meditador do passado, resumiu o estado decrépito da velhice com as seguintes imagens:

> Teus cabelos agora estão brancos qual concha do mar, não porque estejas livre do negrume da não-virtude, mas porque o Senhor da Morte cuspiu em ti, e seu cuspo caiu sobre tua cabeça como geada branca. As rugas na tua testa não são as dobras da pele de um bebê roliço, mas representam as marcas cunhadas pelo Mensageiro do Tempo para enumerar teus muitos anos de vida.

Algumas pessoas pensam que vão praticar o Darma quando tiverem concluído seus afazeres mundanos. Isso é um erro, pois nosso trabalho neste mundo nunca acaba. Trabalho é como uma pequena ondulação de água movendo-se continuamente na superfície do oceano. É muito difícil ficar livre das nossas ocupações a fim de poder praticar o Darma. O trabalho interminável com o qual preenchemos a vida só se conclui na hora da nossa morte.

[16] Ainda que sejamos jovens e saudáveis, bem alimentados, elegantes e livres de circunstâncias desfavoráveis, a vida pode repentinamente nos enganar. Nosso corpo é um objeto que nos foi emprestado por pouco tempo. Se quisermos gerar a preciosa bodichita, teremos de fazê-lo no decorrer desta vida. Dia a dia, hora a hora, minuto a minuto, nossa vida vai passando. Até enquanto dormimos, a vida está se esvaindo. Não podemos ter certeza de que a morte não descerá subitamente sobre nós. Apesar de tudo isso, cada um de nós pensa: "Não vou morrer hoje... nem amanhã". Mesmo quando estamos doentes e acamados, continuamos a pensar dessa maneira. E até no dia em que nossa morte chegar, em vez de estarmos pensando na morte iminente, é provável que estejamos fazendo planos inúteis para um futuro que não viveremos para ver. Mas todos nós vamos morrer; é por isso que a vida é tão enganosa.

Se nosso corpo nos pertencesse definitivamente, poderíamos levá-lo conosco ao morrer, mas na hora da morte vamos ter de deixá-lo para trás, assim como todas as nossas outras posses, que são meros empréstimos. Por que nos aferrar a esse corpo, nascido da união do óvulo da nossa mãe e do espermatozóide do nosso pai, como se fosse nosso, verdadeiramente nosso? Em vez disso, devemos pensar nesta vida como um engano transitório, compreendendo que a maré da vida reflui segundo a segundo. Devemos refletir profundamente sobre a certeza e a imprevisibilidade da chegada da nossa morte e lembrar que nosso corpo é simplesmente um objeto tomado de empréstimo. Se pudermos obter uma compreensão profunda desses pontos, por certo nossa mente se transformará. Deixaremos de desperdiçar nosso tempo e daremos uma nova direção e propósito à nossa vida. Do contrário, ficaremos simplesmente marcando passo à espera da morte.

[17] Se não praticarmos virtude, estaremos desperdiçando esta preciosa vida humana. Além disso, se cometermos não-virtude, inviabilizaremos nossa chance de encontrar outro renascimento humano perfeito no futuro. Se não conseguirmos encontrar esta forma humana de novo e, em vez disso, renascermos num dos três reinos inferiores, nossa vida será obscurecida pela confusão. Não teremos absolutamente nenhuma oportunidade de praticar o Darma e nem sequer ouviremos falar de virtude, o que dirá sermos capazes de segui-la. [18] Atualmente, enquanto ainda somos um ser humano, temos a oportunidade de praticar o Darma e entender os benefícios surgidos da virtude e as falhas decorrentes de seguirmos não-virtude. Se renascermos num dos três reinos inferiores, nossa confusão será tão grande, que não poderemos mais discriminar entre os efeitos da virtude e os da não-virtude.

Como diz Shantideva:

[19] Cometendo apenas não-virtude e sendo incapazes de praticar um único feito virtuoso, permaneceremos no inferno por cem milhões de éons, onde nem mesmo as palavras "uma vida feliz" serão ouvidas.

[20] Buda Shakyamuni usou a analogia da tartaruga para mostrar o quanto é difícil reencontrarmos outro renascimento elevado, depois de ter descido para os três reinos inferiores. Imagine que uma canga dourada flutua na superfície de um vasto oceano, levada de um lado para outro, ao sabor das correntezas e dos ventos. Uma vez a cada cem anos, uma tartaruga cega, que vive nas profundezas do oceano, vem à tona. A possibilidade que teria esta tartaruga de emborcar a cabeça na canga dourada, ao emergir do oceano, pode ser comparada à possibilidade que temos de encontrar outro renascimento humano depois de cair nos reinos inferiores. Se não praticarmos agora, quando esperamos praticar novamente?

CONSCIENCIOSIDADE DE MEDITAR NA VIRTUDE

Esta seção tem seis partes:

1. Lutar para abandonar os infinitos males acumulados em vidas passadas;
2. Simplesmente passar pelos sofrimentos dos reinos inferiores não conduzirá à salvação;
3. Não investir esforço na prática de virtude agora que obtivemos uma preciosa vida humana é trair a si próprio;
4. Se não praticarmos virtude agora, sofreremos nesta vida;
5. Se não praticarmos virtude agora, sofreremos os tormentos dos reinos inferiores em vidas futuras;
6. Segue-se que é sensato lutar para abandonar não-virtude e praticar virtude.

LUTAR PARA ABANDONAR OS INFINITOS MALES ACUMULADOS EM VIDAS PASSADAS

Shantideva diz:

> [21] Buda ensinou que um instante de mal leva a um renascimento no mais profundo inferno por muitos éons. Se negligenciarmos o uso dos quatro poderes oponentes e não purificarmos os males que cometemos desde tempos sem-início, será preciso dizer que não renasceremos nos reinos felizes de existência?

SIMPLESMENTE PASSAR PELOS SOFRIMENTOS DOS REINOS INFERIORES NÃO CONDUZIRÁ À SALVAÇÃO

[22] Quando as sementes do nosso carma não-virtuoso amadurecem, somos arremessados a um dos três reinos inferiores de renascimento. Permaneceremos ali até que o fruto daquele carma tenha sido exaurido. Quando esse carma se esgotar, ficaremos livres do sofrimento? A resposta é não. Ainda que tenhamos exaurido o fruto de certas sementes de não-virtude, nos reinos inferiores cometemos muitas outras não-virtudes por causa da nossa ignorância. Um ser que nasça num dos reinos inferiores é incapaz de praticar virtude; sua vida é gasta acumulando ações não-virtuosas. Todas essas ações plantam sementes em sua consciência e estas vão amadurecer como uma experiência de sofrimento futuro.

Enquanto estivermos no samsara e levarmos uma vida condicionada pela ignorância, não poderemos dizer que pusemos fim ao nosso sofrimento. Os seres afortunados que conquistaram a libertação do sofrimento não o fizeram deixando que seu carma negativo se esgotasse por si só ou ficando à espera de que suas desgraças cessassem; eles seguiram um caminho de meditação e extirparam a causa específica do sofrimento. Quando cumprem suas sentenças, os detentos são libertados da prisão; mas, no samsara, ninguém é sentenciado por um período determinado, depois do qual será automaticamente libertado. A única maneira de escapar do samsara é reconhecer que a ignorância é a raiz do nosso sofrimento e, então, meditar sobre o caminho de sabedoria que extirpa essa raiz.

Não existe felicidade verdadeira no samsara. Podemos pensar que reis e presidentes são, de algum modo, mais felizes que o restante de nós, mas eles também experienciam muitos sofrimentos em suas vidas. Do mendigo mais miserável ao líder mundial mais poderoso, todos sofrem, seja mentalmente, por não conseguirem obter aquilo que desejam e por encontrarem aquilo que não desejam; seja fisicamente, por terem de enfrentar as dores do nascimento, doença, envelhecimento e morte. Os gritos de um recém-nascido e as lamentações de um moribundo no seu leito de morte não deixam dúvida sobre a presença constante da dor e da insatisfação. Convenhamos que o choro de um bebê ao nascer não é de felicidade!

Se queremos exaurir nosso sofrimento, precisamos estudar qual é a causa do samsara e qual é o remédio para eliminá-lo. É só no Darma que esses assuntos são plenamente analisados. O que significa Darma? Significa "proteger". O que é protegido depende do escopo da nossa prática. No escopo inicial, a prática de Darma protege-nos de cair nos três reinos inferiores. No escopo intermediário, protege-nos de renascer em qualquer reino do samsara. Por fim, no escopo mais elevado – o de um praticante mahayana – somos protegidos de todas as falhas e desvantagens do auto-apreço e levados à plena iluminação. Todas as práticas de Darma, sem exceção, estão incluídas nesses três escopos. Portanto, para pôr um fim ao nosso sofrimento, temos de praticar o Darma conscienciosamente.

NÃO INVESTIR ESFORÇO NA PRÁTICA DE VIRTUDE AGORA QUE OBTIVEMOS UMA PRECIOSA VIDA HUMANA É TRAIR A SI PRÓPRIO

[23] Agora que encontramos uma preciosa vida humana, com as oito liberdades e os dez dotes, não lutar para praticar o Darma seria o maior desatino ou traição contra nós mesmos. Buda ilustra esse ponto com uma história. Certa vez, um mercador lançou seu barco ao mar em busca de jóias preciosas. Depois de muitas peripécias, aportou numa ilha e, para seu espanto e alegria, descobriu que o lugar estava repleto de pedras preciosas. Entretanto, deixou-se levar pelos prazeres sensuais da ilha, começou a beber e a jogar e desperdiçou por completo seu tempo em atividades sem sentido. Quando regressou à sua terra natal, não tinha nada a mostrar a não ser as dívidas que contraíra. Não foi ele extremamente insensato? Contudo, sua insensatez nem se aproxima daquela dos que se deixam distrair pelos prazeres passageiros do mundo e não usam seu precioso renascimento humano para atingir as metas da prática espiritual.

Se viéssemos a perder ou a desperdiçar uma soma elevada de dinheiro, ficaríamos bastante aborrecidos, mesmo sabendo que, com um pouco de esforço, é possível repor essa perda mais tarde. No entanto, nem ligamos de desperdiçar esta vida humana que, uma vez perdida, nunca poderá ser recuperada, por mais ouro e prata que tenhamos. Quando o Senhor da Morte chega, não podemos contratar guardas armados para proteger nosso corpo contra ele, nem podemos fugir, lutar ou implorar que nos poupe. Quando esse impiedoso Senhor anuncia: “Chegou tua hora de vir comigo”, não temos outra escolha a não ser deixar nossas posses e entes queridos para trás e partir sozinhos e de mãos vazias. Se não tivermos praticado nenhum dos três escopos do Darma e formos forçados a rumar para os reinos inferiores, sem levar nada do nosso renascimento humano, a traição contra nós mesmos terá sido a maior de todas.

SE NÃO PRATICARMOS VIRTUDE AGORA, SOFREREMOS NESTA VIDA

Shantideva prossegue dizendo:

> [24] Este precioso renascimento humano é extremamente raro e difícil de encontrar. Se, por estar confuso sobre a lei das ações e seus efeitos, eu negligenciar as práticas de virtude, na hora da morte terei de partir sozinho, sufocado de remorso, medo e intenso pânico.

No Tibete, viveu um homem chamado Mondrol Chodak. Ele era muito culto e possuía outras boas qualidades, de modo que seus vizinhos lhe pediam conselhos regularmente. Era um líder natural, respeitado por todos. Estava sempre muito ocupado, até que foi acometido por uma febre alta. Deitado à luz do sol, começou a pensar profundamente sobre o curso da sua vida: "Realizei todas as atividades mundanas concebíveis, mas nunca pratiquei o Darma". Um arrependimento devastador o invadiu quando percebeu que a única coisa capaz de ajudá-lo na hora da morte era justamente aquela que havia negligenciado. Por bastante tempo, permaneceu deitado no chão, tomado de arrependimento e medo.

Sua avó o viu e chamou-o em voz alta: "Não fiques aí deitado ao sol!". Mas o remorso o consumia de tal modo que ele nem ouviu suas palavras. Pouco depois, ela voltou a chamá-lo, desta vez com desdém na voz. "O que há contigo hoje?", perguntou. "Não costumas agir assim".

Mondrol Chodak olhou-a com tristeza e disse: "Hoje, entendi o quanto fui enganado por meus parentes e amigos. Vocês todos sempre disseram que eu era erudito, sábio e prestativo. Mas agora posso ver que todas as minhas ações, sem exceção, estavam ligadas aos interesses menores deste mundo. Distraído por tais atividades mundanas e pelos elogios que me rendiam, fiz de tudo, exceto praticar o Darma. A única coisa que poderia ter me protegido foi justamente a única coisa que evitei. Existe alguém mais estúpido do que eu neste mundo?". Com lágrimas nos olhos, ele soluçou: "Daria tudo para não ser Mondrol Chodak. Se eu pudesse ser outra pessoa!". Logo depois de proferir essas palavras, ele morreu.

Morrer com remorso não é nada raro. Se desperdiçarmos nossa vida em atividades sem sentido, terminaremos exatamente como Mondrol Chodak. Primeiro, seremos acometidos por alguma doença ou ferimento; depois, enquanto estivermos na cama, o Senhor da Morte se aproximará. O médico virá nos visitar, mas não poderá fazer nada além de comunicar aos nossos familiares que a doença é incurável. A essa altura, as preces já não poderão impedir nossa morte. Os familiares mais íntimos estarão ao redor do nosso leito de morte, com os olhos cheios de lágrimas por terem perdido toda a esperança. No momento derradeiro, faremos nosso último pedido: "Quando eu morrer, por favor, cuidem disso e daquilo...". Depois de algum tempo, nossa boca vai secar, o nariz vai afundar, os olhos ficarão vidrados e a respiração se tornará irregular. Ao pensar na família e nos amigos que nunca mais veremos, nosso coração será tomado de dor. Todas as ações não-virtuosas da vida que está se acabando vão aparecer rapidamente diante da nossa visão mental, e seremos invadidos por profunda angústia e arrependimento. Nossos membros vão começar a tremer e acharemos difícil largar tudo e simplesmente morrer. Urina e excrementos vão sair descontroladamente do nosso corpo e, por causa do mal que não purificamos e da força das aparências ilusórias, visões aterrorizantes vão se manifestar diante de nós. Por fim, daremos um último suspiro e seremos incapazes de respirar de novo. Terá chegado o momento inevitável da morte.

É muito importante contemplarmos o modo como a morte se aproxima e pensarmos profundamente sobre as prováveis experiências da nossa própria morte. Não devemos fazer essa contemplação apenas uma ou duas vezes, mas repeti-la até gerarmos a firme determinação de não desperdiçar sequer um único instante da nossa frágil e preciosa vida humana. Uma realização da nossa mortalidade é imprescindível para que possamos extrair a verdadeira essência da nossa existência. Lembrar-se da morte é o maior incentivo para praticar o Darma conscienciosamente.

SE NÃO PRATICARMOS VIRTUDE AGORA, SOFREREMOS OS TORMENTOS DOS REINOS INFERIORES EM VIDAS FUTURAS

Neste ponto, Shantideva declara:

> [25] Agora que obtive este precioso renascimento humano, se em vez de praticar virtude eu cometer somente não-virtude, renascerei nas profundezas do inferno. Meu corpo vai queimar por um tempo incalculável em meio a chamas intoleráveis. Quando isso acontecer, não será inevitável que minha mente também seja consumida por um arrependimento devastador?

SEGUE-SE QUE É SENSATO LUTAR PARA ABANDONAR NÃO-VIRTUDE E PRATICAR VIRTUDE

Shantideva conclui esta seção da seguinte maneira:

> [26-27] Por alguma incrível boa fortuna, encontrei um precioso renascimento humano, dotado com "uma pausa", que é extremamente difícil de encontrar. Deixar-me arrastar a um renascimento infernal, enquanto sou capaz de discriminar entre as falhas da não-virtude e o benefício da virtude, seria como não ter uma mente humana. Seria como se minha mente estivesse paralisada por um poderoso feitiço e fosse

incapaz de funcionar ou de compreender porque está confusa. Que tipo de ignorância vive dentro de mim?

Perceber a diferença entre ações positivas e negativas e entender a relação entre as ações e seus efeitos e, mesmo assim, levar uma vida repleta de não-virtude, é um sinal evidente de que nossa mente está mergulhada na mais negra ignorância.

Aqui termina a discussão da conscienciosidade em relação a meditar sobre a importância de praticar virtude.

CONSCIENCIOSIDADE DE ABANDONAR AS DELUSÕES

Esta explicação tem três partes:

1. Contemplar as falhas das delusões;
2. A impropriedade de lamentar-se das provações que devem ser toleradas enquanto se abandona as delusões;
3. Contemplar a alegria de ser capaz de abandonar as delusões.

CONTEMPLAR AS FALHAS DAS DELUSÕES

A discussão de Shantideva sobre as falhas das delusões está dividida em seis partes:

1. As delusões não nos dão escolha;
2. As delusões trazem infinito sofrimento;
3. As delusões nos prejudicam por muito tempo;
4. Seguir as delusões como se fossem amigos é insensato;
5. Ser paciente com as delusões é insensato;
6. Gerar encorajamento para dissipar as delusões.

AS DELUSÕES NÃO NOS DÃO ESCOLHA

Shantideva caracteriza o domínio que nossas delusões exercem sobre nós com as seguintes palavras:

> [28] Embora meus inimigos – o ódio, o apego e as demais delusões – não tenham armas, pernas ou braços, ainda assim eles me prejudicam, me torturam e me tratam como escravo.

Segundo o Darma, a delusão é nosso pior inimigo. Delusão é um fator mental que perturba e prejudica a paz interior. Se quisermos nos livrar de todo o sofrimento, temos de conseguir identificar as várias delusões e entender como elas nos prejudicam. Em geral, todos nós procuramos estar conscientes dos nossos inimigos exteriores, mas prestamos pouca atenção aos inimigos interiores, que influenciam nossa mente. Se não reconhecermos as delusões e não virmos de que modo elas nos prejudicam, como iremos superar nosso sofrimento? Buda identificou as seis delusões raízes que envenenam nossa mente: apego, raiva, orgulho, ignorância, dúvida deludida e visão deludida. Elas serão explicadas como se segue.

Apego

Apego é um fator mental que percebe um objeto, considera-o bonito ou agradável, deseja obtê-lo, tocá-lo e possui-lo e não quer se separar dele. O apego funciona de duas maneiras interligadas: desejando obter um objeto atraente que ainda não possui e desejando nunca se separar dele depois de possui-lo. A relação de um casal pode ilustrar esses dois tipos de apego. No começo, os dois parceiros desejam estar juntos – esse é o primeiro tipo de apego. Depois, surge o desejo de nunca se separarem um do outro – que é o segundo tipo de apego. O apego também pode surgir em relação a objetos materiais. Sob a influência dessa delusão, nossa mente fica absorta no objeto de desejo do mesmo modo que o óleo fica impregnado num tecido. Assim como é muito difícil separar o óleo do tecido que ele manchou, também é difícil separar a mente do objeto de apego no qual ela ficou absorta.

É por causa do nosso apego que continuamos a vagar no samsara, passando por infinito sofrimento. O pré-requisito para alcançar a libertação ou a plena iluminação ou mesmo para receber uma ordenação como monge ou monja é a mente de renúncia. O apego aos prazeres passageiros deste mundo impede o surgimento dessa mente.

Desde tempos sem-início, temos sido incapazes de nos libertar da prisão do samsara. Apego é o que nos mantém presos nesse cárcere. Se tivermos o desejo sincero de praticar Darma, devemos renunciar ao samsara como um todo, e só poderemos fazer isso reduzindo nosso apego deludido.

Tendo reconhecido nosso apego, haverá duas maneiras de abandoná-lo. Essa delusão pode ser superada temporariamente meditando-se na repugnância e impureza do objeto de desejo e, depois, considerando-se as inúmeras falhas da delusão em si. Se praticarmos continuamente desse modo, com certeza poderemos reduzir nosso apego. No oitavo capítulo desse texto, Shantideva explica essa prática em mais detalhes.

Tal método é apenas um antídoto temporário ao nosso apego. Se quisermos removê-lo por completo, teremos de destruir a causa subjacente do apego e também de todas as outras delusões: o auto-agarramento. Só seremos capazes de eliminar definitivamente o auto-agarramento se meditarmos na vacuidade (*shunyata*, em sânscrito). Para alcançar a libertação total do sofrimento, precisamos desenvolver não apenas uma realização da vacuidade, mas também da renúncia, do tranquilo-permanecer e da visão superior. Shantideva discute o tranquilo-permanecer e a visão superior nos capítulos oitavo e nono, respectivamente.

Raiva

A segunda delusão raiz é a raiva. É um fator mental que exagera as características desagradáveis de um objeto e deseja prejudicá-lo. A exemplo do apego, a raiva pode ser dirigida contra objetos animados ou inanimados. De que modo somos prejudicados pelo nosso ódio ou raiva? Buda disse que o ódio reduz ou destrói todas as nossas coleções de virtude e pode nos levar ao mais profundo dos reinos do inferno. Um instante de raiva dirigida contra um Bodissatva, por exemplo, pode destruir todo o mérito que tenhamos acumulado anteriormente para nascer num reino superior.

A raiva é o fogo que consome a lenha da nossa virtude. Esconde-se atrás de todas as disputas, desde uma briga doméstica entre marido e mulher até uma violenta guerra entre nações. Faz nosso rosto ficar vermelho e perturba não apenas a nossa mente como também a dos outros. Uma explicação detalhada das inúmeras falhas da raiva e os métodos para impedir seu surgimento estão no sexto capítulo deste texto.

Orgulho

Orgulho é um fator mental que provoca em nós um sentimento de que somos melhores que os outros ou superiores a eles. Até nosso estudo de Darma pode se tornar motivo de orgulho, se pensarmos que nossa compreensão é superior a de outra pessoa. O orgulho é prejudicial porque nos torna incapazes de receber novos conhecimentos de um professor qualificado. Assim como uma poça de água não se forma no topo de uma montanha, um reservatório de conhecimentos não pode se estabelecer numa mente falsamente elevada por orgulho.

Ignorância

A quarta delusão raiz é a ignorância. Ela se refere a não conhecer algo e a estar confuso e manifesta-se basicamente como auto-agarramento. Uma meditação na vacuidade que é feita incorretamente e, por isso, conduz nossa mente à escuridão, também é uma forma de ignorância. As falhas dessa mente ignorante e confusa são inúmeras. Até em assuntos mundanos devemos entender claramente o que estamos fazendo, a fim de executar corretamente as nossas ações. Do mesmo modo, se não conhecermos os métodos para percorrer o caminho que leva à libertação e à plena iluminação, será impossível alcançarmos essas conquistas. Todas as nossas visões errôneas, tais como negar a continuidade da nossa consciência e a lei das ações e seus efeitos, ou carma, são causadas pelo fator mental ignorância.

Dúvida deludida

Dúvida deludida é um fator mental que obstrui nossa convicção, fazendo-nos oscilar entre os extremos da verdade e da não verdade. Por exemplo, pode ser que não tenhamos convicção no funcionamento do carma porque nossa mente está infestada de dúvidas e pensa: "Talvez isso seja verdade, talvez não".

A dúvida impede a mente de se estabilizar e de percorrer o caminho à libertação. Buda Shakyamuni sintetizou o caminho completo à libertação nas "quatro nobres verdades"; contudo, se nossa mente estiver repleta de dúvida deludida, nunca seremos capazes de alcançar essa libertação. Tal dúvida nos impossibilita de praticar seriamente e nos impede de colher o fruto das nossas meditações.

Existem duas maneiras de dissipar nossa dúvida sobre um determinado assunto. A primeira consiste em examinar o tema à luz da lógica, empregando uma linha de raciocínio válida. Buda Shakyamuni sempre enfatizava que seus ensinamentos deveriam ser examinados desse modo antes de serem aceitos. Entretanto, há ocasiões em que não conseguimos chegar a uma conclusão definitiva por meio do nosso raciocínio. Talvez ainda não conheçamos o assunto suficientemente bem para extrair uma conclusão lógica. Nesse caso, devemos dissipar nossa dúvida confiando nas instruções de um Guia Espiritual plenamente qualificado, em quem possamos depositar nossa confiança. Se não tentarmos eliminar nossas dúvidas de uma dessas duas maneiras, nossa prática de Darma nunca se desenvolverá corretamente.

Visão deludida

Visão deludida é a sexta das delusões raízes. Existem muitos tipos de visão deludida, mas a principal é agarrar-se ao eu, ou self, como inerentemente existente. Essa visão e o remédio contra ela foram explicados em detalhes no nono capítulo. Por ora, basta dizer que a visão deludida concebe o eu como algo que não tem relação nem com a mente nem com o corpo. Por exemplo, quando estamos andando à beira de um precipício, não pensamos: "Meu corpo pode cair" ou "Minha mente pode cair". O que pensamos é: "Eu posso cair!". O eu que concebemos nesse momento é separado e independente do nosso corpo, da nossa mente e da união de ambos. Essa maneira equivocada de olhar para nós mesmos é a corrente que nos prende ao samsara. É a raiz de todas as nossas delusões. Se essa visão for abandonada, todas as outras delusões também o serão.

A visão deludida de acreditar que as coisas são independentes e inerentemente existentes é a fonte da qual surgem todas as outras delusões, como apego, raiva e orgulho. Essas delusões, por sua vez, nos impulsionam a criar carma e, pelo poder desse carma, nascemos repetidamente no samsara.

Então, passamos pelos sofrimentos de nascer, ter fome e sede, adoecer, envelhecer e, por fim, morrer. Todos esses sofrimentos têm sua origem na nossa visão deludida, que concebe as coisas como inerentemente existentes. Se quisermos superar nossos sofrimentos, devemos meditar diariamente nas falhas de adotar essa visão deludida.

Agora podemos entender por que Shantideva diz que nossas delusões são nossos piores inimigos, aqueles que nos mantém escravizados na prisão do samsara. O que nos impele a vender nosso tempo, energia, suor e força vital em troca de um pouco de dinheiro, algumas posses e uma reputação efêmera? Somos compelidos pelas nossas delusões, basicamente por nosso apego. A raiva também nos escraviza. Que outra coisa nos incitaria a lutar, malgrado todos os perigos, medos e ameaças de morte que isso acarreta? Só a delusão tem o poder de nos prejudicar de tantas maneiras.

AS DELUSÕES TRAZEM INFINITO SOFRIMENTO

[29ab] Às vezes somos prejudicados externamente por inimigos comuns, mas, desde tempos sem-início, as delusões é que têm vivido na nossa mente, prejudicando-nos ao seu bel-prazer. Esse inimigo está tão misturado com nossa mente que é muito difícil identificá-lo. A única maneira de reconhecer sua verdadeira face é estudar esse inimigo. Não há outro método.

Dizemos que um determinado médico é habilidoso quando ele ou ela consegue identificar e diagnosticar as doenças do corpo. Na realidade, contudo, fazer esse diagnóstico não é muito difícil e, em muitos casos, o médico o faz a olho nu. Ser capaz de distinguir uma mente virtuosa de uma não-virtuosa requer muito mais habilidade, pois tal diferença não é visível. Como fazer um diagnóstico tão sutil? Primeiro, temos de ouvir muitos ensinamentos sobre a natureza da mente e, depois, examinar o que ouvimos e também o que observamos sobre a nossa própria mente, por meio de meditação analítica. É assim que podemos treinar no Darma.

Existem vários estados mentais. Alguns são virtuosos, outros são não-virtuosos e outros não são nenhum dos dois. Seremos verdadeiramente habilidosos se conseguirmos reconhecer as mentes não-virtuosas e, depois, aplicar o remédio correto para removê-las. Quando compreendermos quais são nossos estados mentais deludidos e virmos o mal constante que nos fazem, certamente investiremos grande esforço para tentar superá-los. Se houver alguém mal intencionado num grupo e os outros membros perceberem quem ele é e quais são suas intenções, imediatamente vão querer expulsá-lo. Do mesmo modo, se identificarmos a verdadeira face da delusão raiz auto-agarramento, que é nosso inimigo mais perigoso, não mediremos esforços para erradicá-la da nossa mente. Não é correto ser indulgente com um inimigo desse porte entre nós.

Shantideva resume os perigos aos quais estamos expostos por causa das nossas delusões, como se segue:

> [29cd-31] Manter-me pacientemente sob a influência do auto-agarramento é, para mim, motivo de grande vergonha. Não é hora de ser paciente! Se todos os deuses, semideuses e seres sencientes, em todo o universo, se rebelassem contra mim como um inimigo, o máximo que poderiam fazer é me prejudicar nesta vida. Eles não têm poder para me arrastar às violentas fogueiras do mais profundo inferno e ali me jogar. Contudo, o poder das delusões é tamanho que elas podem me jogar instantaneamente nas chamas do inferno – onde o fogo é capaz de reduzir o Monte Meru a um monte de cinzas.

AS DELUSÕES NOS PREJUDICAM POR MUITO TEMPO

[32] Todos os nossos inimigos exteriores, sejam quem forem, são incapazes de permanecer como nossos inimigos para sempre. Contudo, o inimigo interior, a delusão, tem nos prejudicado desde tempos sem-início e, a menos que seja destruído nesta vida, continuará a nos prejudicar por infinitas vidas futuras.

SEGUIR AS DELUSÕES COMO SE FOSSEM AMIGOS É INSENSATO

[33] Podemos converter um inimigo exterior em um amigo simplesmente concordando com ele e dando-lhe um voto de confiança. Se agirmos assim, ele nos trará alegria e benefício em troca e cessará de nos prejudicar. Porém, se fizermos amizade com as delusões e confiarmos nesses inimigos interiores, elas nos causarão ainda mais dor e sofrimento no futuro. Portanto, não devemos jamais considerar uma delusão como nosso amigo.

SER PACIENTE COM AS DELUSÕES É INSENSATO

Shantideva continua como se segue:

> [34-35] As delusões são o meu pior e o mais duradouro inimigo; são a causa principal do aumento do meu sofrimento, medo e desgraça. Enquanto esse inimigo morar dentro do meu coração, como poderei não sentir medo e me alegrar estando no samsara? As delusões são os carcereiros da prisão do samsara. Atiram-me ao inferno e me estraçalham e torturam incessantemente. Enquanto a rede de delusões estiver espalhada em minha mente, como poderei ser feliz?

GERAR ENCORAJAMENTO PARA DISSIPAR AS DELUSÕES

Agora que esboçou as diversas falhas das delusões, Shantideva nos encoraja a gerar a forte determinação de lutar incessantemente contra esse inimigo:

> [36] Neste mundo, aqueles que se julgam muito importantes não conseguem dormir até que o inimigo que lhes causou um dano, pequeno e passageiro, seja derrotado. Demonstram incansável esforço para eliminar esse inimigo insignificante. Tomando isso como exemplo, não abandonarei meus esforços até que meu inimigo interior caia morto diante dos meus próprios olhos!

Assim termina a discussão sobre as falhas da delusão. Na próxima seção, Shantideva prossegue usando o mesmo linguajar figurativo de guerra.

A IMPROPRIEDADE DE LAMENTAR-SE DAS PROVAÇÕES QUE DEVEM SER TOLERADAS ENQUANTO SE ABANDONA AS DELUSÕES

Não há realmente motivos para matarmos nossos inimigos comuns; a morte naturalmente chegará para eles de algum modo no futuro. [37] Apesar desse fato, os soldados se engajam em batalhas sangrentas e não fogem da luta mesmo quando seus inimigos utilizam armamento superior ao deles. Ignoram as dores da batalha e continuam lutando até a vitória. Se existem pessoas dispostas a investir tanto esforço para matar inimigos comuns, [38] por que não lutamos incessantemente para destruir o pior de todos os inimigos: as delusões, causadoras de todo o nosso sofrimento? Para vencer esse inimigo tão poderoso, certamente enfrentaremos grandes provações, mas quem duvidaria da absoluta necessidade de atacar esse inimigo com perseverante esforço?

[39] Soldados que são feridos em combate exibem orgulhosamente suas cicatrizes como se fossem ornamentos. Por razões insignificantes, suportaram imenso sofrimento e provações e, agora, gostam de exibir suas cicatrizes. Entretanto, é infinitamente mais gratificante do que isso suportar os problemas e as provações que surgem enquanto realizamos o maior de todos os propósitos! Portanto, devemos estar preparados para suportar todas as dificuldades que encontramos ao longo do caminho espiritual.

[40] Pescadores, caçadores e agricultores enfrentam o frio e o calor simplesmente em nome de sua subsistência temporária. Se eles suportam tais sofrimentos ao trabalhar em benefício próprio, devemos pensar: "Por que não sou paciente e tolerante diante do sofrimento e das provações que encontro enquanto trabalho para o benefício dos outros?" Não resta dúvida de que as provações que surgem enquanto trabalhamos para o bem-estar nosso e dos outros – as metas gêmeas do caminho mahayana – devem ser suportadas com alegria.

Podemos nos perguntar por que é necessário abandonar nossas próprias delusões a fim de dissipar o sofrimento dos outros? Shantideva responde da seguinte maneira:

> [41-42] Se não estou livre das delusões e estou inseguro sobre minhas vidas futuras no samsara, então minha promessa de libertar todos os seres sencientes das dez direções de seus sofrimentos e delusões não passa de palavras de um louco! Portanto, devo lutar incessantemente, durante o caminho do Darma, para abandonar minhas próprias delusões.

Se primeiro abandonarmos nossas próprias delusões, teremos força para salvar todos os seres sencientes do seu sofrimento. Nossa meta última como seguidores do caminho mahayana é beneficiar os outros, mas para sermos capazes de fazê-lo, primeiro temos de controlar nossa própria mente. Somente assim seremos verdadeiramente úteis aos outros. Shantideva enfatiza a seguir a necessidade de superarmos nossas próprias delusões, voltando às metáforas bélicas usadas anteriormente:

> [43-44] Sinta um forte rancor contra a delusão, e que a luta comece! Em hipótese alguma devo me render à delusão, cuja única função é me prejudicar. Não há nada de errado em sentir esse rancor, porque seu objeto é aquilo que obstrui nossa prática de Darma. Tal rancor só é raiva na aparência, não de fato. Seria preferível que ateassem fogo ao meu corpo ou decepassem minha cabeça a me curvar às delusões e render-me à sua influência.

No Tibete, havia um famoso praticante chamado Geshe Ben Gunguiel. Um discípulo notou que, à noite, ele não dormia nem recitava preces, e perguntou qual era sua prática. Ben Gunguiel respondeu: "Tenho duas práticas: manter-me consciente do surgimento das delusões e controlá-las. Não tenho outra prática salvo essas. Quando noto que as delusões não estão surgindo, sinto-me feliz. Mas quando elas surgem, tento tomar consciência delas e aplico os oponentes adequados. Minha prática de Darma não é de boca. Minha prática é erradicar a delusão". O método de praticar de Ben Gunguiel foi muito louvado por renomados Professores da sua época. Seria sábio tentarmos emular seu exemplo.

CONTEMPLAR A ALEGRIA DE SER CAPAZ DE ABANDONAR AS DELUSÕES

Esta seção, o terceiro aspecto de praticar conscienciosidade no abandono das delusões, tem três partes:

1. Diferentemente dos inimigos comuns, as delusões não retornam depois de serem erradicadas;
2. Como a causa das delusões é visão errônea, com diligência elas podem ser abandonadas;
3. Por essas razões, é conveniente abandonar as delusões.

DIFERENTEMENTE DOS INIMIGOS COMUNS, AS DELUSÕES NÃO RETORNAM DEPOIS DE SEREM ERRADICADAS

Shantideva declara o seguinte:

> [45] Quando um inimigo comum é banido de um país, ele pode recuperar sua força no exterior e, então, retornar para clamar vingança. Contudo, o inimigo interior, as delusões, não é capaz de agir dessa forma. Quando as delusões são completamente abandonadas, elas nunca mais podem voltar.

COMO A CAUSA DAS DELUSÕES É VISÃO ERRÔNEA, COM DILIGÊNCIA ELAS PODEM SER ABANDONADAS

Alguém poderia pensar: "Entendo o quanto a delusão me prejudica, mas será possível exterminá-la por completo?" A resposta é: sim. Se a raiz de todas as delusões for cortada, todas as delusões serão abandonadas para sempre. O auto-agarramento é essa raiz, e todas as outras delusões são como seus galhos. Se a raiz de uma árvore for cortada, todos os seus galhos, flores e frutos irão secar e morrer. Do mesmo modo, desenraizando nosso auto-agarramento, todas as nossas delusões irão cessar. Se soubermos como fazer isso corretamente, não teremos problemas em nossa prática. A arma que precisamos para cortar a raiz do auto-agarramento é a espada da sabedoria, a realização da vacuidade. [46] Se tivermos o olho da sabedoria, poderemos vencer as delusões e erradicá-las por completo.

POR ESSAS RAZÕES, É CONVENIENTE ABANDONAR AS DELUSÕES

Algumas pessoas talvez pensem que as delusões são auto-existentes e que, portanto, não podem ser abandonadas. Isso é um equívoco; nada é auto-existente, nem mesmo as nossas delusões. Uma vez que seja afastada da nossa mente, uma delusão torna-se completamente não existente. Em que outro lugar ela ficaria, para surgir novamente e nos prejudicar? Embora nossa mente possa ser fraca, se lutarmos com diligência, por que não conseguiríamos destruir nossas delusões?

Quem pensa que uma delusão é auto-existente, deve procurar por ela. [47ab] Entretanto, uma delusão não pode ser encontrada nem no objeto, nem nos órgãos sensoriais, nem nos dois, tampouco em outro lugar. Assim, de que modo uma delusão surgiria para prejudicar os seres sencientes? De onde ela vem? Nossa impossibilidade de descobrir a exata localização de uma delusão indica que, apesar de perturbar nossa mente, ela não é auto-existente. O apego e todas as outras delusões são simplesmente uma ilusão. Reconhecendo esse fato, Shantideva exclama:

> [47cd] Se não havia um bom motivo, por que sofri durante tanto tempo no inferno? Percebendo isso, devo pôr de lado todo meu medo e lutar resolutamente para abandonar por completo todas as delusões.

SUMÁRIO

Shantideva conclui a discussão sobre conscienciosidade como um todo da seguinte maneira:

[48] Pensando sobre conscienciosidade, lutarei para incorporar todos esses preceitos na minha prática de Darma, de acordo com as explicações dadas. Tentarei manter esses

preceitos o mais puramente possível. Um doente que ignora as instruções de seu médico nunca ficará curado. Do mesmo modo, se eu não ouvir e não praticar os ensinamentos de Buda, como poderei me curar das delusões?

Assim termina a discussão sobre "Conscienciosidade", o quarto capítulo do texto *Contemplações significativas*, um comentário ao *Guia do estilo de vida do Bodissatva*, de Shantideva.

Guardar vigilância

Quando tivermos tomado os votos do Bodissatva e compreendido a importância de praticar conscienciosamente, estaremos prontos para dar início ao método para alcançar a iluminação. Isso envolve a prática das seis perfeições. Em geral, como foi explicado na introdução, a perfeição de dar é apresentada em primeiro lugar; contudo, no texto de Shantideva, a primeira perfeição exposta é a de disciplina moral. Uma vez que disciplina requer contínua-lembrança e vigilância, este capítulo expõe principalmente esses dois fatores mentais.

COMO TREINAR DISCIPLINA MORAL PRATICANDO CONTÍNUA-LEMBRANÇA E VIGILÂNCIA

Esta seção tem cinco partes:

1. O método para guardar a prática é guardar a mente;
2. O método para guardar a mente é praticar contínua-lembrança e vigilância;
3. Como praticar disciplina moral por meio de contínua-lembrança e de vigilância;
4. Como impedir que nossa prática se degenere;
5. Em resumo, é preciso seguir o sentido da prática e não meramente suas palavras.

Drontompa

O MÉTODO PARA GUARDAR A PRÁTICA É GUARDAR A MENTE

[1] Para não se render à influência da delusão, é preciso guardar a mente e impedi-la de divagar. Não podemos praticar disciplina moral puramente se tivermos uma mente desprotegida. Se aprendermos a defender nossa mente da delusão e emparelhá-la com a prática de virtude, nossa disciplina moral se fortalecerá e, por fim, será aperfeiçoada. Contudo, se formos negligentes em guardar nossa mente, muitas falhas surgirão.

[2] Se um elefante selvagem ficar solto numa área populosa, a destruição que causará será enorme. Mas a mente selvagem descontrolada pode causar um dano muito maior do que esse animal enfurecido. Se nossa mente-elefante deludida não for subjugada, ela nos causará muito sofrimento nesta vida e nos fará experienciar os sofrimentos do mais profundo inferno no futuro. Se investigarmos, veremos que o criador de todos os sofrimentos desta vida e das vidas futuras não é outro senão a nossa mente indomada. Vencer essa fera é muito mais importante do que controlar um elefante selvagem.

[3] São muitos os benefícios decorrentes de domarmos nossa mente. Se pegarmos a corda da contínua-lembrança e amarrarmos nossa mente-elefante com firmeza ao poste da virtude, todos os nossos medos rapidamente chegarão ao fim. Todas as aquisições positivas e virtuosas vão cair na palma da nossa mão. Se desejamos elevar nossa mente, temos de fundi-la com a prática de virtude, aplicando com firmeza o poder da contínua-lembrança. Esse é o verdadeiro coração da meditação. Se não cultivarmos contínua-lembrança, nossas meditações serão ocas e vazias. Não haverá nada capaz de impedir nossa mente-elefante selvagem de continuar a correr descontroladamente, como de costume, entre objetos de apego, raiva, inveja e assim por diante. Enquanto estamos sentados na almofada de meditação, nossa mente pode estar a milhares de quilômetros, vagando por cidades distantes ou visitando

amigos e familiares. Assim como um oleiro precisa das duas mãos para moldar seus potes, nós precisamos de contínua-lembrança e de vigilância para meditar corretamente e obter realizações ao longo do caminho espiritual.

[4] Se aprendermos a controlar nossa mente de maneira correta, superaremos todos os nossos medos. Nem tigres, elefantes, leões, ursos, serpentes, todos os outros inimigos, guardiões do inferno, espíritos maus e, nem mesmo, canibais poderão nos assustar. Por quê? [5] Porque todo o medo nasce da mente indomada. Assim, um Bodissatva que treinou a mente não tem motivo para temer nenhuma das criaturas mencionadas, porque ele está sempre feliz em entregar seu corpo e suas posses aos outros. Conosco é bastante diferente. Porque ainda não controlamos nossa mente de auto-apreço, o medo surge logo que encontramos alguma coisa ainda que ligeiramente ameaçadora. A única maneira de superar esse medo é domar a mente.

A história de uma das vidas anteriores de Buda Shakyamuni ilustra a proteção proporcionada por uma mente controlada. Naquela ocasião, ele havia nascido como um rei indiano chamado Chandra. Certo dia, vindo de outras terras, chegou ao seu reinado um jovem que se tornara canibal. Todos os que encontravam essa criatura sedenta de sangue fugiam em desabalada carreira. O Rei Chandra, contudo, agiu de outra maneira. Permaneceu onde estava e, então, andou calmamente na direção do rapaz, a quem se apresentou. O canibal investiu ameaçadoramente contra o rei, mas este não sentiu nem demonstrou qualquer sinal de medo. O rapaz, acostumado a afugentar os outros com sua simples presença, ficou bastante surpreso com a atitude do rei e perguntou: "Não temes a morte?" O rei respondeu: "Estou preparado para sacrificar meu corpo, aqui e agora, se isso for necessário".

O rapaz estava atônito com o fato de um rei tão jovem, bonito e poderoso não ter medo de morrer. "Sua mente deve ser muito forte", pensou. A seguir, perguntou por que não sentia medo. O Rei Chandra respondeu: "Treinei a prática de virtude; nada mais tenho a temer". Assim que ouviu essas palavras, o jovem gerou intensa fé na prática de virtude. Escutou atentamente as explicações do rei sobre os resultados de sofrimento que suas ações nefastas e viciosas certamente lhe acarretariam no futuro. Depois de receber muitos ensinamentos sobre a lei das ações e seus efeitos, o jovem sentiu profundo arrependimento por suas maldades do passado e prometeu, do fundo do seu coração, que nunca mais voltaria a cometê-las. O rei Chandra foi capaz de dominar o canibal e vencer o perigo porque, ele próprio, havia erradicado todo o medo, por meio do controle da mente. Do mesmo modo, se amarrarmos nossa mente-elefante selvagem a um objeto de virtude apropriado, nossos medos serão igualmente superados.

[6] Como afirmou Buda Shakyamuni, o Buda plenamente perfeito, no sutra *Nuvem de jóias* (*Ratnameghasutra*, em sânscrito), todos os infinitos medos e tormentos desta vida e das vidas futuras surgem da nossa mente. Além de confiar na autoridade das escrituras, também podemos recorrer a argumentos lógicos para compreender que todas as falhas e problemas dependem da nossa mente. Porém, a maioria das pessoas não examina se isso é ou não verdade; assumimos automaticamente que tanto o sofrimento quanto a felicidade surgem unicamente em razão de causas e condições exteriores. Acreditamos que as circunstâncias exteriores são os únicos fatores que determinam nosso estado mental. Algumas escolas filosóficas indianas por exemplo, acreditam que tudo é uma criação dos deuses Ishvara ou Brama. Consideram que todas as nossas experiências dependem inteiramente deles.

A filosofia budista oferece uma explicação diferente. De acordo com os ensinamentos budistas, o sofrimento e a felicidade surgem principalmente da mente. De fato, o universo inteiro e todos os seres que estão nele originam-se do poder da mente. Tudo o que existe é moldado pelo poder da mente e tudo o que encontramos e experienciamos é determinado pela nossa mente.

Esse é um assunto complexo e voltaremos a ele no capítulo nono. Entretanto, desde já podemos investigá-lo um pouco mais. Quando vemos nossos parentes e amigos num sonho, acreditamos que, naquele momento, eles estão realmente ali, existindo como algo exterior a nós. Isso, contudo, não procede; o que vemos são apenas imagens oníricas, que surgem da nossa própria mente. Ademais, quando vemos imagens numa tela de cinema, parece-nos que essas imagens originam-se de algum lugar à nossa frente, quando, de fato, elas estão sendo projetadas por detrás de nós. Assim como as imagens de um sonho e de um filme parecem ter alguma existência exterior, quando, de fato, não existem em absoluto da sua maneira aparente, também a aparência de pessoas e coisas no universo parece existir exteriormente a nós, quando, de fato, essa aparência vem da nossa própria mente. Pessoas sem nenhum entendimento de Darma – aquelas que nunca fizeram qualquer análise profunda da relação entre aparência e realidade – talvez sorriam com desdém diante desse ponto de vista. Mas se quisermos obter uma realização última da verdadeira natureza da realidade, a vacuidade ou ausência de existência inerente de todos os fenômenos, devemos investigar esse assunto com muita atenção; é importante demais para ser descartado levianamente.

Se todos os lugares do universo e todas as criaturas que vivem nele não surgem da mente, então, como pergunta Shantideva, num dos versos mais famosos desse texto:

> [7] Quem cria intencionalmente todas as armas do inferno? Quem cria o chão de ferro em brasa? E de onde vêm as tentadoras mulheres?

[8] Visto que cada ambiente e todos os seres vivos vieram à existência como resultado da acumulação de carma individual e coletivo dos seres sencientes, e visto que o carma é criado pela mente, não existe nada a temer no alcance de todo o universo, a não ser a nossa própria mente descontrolada e maldosa.

Toda prática de Darma também depende da mente. Shantideva explica, a seguir, por que as seis perfeições – dar, disciplina moral, paciência, esforço, concentração e sabedoria – são principalmente atividades da mente e dependem dela para ter substância e efetividade.

[9] Uma pergunta pode surgir nesse ponto. Se Buda Shakyamuni e os demais seres iluminados aperfeiçoaram o dar, por que ainda há tantos mendigos e tanta pobreza no mundo? O motivo é que o dar não é aperfeiçoado pela erradicação da pobreza, mas sim familiarizando-nos por completo com a idéia de que estamos preparados para dar aos outros seres tudo o que temos – nosso corpo, posses e os frutos de virtude. A prática de dar não se resume a simplesmente presentear os outros, embora isso seja certamente um aspecto dela. [10] O dar é um treino mental e pressupõe que nos habituemos com a idéia de dar sem esperar nada em troca. Essa perfeição não visa erradicar a pobreza exterior, embora, sem dúvida, ajude a aliviá-la; seu objetivo é erradicar nossa própria avareza interior. Vemos assim que a verdadeira prática de dar depende por completo da nossa mente.

De modo similar, [11] a perfeição de disciplina moral não se limita simplesmente a ações de salvar a vida de outros seres, como, por exemplo, remover peixes, cervos e outros animais de situações de perigo e transferi-los para um lugar seguro. Em vez disso, a disciplina moral refere-se a uma mente que abandona todas as ações não-virtuosas. A defesa e a proteção dessa mente é o que constitui a verdadeira prática de disciplina moral. Quando nossa mente estiver totalmente acostumada a abandonar qualquer não-virtude e transgressão de votos, teremos conquistado a perfeição de disciplina moral. Assim, essa perfeição também depende por completo da mente.

A próxima perfeição é a de paciência. Refere-se à maneira como reagimos aos seres e aos objetos que nos prejudicam. [12] Devemos entender que não há como vencer todos os nossos inimigos exteriores. Sempre que derrotamos um inimigo, outro surge no seu lugar. Se matarmos alguém que nos prejudicou, seus familiares e amigos, clamando vingança, irão nos atacar. Como é possível, pergunta Shantideva, ficarmos livres de todos os inimigos, que são infinitos como a extensão do espaço? A única maneira de derrotar aqueles que iriam nos prejudicar é derrotar a nossa própria raiva.

[13] Se quisermos nos proteger enquanto andamos num terreno acidentado e pedregoso, não é realista pensar em cobrir o solo com couro. Isso seria impossível. Porém, se tivermos couro suficiente para cobrir as solas de nossos pés, poderemos andar por todos os lugares. [14] Do mesmo modo, é muito melhor simplesmente controlarmos a nossa própria raiva do que tentar derrotar nossos inimigos exteriores. Abandonar a raiva depende de treinar a mente. Aperfeiçoar a paciência não requer simplesmente abster-se de retaliar quando prejudicado. Depende de familiarizar a mente com a disposição de suportar as dores e o desconforto do sofrimento. Assim como as demais perfeições, essa prática é predominantemente mental.

[15] Existem muitas práticas espirituais que podem nos levar a estados de inimaginável felicidade e boa fortuna. Por exemplo, reunindo o tipo de carma que é criado quando geramos uma mente concentrada de equilíbrio, podemos renascer num dos reinos dos deuses, como Brama etc. Não é possível conquistar esses estados de intenso prazer com práticas ligadas ao nosso corpo ou à nossa fala; é só com o treino da mente que tais resultados podem ser obtidos. Contudo, a fim de gerar um estado de consciência suficientemente poderoso e concentrado que nos possibilite conquistar esse renascimento extraordinário, precisamos

treinar nossa mente com grande perseverança e diligência. Assim, a perfeição de esforço também depende de quão bem treinamos nossa mente.

[16] Recitar mantras, fazer prostrações, jejuar etc. são práticas capazes de gerar grande quantidade de energia positiva; mas se nossa mente ficar divagando durante essas práticas, não haverá benefício nem significado. A perfeição de concentração refere-se a treinar a mente de modo que ela permaneça enfocada num objeto da nossa escolha. Quando essa concentração dispensar esforço e tornar-se completamente estável, o estado do tranquilo-permancer será alcançado. Essa é uma conquista muito significativa e, obviamente, não depende primordialmente do corpo ou da fala, mas do nosso estado mental.

[17] Por fim, a perfeição de sabedoria. Todos nós desejamos ficar livres do sofrimento e obter felicidade, mas isso será impossível se não desvendarmos o sublime segredo da mente, a mais significativa de todas as realizações de Darma: a vacuidade de existência verdadeira. A obtenção dessa compreensão sutil e o desenvolvimento da sabedoria que realiza a vacuidade dependem principalmente de nosso esforço mental; atividades físicas e verbais, por si só, não bastam. Portanto, a sabedoria e as outras perfeições, bem como as delusões e as imperfeições superadas por elas, são fatores mentais e dependem da mente até para existir.

[18] Não faz sentido nos comprometermos com muitas diferentes práticas de Darma, se não guardarmos bem a nossa mente. Mas o que deve ser guardado exatamente? São as cinco consciências sensoriais – visual, auditiva, olfativa, gustativa e tátil – e a consciência mental. Como guardar, por exemplo, nossa consciência visual? Devemos impedir que nossa atenção divague por objetos visuais que causam o surgimento de apego, raiva e outras delusões. Nossa consciência auditiva também deve ser guardada de sons distrativos, que favorecem as delusões. O mesmo vale para as demais

consciências; elas devem ser mantidas sob guarda e impedidas de divagar em direção ao que é não-virtuoso. Esse é o significado de guardar a mente.

Dessas seis consciências, a mais importante é a consciência mental, à qual geralmente nos referimos como a mente em si. É principalmente essa consciência que devemos guardar para treinar de acordo com o Darma e superar todas as negatividades. Por exemplo, se nossa consciência visual perceber um objeto de apego, mas nossa consciência mental estiver bem guardada, o apego não surgirá. Não precisamos nos isolar de todos os estímulos visuais a fim de superar as delusões; se controlarmos nossa mente, não haverá nenhum objeto exterior capaz de nos prejudicar. Ganhar esse controle é especialmente importante durante nossas práticas de meditação, em particular quando estivermos treinando para gerar concentração profunda. Se não aprendermos a guardar nossa mente de maneira adequada, não obteremos resultados, mesmo que estejamos fazendo as práticas de Darma mais avançadas.

Shantideva enfatiza a importância de guardarmos nossa mente apresentando a seguinte analogia:

> [19-20] Se uma parte do nosso corpo estivesse ferida e tivéssemos que atravessar uma multidão de pessoas, seríamos especialmente cuidadosos para proteger e cobrir esse ferimento. De modo similar, quando estamos entre indivíduos maldosos ou objetos que estimulam o surgimento de delusões, devemos resguardar o ferimento da nossa mente com cuidado.
>
> Se ficamos ansiosos para proteger um ferimento comum que, no máximo, nos causaria uma pequena dor passageira, seguramente devemos nos sentir imensamente motivados a proteger o ferimento da nossa mente. Se permanecer desprotegida e descon-

trolada, nossa mente poderá nos levar a experiências infernais de profunda dor e tormento, como a de sentir que estamos sendo esmagados entre duas imensas montanhas.

É verdade que viver em meio a uma multidão pode ser uma experiência muito benéfica. Podemos considerar tudo o que vemos como um sonho. Como disse Milarepa: "Não preciso ler livros; qualquer lugar para onde vou e tudo o que vejo serve para desenvolver minha mente". Contudo, há circunstâncias nas quais é especialmente importante exercer controle sobre nossa mente e resguardá-la de delusão. [21] Por exemplo, se formos forçados a conviver com pessoas que são descontroladas e irreligiosas a ponto de só praticarem não-virtude, teremos de nos proteger muito bem ou seremos contaminados por suas numerosas falhas. Se passarmos muito tempo em companhia daqueles que negam a existência das ações e seus efeitos, a continuidade da consciência, a possibilidade de libertação etc., correremos o risco de nos render à sua influência. No entanto, se nossa mente estiver bem guardada, permaneceremos imunes. Ademais, aqueles que tomaram certos votos de ordenação devem redobrar sua atenção quando estiverem em situações favoráveis à transgressão desses votos. Monges e monjas, por exemplo, devem ser particularmente cuidadosos ao se relacionarem com o sexo oposto; nessas ocasiões, devem guardar com firmeza a porta da mente. Pessoas leigas também devem ser cautelosas sempre que estiverem em situações de grande tentação ou não-virtude. O melhor meio de impedir que nossas boas qualidades e votos se degenerem é guardar nossa mente com diligência. Como diz Shantideva:

> [22] É preferível deixar que nosso corpo, sustento, honra, riqueza e outras virtudes declinem, a permitir o declínio da nossa prática de guardar a mente.

Portanto, desse momento em diante, devemos fazer o máximo para controlar nossa vida e evitar que nossas eventuais qualidades diminuam.

O MÉTODO PARA GUARDAR A MENTE É PRATICAR CONTÍNUA-LEMBRANÇA E VIGILÂNCIA

Nesta seção, Shantideva introduz os fatores mentais contínua-lembrança e vigilância, as duas forças que empregamos ao guardar nossa mente. A importância de usar esses dois fatores mentais será explicada em seis subtítulos:

1. Uma breve apresentação dos dois fatores;
2. Sem contínua-lembrança e vigilância, nossa virtude terá pouco poder;
3. Sem contínua-lembrança e vigilância, não vamos desenvolver sabedoria pura;
4. Sem contínua-lembrança e vigilância, não podemos praticar disciplina moral pura;
5. Sem contínua-lembrança e vigilância, a virtude anteriormente acumulada vai degenerar;
6. Sem contínua-lembrança e vigilância, não podemos acumular nova virtude.

UMA BREVE APRESENTAÇÃO DOS DOIS FATORES

Shantideva inicia a seção com o seguinte pedido:

> [23] Com as palmas das mãos postas, imploro aos que desejam resguardar suas mentes da delusão: sejam diligentes e retenham a contínua-lembrança e a vigilância o tempo todo!

O que é exatamente contínua-lembrança? Esse fator mental pode ser explicado de acordo com três características: seu objeto, sua natureza e sua função. Em primeiro lugar, a contínua-lembrança enfoca um objeto com o qual a mente já havia travado conhecimento. Em segundo, é da natureza da contínua-lembrança não esquecer esse objeto, mas retê-lo. Finalmente, a função desse fator mental é não se desviar do objeto que está retendo. Logo, é óbvio que, sem contínua-lembrança, não podemos fazer nenhum progresso nos nossos estudos. No início, no decorrer e no final da nossa prática, a contínua-lembrança e a vigilância são da maior importância para a aquisição de qualidades virtuosas.

O fator mental vigilância é um tipo de sabedoria. Por exemplo, depois de termos posicionado nossa mente num objeto com contínua-lembrança, a vigilância é o fator mental que verifica se nossa mente caiu sob o controle do afundamento mental ou do excitamento mental. Ela verifica se a meditação está evoluindo bem ou mal. É um tipo de sabedoria que examina nossa mente e entende como ela está funcionando. A vigilância é fruto da contínua-lembrança e tem estreita conexão com ela. Enquanto a contínua-lembrança retém seu objeto, a vigilância observa se a mente se desviou ou não desse objeto.

Podemos ilustrar como esses dois fatores mentais operam juntos, tomando como exemplo a visualização da figura de Buda Shakyamuni. Primeiro, olhamos para uma pintura ou estátua e, então, tentamos gerar uma imagem mental daquilo que vimos. Essa imagem mental torna-se o objeto da nossa visualização. Depois de encontrar esse objeto, nossa contínua-lembrança o retém e não se afasta dele. A mente que está posicionada no objeto unifocadamente é denominada concentração. Enquanto praticamos concentração, devemos averiguar, de tempos em tempos, se nossa meditação está evoluindo bem ou se surgiram interrupções e obstáculos. Essa função de espião da mente é a vigilância. Se a vigilância descobrir que a mente se rendeu à influência do afundamento ou do excitamento, poderemos reter novamente o objeto com contínua-lembrança e prosseguir nossa meditação.

SEM CONTÍNUA-LEMBRANÇA E VIGILÂNCIA, NOSSA VIRTUDE TERÁ POUCO PODER

[24] Um homem afligido pela doença não terá nenhum poder para agir de acordo com sua vontade. Do mesmo modo, quando a nossa mente se desvia para a delusão há um declínio do fator mental contínua-lembrança e nos tornamos completamente impotentes para realizar qualquer atividade virtuosa.

SEM CONTÍNUA-LEMBRANÇA E VIGILÂNCIA, NÃO VAMOS DESENVOLVER SABEDORIA PURA

[25] Um pote furado não pode ser usado para guardar água. Uma mente que carece de contínua-lembrança e de vigilância assemelha-se a um pote furado. Ela é incapaz de reter aquilo que é vertido nela por intermédio das três sabedorias – as sabedorias de ouvir, de contemplar e de meditar. Essas excelentes qualidades, como também a sabedoria que realiza a vacuidade, não podem crescer em uma mente tão fraca.

SEM CONTÍNUA-LEMBRANÇA E VIGILÂNCIA, NÃO PODEMOS PRATICAR DISCIPLINA MORAL PURA

[26] Nossa fé no Darma pode ser profunda e talvez tenhamos ouvido e estudado muitos ensinamentos; contudo, sem contínua-lembrança e vigilância, é certo que nosso comportamento apresentará muitas falhas. Corremos o risco de quebrar nossos votos e, assim, poluir nossa mente. Portanto, para manter disciplina moral pura, temos de reter firmemente esses dois fatores mentais.

SEM CONTÍNUA-LEMBRANÇA E VIGILÂNCIA, A VIRTUDE ANTERIORMENTE ACUMULADA VAI DEGENERAR

[27] Se nossa riqueza e posses não forem guardadas com segurança em nossa casa, ladrões poderão facilmente entrar e roubar o que possuímos, deixando-nos de mãos vazias. Do mesmo modo, a virtude que acumulamos no passado poderá ser roubada por esse ladrão, a raiva, se não for protegida pelos fatores mentais contínua-lembrança e vigilância. Além disso, por falta de contínua-lembrança, seremos levados a cometer ações não-virtuosas no futuro e cairemos num dos três reinos inferiores.

SEM CONTÍNUA-LEMBRANÇA E VIGILÂNCIA, NÃO PODEMOS ACUMULAR NOVA VIRTUDE

[28] Se nos separarmos desses dois fatores mentais, não apenas nossas virtudes anteriores vão se degenerar, como ficaremos sem forças para criar novas. Além disso, qualquer potencial que tenhamos criado para renascer nos reinos afortunados de existência será destruído. Ademais, a possibilidade de alcançarmos a libertação ou a iluminação estará completamente erradicada.

Entre esses dois fatores mentais, é mais importante desenvolvermos a contínua-lembrança, pois a vigilância surge naturalmente dela. [29] Assim, não devemos nunca permitir que a contínua-lembrança se afaste da porta da nossa mente. Se sentirmos que nossa contínua-lembrança está prestes a declinar, devemos refletir imediatamente sobre os sofrimentos dos reinos inferiores e renovar a retenção do objeto.

Para cultivar contínua-lembrança, existem circunstâncias exteriores e interiores que podem nos ajudar. [30] As circunstâncias exteriores referem-se a seguir as instruções do nosso Guia Espiritual, que nos lembram do sofrimento dos reinos inferiores e da necessidade de honrar os votos tomados diante do nosso abade ou preceptor. Essa lembrança restabelecerá nossa contínua-lembrança e, se seguirmos constantemente nosso Guia Espiritual, além de nos lembrarmos das boas qualidades do Darma que já conhecemos, também tomaremos consciência de muitas outras qualidades positivas.

[31] Reunir circunstâncias interiores refere-se a cultivar o pensamento: "Estou sempre na presença de todos os Budas e Bodissatvas". Esta prática é muito benéfica, porque é improvável que cometamos uma ação não-virtuosa se lembrarmos que os seres iluminados podem ver todas as coisas sem obstruções.

A mente onisciente de um Buda abrange todos os objetos de conhecimento, e onde quer que sua onisciência penetre, seu corpo também se manifesta. Não há lugar onde um Buda não esteja. Portanto, sempre que nos lembramos dos seres iluminados, eles estão, de fato, presentes naquele exato lugar. Não podemos dizer que, porque não vemos um Buda, não há um ser iluminado presente. No nosso estágio atual de desenvolvimento, não possuímos o olho capaz de ver a verdadeira forma de um Buda. Assim, embora atualmente os Budas não sejam visíveis para nós, devemos sempre lembrar que estamos na sua presença.

[32] Se pudermos treinar nossa mente a pensar dessa maneira, seremos mais circunspectos a respeito do nosso comportamento.Vamos fundamentá-lo no respeito pelas Três Jóias e no medo dos efeitos amadurecidos do carma não-virtuoso. Nosso corpo, fala e mente serão mantidos livres de máculas e conseguiremos praticar o Darma com pureza. Por outro lado, se não conseguirmos reconhecer que estamos sempre na presença dos Budas e Bodissatvas, quando estivermos convivendo com os outros, continuaremos absortos no interesse mundano de ganhar e perder e, quando estivermos sozinhos, abrigaremos pensamentos não-virtuosos. Se gerar-

mos intensa fé nos Budas e Bodissatvas e seguirmos fielmente seus conselhos, conseguiremos manter um firme estado de contínua-lembrança. [33] Com a porta da nossa mente resguardada da delusão, desenvolveremos vigilância naturalmente. Quando tivermos cultivado corretamente esses dois fatores mentais, seremos capazes de praticar os diversos tipos de disciplina moral descritos a seguir.

COMO PRATICAR DISCIPLINA MORAL POR MEIO DE CONTÍNUA-LEMBRANÇA E DE VIGILÂNCIA

A prática de disciplina moral é o tópico principal do quinto capítulo e será apresentada em seus três aspectos:

1. Praticar a disciplina moral de abstenção;
2. Praticar a disciplina moral de reunir virtude;
3. Praticar a disciplina moral de beneficiar os seres sencientes.

Disciplina moral é definida como a intenção de abandonar todas as falhas, quedas e não-virtude. Toda a prática de disciplina moral está incluída nos três subtítulos antes relacionados.

PRATICAR A DISCIPLINA MORAL DE ABSTENÇÃO

A disciplina moral de abstenção é um assunto vasto, mas seu ponto central consiste em simplesmente evitar condutas impróprias de corpo, fala e mente. Porque tomamos os votos do Bodissatva, devemos adotar as palavras de Shantideva sobre esse assunto como um conselho e tentar praticar estritamente de acordo com elas. [34] A prática básica é a seguinte: logo no início de qualquer ação, seja um pensamento, uma palavra ou um ato físico, devemos examinar nossa motivação e verificar se é virtuosa ou não-virtuosa. Se percebermos que a ação observada está contaminada por alguma delusão, como inveja, ganância ou animosidade, devemos relembrar as falhas dessa delusão e imediatamente abandoná-la.

Esse método superior de guardar a mente por meio da aplicação de contínua-lembrança e de vigilância nem sempre se mostrará eficaz. Se não estivermos habituados a esse método de examinar a mente ou se nossas delusões surgirem com tanta força que não seja possível bani-las de imediato, então, teremos que recorrer a outros métodos para resguardar nosso comportamento. Uma maneira efetiva de lidar com fortes delusões é permanecer, por alguns instantes, como se fôssemos um pedaço de madeira: imóvel, sem reagir e sem pensar. Se agindo assim conseguirmos não dar vazão às nossas delusões, o objeto que fez surgir a mente poluída logo será esquecido e a própria delusão, aplacada. Exemplos de como empregar esse método específico serão dados adiante.

Agora, Shantideva dá um conselho específico sobre como devemos nos conduzir para evitar ações não-virtuosas. Na condição de praticantes que emulam o ideal do Bodissatva, devemos treinar nosso corpo de acordo com os preceitos do Bodissatva. [35] Quando caminhamos, não devemos deixar que nosso olhar vague de maneira distraída, mirando aqui e ali sem finalidade. Devemos dirigir os olhos para baixo e olhar para o chão onde vamos pisar. É óbvio que, [36] se houver necessidade ou se quisermos descontrair, poderemos olhar ao nosso redor. Durante a caminhada, se encontrarmos outras pessoas, devemos saudá-las cordialmente. [37] Conforme andamos, devemos olhar ocasionalmente para as quatro direções, a fim de nos certificar de que não há perigos ou obstáculos. [38] Quando tivermos examinado bem a situação, poderemos continuar.

Embora seja importante estarmos conscientes das nossas ações, não devemos cair no extremo de pensar: "Sou um Bodissatva guardando meu comportamento; é indigno da minha prática conviver com gente mundana". Nossa conduta, além de pura, deve ser educada. Havendo um bom motivo para adequar nosso comportamento aos costumes locais e às expectativas alheias, devemos fazê-lo, sem achar que isso contradiz nossos preceitos.

[39] Em termos da nossa conduta corporal, devemos checar repetidamente se ela é virtuosa ou não. [40] E assim como nossa conduta corporal precisa ser imaculada, nossa conduta mental também deve ser impecável. Amarrando esse elefante selvagem da nossa mente ao pilar de virtude do Darma, [41] ficaremos imunes ao desvio que é provocado pelas delusões. Com o poder da vigilância, devemos examinar todas as nossas ações com muito cuidado.

[42] Como foi dito, não existe nenhum preceito moral que um Bodissatva deixe de praticar e de observar. Contudo, podem surgir circunstâncias nas quais é preferível cometer alguma ação que normalmente seria considerada não-virtuosa do que ficarmos presos a um código moral específico. É claro que precisamos ter sabedoria para determinar quando é apropriado relaxar nossa disciplina moral e quando é melhor sermos rigorosos. Contudo, se nos mantivermos conscientes da nossa motivação de bodichita, acharemos muito mais fácil fazer as discriminações corretas. Nossa ponderação essencial deve ser: "O que é mais benéfico para os outros? Qual é a melhor maneira de lidar com essa situação de modo que eles recebam mais benefícios?"

Nossa prática deve ser sempre realista. É preciso levar em conta não apenas nossas próprias limitações, como também as circunstâncias mutáveis ao nosso redor. Existem situações delicadas, como quando a nossa vida ou a vida de outra pessoa está em risco; nessas ocasiões, talvez não possamos deixar de mentir e até seja preferível fazê-lo. Devemos lidar com a situação como um todo e fazer o que for mais apropriado e benéfico. Embora os Bodissatvas tomem votos de não desperdiçar seu tempo em atividades vãs, como cantar, dançar ou tocar música, há ocasiões em que isso pode servir a um propósito maior. Devemos fazer aquilo que for mais importante num determinado momento; é preciso usar nossa inteligência da melhor maneira que pudermos.

Pode ser útil darmos alguns exemplos de situações nas quais um Bodissatva está autorizado a quebrar o voto de não mentir. Imaginem que um homem esteja perseguindo um cachorro a fim de matá-lo. Se um Bodissatva tiver visto onde o cachorro se escondeu, e o perseguidor lhe perguntar se viu o cão, o Bodissatva terá a permissão para responder: "Não, eu não sei onde ele está". O dever e a responsabilidade principal do Bodissatva é salvar a vida do cachorro.

Se ele deixar de fazer isso pensando que é mais importante não mentir, estará quebrando o voto do Bodissatva mais importante de trabalhar para o benefício de todos os seres sencientes. Nessa situação, o Bodissatva deve entender que a prática de proteger os outros do medo – um dos aspectos da perfeição de dar – cumpriu um propósito mais importante que a prática de abster-se da não-virtude de mentir. O Bodissatva deve perceber que falar uma inverdade a alguém que está prestes a matar não é exatamente mentir, pois sua motivação está livre de delusões e do pensamento de autoapreço. Contudo, só um ser cuja mente está permeada por grande compaixão pode fazer essas discriminações entre o que é adequado ou inadequado em muitas dessas situações.

O caso do cachorro é um exemplo de quando é adequado mentir a fim de proteger a vida de outros seres. Há circunstâncias em que é adequado mentir até para salvar nossa própria vida. Para alguns seres e em certas situações, é melhor que sacrifiquem a própria vida a executarem uma ação negativa, seja ela qual for. Geralmente, contudo, nossa vida é tão valiosa que seria errado sacrificá-la por um motivo irrelevante. Este precioso corpo humano é o veículo no qual podemos viajar ao longo do caminho mahayana até a plena iluminação. Desistir dele sem um grande propósito nos impediria de avançar ao longo desse caminho e de beneficiar os outros. Nossa morte indiretamente prejudicaria todos aqueles que poderíamos ter ajudado se permanecêssemos vivos. Portanto, geralmente é muito mais importante preservarmos nossa vida, desde que motivados por um impulso compassivo, do que cumprir rigidamente uma diretriz moral inferior e permitir que nos matem.

Há outro exemplo tradicional usado para explicar por que um Bodissatva pode até matar, se isso for benéfico para os outros. Numa vida anterior, Buda Shakyamuni foi o capitão de um barco e, certa vez, enquanto transportava quinhentos mercadores pelos mares, percebeu, com seus poderes de clarividência, que um deles planejava matar todos os demais. Pensou consigo: "Se esse homem levar adiante seu plano, além de causar a morte de 499 pessoas, também criará a causa para renascer nos reinos inferiores." O capitão percebeu que, se matasse o futuro assassino, poderia impedir que aquelas quinhentas pessoas fossem prejudicadas. Portanto, com a motivação de grande compaixão, ele matou o mercador. Como resultado dessa ação não-egoísta, o capitão purificou um imenso carma negativo acumulado durante vários éons e também coletou ilimitado mérito. Essa história ilustra a abrangência das ações de um Bodissatva; contudo, a maioria de nós não é capaz de praticar assim no momento atual. Devemos estar conscientes do nosso nível de aquisição e compreender nossas limitações, pois, como diz o ditado, um chacal que tente pular onde salta um tigre quebrará o pescoço!

[43] Depois de ter avaliado nossa motivação e optado por uma linha de ação virtuosa, precisamos tentar executar essa ação com um elevado grau de contínua-lembrança. Devemos fazer uma coisa por vez e fazê-la bem. É tolo começar uma ação, mudar para outra e, logo a seguir, voltar para a primeira. Se nos comportarmos de maneira tão inconsistente, nunca colheremos os frutos de nenhuma das

nossas ações. [44] Por outro lado, se examinarmos bem a nossa motivação, optarmos por uma determinada prática ou atividade e concluirmos aquilo que começamos, seremos capazes de manter um nível superior de vigilância. Por meio dessa vigilância, impediremos automaticamente que nossa mente seja poluída por qualquer delusão, seja ela raiz ou secundária. Desse modo, podemos transformar todas as nossas experiências diárias em prática de Darma.

Shantideva, agora, dá conselhos específicos sobre como lidar com uma ampla variedade de situações potencialmente perturbadoras. Ele diz que, [45] quando estamos envolvidos em conversas fúteis ou assistindo a um espetáculo, devemos manter nossa mente livre de qualquer apego. Com contínua-lembrança e vigilância, devemos espreitar nossa mente e impedir que ela se renda à influência de desejo e de distração. Também devemos controlar as atividades sem sentido do nosso corpo. [46] A menos que haja algum motivo, não devemos cavar buracos no solo, cortar a grama, traçar sulcos na terra ou nos envolvermos em outras atividades destituídas de propósito. Devemos recordar o conselho dos seres iluminados: pensar nas graves consequências da falta de cuidado e nos abstermos de todas as ações insensatas.

[47] Se estivermos fazendo algo e surgir a intenção de nos movimentar ou de falar alguma coisa, devemos imediatamente examinar nossa mente. Se concluirmos que a motivação é impura ou que o comportamento é indigno de um Bodissatva, devemos dominar a mente e estabilizá-la. Não podemos deixar que nossos hábitos controlem nosso comportamento, nem agir como se fôssemos sonâmbulos. É importante estar o mais alerta e consciente possível. [48] Se surgir apego ou notarmos que a raiva está nos dominando, devemos pensar profundamente nas numerosas falhas dessas delusões e rejeitá-las por completo. Se isso não for possível naquele momento, então devemos permanecer, por alguns instantes, como um pedaço de madeira, inconscientes e sem dizer nem fazer nada.

Como foi mencionado, nem sempre possuimos a força mental para abandonar nossas delusões no momento em que surgem ou para transformá-las em algo benéfico. Porque nossa mente ainda não está bem treinada, frequentemente haverá situações em que nossos impulsos deludidos serão fortes demais para serem contidos dessa maneira. Nesses casos, em vez de tentar o impossível, devemos simplesmente ficar impassíveis e não reagir aos pensamentos que invadem nossa mente. Privando-os de energia dessa maneira, impediremos que as delusões motivem nosso comportamento; em breve, elas irão esmaecer por si mesmas. Essa é uma maneira extremamente habilidosa e realista de lidar com nossa mente e um excelente método para aumentar nossa força moral.

[49] Shantideva menciona a seguir casos especiais em que é recomendável permanecer como um pedaço de madeira. Podemos fazê-lo quando nossa mente está muito distraída ou quando surge a idéia de humilhar, difamar ou maltratar os outros. [50] Se surgir orgulho, altivez ou a intenção de achar defeitos nos outros, também podemos permanecer impassíveis até que nossa motivação deludida enfraqueça. Envaidecer-se, pensar em enganar os outros ou querer enaltecer nossas próprias qualidades, riqueza ou posses são ocasiões em que é sensato fingir que somos feitos de madeira. Sempre que desejarmos culpar os outros, falar rudemente ou causar desavenças entre eles, devemos praticar essa técnica de não-reação.

[51] Ademais, não devemos ceder ao desejo de procurar ganhos mundanos, reputação, honra, veneração, fama e assim por diante. Sempre que surgir o desejo de reunir um círculo de admiradores ou de ser servido pelos outros, também devemos permanecer como madeira. [52] E se surgir a idéia de trabalhar somente em prol de nós mesmos ou de dizer algo com essa motivação egoísta, por nossa mente estar distraída, novamente devemos não reagir. [53] Caso

nossa prática de Darma seja interrompida por impaciência, preguiça, medo, falta de vergonha ou pelo desejo de falar coisas sem sentido, é prudente não pôr energia em nenhum desses pensamentos. Por fim, se surgir um forte apego por nossos parentes ou amigos, devemos permanecer tão impassíveis como madeira.

[54] Assim, o Bodissatva deve estar sempre guardando sua mente contra o surgimento de pensamentos perturbadores e o desejo de se envolver em atividades não-virtuosas e sem sentido. Sempre que vir um perigo surgir, ele deve aplicar a contramedida apropriada e controlar com firmeza sua mente. [55] Praticando virtude resolutamente e gerando qualidades positivas – como fé, constância, respeito, polidez, senso de vergonha e consideração pelos outros –, o Bodissatva mantém uma mente serena, sente horror de cometer ações não-virtuosas e luta diligentemente para dar felicidade a todos.

Não é raro que as ações altruístas de um Bodissatva despertem inveja ou sentimentos negativos nos outros. [56] Se estivermos tentando imitar os feitos de um Bodissatva e isso acontecer conosco, não devemos desanimar. É preciso entender que tais reações são apenas os caprichos do imaturo. Mesmo se formos prejudicados por uma pessoa que estamos tentando agradar, devemos lembrar que ela só age assim por causa das suas delusões. Conhecendo o peso de ser forçado a viver com esses pensamentos poluídos, devemos gerar ainda mais amor e compaixão por esse ser desafortunado e desejar que rapidamente seja tirado de seu sofrimento.

[57] Enquanto trabalhamos para o benefício dos outros, devemos tentar manter nossa mente livre de contaminações e evitar transgredir nossos votos. É importante tentar superar o orgulho das nossas ações e manter nossa mente bem equilibrada. Tendo acostumado nossa mente com a visão correta da realidade, devemos considerar qualquer coisa e qualquer um que encontramos como se fossem uma ilusão criada por um mágico. [58] Também é extremamente im-

portante refletir sobre o grande significado e a raridade de termos alcançado esta preciosa vida humana. Controlando nossa mente com contínua-lembrança e vigilância, devemos tentar torná-la tão firme quanto o Monte Meru, o inabalável rei das montanhas e, assim, extrair o máximo proveito dessa oportunidade ímpar de dar sentido à nossa existência.

A essência da prática de Darma é abandonar não-virtude, praticar tudo o que seja virtuoso e controlar nossa mente. Se formos incapazes de fazer isso, nossa alegação de que fizemos muitos retiros e meditações será sem sentido. Se tivermos meditado durante um ano inteiro e, ao examinar os resultados, descobrirmos que nossas delusões não cederam em nada e que nossa mente continua tão selvagem como antes, poderemos concluir que aquele ano de meditação não cumpriu sua finalidade. Como disse o próprio Buda Shakyamuni:

> Não cometer nenhuma ação maldosa.
> Acumular um tesouro de excelente virtude
> E domar nossa mente –
> Esse é o ensinamento dos iluminados.

A natureza da nossa mente é como o céu azul e límpido. Contudo, no momento, nossa mente está obscurecida por uma miríade de nuvens de delusões e de pensamentos perturbadores e selvagens. Somente a prática do Darma dissipa essas nuvens de obscurecimento e permite que a natureza pura da mente brilhe livremente. Aquele que tiver removido todos os vestígios de delusão da sua mente e alcançado o estado de completa pureza será chamado de Buda. Portanto, independentemente da prática que estamos fazendo, é preciso checar se nossas delusões estão realmente diminuindo e controlar nossa mente. Devemos sempre nos lembrar desse critério e julgar nossas práticas de acordo com ele. Recitar as meras palavras de uma prática não tem valor, se nossa mente não estiver recebendo benefício algum.

Os três tipos de disciplina moral discutidos neste capítulo são praticados principalmente por aqueles que tomaram os votos do Bodissatva. Em razão disso, podemos pensar: "Já que não sou um Bodissatva, por que preciso estudar e praticar dessa maneira?" É errado pensar assim. Mesmo antes de tomarmos os votos formalmente, devemos treinar para gerar a bodichita e tentar observar o comportamento moral condizente com isso. Só podemos nos preparar para as verdadeiras práticas de um Bodissatva treinando dessa maneira. Na condição de um iniciante, talvez não possamos fazer tudo o que faz um Bodissatva, mas se praticarmos os três tipos de disciplina moral de acordo com a nossa capacidade pessoal, estaremos criando causa para, no futuro, conquistar o estado de um Bodissatva.

Para alguém que tomou os votos do Bodissatva, a disciplina moral de abstenção significa abster-se de todas as poluições e falhas. Uma pessoa leiga que ainda não tomou os votos do Bodissatva deve praticar a disciplina moral de abstenção evitando, principalmente, as dez ações não-virtuosas. Essas incluem as três ações não-virtuosas de corpo (matar, roubar e ter má conduta sexual); as quatro ações não-virtuosas de fala (mentira, discurso divisor, discurso ofensivo e tagarelice); e as três ações não-virtuosas da mente (cobiça, maldade e adotar visões errôneas). Se praticarmos abstenção no que se refere ao nosso corpo, fala e mente, conseguiremos garantir que não faremos essas ações não-virtuosas e, assim, ficaremos livres dos seus efeitos nocivos.

Apresentaremos a seguir um breve esquema das dez ações não-virtuosas, mostrando os quatro fatores necessários para que cada ação amadureça plenamente. Os quatro fatores são: 1) o objeto da ação; 2) nossa intenção ao executar a ação; 3) o tipo de ação; 4) a conclusão da ação. Se entendermos bem esses quatro fatores, estaremos em condição de enfraquecer e de, por fim, eliminar todas as nossas não-virtudes. Os quatro fatores de cada uma das dez ações não-virtuosas são os seguintes:

Matar

1. O objeto de matar é qualquer outro ser vivo.
2. Nossa intenção é matar aquele ser.
3. A ação implica em esforçar-se para matar por meio de veneno, armas etc.
4. A ação se completa quando o ser morre antes de nós.

Roubar

1. O objeto é qualquer coisa que não nos pertence ou que não nos foi dada livremente.
2. Nossa intenção é o desejo de possuir tal objeto.
3. A ação implica em subtrair o objeto por quaisquer meios, inclusive fraude e trapaça.
4. A ação se completa quando consideramos o objeto roubado como nosso.

Ter má conduta sexual

1. O objeto é alguém que não seja nosso parceiro, alguém que seja parceiro de outra pessoa ou alguém que não seja um objeto legítimo, ou permitido, de nossas atenções sexuais. Até nosso próprio marido ou mulher podem ser objetos de má conduta sexual, se a ação ocorrer numa das seguintes circunstâncias: diante de imagens de Budas e Bodissatvas; em dias de observância religiosa ou quando votos especiais tiverem sido tomados; e durante o dia ou em períodos de gravidez ou menstruação.
2. Nossa intenção é o desejo de ter uma relação sexual.
3. A ação implica em esforçar-se para efetivar essa intenção.
4. A ação se completa quando aceitamos com deleite as sensações que resultam da nossa ação.

Mentira

1. O objeto pode ser qualquer outra pessoa.
2. Nossa intenção é distorcer a verdade, clamando, por exemplo, que algo é verdadeiro quando de fato não é.
3. A ação implica em dizer falsidades ou enganar os outros de alguma maneira, inclusive com ações físicas.
4. A ação se completa quando a mentira é aceita pela outra pessoa como verdade.

Discurso divisor

1. O objeto tem de ser duas ou mais pessoas.
2. Nossa intenção é causar discórdia entre essas pessoas.
3. A ação é esforçar-se em espalhar rumores, plantar dúvidas etc.
4. A ação se completa quando nosso discurso divisor é ouvido pelos outros e, como resultado, nasce ou cresce a desarmonia entre eles.

Discurso ofensivo

1. O objeto pode ser qualquer outra pessoa.
2. Nossa intenção é o desejo de falar, levados por raiva, de forma ofensiva.
3. A ação é falar ofensivamente com alguém.
4. A ação se completa quando outra pessoa ouve e compreende as nossas palavras.

Tagarelice

1. O objeto pode ser qualquer outra pessoa.
2. Nossa intenção é falar disparates aos outros ou até cantar sem finalidade.
3. A ação é comunicar tal nonsense ou conversa sem sentido aos outros.

4. A ação se completa sempre que essas palavras são faladas.

Cobiça

1. O objeto dessa ação é qualquer coisa que pertença aos outros.
2. Nossa intenção é obter o objeto.
3. A ação consiste em planejar repetidamente como obter o objeto.
4. A ação se completa quando abandonamos qualquer senso de vergonha ou consciência culpada por pensar dessa maneira cobiçosa.

Maldade

1. O objeto é qualquer outra pessoa.
2. Nossa intenção é matar ou de alguma forma prejudicar essa pessoa.
3. A ação é fazer planos para atingir essa meta.
4. A consumação plena dessa ação é não perceber que ela é não-virtuosa.

Adotar visões errôneas

1. O objeto inclui fenômenos virtuosos e não-virtuosos.
2. Nossa intenção é sustentar opiniões sobre esses objetos que contradizem os ensinamentos de Darma.
3. A ação implica em acreditar firmemente em nossas visões equivocadas. Exemplos: sustentar que o carma e seu fruto são inexistentes, que as quatro nobres verdades são enganosas, que a consciência não tem continuidade e que os fenômenos não podem ser classificados como virtuosos e não-virtuosos.

4. A ação se completa quando nos convencemos totalmente da justeza das nossas visões equivocadas e ficamos sem nenhuma compreensão para nos opor a elas.

Assim termina a exposição da prática da disciplina moral de abstenção. Um Bodissatva deve reconhecer qualquer falha de corpo, fala e mente tão logo ela surja e abandoná-la imediatamente. Contudo, em situações de grande perigo ou quando o bem-estar alheio estiver em questão – em suma, sempre que houver um objetivo maior –, o habilidoso Bodissatva está autorizado a quebrar qualquer uma das abstenções do corpo ou da fala. Entretanto, não poderá, em circunstância alguma, cometer as ações não-virtuosas da mente, pois isso seria abandonar sua intenção de trabalhar para o benefício de todos os seres sencientes.

PRATICAR A DISCIPLINA MORAL DE REUNIR VIRTUDE

Esta seção tem duas partes:

1. Abandonar o apego ao corpo;
2. Praticar virtude com meios habilidosos.

ABANDONAR O APEGO AO CORPO

Se não reduzirmos o apego ao nosso próprio corpo, será impossível mantermos disciplina moral pura. Em nome de proteger nosso corpo, prejudicamos os outros e cometemos uma série de outras ações não-virtuosas. Assim, devemos nos perguntar: [59] "Por que aprecio tanto este corpo? Por que o defendo e penso que é meu?" Quando a morte nos separa da nossa forma física, temos de partir sozinhos, sem amigos. Quem protegerá nosso corpo então? Se não vamos poder protegê-lo nessa hora, por que ficamos tão ansiosos em protegê-lo agora?

Quem vai herdar nosso corpo quando tivermos morrido? Em alguns países, o corpo morto torna-se um banquete para abutres e chacais. Em outros, é cremado e pouco difere da madeira usada como combustível. Há lugares em que o cadáver é enterrado e se converte em barro e sujeira. Um cadáver também pode ser atirado ao mar, onde será lentamente devorado pelos peixes. Se pudermos reconhecer que o corpo tão cuidado por nós é potencialmente banquete de abutres, lenha ou poeira, não iremos nos aferrar a ele com um apego tão forte, nem sentir que realmente nos pertence. Se, malgrado essas considerações, ainda quisermos proteger nosso corpo, então vamos ter de fazê-lo muito bem, porque o intransigente Senhor da Morte logo vai chegar.

[60] Nós e o nosso corpo não somos o mesmo e, em breve, vamos ser separados dele. Portanto, qual é o sentido ou propósito de protegê-lo e de nos apegarmos a ele? Poderíamos argumentar: "Uma vez que este corpo é meu há bastante tempo, devo continuar a protegê-lo." Mas essa resposta revela a confusão de uma mente ignorante. Em primeiro lugar, não há um eu independente, auto-existente, que possua qualquer coisa. Por que devemos nos ater aos nossos agregados, pus, sangue, membros, excremento, urina etc. como se fossem um verdadeiro "eu" ou "meu"? [61] Se for para proteger algo, é mais sensato protegermos uma peça de madeira limpa do que nos apegarmos possessivamente a essa máquina pútrida, repleta de impurezas.

O tipo de resguardo ou proteção ao qual Shantideva está se referindo fundamenta-se na delusão do apego. A fim de superar essa delusão, devemos analisar nosso corpo minuciosamente à procura de algo que seja limpo, puro e digno dessa exagerada possessividade. [62] Vamos dissecar mentalmente o corpo. Separem a pele da carne e examinem se a pele é pura ou não. Despreguem a carne dos ossos e perguntem-se se isso é algo limpo. [63] O que dizer do tutano dentro dos ossos? Com o bisturi da sabedoria, devemos fazer uma investigação minuciosa e ver o que encontramos. [64] Se essa análise detalhada nos levar a comprovar que não há essência alguma a ser encontrada, por que continuamos apegados à nossa forma física? Onde está essa essência pura que instintivamente achamos que é o nosso eu? Como afirma Shantideva de maneira tão ilustrativa:

> [65-66ab] Que serventia teria um corpo tão sujo por dentro? Nosso corpo é impróprio para ser comido, nosso sangue é impróprio para ser bebido e nossos intestinos são impróprios para serem chupados. Talvez só estejamos guardando nosso corpo com o intuito de, mais tarde, poder dá-lo para alimentar abutres e chacais.

[66cd] O único motivo justificável para guardar nosso corpo é usá-lo para praticar virtude. [67] De outro modo, só o que estamos fazendo é preparar a comida para os chacais. [68] Se o corpo não vai nos servir, então, nutri-lo com comida e bondade é como remunerar um empregado que não trabalha. Se considerássemos o corpo como nosso servo em vez de nosso amo, como fazemos normalmente, poderíamos adotar uma atitude mais realista sobre como cuidar dele e alimentá-lo. [69] Ficaríamos felizes em lhe pagar um salário justo sempre que nos ajudasse a praticar o Darma, para benefício nosso e dos outros; contudo, seríamos críticos e rigorosos sempre que descobríssemos que não está beneficiando ninguém.

[70] Outra maneira de ver nosso corpo seria considerá-lo como um barco. Nesse caso, nossa consciência poderia ser vista como um viajante em busca da preciosa ilha da iluminação. A fim de cruzar o oceano do samsara e atingir nossa meta, é muito importante guardarmos nosso barco – o precioso corpo humano – até alcançar a nossa destinação e conquistar a jóia-dos-desejos, que é o corpo plenamente purificado de um Buda.

Em resumo, precisamos buscar um equilíbrio, reduzindo nossa atitude possessiva e apegada ao corpo, enquanto continuamos a mantê-lo como um veículo para nossas práticas espirituais. O melhor meio de conquistar esse equilíbrio é diminuir ou coibir nosso apego, e isso pode ser feito de duas maneiras. Uma é contemplar a impureza do corpo, analisando cinco de suas partes: pele, carne, ossos, tutano e órgãos internos. A outra maneira consiste em meditar na ausência de existência inerente do corpo e perceber que não existe uma entidade essencial a ser encontrada em nenhuma de suas partes. Essa segunda análise, que será melhor explicada no nono capítulo, vai dissolver nossa concepção concreta a respeito do corpo e de nós mesmos, destruindo assim a base para o surgimento do apego. Meditando sobre impureza e vacuidade, também poderemos reduzir e, por fim, eliminar o apego ao corpo de outra pessoa. Uma pergunta essencial que devemos sempre nos fazer é: "Estou apegado a quê exatamente?".

PRATICAR VIRTUDE COM MEIOS HABILIDOSOS

O segundo aspecto da prática de disciplina moral de reunir virtude divide-se em três seções:

1. Manter conduta corporal pura;
2. Manter conduta habilidosa quando estiver com os outros;
3. Manter conduta habilidosa de corpo, fala e mente.

MANTER CONDUTA CORPORAL PURA

[71] Quando encontramos os outros, devemos mostrar uma face sorridente, desfranzir a testa e, como um amigo do mundo, gerar amor e compaixão. Um Bodissatva se comunica com os outros honestamente e, motivado por um bom coração, fala de maneira cordial e afetuosa com eles.

[72] É importante tentarmos demonstrar consideração pelos outros, especialmente quando estão meditando. Por exemplo, não mexer em coisas barulhentas nem arrastar móveis desnecessariamente. As portas devem ser abertas de maneira delicada e silenciosa, sem fazer barulho. Um Bodissatva se deleita em agir discretamente, com total humildade. [73] Assim como uma cegonha, um ladrão e um gato movimentam-se de maneira silenciosa e cumprem suas tarefas, o Bodissatva também age silenciosamente. Essas práticas não se restringem, contudo, aos Bodissatvas; todos os que aspiram ao que é virtuoso devem tentar seguir tal comportamento exemplar.

MANTER CONDUTA HABILIDOSA QUANDO ESTIVER COM OS OUTROS

[74] Quando estamos com nossos amigos ou conhecidos, devemos estimulá-los a praticar o Darma de maneira habilidosa e sutil. Devemos também nos considerar como um aluno dos outros e aceitar com alegria e respeito qualquer conselho não solicitado que venhamos a receber deles. Se outra pessoa nos der uma lição de Darma, devemos pôr de lado nosso orgulho e receber esses ensinamentos de bom grado.

É importante nunca ser arrogante, pensando: "Sou um Bodissatva e, portanto, superior aos outros." Até os Bodissatvas que estão nas etapas mais elevadas do caminho devem se relacionar com as pessoas de acordo com os padrões de comportamento em vigor.

[75] Sempre que alguém estiver fazendo uma atividade virtuosa, devemos nos regozijar e elogiá-lo ou falar sobre suas boas qualidades. [76] E, se ouvirmos alguém sendo elogiado, devemos nos juntar ao coro geral e exaltar ainda mais suas virtudes e qualidades. O que fazer quando nós formos elogiados? Nunca ficar inflados de orgulho, mas simplesmente reconhecer se, de fato, temos ou não tais qualidades.

Em resumo, precisamos permitir que todas as nossas ações de corpo, fala e mente se voltem para a felicidade dos outros. [77] Raramente encontramos tal conduta benéfica neste mundo. Devemos desejar que tudo o que fazemos – viajar, trabalhar, comer, beber água ou qualquer outra atividade – se direcione para o benefício de todos os seres. E especialmente ao falar, devemos considerar tão-somente a felicidade dos outros.

[78] Qual é o beneficio de agirmos dessa maneira? Neste mundo, podemos constatar que, se formos prestativos e agradarmos aos outros, nossos atos bondosos serão retribuídos; não há dúvida de que seremos tratados com bondade pelos outros. Seremos queridos, carinhosamente apreciados e encontraremos grande felicidade, tanto nesta vida como em vidas futuras. Por outro lado, se formos invejosos das boas qualidades alheias, ingratos e excessivamente críticos, nossa própria mente ficará infeliz e perturbada e plantaremos sementes para muito sofrimento no futuro.

Em vez de procurar falhas no comportamento dos outros e enaltecer nossas próprias qualidades, devemos fazer exatamente o oposto. A disciplina do Darma consiste em examinar regularmente nosso próprio comportamento, encarar nossas deficiências e reconhecer as boas qualidades dos outros. As práticas do Darma são tão vastas que é difícil compreender e seguir todas elas. No entanto, é suficiente simplesmente nos exercitar em duas disciplinas: abandonar nossas falhas e nos regozijar com as boas qualidades dos outros. Como disse o grande Professor indiano Atisha:

> Não procurem falhas nos outros, procurem-nas em si mesmos e purguem-nas como se fossem sangue ruim.
>
> Não contemplem suas próprias boas qualidades, contemplem as boas qualidades dos outros e respeitem a todos como um servo o faria.

MANTER CONDUTA HABILIDOSA DE CORPO, FALA E MENTE

[79] Quando nos comunicamos com os outros, devemos falar de maneira confiante, coerente e afetuosa. Nunca proferir palavras por apego ou raiva, mas, em vez disso, falar amavelmente e com moderação. [80] Sempre que vemos outra pessoa, devemos pensar: "Graças a esse ser senciente posso alcançar a iluminação da budeidade". E, pensando assim, olhamos para cada ser vivo do mesmo modo que uma mãe olha para seu único filho.

[81] Sempre que pensamos em assumir uma determinada prática, devemos primeiro contemplar seus benefícios e, desse modo, gerar uma forte aspiração de praticá-la. Por exemplo, se vamos praticar o dar, podemos nos encorajar trazendo à mente as boas qualidades de dar com generosidade e lembrando as falhas da avareza, seu oponente. Se antecipadamente fizermos esse tipo de contemplação, nossas práticas serão imensamente fortalecidas.

Shantideva menciona a seguir três grupos de objetos para os quais podemos direcionar nossas atividades virtuosas. Refere-se a eles como: o campo de excelência, o campo de benefício e o campo de sofrimento. Os três podem ser explicados tomando-se como exemplo a prática de dar. O campo de excelência é constituído pelas Três Jóias de refúgio, e quaisquer oferendas a elas direcionadas nos permitem acumular grande benefício e mérito. Uma vez que as Três Jóias, os objetos da prática, possuem a mais elevada das qualidades de realização, os efeitos positivos da nossa prática de dar crescerão imensamente. A seguir temos o campo de benefício, que se refere a nossos pai e mãe e a todos os demais seres de quem recebemos grande bondade. Doações direcionadas a esses bondosos benfeitores nos farão acumular muito mérito. Por fim, há o campo de sofrimento, que se refere a todos os seres sencientes atormentados por doença, pobreza e outras desgraças. Prestar ajuda, proteção etc. a esses seres desafortunados será certamente proveitoso.

Em geral, a prática de dar é uma atividade extremamente meritória, independente do objeto ao qual se direciona. Entretanto, se formos generosos com esses três campos de mérito, os resultados que colheremos serão maiores do que se fôssemos generosos com outros seres comuns, não incluídos nessas categorias. Isso porque os objetos que constituem esses campos de mérito possuem qualidades especiais – excelência, grande bondade e intensa necessidade, respectivamente –, que aumentam o valor das nossas ações virtuosas e o mérito criado por elas. Pelo mesmo motivo, criamos uma não-virtude mais pesada quando prejudicamos esses três campos do que ao prejudicar seres comuns.

[82] Para que nossas práticas de Darma sejam sólidas e bem fundamentadas, precisamos ter uma compreensão clara delas e uma profunda fé no seu valor. Se essas duas condições se reunirem, os resultados de nossos esforços irão cair naturalmente na palma da nossa mão. No entanto, tentar praticar o Darma sem primeiro entender os métodos a serem usados é o mesmo que tentar escalar uma montanha íngreme sem usar as mãos. Além disso, tentar meditar sem fé e confiança em nossa prática é o mesmo que tentar andar ao longo de uma trilha com os olhos fechados. Hoje em dia, há pessoas que dizem: "Embora eu tenha meditado durante muito tempo, não obtive realizações. Por que isso me aconteceu?" Talvez essas pessoas não tenham compreendido direito o método para praticar e, portanto, não tenham gerado fé e confiança nele. Shantideva mostra que, para praticar o Darma corretamente, primeiro temos de estudar os ensinamentos e compreender os métodos. Se fizermos isso, poderemos praticar sem depender dos outros.

[83] Para concluir esta seção, somos lembrados de que não devemos abandonar as ações virtuosas maiores, mais importantes, em prol de pequenas virtudes. Precisamos tentar cultivar uma atitude realista em relação à nossa prática e ser equilibrados naquilo que fazemos. Levando tudo isso em consideração, devemos tentar determinar qual é o rumo de ação mais benéfico. Por exemplo, existem ocasiões em que a prática de dar nosso corpo aos outros é uma forma avançada de dar, contudo, não podemos desperdiçar nossa preciosa vida humana simplesmente para saciar a fome de outro ser. [84ab] Devemos sempre determinar o que é em última instância mais benéfico para os outros e, então, agir com confiança e discernimento.

PRATICAR A DISCIPLINA MORAL DE BENEFICIAR OS SERES SENCIENTES

Os dois tipos de disciplina moral discutidos até aqui – as disciplinas de abstenção e de reunir virtude – visam principalmente domar nossa própria mente. A pessoa que está bem treinada nessas duas disciplinas faz esforços contínuos para praticar o terceiro tipo: trabalhar para a felicidade e o benefício de todos os seres vivos. No entanto, visto que os desejos dos seres vivos são ilimitados, podemos nos perguntar se, ao tentar satisfazer tais desejos, não corremos o risco de comprometer nossa disciplina moral. A resposta é que, se nossa mente tiver sido bem domada, nossa moralidade não correrá o risco de enfraquecer.

[84cd] O compassivo Buda, que vê o futuro e conhece o curso de todas as ações, proibiu pessoas que têm motivação inferior e pessoas que têm auto-apreço de cometerem as sete ações não-virtuosas de corpo e fala. Contudo, no *Sutra sobre meios habilidosos* (*Mahaguhyaupayakaushalyasutra*, em sânscrito), ele deu permissão aos Bodissatvas – aqueles que treinam a mente para trabalhar em benefício dos outros –

para quebrar quaisquer dessas restrições quando necessário. Esses seres excelsos, cuja mente foi domada e a motivação inteiramente purificada, não correm o perigo de serem prejudicados quando executam certas ações que seriam perigosas a outros seres menos desenvolvidos mentalmente.

Portanto, aqueles que desejam treinar o estilo de vida do Bodissatva devem compreender que a primeira coisa a ser feita é domar sua própria mente por completo. Depois disso, seremos capazes de realmente beneficiar incontáveis seres sencientes. Como disse Atisha: "Agora não é hora de subjugar a mente dos outros; agora é hora de subjugar nossa própria mente". O prerrequisito para beneficiar os outros é treinar nossa própria mente de antemão.

Para ser verdadeiramente benéfico aos outros, existem certas qualidades específicas que devemos cultivar previamente. Precisamos ter o olho de sabedoria do Darma, clarividência, habilidade para ensinar Darma e paciência para tolerar o mal que recebemos dos outros. Além disso, precisamos estar livres das atitudes de auto-apreço e completamente familiarizados com o estado mental que considera os outros mais queridos que nós mesmos. É claro que, antes de termos desenvolvido todas essas qualidades, podemos prestar ajuda temporária a alguns poucos seres sencientes; contudo, tal ajuda é limitada. Para citar Atisha mais uma vez: "Assim como um pássaro sem asas não pode voar, alguém que não obteve clarividência não é capaz de beneficiar todos os seres sencientes."

A seguinte história ilustra como a clarividência que obtemos quando nossa mente é corretamente domada é necessária para garantir que nossas boas intenções não acabem em desastre. Há muito tempo, um homem bondoso encontrou um grande peixe que caíra da cesta de um pescador. Ao ver o peixe se debatendo na terra seca, o homem sentiu pena e, querendo salvar-lhe a vida, levou-o consigo para casa e o colocou num pequeno lago. Infelizmente, o homem bondoso não sabia que tipo de peixe salvara. Assim que se recuperou, o peixe seguiu seus instintos naturais e comeu todos os outros peixes menores que nadavam no lago. Ao chegar ao local, os donos do lago ficaram muito contrariados. Logo que viram o grande intruso, perceberam o que havia acontecido e imediatamente o mataram. No fim, o peixe que fora salvo acabou morrendo de todo modo, mas não antes de ter matado muitos outros peixes.

Essa história demonstra que, embora o homem bondoso tenha agido com benevolência, porque ele não tinha uma visão clara da situação, não percebeu quão perigosa sua ação bem-intencionada de fato era. Ainda que tenha proporcionado um pequeno benefício a um peixe, indiretamente causou um grande prejuízo a vários outros. O ponto principal é que, para beneficiar os outros da melhor maneira possível, primeiro temos de domar nossa mente, obter realizações e cultivar a sabedoria que compreende as consequências das nossas ações. Isso não significa, contudo, que devemos ficar à espera de obter todas essas qualidades antes de ajudar os outros. Ao contrário, devemos fazer o possível para ajudar os outros, como quando cuidamos de um doente, salvamos um inseto de se afogar etc. Só precisamos perceber que, hoje, aquilo que podemos fazer é insignificante quando comparado ao benefício que poderíamos prestar se tivéssemos uma mente plenamente controlada. Com essa compreensão, devemos rezar para sermos capazes de emular os feitos dos sublimes Bodissatvas e, então, lutar para alcançar pessoalmente esse estado tão avançado.

Como podemos praticar a disciplina moral de beneficiar os outros? Shantideva nos dá agora vários exemplos específicos. [85] No que se refere à comida, aconselha-nos a não pensar unicamente em nós, mas a dividir qualquer alimento que recebamos com os pobres, os desprotegidos, os fracos, os animais e, especialmente, com os praticantes de Darma. Devemos comer sempre com moderação.

É importante discriminar corretamente o que devemos e o que não devemos dar aos outros. Em geral, podemos dar-lhes tudo o que possuímos, mas os monges e as monjas não devem doar suas três vestes. [86] Quanto ao nosso corpo, visto que precisamos dele para praticar o Darma, não devemos prejudicá-lo em nome de metas menores. Se privarmos nosso corpo de uma alimentação adequada e permitirmos que enfraqueça, não conseguiremos praticar o Darma intensamente, dia e noite. Não devemos esquecer que, tirando plena vantagem deste precioso renascimento humano e seguindo uma prática sistemática dos três treinos superiores, seremos capazes de satisfazer rapidamente os desejos de todos os seres vivos.

[87] Para esclarecer melhor esse ponto, Shantideva diz que, se não tivermos gerado a intenção pura da grande compaixão, não devemos tentar dar nosso corpo aos outros. Se o fizermos, o único resultado será dor e prejuízo, para nós e para os outros. No entanto, muito benefício pode ser obtido se o corpo for dado por alguém cuja mente foi suficientemente domada, que vê um grande propósito nessa doação e que pode dar seu corpo com a intenção pura de beneficiar os outros.

Uma das maneiras supremas de beneficiar os outros é dar-lhes ensinamentos de Darma; contudo, para praticar esse tipo de dar, primeiro temos de entender a mente daquele que receberá o benefício. [88] O Darma nunca deve ser ensinado a alguém que não sente respeito por nós ou pelo próprio Darma. Ensinar uma pessoa assim não iria beneficiá-la e só resultaria em quedas ou obstáculos para nós mesmos. A maneira de abordar tal pessoa consiste em satisfazer suas necessidades por meio de presentes materiais e, depois, quando sua fé em nós e no Darma tiver sido cultivada, introduzi-la aos puros ensinamentos. Shantideva faz a seguir um relato minucioso das circunstâncias em que seria inadequado ensinar o Darma. Uma vez que os ensinamentos só podem ser dados a pessoas que têm uma atitude correta, nunca devemos ensinar àquelas cujas roupas, maneiras ou comportamento demonstram falta de respeito. Isso inclui indivíduos que cobrem a cabeça sem estarem doentes, que não depositam seu guarda-chuva, bengala ou armas no solo e que usam turbantes de maneira desafiadora. É claro que há muitas coisas a considerar quando decidimos a quem ensinar e a quem não ensinar. No entanto, depois de ter avaliado a situação e construído uma relação com um provável aluno, devemos garantir que o ensino acontecerá numa atmosfera respeitosa e de acordo com as diretrizes de Buda.

[89] Ao tentar discriminar as situações de ensino adequadas e inadequadas, devemos levar em conta as expectativas e os preconceitos gerais da sociedade em que vivemos. Por exemplo, em muitas sociedades, considera-se vergonhoso um homem ficar a sós com uma mulher, a menos que sejam parentes. Num lugar assim, um professor que transmitisse o Darma a uma mulher desacompanhada estaria cometendo um ato de grande desrespeito ao Darma. Não basta que nossas intenções sejam boas; temos de estar conscientes do impacto que nossas ações terão sobre os outros. Devemos ser especialmente cuidadosos para que nosso comportamento não prejudique a reputação do Darma, pois isso acarretaria incalculável prejuízo aos outros.

No que se refere ao conteúdo dos nossos ensinamentos, devemos tentar determinar qual é a capacidade mental e a vontade dos nossos ouvintes. Se um estudante tiver pouca disposição, não devemos impor-lhe os ensinamentos vastos e profundos do mahayana. Por outro lado, embora devamos ter igual respeito pelos ensinamentos do hinayana e do mahayana, [90] não seria correto conduzir uma pessoa ao caminho hinayana, se ela tiver um forte desejo de receber ensinamentos mahayanas. Não devemos em nenhuma hipótese, é óbvio, abandonar o estilo de vida do Bodissatva. Precisamos lembrar que a melhor maneira de guiar os outros é por meio do nosso próprio exemplo e prática.

[91] Também é importante observar princípios de higiene. Não devemos cuspir em qualquer lugar, nem descartar nossos objetos de higiene pessoal, como palitos de dente, sem antes cobri-los. Também não devemos defecar, nem urinar na cabeceira de rios, perto de água ou em quaisquer lugares frequentados pelos outros.

[92] Ao comer, não devemos encher a boca, mastigar ruidosamente ou com a boca aberta. Quando sentados, não devemos esticar as pernas nem esfregar as mãos desnecessariamente. [93] Pelas razões já mencionadas, não devemos dividir o mesmo assento, carro ou aposento com alguém que seja parceiro de outra pessoa. Mas desde que esse comportamento não ofenda ninguém e não suscite delusões, ele será permitido. Em resumo, não devemos agir de maneiras que desagradem às pessoas mundanas. Se não estivermos habituados aos costumes locais e não soubermos se nossas ações são ou não consideradas ofensivas, devemos procurar aconselhamento e abandonar tudo o que seria contrário aos hábitos aceitos naquela sociedade.

A seguir, Shantideva dá conselhos sobre como movimentar nossos braços e mãos. [94] Se alguém nos pedir informações sobre um caminho, não devemos apontar com o dedo, mas mostrar a direção respeitosamente com a mão direita esticada. [95] Não devemos abanar os braços a esmo ou violentamente. Se for necessário chamar a atenção de alguém, podemos fazê-lo calmamente e de uma maneira apropriada.

[96] Até o ato de adormecer pode ser feito com contínua-lembrança e vigilância. Quando Buda Shakyamuni se deitou pela última vez antes de partir deste mundo, ele o fez sobre seu lado direito, com o corpo estendido, a mão esquerda apoiada sobre seu flanco esquerdo e a direita sob a face direita. É muito benéfico dormirmos nessa posição. Se conseguirmos fazer isso com contínua-lembrança e vigilância, mantendo a mente focalizada em virtude, todo o

nosso sono será virtuoso. Ao contrário, se formos dormir com uma mente negativa, o período que passarmos dormindo vai estar repleto de não-virtude. Portanto, antes de ir dormir, devemos gerar um estado mental benéfico e tomar a firme decisão de acordar cedo.

[97] Em resumo, devemos seguir até o limite da nossa habilidade as práticas que Buda ensinou sobre a conduta impecável de um Bodissatva. No começo da nossa prática, contudo, o ponto essencial é domarmos nossa mente, pois é isso que nos capacitará a beneficiar todos os seres sencientes.

COMO IMPEDIR QUE NOSSA PRÁTICA SE DEGENERE

[98] Quando tomamos os votos do Bodissatva de acordo com o que foi descrito no terceiro capítulo, devemos tentar com empenho não quebrá-los, pois as consequências de fazê-lo são graves. Portanto, antes de tomar os votos, é altamente recomendável checar se podemos mantê-los ou não. No entanto, se tomarmos os votos e depois os quebrarmos, existem meios de restaurá-los, evitando assim os resultados prejudiciais da quebra de votos. Por exemplo, se quebrarmos um dos dezoito votos raízes, poderemos purificar a transgressão aplicando os quatro poderes oponentes e tomando os votos do Bodissatva novamente em outra cerimônia. Se quebrarmos um dos 46 votos secundários, poderemos purificá-los recitando o *Sutra dos três montes superiores* (*Triskandhasutra*, em sânscrito), três vezes durante o dia e três vezes durante a noite, depois de buscar refúgio e gerar a bodichita.

[99] Sempre que executarmos ações de corpo, fala e mente em prol de nós mesmos ou dos outros, devemos cuidar para não transgredir os ensinamentos de Buda. [100] Como não existe nenhum preceito ensinado por Buda que não seja praticado por um Bodissatva, temos de guardar todos esses

votos e preceitos puramente, mantendo contínua-lembrança e vigilância em todas as nossas ações. [101] Devemos sempre lembrar que a prática principal de um Bodissatva é beneficiar os outros, direta ou indiretamente. Todo o mérito que acumularmos, até com uma simples ação de oferecer uma vareta de incenso, deve ser dedicado à iluminação de todos os seres sencientes.

[102] No que se refere ao Guia Espiritual mahayana, que conhece o significado dos ensinamentos e pratica o estilo de vida do Bodissatva, devemos sempre segui-lo e nunca desertá-lo, ainda que à custa da própria vida. Por que esse guia é tão importante? O motivo é que, a longo prazo, ele ou ela nos conduzirá à meta do estilo de vida do Bodissatva, à plena iluminação ou budeidade. Ademais, a curto prazo, ele nos ensina tudo o que precisamos saber e nos municia com os métodos que impedem a degeneração do nosso conhecimento. Se seguirmos esse Guia Espiritual com sinceridade, as ações de nosso corpo, fala e mente tornar-se-ão extremamente puras.

Há vários textos que podem ser lidos para aprimorarmos as práticas que foram aqui discutidas. [103] O melhor método para seguir nosso Guia Espiritual foi exposto na biografia de Shri Sambava, que constitui uma parte do sutra *Ramo de Talos* (*Gandavyuhasutra*, em sânscrito). [104] Tendo lido esta e outras escrituras budistas, devemos nos familiarizar com os conselhos que elas contêm. Para obter informações sobre os votos do Bodissatva, podemos ler o sutra *Akashagarba*. [105] Se quisermos estudar as práticas de um Bodissatva extensivamente, será preciso ler e reler o *Compêndio dos treinos* (*Shikshasamuchchaya*, em sânscrito) e o *Compêndio dos sutras* (*Sutrasamuchchaya*, em sânscrito), de Shantideva. [106] O Protetor Nagarjuna também escreveu dois trabalhos que têm os mesmos títulos. Estudando-os, poderemos aprimorar bastante nossa prática. Uma explicação detalhada sobre os votos do Bodissatva e sobre o método para purificar quedas pode ser encontrada no livro *O voto do Bodissatva*.

[107] Em resumo, tudo o que foi proibido nos ensinamentos de Buda e nos comentários a tais ensinamentos deve ser abandonado, e tudo o que foi recomendado deve ser praticado. O estilo de vida do Bodissatva deve ser seguido dessa maneira, a fim de proteger a mente das pessoas mundanas e impedir que sua fé diminua. Assim, devemos manter nossos preceitos e seguir nossas práticas o mais puramente possível.

EM RESUMO, É PRECISO SEGUIR O SENTIDO DA PRÁTICA E NÃO MERAMENTE SUAS PALAVRAS

[108] Como foi mencionado, sempre que fizermos qualquer ação de corpo, fala ou mente, devemos empregar repetidamente a sabedoria da vigilância para checar se estamos transgredindo nossos preceitos ou se nossa mente está sob a influência de delusão. Esse é o método supremo para manter contínua-lembrança e vigilância e garantir que elas não diminuam.

[109] Em todas as situações, a coisa mais importante a lembrar é que a conduta de um Bodissatva é algo que devemos efetivamente seguir. Não existe finalidade nem valor em aprender as meras palavras de um ensinamento, se não pusermos esse ensinamento em prática. Como indaga Shantideva: "Irá um homem doente receber algum benefício apenas por ler um tratado médico?"

Assim termina "Guardar vigilância", o quinto capítulo do texto *Contemplações significativas*, um comentário ao *Guia do estilo de vida do Bodissatva*, de Shantideva.

Paciência

A EXPLICAÇÃO DAS QUATRO PERFEIÇÕES REMANESCENTES – PACIÊNCIA, ESFORÇO, CONCENTRAÇÃO E SABEDORIA

Esta seção do esquema geral tem quatro partes:

1. Como praticar paciência;
2. Como praticar esforço;
3. Como treinar na concentração do tranquilo-permanecer;
4. Como gerar a sabedoria da visão superior.

COMO PRATICAR PACIÊNCIA

O assunto do sexto capítulo do *Guia* de Shantideva é a perfeição de paciência. A explicação de como praticar paciência tem duas partes:

1. O método para meditar na paciência;
2. O método para praticar paciência.

O MÉTODO PARA MEDITAR NA PACIÊNCIA

Paciência é a força oponente que supera a raiva e, por isso, esta seção tem duas partes:

1. As falhas da raiva;
2. Os benefícios da paciência.

Geshe Potowa

AS FALHAS DA RAIVA

Shantideva começa sua exposição sobre a paciência com a seguinte afirmação:

> [1] Todo o mérito que tenhamos acumulado ao longo de milhares de éons, com feitos virtuosos como venerar as Três Jóias e praticar o dar, pode ser destruído num único instante, se ficarmos com raiva de um Bodissatva.

Como a bodichita é uma qualidade interior, não podemos afirmar com certeza quem é ou deixa de ser um Bodissatva. É perfeitamente possível que um famoso praticante de Darma não seja um Bodissatva, enquanto outro que vive entre pessoas pobres e necessitadas seja, de fato, esse nobre ser. Se, como disse Shantideva, um instante de raiva contra alguém que gerou a bodichita pode destruir éons de virtude, é aconselhável não ficarmos com raiva de ninguém.

Nossa raiva pode surgir em relação a diferentes objetos e, se for dirigida contra alguém que possui elevadas realizações de Darma, ela se voltará contra nós e destruirá o mérito que acumulamos durante milhares de vidas. Do mesmo modo, se ficarmos com raiva da nossa mãe, do nosso pai ou de outros seres que foram bondosos conosco, a destruição de mérito não terá limite. Até a raiva que sentimos de alguém que é igual a nós destruirá as raízes de virtude que acumulamos durante muitas vidas anteriores.

É possível que num determinado dia tenhamos acumulado um imenso tesouro de mérito, fazendo oferendas abundantes às Três Jóias ou distribuindo esmolas generosamente a muitas pessoas. No entanto, se o mérito virtuoso dessas ações não tiver sido corretamente dedicado e, no dia seguinte, ficarmos com raiva de alguém, toda a virtude acumulada com a prática do dia anterior será destruída. Assim, a raiva prejudica-nos gravemente. Uma bebida alcoólica possui o potencial de nos inebriar, mas se for fervida perderá totalmente esse potencial. Do mesmo modo, a prática de virtude cria o potencial para alcançarmos o fruto de felicidade, mas a raiva pode destruir completamente esse potencial. Entretanto, como foi explicado nos capítulos anteriores, se nos lembrarmos de dedicar nosso mérito para a conquista da iluminação e para o benefício de todos os seres sencientes, esse mérito estará a salvo e não poderá ser destruído pela raiva.

[2] Não existe mal maior que a raiva. É uma força capaz de anular os efeitos de quaisquer ações positivas que tenhamos feito no passado. Além disso, pode nos impedir de atingir as metas que estabelecemos para nós mesmos, tais como alcançar a plena iluminação ou simplesmente melhorar nossa mente. O oponente da raiva é a paciência e, se estamos seriamente interessados em avançar no caminho espiritual, não há prática maior que essa.

A destruição de virtude é uma das falhas invisíveis da raiva e, por ser invisível, só pode ser aceita por meio de fé. Contudo, a raiva tem muitas falhas manifestas e, quando tomarmos consciência delas, ficará claro o valor e a importância de cultivarmos paciência. [3] Quando somos dominados pelo ódio, perdemos imediatamente nossa paz mental e até nosso corpo torna-se desconfortável. A inquietação nos corrói e a comida nos parece intragável. É praticamente impossível pegar no sono e, quando conseguimos dormir um pouco, temos um sono descontínuo e agitado. A raiva pode transformar uma pessoa que normalmente é considerada atraente num horrível demônio de cara vermelha. Ficamos cada vez mais infelizes e, por mais que tentemos, não conseguimos controlar nossos sentimentos.

Um dos piores efeitos da raiva é roubar nossa razão e bom-senso. [4] Querendo retaliar aqueles que nos prejudicaram, expomo-nos a grande perigo pessoal simplesmente para impor nossa vingança mesquinha. Perdemos nossa liberdade de escolha, levados de um lado para outro por uma fúria incontrolável. Às vezes, essa raiva cega volta-se até contra nossos entes queridos e benfeitores. Num ataque de ódio, esquecidos da bondade incomensurável que recebemos dos nossos amigos, familiares e professores, somos capazes de atacar e até matar as pessoas que mais amamos. [5] Não é surpreendente que uma pessoa que normalmente se deixa controlar pela raiva seja evitada por todos que a conhecem. Essa vítima infeliz da sua própria hostilidade é o desespero daqueles que antes a amavam e acabará abandonada por todos.

Ao mostrar aos outros nosso rosto vermelho de raiva, somos nós que os transformamos em nossos inimigos. Geralmente achamos que a raiva surge como reação a uma pessoa que detestamos, mas na verdade a situação costuma ser o inverso disso. O que transforma alguém em nosso inimigo imaginado é a raiva que já se encontra dentro de nós. Um indivíduo inclinado a sentir raiva está envolto numa visão paranóica, rodeado por inimigos que ele mesmo cria. A convicção falsa de ser odiado por todos, em alguns casos, pode se tornar tão opressiva a ponto de levar um indivíduo à loucura, vítima da sua própria delusão.

Muitas vezes ocorre que, num grupo de pessoas, alguém acuse os outros por tudo o que dá errado. Porém, aquele que reclama costuma ser o verdadeiro culpado da desarmonia. Conta-se a história de uma velha que discutia e brigava com todos. Ela era tão desagradável que acabou expulsa da sua aldeia. Foi para outro povoado e, ali chegando, as pessoas lhe perguntaram por que havia deixado sua casa. Ela respondeu: "Bem, naquele lugar todos eram muito maus. Saí para escapar deles". A história soou estranha, e as pessoas pensaram: "Isso não pode ser verdade. A pessoa má deve ser ela". Temendo os problemas que poderia lhes causar, decidiram não permitir que se instalasse no povoado. Isso se repetiu em outros povoados, e a velha raivosa não conseguiu encontrar um lugar onde pudesse viver.

É importante identificar a verdadeira causa da infelicidade que sentimos. Culpar os outros por nossas dificuldades indica que ainda temos muitos problemas e falhas em nossa mente. Por quê? Se estivéssemos realmente em paz e com a mente sob controle, nenhum acontecimento seria capaz de perturbar essa paz, e ninguém que encontrássemos jamais apareceria como nosso inimigo. Para aquele que dominou a mente e erradicou até o último vestígio de raiva, todos os seres são amigos. Por exemplo, um Bodissatva, cuja única motivação é o bem-estar dos outros, não tem inimigos. Raros são os que desejam prejudicar alguém que é amigo de todo o mundo. Ademais, mesmo se alguém prejudicasse ou maltratasse um Bodissatva, ele conseguiria manter-se sereno. Com a mente envolta em paciência, permaneceria calmo e imperturbável, capaz de sorrir a seu agressor e tratá-lo com respeito. Esse é o poder de uma mente controlada. Portanto, se queremos sinceramente nos livrar de todos os inimigos, a estratégia mais sábia é erradicar e destruir a nossa própria raiva.

Não devemos pensar que isso é uma tarefa impossível ou demasiadamente ambiciosa. Hoje em dia, médicos eficientes conseguem curar doenças que até recentemente eram fatais e erradicaram outras por completo. Assim como os médicos e cientistas lutaram contra essas enfermidades e finalmente as derrotaram, nós também podemos erradicar a doença da raiva que infecta nossa mente. Os métodos para nos livrarmos dessa delusão mutiladora estão à disposição de todos nós. Sua eficácia foi comprovada sempre que foram sinceramente praticados, e não há razão para que não funcionem no nosso caso. Imaginem como seria o mundo se todos nós derrotássemos a nossa raiva! O perigo de uma terceira guerra mundial desapareceria, os exércitos se tornariam dispensáveis, e os soldados teriam que procurar outro tipo de trabalho. Armamentos, tanques e bombas atômicas – instrumentos que só têm utilidade para mentes raivosas – poderiam ser postos de lado, e todos os conflitos, desde as guerras entre nações até brigas entre pessoas, chegariam ao fim. Ainda que essa harmonia universal nos pareça uma total utopia, imaginem a liberdade e a paz mental que cada um de nós, individualmente, desfrutaria, se conseguíssemos exorcizar esse odioso demônio.

Em resumo, alguém que esteja constantemente com raiva não encontrará felicidade nem nesta vida nem em vidas futuras. Portanto, [6ab] sem esquecer que a raiva é nosso principal inimigo e a criadora de muito do nosso sofrimento, devemos lutar continuamente para derrotá-la.

OS BENEFÍCIOS DA PACIÊNCIA

Depois de contemplar as numerosas falhas da raiva, devemos empregar a força da contínua-lembrança para não nos esquecermos delas. [6cd] Também devemos perceber que, superando nossa raiva, sempre encontraremos felicidade nesta vida e nas vidas futuras. Portanto, se queremos realmente obter felicidade, temos de nos livrar do veneno da raiva. Essa foi apenas uma breve explicação dos benefícios de praticar paciência. Uma explicação extensa será dada mais adiante neste capítulo.

O MÉTODO PARA PRATICAR PACIÊNCIA

Assim como acontece com as demais perfeições, a prática de paciência é, antes de mais nada, um treino da mente. Logo, o restante deste capítulo é uma exposição das diversas práticas de meditação que nos ajudam a eliminar a raiva da nossa mente e a substituí-la pela atitude virtuosa de paciência. A explicação dessas práticas tem cinco partes:

1. Impedir a causa da raiva;
2. Meditar na paciência de voluntariamente suportar sofrimento;

3. Meditar na paciência de pensar decididamente sobre o Darma;
4. Meditar na paciência de não retaliar;
5. A explicação extensa dos benefícios da paciência.

IMPEDIR A CAUSA DA RAIVA

Quais são os métodos para superar e finalmente destruir a nossa raiva? Existem duas abordagens aliadas para atingir essa meta. A primeira é reconhecer o mais claramente possível as numerosas falhas e desvantagens da raiva, conforme foi brevemente exposto, identificando a delusão venenosa – e não outra força exterior –, como nosso verdadeiro inimigo. Esse reconhecimento é necessário para que possamos canalizar nossos esforços na direção correta. A segunda abordagem é compreender profundamente por que ficamos com raiva e então agir para nos contrapor e eliminar essas causas.

A causa raiz da raiva, bem como de todas as demais delusões, é o nosso auto-agarramento inato: a visão ignorante que se agarra a nós mesmos e a todos os outros fenômenos como inerentemente existentes. Se erradicarmos essa ignorância, não haverá mais base para qualquer infelicidade e insatisfação. Porém, o auto-agarramento é um hábito que está fortemente entrincheirado em nossa mente, e será preciso muito tempo e esforço para que obtenhamos as profundas realizações exigidas para arrancá-lo pela raiz. O surgimento da raiva, contudo, tem outras causas mais imediatas e, já que estas podem ser tratadas imediatamente, vale a pena nos concentrarmos nelas durante as fases iniciais da nossa prática.

A raiva é uma reação a sentimentos de infelicidade, que, por sua vez, surgem sempre que encontramos circunstâncias desagradáveis. [7] Se formos impedidos de satisfazer nossos desejos ou forçados a lidar com uma situação que nos desagrada – em resumo, sempre que temos de aguentar algo que preferiríamos evitar –, nossa mente descontrolada imediatamente sente-se infeliz. Esse sentimento desconfortável converte-se por fim em raiva, e ficamos ainda mais perturbados que antes. Por exemplo, alguém que deseja muito estar com sua amada ficará extremamente ressentido com qualquer pessoa ou situação que o impeça de fazê-lo. Caso a amada se recuse a vê-lo ou prefira sair com outro, a infelicidade poderá facilmente se converter em raiva. Portanto, além do auto-agarramento inato, a frustração dos nossos desejos é o motivo principal para o surgimento da raiva.

Para superar a raiva, temos que aprender novas maneiras de reagir à frustração. Já que não é razoável esperar que sejamos capazes de satisfazer todos os nossos desejos, devemos cultivar uma abordagem mais realista e equilibrada a respeito dos problemas da vida. Os métodos para treinar nossa mente nessa abordagem mais realista estão incluídos na prática de paciência. [8] Quanto mais claramente entendermos que a única função da raiva é nos desgraçar, maior será nossa motivação para treinar paciência e derrotar esse inimigo. Mas como impedir que a causa da raiva, a mente infeliz, surja?

[9] Se contemplarmos os benefícios da paciência envolvidos no ato de voluntariamente suportar sofrimento, conseguiremos manter uma mente serena até em situações de sofrimento e dor. Se esse estado mental feliz for sustentado e mantido pela força da nossa contínua-lembrança, a mente infeliz não terá chance de surgir. Por outro lado, se deixarmos nossa mente se alongar em pensamentos infelizes, não teremos como satisfazer nossos desejos e nosso mérito será ameaçado.

Como foi assinalado, a mente infeliz surge quando os nossos desejos não são satisfeitos. [10] Assim, se houver um método pelo qual nossos desejos possam ser satisfeitos, não haverá motivo para ficarmos infelizes. E se não houver nenhum meio de satisfazer tais desejos, se isso estiver completamente fora de cogitação, também não haverá motivo para ficarmos infelizes. Que benefício isso nos traria? Como diz

Shantideva: "De que serve nos infelicitar a respeito de algo que não pode ser remediado?" Se conseguirmos nos treinar para ver as situações frustrantes de maneira mais realista, vamos nos libertar de muitos sofrimentos desnecessários. Assim como a água não pode correr por um leito que foi bloqueado, a raiva não pode surgir numa mente que parou de alimentar pensamentos infelizes.

O que costuma causar o surgimento da mente infeliz? [11] Ficamos infelizes diante de circunstâncias indesejadas, como quando a família, os amigos ou nós mesmos estamos sofrendo ou somos ofendidos com palavras agressivas. Além disso, ficamos infelizes quando nossos inimigos obtêm riqueza, fama ou boa reputação, porque não queremos que isso aconteça. Em ambos os casos, a infelicidade que sentimos facilmente nos leva a sentir raiva. Assim, devemos examinar com cuidado se é sensato ou não ficarmos infelizes em tais situações. Entendendo que não é sensato ou realista nos comportarmos dessa maneira, podemos familiarizar nossa mente com uma abordagem mais prática das situações da nossa vida cotidiana. As seções a seguir traçam um esboço das meditações capazes de familiarizar nossa mente com essa abordagem mais realista.

MEDITAR NA PACIÊNCIA DE VOLUNTARIAMENTE SUPORTAR SOFRIMENTO

Em geral, a prática de paciência abrange três esferas de atividade: 1) aprender a suportar sofrimento com aceitação e alegria; 2) pensar decididamente sobre o Darma; 3) abster-se de retaliar. À primeira vista, essas práticas talvez nos pareçam um pouco estranhas e até artificiais; contudo, se forem cultivadas com o devido entendimento, elas podem libertar nossa mente de uma das suas mais obsessivas delusões e nos conferir grande paz e alegria. Assim, é válido perseverar nessas práticas, apesar da estranheza inicial que possam causar.

A respeito da primeira prática de paciência – aprender como lidar e aceitar o sofrimento inevitável –, devemos lembrar que, [12ab] onde quer que estejamos no samsara, poucas são as circunstâncias que trazem felicidade, ao passo que as causas de desgraça são abundantes. Essa é a verdadeira natureza do samsara: seus sofrimentos são infinitos e suas alegrias, limitadas. Além disso, todo o sofrimento que encontramos é resultado de ações que nós mesmos cometemos no passado. Se não fôssemos nós a experienciar esse sofrimento, quem mais o seria? Sendo esse o caso, devemos aprender a suportar aquilo que não pode ser evitado, em vez de lutar contra o inevitável.

Se aprendermos a maneira correta de suportar o que é desagradável, pensamentos infelizes nunca surgirão para nos atrapalhar. Conseguiremos evitar muitos obstáculos que perturbam nossa vida diária e nossa prática de Darma, inclusive a raiva. No entanto, se formos impacientes com o sofrimento, só faremos aumentar nossa infelicidade. No caso do nosso corpo ser atacado por uma doença, se tivermos um método para suportar e aceitar a dor – percebendo-a, por exemplo, como um meio de esgotar nosso carma negativo – descobriremos que a dor cessa. Porém, se nos recusarmos a lidar de maneira realista com o desconforto, amaldiçoando a doença ou nos entregando à depressão, não apenas a dor física pode aumentar, como também sofreremos de um tormento mental. Nossa raiva só terá piorado a situação, criando causas para mais sofrimento no futuro. Seguramente ela é o ladrão que rouba nossa fortuna de virtude.

São muitos os benefícios de meditar na aceitação paciente do sofrimento. Além de mantermos uma mente calma e serena diante de situações perturbadoras, seremos capazes de obter uma visão clara e imparcial do quanto o samsara é insatisfatório. [12cd] Há uma certa estabilidade mental a ser obtida ao simplesmente reconhecermos que cada experiência de dor ou desconforto é a falha de estarmos presos no samsara – a falha de nascer, viver e morrer num estado de desconhecimento e de confusão. Esse reconhecimento, que não pode surgir em uma mente consumida pela raiva, é a base para gerarmos renúncia: o desejo espontâneo e contínuo de alcançar a liberdade completa e definitiva de qualquer vestígio de insatisfação na vida. Sem firme renúncia, não há como atingir nenhuma das metas mais elevadas do caminho espiritual; logo, não há como usufruir a felicidade ilimitada da libertação e da iluminação. Se essa preciosa mente de renúncia pode ser gerada pela nossa prática de tolerância paciente, certamente vale a pena suportar qualquer desconforto que surja, e fazê-lo com alegria.

Não devemos desanimar frente às dificuldades associadas à prática de paciência. [13] Shantideva menciona o povo de Karnapa, na antiga Índia, e certos ascetas, dizendo que ambos sofreram as terríveis dores do combate e da automortificação simplesmente para praticar esportes e venerar suas deidades respectivamente. Nos dias de hoje, também há muitos exemplos de atletas famosos – boxeadores, levantadores de peso, jogadores de futebol e outros – que se submetem a extraordinários sacrifícios físicos no exercício de suas profissões. Não é difícil pensar em muitas outras pessoas que voluntariamente suportam grande sofrimento apenas para ganhar dinheiro ou aprimorar sua reputação. Se em nome de metas tão limitadas, elas suportam essas tremendas dificuldades, por que não aceitamos as dificuldades e os inconvenientes implícitos na busca da perfeição humana – a conquista da iluminação para o benefício e o bem-estar de todos? Por que nos deixarmos desanimar tão facilmente pelo desconforto?

[14] Habituando nossa mente com a paciência de voluntariamente suportar sofrimento, nossos problemas e dificuldades vão finalmente desaparecer. As concepções mentais dependem do fator familiaridade. Sempre que estamos familiarizados com algo, somos capazes de fazer isso sem dificuldade. Se primeiro aprendermos a ser pacientes com os

pequenos sofrimentos, como sentir calor, frio, sofrer ofensas, intrigas etc., gradualmente aprenderemos a suportar os sofrimentos e as dores maiores que encontrarmos. [15] Shantideva mostra que, por meio de familiaridade, podemos aprender a aceitar os sofrimentos triviais de mordidas de animais ou insetos, fome e sede, infecções cutâneas e coisas similares. Quando não estamos acostumados a eles, a dor que nos causam é difícil de suportar, mas quando nos habituamos, não é tão difícil aceitá-los. Do mesmo modo, podemos aprender a lidar com todos os outros sofrimentos que hoje nos parecem tão insuportáveis.

Quais são os sofrimentos que devemos aprender a suportar? [16] Shantideva aconselha-nos a sempre sermos pacientes com: calor, frio, vento e chuva, doença, servidão e maus-tratos. Por quê? O motivo é que, se não aprendermos a aceitar esses males relativamente pequenos, a dor associada a cada um deles aumentará.

Shantideva apresenta uma analogia para explicar como podemos aumentar a força da nossa tolerância paciente. [17] Quando um homem corajoso é ferido numa batalha e vê seu próprio sangue, essa visão o faz rugir desafiante e sua coragem e força aumentam. Por outro lado, para um indivíduo medroso, a visão do sangue de outra pessoa já basta para deixá-lo desanimado e enfraquecido a ponto de desmaiar! [18] Visto que ambos são seres humanos e ambos viram sangue humano, por que o valente se encorajou e o outro ficou desanimado? A diferença deve-se à força da familiaridade. Quanto mais nos familiarizarmos com a paciência de suportar sofrimento, mais a força dessa paciência aumentará. Assim, precisamos dominar nossa mente com firmeza. Sempre que sofrermos, devemos nos lembrar do Darma e, assim, impedir que esse sofrimento nos prejudique.

[19] Sempre que um bom praticante da tradição mahayana encontra dificuldades ou circunstâncias adversas, ele ou ela suporta tais provações sem deixar que o sofrimento per-

turbe sua paz mental. Precisamos perceber que nossos inimigos mais fatais são a raiva e as demais delusões. Ao combater esses inimigos com as forças apropriadas, devemos aprender a aceitar todas as provações que inevitavelmente encontraremos.

[20] Alguém que tolera o sofrimento e vence seus inimigos, a raiva e as outras delusões, merece ser chamado de herói. Entretanto, reservamos normalmente esse título para aquele que mata seu inimigo numa batalha. Tal indivíduo não é um autêntico herói, porque o inimigo que matou teria morrido naturalmente com o passar dos anos. O que ele fez não foi muito diferente do que matar um cadáver. Mas os inimigos interiores, as delusões, esses nunca vão morrer de morte natural. Se não nos esforçarmos para livrar nossa mente desses inimigos tenazes, eles nos manterão encarcerados no samsara como vêm fazendo desde tempos sem-início.

[21] Do ponto de vista do Darma, o sofrimento não precisa ser uma experiência negativa. Na realidade, ele tem muitas qualidades positivas. Se meditarmos no nosso próprio sofrimento e no sofrimento do samsara em geral, muitos benefícios podem surgir. Conseguiremos gerar a mente de renúncia e dissipar nossa arrogância e falso orgulho. Se quisermos tornar nossas experiências de sofrimento aproveitáveis e significativas, devemos utilizá-las para gerar renúncia. Ademais, se aprendermos a ser pacientes com o nosso próprio sofrimento e, então, meditarmos sobre o sofrimento dos outros, compaixão por todos os seres desafortunados que continuam presos no samsara surgirá sem esforço. Renúncia e compaixão são duas das mais importantes realizações de Darma, e é o nosso sofrimento que nos capacita a alcançar essas realizações. Alguém que nunca aprende a enfrentar com coragem a verdade do sofrimento e a lidar com seus próprios problemas, além de se sentir fraco e infeliz, também será impedido de obter qualquer realização de Darma.

MEDITAR NA PACIÊNCIA DE PENSAR DECIDIDAMENTE SOBRE O DARMA

Esse segundo tipo de paciência será explicado em quatro partes:

1. Visto que o raivoso e a raiva são ambos dependentes de causas, não há escolha;
2. Refutar a asserção de que a causa da raiva é independente;
3. A necessidade de abandonar a raiva;
4. Sumário.

VISTO QUE O RAIVOSO E A RAIVA SÃO AMBOS DEPENDENTES DE CAUSAS, NÃO HÁ ESCOLHA

[22] Uma pessoa com icterícia passa por grande sofrimento físico. O que causou isso? A doença. Se alguém bater na cabeça de outro com um bastão, a dor também surgirá. Quem causou essa dor? A pessoa que empunhou o bastão. Se em ambos os casos houve uma experiência de dor, por que sentimos raiva da pessoa que empunhou o bastão e não da doença?

Talvez respondamos que não faz sentido ficar com raiva da doença, porque ela não tem independência para nos causar sofrimento. Sabemos que uma doença e o sofrimento que ela produz dependem de muitas outras circunstâncias e condições. Portanto, a raiva não seria uma reação adequada nesse caso. Mas se isso for verdade, também será inadequado ficarmos com raiva de alguém que nos prejudica. Por quê? Porque ele também não tem independência de escolha ou poder para nos prejudicar; age unicamente sob o comando de suas delusões. Se for para ficar com raiva, que seja das delusões. Se não temos raiva da doença icterícia, também não devemos ter raiva dos seres animados, dotados de vida.

[23] As pessoas sofrem de doenças sem escolha. Do mesmo modo, o distúrbio mental raiva surge independentemente de alguém querer ou não ficar com raiva. Poderíamos pensar que existe uma diferença entre a doença e a ira do inimigo, uma vez que a doença não deseja nos prejudicar, enquanto um inimigo evidentemente o faz. É preciso compreender, contudo, que o inimigo que deseja nos prejudicar age assim sem escolha; está inteiramente sob o controle da sua raiva. [24] Sem pensar de antemão "agora vou ficar com raiva", ele sente a raiva surgir, sem que tenha controle algum sobre isso. Ademais, a própria raiva vem à tona sem primeiro pensar: "Agora vou me manifestar".

[25] Todas as falhas, não-virtudes etc. surgem pela força de circunstâncias e condições. Elas não se governam. [26] As condições reunidas que produzem sofrimento não intencionam originar esse resultado, o sofrimento. Nem o sofrimento resultante pensa: "Eu fui produzido pelas condições reunidas". Portanto, a pessoa raivosa, a raiva e todas as coisas em geral são completamente destituídas de volição, ou vontade; elas existem unicamente na dependência de suas causas e condições. Se treinarmos a mente para ver a natureza interdependente de todos os fenômenos, seremos capazes de eliminar a causa de grande parte da nossa raiva.

REFUTAR A ASSERÇÃO DE QUE A CAUSA DA RAIVA É INDEPENDENTE

Na seção anterior, Shantideva discutiu a insensatez de nos deixar levar pela raiva, mostrando que não existe escolha ou volição envolvidos na experiência de sermos prejudicados. Isso porque todas as coisas, inclusive nosso estado mental, são surgimentos-dependentes, ou seja, vêm à existência na dependência de causas e de circunstâncias e não têm uma natureza independente ou auto-existente que lhes pertença. No entanto, certas escolas filosóficas não-budistas asseveram que alguns dos fatores que nos trazem ajuda e prejuízo são permanentes, imutáveis e independentemente existentes. Uma refutação mais detalhada dessas escolas foi apresentada no nono capítulo. O que se segue é uma breve contestação dessas visões errôneas em termos da maneira adequada de lidar com situações que provocam raiva. Os argumentos de Shantideva são apresentados em três partes:

1. Refutar a asserção da escola samkya de que há um princípio geral e um self inerentemente existentes;
2. Refutar a asserção da escola vaisheshika de que há um self inerentemente existente;
3. Reconhecer todos os seres como ilusões e, assim, a inadequabilidade de gerar raiva deles.

REFUTAR A ASSERÇÃO DA ESCOLA SAMKYA DE QUE HÁ UM PRINCÍPIO GERAL E UM SELF INERENTEMENTE EXISTENTES

A escola samkya assevera a existência de um princípio geral que possui certas características únicas. Defendem, por exemplo, que esse princípio geral é a causa do ambiente, dos seres vivos que vivem nele e dos objetos dos nossos sentidos. Embora seja a causa de todas essas coisas, o princípio geral em si é considerado algo sem causa, independente e permanente. Além disso, segundo essa escola, o self também é independentemente existente, enquanto o princípio geral é a causa de todas as outras coisas cognoscíveis.

Shantideva agora aponta as numerosas contradições oriundas dessas asserções. [27] Se o princípio geral e o self fossem, conforme afirmam os samkyas, sem causa e não produzidos, eles não surgiriam na dependência do pensamento: "Agora, vou surgir para prejudicar". Logo, continuaria valendo o fato de não haver volição envolvida na experiência de sermos prejudicados. Porém, na realidade, nem o princípio geral nem o self poderiam existir da maneira que os samkyas afirmam. [28] Se o princípio geral fosse independente, não poderia produzir nada; e se o self fosse independente, não poderia utilizar ou experienciar nada do que foi produzido. Como pode um efeito surgir de algo que é, supostamente, permanente? Ademais, se o self fosse permanente, sempre que visse uma forma ou ouvisse um som, deveria fazê-lo eternamente. Se mudanças ocorrem em suas experiências, a asserção de que ele é permanente é, obviamente, incorreta. Por todas essas razões, Shantideva refuta a existência de um princípio geral permanente e de um self independente.

REFUTAR A ASSERÇÃO DA ESCOLA VAISHESHIKA DE QUE HÁ UM SELF INERENTEMENTE EXISTENTE

A escola vaisheshika assevera a existência de um self permanente, que é pensado como algo que tem uma natureza material. [29] Shantideva diz que é inócuo defender essa visão porque, se o self fosse permanente, então, assim como o espaço, ele nunca executaria qualquer ação nem exerceria funções. A afirmação da escola vaisheshika de que o self é permanente e de que, apesar disso, produz frutos ao se encontrar com outras circunstâncias é considerada por Shantideva uma impossibilidade. Antes de mais nada, como algo permanente poderia encontrar-se com circunstâncias e condições? E ainda que o fizesse, como poderia mudar? Um fenômeno é chamado de permanente justamente porque nunca muda. [30] Se fosse permanente, o self permaneceria exatamente como é, independentemente do encontro com condições. Portanto, como poderiam haver efeitos atribuídos a ele? Haveria algo que pudesse ser produzido por um fenômeno permanente? Não. Todas essas proposições são infundadas e repletas de contradições internas.

RECONHECER TODOS OS SERES COMO ILUSÕES E, ASSIM, A INADEQUABILIDADE DE GERAR RAIVA DELES

A despeito do que afirmam as escolas samkya, vaisheshika e outras, [31] todos os efeitos surgem de outras causas, e tais causas também surgem de causas anteriores. Todas as causas e efeitos surgem na dependência de outras condições. Portanto, carecem inteiramente de existência independente ou inerente. Embora possam parecer existir do seu próprio lado, na realidade todas as coisas são como ilusões. Se conseguirmos nos lembrar de olhar para as coisas sob esse prisma sempre que as dificuldades se apresentarem, nossa raiva e todas as outras delusões vão desaparecer. Manter na mente esses pensamentos quando estivermos em situações propícias ao surgimento da raiva constitui a prática da paciência de pensar decididamente sobre o Darma.

A NECESSIDADE DE ABANDONAR A RAIVA

[32] Alguém poderia argumentar que, se tudo é como uma ilusão, quem iria se abster de algo e de que raiva esse alguém abster-se-ia? É seguro que toda essa abstenção seria inadequada num mundo de ilusões. Mas tal objeção não é correta. Embora todas as coisas sejam como ilusões, no sentido de que carecem de existência por si mesmas, o sofrimento ainda assim é experienciado. A interrupção desse fluxo de sofrimento depende dos esforços que investimos para inibir delusões como a nossa raiva. Embora as coisas careçam de existência independente – a rigor, exatamente porque elas carecem de existência independente –, causa e efeito operam para acarretar resultados de sofrimento das ações não-virtuosas e resultados benéficos das virtuosas. Portanto, nunca é adequado nos deixarmos levar pela raiva, porque isso só serve para plantar sementes de desgraça futura.

Geshe Sharawa

SUMÁRIO

[33] Sempre que somos prejudicados por um inimigo ou vemos um amigo cometendo alguma ação imprópria contra nós, devemos pensar: "Ele me prejudica somente por causa da sua delusão; não tem nenhuma liberdade de ação". Se conseguirmos pensar desse modo e entendermos que todas as coisas nascem de condições, poderemos impedir o surgimento da raiva e manter uma disposição feliz em qualquer situação.

[34] Se os fenômenos que surgem tivessem escolha sobre sua natureza, ninguém jamais teria de experienciar qualquer sofrimento. Por quê? Porque ninguém escolhe sofrer e todos querem ser felizes. Se as coisas acontecessem unicamente em função da nossa escolha e volição, quem escolheria sofrer? É claro que deve haver outra explicação. Os seres sencientes não têm outra escolha a não ser passar pelos sofrimentos sempre mutáveis do samsara, porque suas mentes estão condicionadas pela ignorância desde tempos sem-início e porque ainda não obtiveram a sabedoria que vê a verdadeira natureza da realidade.

Assim termina a exposição de Shantideva sobre o segundo tipo de paciência – a de pensar decididamente sobre o Darma.

MEDITAR NA PACIÊNCIA DE NÃO RETALIAR

O terceiro tipo de paciência será discutido em três partes:

1. Refletir com atenção nos métodos para gerar compaixão;
2. Superar a causa da raiva;
3. Contemplar nossas próprias falhas quando surgem situações indesejáveis.

REFLETIR COM ATENÇÃO NOS MÉTODOS PARA GERAR COMPAIXÃO

Já discutimos as inúmeras falhas visíveis e invisíveis da raiva, mas como não retaliar quando alguém nos prejudica? As dificuldades de praticar essa paciência podem ser superadas se a combinarmos com um método para gerar compaixão. Por exemplo, se alguém nos prejudicar, além de pensar que ele fez isso porque está deludido, devemos refletir: "Ele também está ferindo a si próprio". Quando treinarmos nossa mente a ver as coisas dessa maneira, a compaixão surgirá espontaneamente em nosso coração e todos os impulsos de sentir raiva e de retaliar vão ser aplacados.

[35-36] As pessoas acarretam danos a si próprias de muitas e variadas maneiras. Por obediência a seus professores ou em nome de conquistar suas metas, alguns indivíduos deitam-se nus sobre leitos de espinhos e pregos, enquanto outros se queimam ou se jogam de penhascos. Na busca por amantes, posses e fortuna, alguns ficam tão obcecados que param de comer. Se nos lembrarmos do que fazem quando estão dominados pela ambição, inclusive matar os próprios pais, começaremos a ter uma pálida idéia do tremendo sofrimento que esses pobres indivíduos deludidos estão acumulando para si mesmos. Pensando no prejuízo imediato e futuro que suas delusões lhes infligem, entenderemos melhor por que eles frequentemente nos prejudicam. Se contemplarmos esse ponto profundamente, não apenas superaremos nosso desejo de retaliar, mas também seremos capazes de gerar grande compaixão por aqueles que, de outro modo, iriam perturbar nossa paz.

[37] Sob a influência da raiva, um indivíduo que normalmente aprecia a si mesmo mais do que tudo neste mundo é até capaz de cometer suicídio. Se a força de suas delusões pode levá-lo a medidas tão desesperadas, é óbvio que ele não hesitará em causar dor aos outros. [38] A raiva pode pri-

var uma pessoa da sua liberdade de ação a tal ponto que não é razoável hostilizar aquele que está sob seu domínio. Se não pudermos gerar compaixão por um ser tão desafortunado, devemos, no mínimo, nos abster de ficar com raiva dele.

A habilidade de praticar a paciência de não-retaliação requer grande dose de preparação mental anterior. Sem essa preparação, não é razoável esperar que possamos permanecer imperturbáveis quando alguém nos prejudica. Contudo, se tivermos treinado nossa mente de antemão, descobriremos que somos capazes de não sentir raiva – ou que não precisamos conter nossa raiva à força – mesmo quando estamos expostos a situações de forte provocação.

Como enfatizou Shantideva anteriormente, não há mal maior do que a raiva. Ela destrói nossas próprias virtudes e as dos outros e nos leva fatalmente à infelicidade. No futuro, nosso corpo será feio, quer tenhamos nascido como ser humano ou como animal. Todos sabemos que existem certos tipos de animais e também certas pessoas que instintivamente despertam medo e repugnância nos outros. Nascer com uma forma repulsiva, ter um temperamento irascível e não ser benquisto por causa de uma aparência assustadora são resultados cármicos de uma mente raivosa. Por outro lado, a aquisição de um corpo atraente e de uma aparência agradável é resultado cármico da prática de paciência.

SUPERAR A CAUSA DA RAIVA

[39] Quando somos prejudicados por alguém, devemos examinar se "ser nocivo" é a natureza inerente do nosso adversário ou se isso é apenas uma falha temporária. Se a primeira hipótese é verdadeira e "ser nocivo" for a verdadeira natureza dessa pessoa, não haverá razão para ficarmos com raiva dela. Quando nos queimamos, nunca acusamos o fogo, pois sabemos que sua verdadeira natureza é queimar. Por outro lado, [40] se a nocividade do nosso

adversário for apenas uma falha temporária, que surge em resposta a determinadas circunstâncias e condições passageiras, certamente não haverá razão alguma para ficarmos com raiva dele. Quando a chuva cai do céu, não ficamos com raiva do céu, pois entendemos que a chuva não é parte inerente da sua natureza. A chuva cai do céu apenas como resultado de circunstâncias variáveis e temporárias, como o grau de calor e a umidade do ar, o efeito do vento e assim por diante. Portanto, se a nocividade do nosso adversário não é parte da sua natureza essencial, de quem é a culpa quando ele nos prejudica? A culpa é da delusão.

[41ab] Vamos imaginar que um homem esteja prestes a nos atacar. Ele pega uma vara e nos bate. Não deveríamos sentir raiva dele? Afinal, ele nos feriu. Nessa altura, alguém poderia argumentar: "Não sinta raiva do homem; sinta raiva da vara. Afinal, ela foi a causa imediata da tua dor". Tal argumento é bem pouco convincente. Certamente o rebateríamos dizendo: "A vara não me bateu por conta própria. Sem o homem a empunhá-la, ela não teria tido poder para me ferir. É do homem que devo sentir raiva".

[41cd] Se esse for o raciocínio que nos impede de ficar com raiva da vara, então também devemos aplicá-lo ao homem que nos bateu. Devemos entender que ele foi manipulado por sua raiva, exatamente como a vara foi manipulada pela sua mão. Praticamente sem controle sobre sua mente, ele estava à mercê de suas delusões. Portanto, se o fato de termos sido prejudicados for provocar raiva em nós, devemos dirigir nossa ira contra a verdadeira causa da nossa dor, a delusão raiva.

É preciso notar que estamos falando de controlar nossa mente em situações de dor e de desconforto. De modo algum foi sugerido que devamos, passivamente, nos deixar bater ou agredir em nome de praticar paciência. Se houver algum meio de impedir um agressor de nos ferir, a nós ou aos outros, devemos detê-lo. A questão aqui, no entanto, é outra: o que fazer com a nossa mente, uma vez que o dano já tenha ocorrido? A prática de paciência e, de fato, a prática do Darma como um todo, consiste em fornecer proteção à mente porque, em última instância, quem determina se somos felizes ou infelizes é a nossa mente.

CONTEMPLAR NOSSAS PRÓPRIAS FALHAS QUANDO SURGEM SITUAÇÕES INDESEJÁVEIS

Outro método poderoso para superar a raiva e abster-se de retaliar consiste em ver todas as situações indesejáveis como um reflexo das nossas próprias falhas e defeitos. [42] Se alguém nos maltratar, poderemos, por exemplo, nos lembrar dos ensinamentos sobre as ações e seus efeitos e pensar: "Eu não estaria sendo maltratado, se não tivesse maltratado alguém de modo similar no passado". A mesma abordagem pode ser usada em casos de doença, injustiça ou qualquer outro problema. A habilidade efetiva de empregar essa maneira de pensar depende da nossa familiaridade com a lei cármica das ações e seus efeitos. Quando a compreensão e a convicção da lei do carma se firmarem – quando entendermos que sempre colhemos o fruto de nossas próprias ações, recebendo o bem pelo bem e o mal pelo mal –, seremos capazes de permanecer interiormente em paz e calmos, até nas circunstâncias mais adversas. O mal que nos foi infligido pode ser visto com um sentimento de alívio, percebendo a dor como a reparação de uma antiga dívida. Certamente isso é preferível a ficarmos bravos e com raiva, o que só nos levaria a contrair uma dívida de mais dor e angústia no futuro.

[43] Sempre que formos prejudicados fisicamente por outro ser, devemos lembrar que nosso sofrimento tem duas causas imediatas: as armas usadas contra nós e nosso próprio corpo contaminado. É só quando esses dois fatores se reúnem que o sofrimento surge; portanto, contra qual desses objetos devemos direcionar nossa raiva? Se a dirigirmos

contra nosso agressor ou contra as armas que ele usa, por que não fazê-lo igualmente contra nosso próprio corpo? Por outro lado, se nunca sentimos raiva do nosso próprio corpo contaminado, por que deveríamos dirigí-la contra o agressor e sua arma? Precisamos entender que, uma vez que o sofrimento surge por causa da não-virtude que criamos no passado, nós mesmos somos os únicos responsáveis por qualquer tormento que venhamos a experienciar.

[44] Nosso corpo atual é frágil e delicado, incapaz de suportar até o pequeno incômodo da agulhada de um espinho. Maior do que esse é o sofrimento provocado por armas. Mas, se antes de tudo não tivéssemos recebido esse corpo contaminado, agora estaríamos livres de todas as experiências de sofrimento. Desprovidos de sabedoria e levados por anseio e ignorância, criamos o carma para tomar esse corpo contaminado, causa de tanto sofrimento. Compreendendo isso, por que deveríamos ficar com raiva dos outros ou responsabilizá-los pelas nossas aflições? [45] Embora nós, os seres infantis, almejemos por felicidade e liberdade do sofrimento, em função das nossas delusões de apego, raiva etc., levianamente criamos as causas que levam a resultados de sofrimento. Assim, o mal que nos acomete é resultado das nossas próprias ações deludidas e é absolutamente inadequado culpar os outros pelo nosso sofrimento. Então, que razões existem para ficarmos com raiva?

Para ilustrar esses pontos, Shantideva relembra a sétima e a oitava estrofes do quinto capítulo e assinala que, [46] assim como os guardiões e as florestas de folhas cortantes nos reinos do inferno são produzidos por nossas próprias ações, todos os nossos sofrimentos também o são. Nosso tormento não é criado pelos outros, mas é resultado unicamente do nosso próprio carma; logo, contra quem devemos direcionar nossa raiva? O tormento dos reinos do inferno não é algo desvinculado da nossa mente ou uma punição imposta de fora. Assim como todas as nossas experiências de sofrimento, ele é a criação da nossa própria mente deludida. Se quisermos evitar esses sofrimentos intoleráveis, precisamos agir para abandonar todas as falhas e delusões durante esta vida. Se conseguirmos controlar nossa mente, não teremos nada a temer no samsara.

[47] A seguir, Shantideva investiga quem sofre e quem se beneficia quando somos prejudicados por outra pessoa. Quando alguém fica com raiva de nós e nos causa dano, servimos como o objeto que provoca essa raiva. Se não estivéssemos presentes, a raiva daquela pessoa não teria surgido. O dano que sofremos é o fruto amadurecido do nosso próprio carma – nossas ações do passado – e, em relação ao nosso carma, devemos praticar tolerância paciente. Se praticarmos paciência dessa maneira, vamos ter felicidade e paz mental não apenas nesta vida, mas também em vidas futuras. Se a pessoa que nos prejudicou for percebida como um objeto da nossa paciência, ela será vista como a fonte da nossa felicidade. Se superarmos nossa estreiteza mental e adotarmos uma visão ampla da situação, entenderemos que suas ações prejudiciais eram, de fato, uma fonte de grande benefício.

Mas o que nosso agressor colherá de sentir raiva e de nos prejudicar? Por termos fornecido o objeto da sua raiva, ele encontrará infelicidade nesta vida e plantará as sementes para um renascimento infernal no futuro. Portanto, a rigor, nós o prejudicamos e ele nos beneficiou! Sendo assim, por que devemos ficar com raiva dele? [48] Ao nos prejudicar, ele nos deu a ocasião de praticar paciência, uma prática que, quando feita adequadamente e com a motivação correta, purifica nossa não-virtude acumulada e nos traz grande mérito. Por outro lado, o que lhe fizemos ao servir como objeto da sua raiva foi dar-lhe a ocasião de criar imensa não-virtude, impelindo-o para os reinos inferiores. [49] Irritar-se com um benfeitor tão desafortunado e infeliz, só pode ser o comportamento de uma mente descontrolada e distorcida.

Se nosso verdadeiro objetivo na vida for buscar a libertação do sofrimento e a plena experiência da iluminação, então riqueza material será algo sem importância. Só o que importa é a riqueza interior da virtude acumulada. O inimigo que nos permite praticar paciência e, assim, acumular uma inesgotável fortuna de virtude é um tesouro de valor inestimável. Sem ele, como poderíamos desenvolver e cultivar a mente virtuosa de paciência? Sempre que somos prejudicados, maltratados, criticados e assim por diante, surge a oportunidade para criarmos grande acumulação de mérito. Portanto, nosso adversário deve ser visto por aquilo que ele realmente é: um grande benfeitor que satisfaz todos os nossos desejos.

Quando morava no Tibete, o grande Professor Atisha tinha um criado indiano que o maltratava constantemente. Os discípulos de Atisha lhe disseram: "Esse homem é obviamente um grande problema; ele deve partir imediatamente". Mas Atisha lhes explicou: "Não digam isso, por favor. Esse homem é muito bondoso comigo; é meu objeto de paciência. Sem ele, como eu iria praticar essa perfeição?".

A prática de não-retaliação é bastante estranha para a maioria de nós, porque se choca com padrões mentais profundamente enraizados. Portanto, não devemos nos surpreender se nossa mente reagir antepondo diversas objeções a essa prática. Shantideva antecipa muitas delas e as responde nas estrofes a seguir.

[50] *Ainda que eu pratique paciência quando alguém me prejudicar, será que não renascerei em reinos inferiores por atuar como seu objeto de raiva?*

Não, esse não é o caso. Se contemplarmos que um inimigo é benéfico para nós e praticarmos paciência em relação ao mal que nos faz, não estaremos acumulando qualquer não-virtude. Portanto, uma vez que não criamos a causa, jamais colheremos um resultado de sofrimento.

Então, a pessoa que me prejudica também não colherá resultados de sofrimento da sua ação. Afinal, ela criou as circunstâncias virtuosas e benéficas para minha prática de paciência.

Isso também é incorreto. Resultados cármicos só são experienciados pela pessoa que executa a ação. Não existe nenhum meio de uma pessoa que nos prejudicou colher o fruto da nossa prática virtuosa de paciência. Uma vez que suas ações eram não-virtuosas, como iria ela colher um resultado feliz dessas ações?

[51] *Então, se alguém me prejudicar, a melhor coisa a fazer talvez fosse retaliar. Seguramente isso seria benéfico, pois nesse caso eu é que seria o objeto de paciência para ele.*

Essa idéia é equivocada por vários motivos. Em primeiro lugar, se retaliarmos o mal, estaremos quebrando nossos votos do Bodissatva, enfraquecendo nossa bodichita e levando nossa prática de paciência a se degenerar. Em segundo lugar, se retaliarmos o mal com o mal, nada garante que nosso adversário praticará paciência. É muito provável que redobre sua raiva, já que foi ele quem iniciou o problema; e, mesmo se praticasse paciência, isso não impediria a degeneração dos nossos votos do Bodissatva.

[52] *Existe um bom motivo para que eu fique com raiva e que queira retaliar quando alguém fere meu corpo com uma arma. Meu corpo sofre e, porque minha mente agarra-se fortemente a esse corpo como sua posse, é natural que ela fique aborrecida e queira retaliar.*

Essa linha de raciocínio é ilógica. Se fosse verdadeira, por que ficaríamos com raiva quando alguém profere palavras ofensivas contra nós? [53] Tais palavras desagradáveis não ferem nosso corpo ou nossa mente; então, por que queremos retaliar?

[54] *Porque as outras pessoas que ouvirem essas palavras ofensivas e caluniosas sentirão aversão por mim.*

A aversão que as pessoas poderiam sentir por nós não tem absolutamente nenhum poder de nos prejudicar, nem nesta vida nem nas vidas futuras. Assim, não há razão para ficarmos aborrecidos.

[55] *Se as pessoas me detestarem e minha reputação for ruim, serei impedido de conquistar uma posição social elevada e riqueza. Para evitar isso, tenho de reagir ao mal que recebo e retaliar.*

Se retaliarmos o mal e abandonarmos a prática de paciência, criaremos obstáculos ainda maiores à nossa busca de status e de fortuna. A prática de paciência nunca impede tais aquisições; de fato, ajuda-nos a obtê-las. Se não retaliarmos o mal, naturalmente obteremos boa reputação, posição respeitável e riqueza, seja nesta vida seja nas futuras.

Ademais, não faz o menor sentido gerar raiva em nossa busca de ganhos materiais, porque, por mais que venhamos a adquirir, tudo isso vai ser deixado para trás na nossa morte. As únicas coisas que vão permanecer e viajar conosco para o futuro são as marcas que a delusão maligna da raiva gravou em nossa consciência. [56] É muito melhor morrer hoje a ter uma longa vida repleta desse tipo de não-virtude.

Por mais que vivamos, é certo que um dia todos nós conheceremos a dor da morte. [57] Se alguém sonha que viveu cem anos de felicidade e outro sonha que viveu um instante de felicidade, quando eles acordarem, suas vivências oníricas terão dado no mesmo, [58] nenhum deles terá recebido nada. Do mesmo modo, quer vivamos por muito tempo quer vivamos por pouco tempo, nossa situação será a mesma quando ficarmos frente a frente com a morte; a única coisa capaz de nos ajudar é a força de nossas ações virtuosas. [59] Podemos viver longamente e ter a boa sorte de obter riqueza e posses, mas, quando a morte chega, é como estar sendo roubado por um ladrão. De mãos vazias, desprovidos de qualquer riqueza e sem nada para nos cobrir, partiremos nus para o futuro.

[60] *Não é importante que eu adquira riqueza material agora, a fim de me sustentar e, portanto, ter a oportunidade de purificar meus defeitos e de acumular mérito?*

Como foi dito, [61] se cometermos não-virtude na busca de fortuna material, deixando nossas boas qualidades se degenerarem, de nada servirá termos uma vida longa.

[62] *Talvez eu não deva retaliar se uma pessoa me impedir de obter fortuna material, mas deva fazê-lo se ela atacar minha reputação. De outro modo, aqueles que têm fé em mim irão perdê-la.*

Essa argumentação é muito fraca. Se retaliamos quando somos agredidos, por que não retaliamos quando outra pessoa é agredida? Isso também não contribui para que as pessoas percam a fé em nós? [63] Não faz sentido sermos pacientes quando outra pessoa é agredida e impacientes quando o objeto de agressão somos nós. Toda agressão está relacionada a concepções equivocadas; portanto, não há razão para reagirmos com raiva.

Talvez eu deva praticar paciência quando a agressão for cometida apenas contra mim, mas se alguém agredir as Três Jóias, seguramente, devo retaliar. Com certeza, isso não pode estar errado.

[64] Os Budas estão totalmente fora do alcance do mal; logo, é impróprio gerar raiva de qualquer pessoa, ainda que ela insulte as Três Jóias, destrua imagens sagradas ou agrida o Darma de outras maneiras. É claro que quem comete tais ações insanas está dominado por suas delusões. Um ser tão indefeso não deve ser o objeto da nossa raiva, mas sim da nossa compaixão. [65] Mesmo se aqueles que são próximos a nós, como nosso Guia Espiritual, familiares e amigos, forem prejudicados, devemos nos abster de ficar com raiva ou de retaliar. É preciso compreender que todo esse dano é o fruto amadurecido de ações do passado. É óbvio que, se estiver ao nosso alcance e se conseguirmos agir sem raiva, devemos tentar impedir os outros de causarem dano. Praticar paciência não significa deixar que os outros cometam não-virtude sem intervir. Significa simplesmente que devemos proteger a nossa própria mente contra a delusão da raiva.

[66] A dor e o mal que nos acometem vêm de duas fontes: os objetos animados e os inanimados. Por que geramos raiva especificamente dos objetos animados? Se conseguimos ser pacientes com um desses tipos de dano, certamente poderemos aprender a ser pacientes com ambos. [67] Se uma pessoa prejudica outra por ignorância, e esta última fica com raiva da primeira, qual das duas estará certa e qual estará errada? Ambas as ações de ferir outra pessoa e de retaliar com raiva nascem da confusão da ignorância. Reagir com raiva é, portanto, desaconselhável.

[68] Devemos contemplar que tudo o que experienciamos depende de causas e condições. Tanto nós como os nossos antagonistas criamos o carma para interagir dessa maneira. Portanto, nunca há motivo para ficarmos com raiva dos outros. [69] Tendo enxergado essa verdade, devemos trabalhar a favor do que é meritório. Precisamos desejar que todos os seres aprendam a viver harmoniosamente, amando-se uns aos outros.

Sentir apego aos nossos entes queridos costuma ser a causa do surgimento de raiva, pois retaliamos em nome deles. Shantideva expõe essa situação por meio de uma analogia. [70] Se uma casa estiver em chamas, a grama seca ao seu redor pode levar o fogo às casas vizinhas. Se a grama não for cortada, o fogo vai se espalhar e consumir aquelas casas e tudo o que estiver dentro delas. [71] De modo similar, quando aqueles aos quais nos aferramos são prejudicados, a grama seca do apego traz o dano que sofreram até nós. Então, ardemos de raiva, queimando assim nossa riqueza de mérito. Para impedir que isso aconteça, devemos abandonar todos os objetos de apego.

Mas se eu abandonar meus parentes e amigos, vou sofrer continuamente.

Esse sofrimento deve ser tolerado. [72] Um prisioneiro que está prestes a ser executado certamente ficará feliz se, devido à intervenção de terceiros, for perdoado e sentenciado a ter uma mão decepada. Embora tenha que passar pelo sofrimento de perder a mão, sentir-se-á muito afortunado pela vida que lhe foi poupada. Do mesmo modo, uma pessoa que está experienciando os sofrimentos do reino humano, como o de ser separado dos objetos de apego, deve se considerar afortunada por ter sido poupada dos tormentos muito piores do inferno.

Mas não consigo suportar a dor de agressão e de calúnia.

[73] Se não podemos suportar esse sofrimento leve, como suportaremos as dores intoleráveis do inferno? E, se não podemos suportar as dores do inferno, por que continuamos a ficar com raiva, criando assim as causas para ter um renascimento tão infeliz? [74] No passado, por causa da nossa confusão sobre a lei de causa e efeito e porque nossa mente estava poluída pelos venenos raiva e apego, padecemos de grande sofrimento nas fogueiras da existência infernal. Nenhuma dessas experiências de sofrimento nos trouxe beneficio. [75] Mas, agora, obtivemos esta forma preciosa. Temos a oportunidade ímpar de, suportando um sofrimento comparativamente insignificante, trabalhar para o benefício dos outros e, assim, alcançar o estado supremo da iluminação. Entendendo isso, devemos voluntariamente suportar, com uma mente feliz e serena, quaisquer provações que venhamos a encontrar.

A raiva está frequentemente ligada a inveja, e devemos tentar superar essas duas delusões. [76] Quando um rival é elogiado, devemos ficar felizes e nos regozijar em vez de sentir inveja. [77] Se conseguirmos fazer isso com sinceridade, seremos felizes tanto agora como no futuro. Além de deleitar os Budas, a prática de regozijar-se com a felicidade dos outros é um método supremo para reunir um círculo de amigos. [78] Se não gostamos de ver os outros felizes, seguir-se-á por absurdo que não devemos remunerar as pessoas que trabalham para nós, pois isso as torna igualmente felizes. No entanto, sabemos perfeitamente que se não pagarmos tais salários, vamos enfrentar muitas dificuldades. Os trabalhadores não farão seu trabalho corretamente ou irão interrompê-lo de vez, e nossa própria felicidade, a atual e a futura, irá diminuir. Entretanto, regozijar-se com o elogio que os outros recebem é como pagar salários justos àqueles que contratamos para nos servir, pois isso é bom para eles e é do nosso maior interesse.

[79] Quando alguém nos elogia e fala sobre nossas boas qualidades, ficamos felizes. Uma vez que todos gostam de receber elogio, devemos nos alegrar quando isso lhes acontece. O que nos impede de sentir alegria quando os outros obtêm o prazer do elogio? [80] Tendo gerado a aspiração altruísta de beneficiar todos os seres sencientes e, depois, tomado os votos do Bodissatva para confirmar essa aspiração, por que deveríamos sentir raiva quando os outros, por esforço próprio, encontram um pouco de felicidade? [81] Visto que prometemos conduzir todos os seres sencientes ao estado da budeidade – um estado no qual eles serão adorados e louvados por incontáveis seres – por que invejamos os prazeres temporários que encontram? Ficar com raiva deles dessa maneira é ridículo!

[82] Os pais são responsáveis pelo bem-estar de seus filhos, mas quando estes se tornam capazes de ganhar seu próprio sustento, os pais se congratulam. Alegram-se com as conquistas dos filhos e não sentem inveja deles. O mesmo deve valer para nós. [83] Se desejamos conduzir todos os seres sencientes aos estados afortunados de existência, à libertação e à iluminação, não há motivo para ficarmos com inveja ou com raiva quando eles encontram um pouco de felicidade para si mesmos. Se ficamos com raiva nessas ocasiões, como dizer que estamos praticando o estilo de vida do Bodissatva? Enquanto nossa mente estiver repleta de inveja e maldade, nunca seremos capazes de gerar a preciosa bodichita. Quando a inveja, o ódio e outras delusões surgem, nossa bodichita automaticamente se degenera. Portanto, se

estamos realmente interessados em seguir o caminho do Bodissatva, precisamos fazer tudo o que estiver ao nosso alcance para derrotar essas delusões rápida e completamente.

A inveja é uma das delusões mais sem sentido e sem propósito que existem. [84] Vamos supor que uma pessoa dê dinheiro a um rival nosso. A inveja e a infelicidade que sentimos a esse respeito não contribuirão em nada para mudar a situação. De qualquer modo, o dinheiro que foi dado ao nosso rival não viria parar em nossas mãos. Então, por que devemos ficar com inveja? Ademais, [85] ficar com inveja e, ao mesmo tempo, desejar obter riqueza e posses são estados mentais contraditórios. Por quê? Porque a causa raiz para obtermos riqueza, posses e outros objetos agradáveis é a nossa acumulação de virtude. Essa virtude é coletada praticando o dar, o regozijo, desenvolvendo fé nos ensinamentos e assim por diante. Entretanto, quando as delusões de inveja, raiva e egoísmo surgem, elas destroem imediatamente as virtudes e, desse modo, também destroem nossas possibilidades de obter felicidade futura. Assim, se estamos realmente interessados em obter riquezas e outros bens no futuro, devemos guardar bem a nossa mente.

[86] Se não sentimos remorso ou arrependimento pela não-virtude que cometemos e, em vez disso, nos permitimos sentir inveja das virtudes alheias, estamos sendo ridiculamente incongruentes! [87] Não há motivo para ficarmos felizes e alegres quando nosso inimigo se depara com sofrimento. Como essa reação invejosa iria ferir nosso inimigo ou nos beneficiar? Mesmo se pensássemos – "Que maravilhoso seria ver meu rival sofrendo" – isso nunca iria prejudicá-lo. [88] Ademais, quando ele é prejudicado, como isso poderia nos trazer felicidade?

Mas ficarei contente se meu inimigo sofrer.

Pensamentos desse tipo nunca satisfazem nossos desejos. Ao contrário, alimentar essa conduta estreita e mesquinha seria o pior mal que poderíamos fazer contra nós mesmos. [89] Tais pensamentos vingativos só servem para nos arrastar aos três reinos inferiores. Assim como um pescador fisga um peixe e o cozinha no fogo, os temíveis guardiões carmicamente criados nos fisgam com o anzol da nossa própria raiva e nos cozinham nos caldeirões ferventes do inferno.

Se eu não retaliar quando os outros me prejudicam, o que as pessoas vão pensar de mim? A fama, a boa reputação e os elogios dos quais desfruto certamente vão diminuir.

[90] Para responder essa dúvida, precisamos examinar qual é o valor de fama, reputação, elogios e coisas do gênero. De que modo isso tudo nos beneficia? As opiniões dos outros, por acaso, nos ajudam a desenvolver nossa mente, garantem nossa longevidade ou nos impedem de adoecer? Já que não podem fazer nada disso, por que devemos ficar infelizes quando não ouvimos elogios ou quando nossa reputação é arranhada?

[91] Se admitirmos que nosso único interesse reside na obtenção dos prazeres passageiros de uma boa reputação, de riqueza e de demonstrações de gratidão, podemos continuar a nos comportar da maneira desmiolada de sempre, negligenciando nosso treino espiritual. Mas qualquer um que almeje a felicidade última e possua ainda que uma tênue noção do quanto nossa mente pode ser desenvolvida jamais se contentará com ocupações tão limitadas. É verdade que boa reputação, riqueza e uma posição respeitável na sociedade são fatores geralmente benéficos. Como toda experiência de prazer, eles resultam de ações habilidosas e virtuosas que realizamos no passado. Porém, se nosso apego a essas condições afortunadas nos compelir a ficar com raiva quando elas são ameaçadas, elas deixarão de ser benéficas e, ao contrário, se transformarão em causas de mais sofrimento. Devemos compreender que não são as circunstâncias exteriores que nos fazem felizes, mas sim a maneira como a nossa mente se relaciona com elas. Portanto, devemos aban-

donar o apego a essas coisas e, tendo obtido esta preciosa vida humana, praticar a essência do Darma e remover as delusões da nossa mente.

[92] Em nome de fama e de reputação, somos capazes de sacrificar vultosas somas de dinheiro e até a própria vida. No entanto, qual é o benefício de sacrificar tudo aquilo que é precioso por algumas palavras secas e vazias? Quem irá obter felicidade se morrermos no processo de buscar fama e glória?

Buda trata de "infantis" aqueles que ficam exultantes quando são elogiados e infelizes e raivosos, quando criticados. [93] Crianças adoram construir castelos de areia à beira do mar, mas quando a maré sobe e as ondas varrem o monte de areia, elas choram decepcionadas: "Meu castelo caiu." Se permitirmos que nossa mente seja varrida de um lado para outro pelas ondas do orgulho e da crítica, seremos tão tolos como essas crianças.

[94ab] Quando o mero som de algumas palavras de elogio alcança nossos ouvidos, por que ficamos tão alegres? Afinal, o som em si não possui mente; não tem a intenção de nos elogiar.

[94cd] *Devo me alegrar porque a pessoa que me elogia está feliz em fazê-lo; portanto, também fico feliz.*

[95] No que se refere à pessoa que nos elogia, seu prazer não será a causa da nossa felicidade ou de um benefício futuro. O prazer dessa pessoa está inteiramente na mente dela, e não receberemos nenhuma parte disso.

[96] *Sim, mas é correto ficar contente com o prazer de outra pessoa. Não foi dito que devemos nos regozijar quando os seres sencientes estão felizes?*

Isso é verdade. É importante contemplarmos profundamente esse ponto, para também nos alegrarmos quando nosso inimigo estiver feliz. É tolo alimentar a mente falsamente discriminativa que se alegra quando os amigos são elogiados, mas sente inveja quando os inimigos são agradados. [97] E saborear o elogio que nós mesmos recebemos é reagir como uma criança pequena.

[98] Em geral, considera-se que boa reputação, posição social elevada e riqueza são fatores benéficos; contudo, eles podem impedir a nossa aquisição da iluminação. Não é nada difícil que desviem nossa mente indomada das meditações que são necessárias no caminho. Como resultado de pensarmos em reputação e em outros assuntos parecidos, nossa renúncia pode facilmente diminuir e talvez surja inveja dos outros. Essas distrações acarretam impedimentos aos outros e fazem diminuir nossas próprias virtudes. Por sermos apegados à boa reputação e a coisas análogas, desceremos aos reinos inferiores e permaneceremos presos no pântano do samsara.

Alguém que esteja tentando praticar o Darma puramente estará muito melhor sem esses obstáculos e distrações. Quem nos ajuda a romper o apego a esses desvios? É o nosso inimigo. Ele nos impede de obter boa reputação e, dessa maneira, favorece nosso desejo de obter a libertação e a iluminação. [99-101] Ele é nosso melhor Professor, porque nos mostra como praticar paciência. Ajuda-nos a diminuir o apego à fama e à reputação, a romper a corda que nos mantém amarrados ao samsara. Impede-nos de criar causas para renascer nesse pântano de sofrimento e, em vez disso, ajuda-nos a criar causas para alcançar a plena iluminação. Vendo-o como o Guia Espiritual que nos beneficia de tantas maneiras, devemos abandonar toda a raiva que poderíamos sentir contra esse nosso melhor amigo.

[102] *Por que um praticante de Darma deveria pensar num inimigo como se fosse seu melhor amigo? Alguém que me prejudica está interrompendo minha prática de Darma, impedindo que eu acumule mérito e criando obstáculos à minha prática de generosidade e de outras virtudes. Não apenas ele não é meu amigo nessas ocasiões, como acho correto vingar-me dele.*

Isso é um erro. A oportunidade de praticar paciência – um dos elementos mais importantes do caminho espiritual – surge em virtude da bondade de um inimigo. [103] Ao nos dar a chance de praticar paciência, esse indivíduo irritante nos ajuda a criar imenso mérito. Mas se retaliarmos, perderemos essa oportunidade. [104] O fruto da paciência só pode crescer a partir da sua causa, o inimigo. Sem essa causa, o fruto nunca surgirá. Portanto, é um erro pensar que um inimigo pode interromper nossa prática de Darma. Afinal, [105] um mendigo não pode ser um obstáculo para alguém que queira praticar generosidade, tampouco um abade pode atrapalhar alguém que queira tomar os votos de ordenação! Longe de serem obstáculos, eles são absolutamente necessários.

Em geral, paciência é uma virtude mais forte que generosidade, porque o objeto de paciência é mais difícil de ser encontrado que o objeto de generosidade. [106] Existem muitas pessoas pobres, mas onde está o inimigo que, de fato, irá nos ensinar paciência? [107] Devemos pensar sobre a raridade de encontrar um objeto como esse para a nossa paciência e reconhecer o inimigo como um tesouro, do qual poderemos receber uma inesgotável riqueza. Ele é um autêntico Professor em nosso caminho ao estado insuperável da iluminação. [108] Portanto, devemos nos lembrar constantemente da bondade do inimigo, aquele que provoca nossa raiva, e sentir alegria por tê-lo encontrado. Foi ele quem viabilizou nossa prática de paciência, e qualquer virtude ou energia positiva que surja dessa oportunidade deve ser dedicada, antes de tudo, a ele.

[109] *Mas não tenho motivo para venerar meu inimigo. Ele não tem a intenção de me fazer praticar paciência.*

Se tal objeção fosse válida, por que haveríamos de venerar o sagrado Darma? Ele também não tem a intenção de nos conceder virtude.

[110] *Isso é completamente diferente. Meu inimigo nutre pensamentos negativos contra mim, coisa que o sagrado Darma não faz.*

É precisamente por causa das intenções maldosas do nosso inimigo que temos a oportunidade de praticar paciência. Se o inimigo somente nos agradasse, agindo como um médico que deseja beneficiar seu paciente, nunca teríamos a oportunidade de treinar nossa mente para não retaliar.

[111] Embora não tenha a intenção de ajudar nossa prática, o inimigo continua sendo um objeto válido da nossa veneração, tanto quanto o sagrado Darma. [112] Buda Shakyamuni disse que existem dois campos para o cultivo das safras de virtude: o campo dos seres iluminados e o campo dos seres sencientes comuns. Se tivermos fé no primeiro e nos empenharmos para beneficiar o segundo, os nossos próprios propósitos e os dos outros serão satisfeitos. [113] Esses dois campos são similares, no sentido de que ambos rendem benefício e devem ser cultivados se quisermos alcançar a iluminação.

Se os dois campos de mérito forem igualmente valiosos, por que fazemos oferendas e prostrações aos Budas e não aos seres sencientes?

[114] Ao apresentar os argumentos anteriores, Shantideva não pretende dizer que as qualidades dos seres iluminados e as qualidades dos seres comuns são as mesmas. O que os torna similares é que ambos são causas da nossa conquista da iluminação e é nesse sentido que eles são igualmente merecedores do nosso respeito e veneração.

Em geral, quando damos bens materiais, proteção contra o medo e ensinamentos de Darma aos outros, isso é denominado a prática de dar. Porque um Bodissatva considera todos os seres sencientes como infinitamente preciosos e sente-se grato pelos benefícios que recebe deles, ele enxerga seus feitos de dar aos seres sencientes como oferendas prestadas a eles. O Bodissatva reconhece que, por atuarem como objetos para suas práticas virtuosas de dar, paciência etc., esses seres lhe permitem colher os frutos do caminho espiritual. Assim, juntamente com as Três Jóias, os seres sencientes são seu campo de mérito.

[115] Buda afirmou que podemos ganhar um mérito incomensurável ao venerar alguém que gerou a mente de amor ilimitado. Como isso se explica? A pessoa que gerou amor ilimitado está preocupada com o bem-estar de inúmeros seres; logo, qualquer serviço a ela prestado, indiretamente

terá esses infinitos seres como seu objeto. Porque o número de seres é ilimitado, o mérito a ser colhido de venerar essa pessoa também o será. Igualmente, é mais benéfico ajudar a mãe de muitas crianças do que outra pessoa que não tem dependentes. Quanto mais seres forem beneficiados com a nossa prática de dar, maiores serão os frutos que colheremos. Ter fé nos Budas também é uma ação mental benéfica muito poderosa, porque as boas qualidades dos seres iluminados são abundantes e profundas. [116] Por essas razões, os seres sencientes e os Budas são vistos como iguais por aquele que segue o estilo de vida de um Bodissatva. Se tivermos fé nos seres iluminados e uma mente de amor irrestrito por todos os seres sencientes, o fruto da budeidade será rapidamente alcançado. No entanto, devemos saber que os Budas são dotados com qualidades vastas e profundas, que não são possuídas por nenhum outro ser senciente.

[117] As qualidades de um Buda são tão amplas que se alguém compartilhasse até de uma pequena fração delas seria digno de extrema veneração. Os seres comuns não possuem as profundas qualidades de um Buda, [118] contudo, eles cumprem o papel de campo de mérito para nós. Visto que confiamos nesse campo para cultivar a plena iluminação, é adequado venerarmos todos os seres sencientes do mesmo modo que veneramos um Buda.

Por meio das bênçãos dos compassivos Budas que mostram o caminho, muitos seres sencientes alcançam a iluminação e muitos têm a oportunidade de estudar os ensinamentos. [119] Como retribuir essa infinita bondade? A maneira perfeita de retribuir a um Buda, alguém que se preocupa unicamente com o bem-estar de todos os seres vivos, consiste em nós também gerarmos amor e compaixão por todos esses seres. [120] Em seus estados anteriores de existência, enquanto seguia o caminho de um Bodissatva, Buda Shakyamuni sacrificou sua vida diversas vezes para o benefício dos seres sencientes. Portanto, não devemos jamais prejudicar aqueles que foram os objetos do seu cuidado amoroso. Sempre que somos prejudicados, devemos nos abster de retaliar e tentar, em vez disso, dar o máximo de felicidade, benefício e amor ao nosso adversário. Se aprendermos a fazer isso, os infinitos Budas ficarão deleitados.

Como treinar nossa mente para que sejamos capazes de agir assim? [121] Devemos lembrar que o Protetor Buda Shakyamuni abandonou sua família, seu reinado, seu corpo e a própria vida em benefício dos seres sencientes e cuidou de todos com grande bondade amorosa. Se alguém como um Buda olhou para todos os outros seres com amor ilimitado, então é óbvio que nós, pessoas ignorantes, também devemos respeitar todos os seres e oferecer-lhes tudo o que estiver ao nosso alcance. Devemos agir como se fôssemos um servo deles. Como seria possível prejudicarmos aqueles que foram e continuam sendo os objetos do amor e da compaixão de todos os Budas? Devemos reter esses pensamentos com o poder da contínua-lembrança e meditar até nos familiarizarmos perfeitamente com eles. Se fizermos isso, seremos capazes de gerar amor e compaixão por todos os seres, inclusive por aqueles que nos prejudicam.

[122] Como praticantes de Darma, é incoerente confiar em Buda e, apesar disso, continuar a prejudicar os seres sencientes. Seria como agir bondosamente com uma mãe e, pelas costas, bater em seus filhos. Do mesmo modo que prejudicamos a mãe ao prejudicar seus filhos, desagradamos aos Budas sempre que temos más intenções em relação aos seres sencientes. Para dar outro exemplo, [123] alguém que está sendo queimado não sente prazer em receber comidas e doces. Do mesmo modo, se prejudicarmos os seres vivos e, depois, oferecermos elegantes presentes ao compassivo Buda, essas oferendas nunca irão lhe agradar.

Shantideva resume as conclusões que devemos extrair das considerações até aqui apresentadas, fazendo uma prece sincera:

> [124-5] No passado, cometi muitas ações não-virtuosas contra os seres sencientes e desagradei imensamente aos Budas. Hoje, confesso abertamente todas essas não-virtudes e rezo para que vós, Budas e Bodissatvas, me perdoem. De agora em diante, a fim de vos agradar e deleitar, suportarei qualquer dano que os seres sencientes possam me causar e praticarei paciência. Servirei aos seres sencientes do mesmo modo que um escravo serve a seu amo. Os outros podem me chutar ou pisar sobre minha cabeça, mas nunca irei retaliar, mesmo que seja condenado à fogueira. Em vossa presença, faço agora essas promessas e rezo para que eu possa vos deleitar.

Um dos métodos mais poderosos de desenvolver e manter a mente de iluminação, ou bodichita, é a meditação conhecida como trocar eu por outros, que será explicada em detalhes no oitavo capítulo. [126] Os Budas compassivos realizaram plenamente essa troca e, tendo abandonado todo o egoísmo, apreciam os seres sencientes mais do que a si próprios. É indubitável que eles cultivaram plenamente essa realização. Portanto, visto que Buda Shakyamuni familiarizou-se inteiramente com a prática de trocar eu por outros, cada ser vivo que encontramos possui a mesma natureza que o Protetor Buda. Se reconhecermos que, nesse sentido, os seres sencientes não diferem dos seres iluminados e os venerarmos e apreciarmos conforme eles merecem, obteremos rapidamente o fruto da iluminação. Devemos fazer continuamente as oferendas adequadas aos seres sencientes e gerar amor e compaixão ilimitados por eles.

A EXPLICAÇÃO EXTENSA DOS BENEFÍCIOS DA PACIÊNCIA

[127] Todo aquele que praticar paciência quando for prejudicado e que respeitar todos os seres sencientes como se fossem Budas, agradará a todos os Tatagatas e dissipará a desgraça do universo quando conquistar o estado da budeidade. Por esse motivo, devemos sempre praticar os três tipos de paciência: voluntariamente suportar sofrimento, pensar decididamente no Darma e abster-se de retaliar.

[128] Um ministro que prejudique muitas pessoas poderá ficar vulnerável à vingança quando estiver longe do seu reinado; mas ninguém ousaria atacá-lo no seu próprio país, [129] uma vez que ele conta com o apoio e a proteção de um rei poderoso. Do mesmo modo, se tivermos a oportunidade de prejudicar seres aparentemente insignificantes, devemos nos abster de fazê-lo, [130] porque eles têm o apoio de todos os Budas e Bodissatvas e também dos guardiões do inferno. [131] Um monarca poderoso e colérico só poderá prejudicar os outros durante esta vida; não é capaz de levá-los aos tormentos dos reinos inferiores. [132] Mesmo se agradarmos esse poderoso rei, ele nos recompensará apenas com os benefícios temporários de riqueza e título honorífico; não tem o poder de criar causas para a nossa iluminação. No entanto, se desagradarmos aos seres sencientes e aos Budas que os protegem, enfrentaremos muitos problemas nesta vida e estaremos condenados a passar por intolerável sofrimento no futuro. E se agradarmos aos seres sencientes, além de criarmos causas de felicidade para este momento, também criaremos causas para alcançar a insuperável felicidade da iluminação.

O que significa respeitar os seres sencientes da mesma maneira que respeitamos um Buda? Não é adequado nos prostrarmos aos seres sencientes, mas, ao encontrá-los, devemos sempre nos lembrar que eles são os objetos do amor de Buda. Então, além de amá-los, devemos tentar agradar-lhes e satisfazer suas necessidades. Como foi explicado no primeiro capítulo, todos os seres sencientes foram nossas mães repetidas vezes no samsara, que nunca teve início. Todas essas mães são, portanto, objetos corretos para nossas mentes de bondade amorosa, compaixão, paciência e assim por diante.

[133] Se nos lembrarmos da bondade de todos os seres sencientes e tentarmos agradá-los e satisfazer os seus desejos o melhor possível, encontraremos felicidade inclusive nesta vida. Seremos respeitados pelos outros, nossa fama se espalhará amplamente e teremos riqueza e posses abundantes. Finalmente, como resultado de nossas ações virtuosas, obteremos o fruto da suprema budeidade. [134] E se a budeidade não for imediatamente alcançada, sempre que renascermos no samsara, colheremos os benefícios de praticar paciência. Teremos belas formas e um círculo de servidores e discípulos devotados. Desfrutaremos de boa saúde, popularidade e vida longa. É até possível que obtenhamos os fabulosos prazeres dos gloriosos reis chacravatins, os governantes de todo o universo!

Sempre que tivermos problemas, perturbações ou doenças, devemos nos lembrar das falhas de não suportar esse tormento e da mente infeliz que surge quando nos impacientamos com o sofrimento. Então, aplicaremos a força oponente adequada, meditando na paciência da aceitação voluntária. Sempre que tivermos dificuldade para entender ou para aplicar os ensinamentos recebidos, devemos contemplar as falhas de não confiarmos nos métodos profundos e difundidos do Darma e, então, aplicar a força oponente: meditar na paciência de pensar decididamente no Darma. Por fim, sempre que alguém nos prejudicar, devemos nos lembrar das numerosas falhas da raiva e de causarmos desgosto aos seres sencientes e procurar abandonar essas falhas, confiando na paciência de não retaliar. Praticando paciência dessas diversas maneiras, podemos extrair o máximo significado do nosso precioso nascimento humano e parar de perder tempo enredando-nos na roda samsárica de sofrimento e insatisfação.

Assim termina o texto sobre "Paciência", o sexto capítulo de *Contemplações significativas*, um comentário ao *Guia ao estilo de vida do Bodissatva*, de Shantideva.

Esforço

COMO PRATICAR ESFORÇO

Este capítulo tem quatro partes:

1. Exortação para praticar esforço;
2. Identificar o esforço;
3. Superar o oponente do esforço;
4. Aumentar a força do esforço.

EXORTAÇÃO PARA PRATICAR ESFORÇO

[1] Quando estivermos familiarizados com a perfeição de paciência e com as demais perfeições, devemos lutar com esforço para alcançar a plena iluminação, a budeidade. Se nossas práticas não forem acompanhadas pela força desse esforço, o fruto da iluminação nunca será alcançado. Se o vento não soprar, uma chama de vela permanecerá imóvel. Se não tivermos a energia do esforço, nossas coleções de mérito e de sabedoria permanecerão incompletas. Sem essa energia, seremos incapazes de gerar ou de incrementar qualquer das boas qualidades a serem obtidas no caminho. Até em ações mundanas, nada obteremos se não investirmos esforço na tarefa.

No início, podemos sentir um forte interesse de praticar o Darma e talvez lutemos com entusiasmo para desenvolver nossa mente. Passado algum tempo, contudo, porque esperávamos equivocadamente obter realizações imediatas,

Geshe Chekawa

desanimamos quando isso não acontece. De fato, podemos ser tentados até a abandonar nossa prática de Darma como um todo. Esse resultado desastroso decorre de nossas expectativas irrealistas e da preguiça de facilmente desanimar. Sob a poderosa influência dessas falhas é praticamente impossível ganhar qualquer compreensão de Darma. Se queremos que nossas práticas sejam bem-sucedidas, devemos investir esforço nelas continuamente, até que nossa meta seja conquistada.

A preguiça nos engana e nos faz vagar sem rumo pelo samsara. Se pudermos nos livrar da influência da preguiça e mergulhar profundamente nas práticas de Darma, seremos rapidamente libertados do ciclo de sofrimento e insatisfação. Alcançar a iluminação é como construir um edifício: requer um esforço intenso e contínuo, por um longo período de tempo. Se deixarmos que nossos esforços sejam interrompidos pela preguiça, nunca chegaremos a concluir nosso trabalho.

Certa vez, um iogue tibetano, chamado Drugpa Kunleg, visitou o templo central de Lhasa para ver a famosa estátua de Buda Shakyamuni. Diante da estátua, disse: "Houve um tempo em que tu e eu éramos exatamente iguais. Nossos sofrimentos eram insuportáveis e renascemos no inferno várias vezes. Pelo poder do teu esforço, alcançastes a iluminação, mas eu, sob o feitiço da preguiça, continuo a vagar no samsara. Agora, eu me prostro diante de ti".

Buda Shakyamuni não foi um ser iluminado desde sempre. Antes que pudesse alcançar a suprema budeidade, teve de ouvir o Darma, refletir sobre os ensinamentos e seguir as práticas incessantemente e com esforço. O Buda que estava por vir enfrentou muitos problemas enquanto tentava encontrar o Darma e um Guia Espiritual qualificado capaz de ensiná-lo. Mesmo depois de encontrar esse Guia, teve de deixar sua esposa, sua família, seu reinado e todas as suas posses, a fim de receber apenas um verso dos ensinamentos.

Para receber mais instruções, teve de enfrentar práticas ascéticas extremamente rigorosas e aceitar a dor de espinhos cravados em seu corpo.

O grande iogue Milarepa também enfrentou muitas privações e dor em nome do Darma. Por vários anos, serviu lealmente ao seu Professor, Marpa, e suportou pacientemente todas as dificuldades que surgiram, a fim de receber os preciosos ensinamentos. Se estamos seriamente interessados em desenvolver nossa mente, embora não seja preciso nos tornarmos ascetas, devemos estar preparados para praticar da mesma maneira entusiástica com que Buda Shakyamuni e Milarepa o fizeram. Sem ficar desanimados pelas provações que surgem ou distraídos pelo desejo de nos juntar a familiares e amigos, devemos lutar diligentemente para concluir todas as práticas ao longo do caminho.

É importante entender que o desenvolvimento espiritual avança gradualmente, com resultados que só chegam após termos investido esforço em treinar nossa mente. Estudar Darma e esperar realizações imediatas é o mesmo que plantar uma semente esperando colher o fruto no mesmo momento. Se estamos realmente interessados em alcançar os resultados das nossas práticas, um esforço incansável deve permear tudo o que fazemos.

IDENTIFICAR O ESFORÇO

[2] Esforço é definido como a mente que se deleita em executar aquilo que é virtuoso. É o principal oponente da preguiça. Esforço não significa trabalhar com afinco em atividades mundanas, mas empenhar-se diligentemente para eliminar as delusões e praticar virtude.

Existem quatro tipos de esforço: 1) esforço armadura; 2) esforço de não-desânimo; 3) esforço de aplicação; 4) esforço de não-satisfação. Esses quatro tipos de esforço são iguais, no sentido de que são mentes que se deleitam em virtude contudo, suas funções são diferentes. O primeiro esforço supera principalmente obstáculos exteriores causados por condições desfavoráveis à prática de virtude. O segundo esforço supera obstáculos interiores, como desânimo e depressão. O terceiro esforço serve principalmente para praticar virtude. O quarto esforço serve principalmente para avançar e concluir a prática de virtude, sem satisfazer-se com o que foi obtido até então. Se aplicarmos esses quatro tipos de esforço às nossas práticas, não há dúvida de que alcançaremos nossas metas rapidamente.

SUPERAR O OPONENTE DO ESFORÇO

O principal meio de cultivar a perfeição de esforço consiste em eliminar todos os seus oponentes. O método para superar a força oponente que obstrui o esforço será explicado em duas partes:

1. Reconhecer o oponente, preguiça;
2. Como superar a preguiça.

RECONHECER O OPONENTE, PREGUIÇA

Em geral, preguiça é um estado mental que é atraído por aquilo que é não-virtuoso, e não pela prática de virtude. Existem três tipos: a preguiça de indolência, a preguiça de sentir atração por aquilo que é sem sentido ou não-virtuoso e a preguiça de desânimo.

A preguiça de indolência é uma atração pela quietude mental e física e pelos prazeres de dormir. Pressupõe um hábito de gostar do que é fácil e uma franca repulsa por atividades em geral. A próxima preguiça, a de sentir atração por aquilo que é sem sentido ou não-virtuoso, inclui o que a maioria das pessoas considera como sendo esforço. É uma mente que é seduzida e distraída por ações mundanas e atividades sem sentido, como jogar, beber, fumar e disparates mundanos em geral. O terceiro tipo de preguiça é a preguiça de desânimo. Refere-se a nutrir pensamentos de que somos inábeis ou incapazes de praticar o Darma. Por causa desse desânimo, perdemos todo o prazer de praticar. Sem abandonar esses três tipos de preguiça e sem gerar a mente de esforço, é impossível alcançar a suprema cidadela da iluminação.

COMO SUPERAR A PREGUIÇA

Esta seção tem três partes que correspondem aos três tipos de preguiça:

1. Superar a preguiça de indolência;
2. Superar a preguiça de sentir atração por aquilo que é sem sentido ou não-virtuoso;
3. Superar a preguiça de desânimo.

SUPERAR A PREGUIÇA DE INDOLÊNCIA

Este item será explicado em três partes:

1. Examinar a causa da indolência;
2. Contemplar as falhas da indolência nesta vida;
3. Contemplar o sofrimento que a indolência causará nas vidas futuras.

EXAMINAR A CAUSA DA INDOLÊNCIA

[3] Quando estamos dominados pela preguiça de indolência, não praticamos virtude nem não-virtude. Queremos ser deixados em paz e sentimo-nos atraídos por uma vida fácil, em particular pelos prazeres de dormir. Num estado como esse, nunca geramos aversão pelo samsara ou decepção ante suas inúmeras falhas e desvantagens. As únicas coisas que nos interessam são os supostos prazeres deste mundo.

Tendo reconhecido que a atração por uma vida fácil é a causa da indolência, devemos abandoná-la contemplando as falhas desse apego. Se meditarmos sobre impermanência e nos familiarizarmos com o fato de que a morte é uma certeza, mas que a hora da morte é totalmente incerta, nosso apego pelos prazeres efêmeros deste mundo diminuirá. Ademais, se pensarmos nos inúmeros tormentos e falhas do samsara, vamos entender o quanto é tolo nos expormos ao sofrimento futuro simplesmente em nome de um fugaz sabor de prazer.

CONTEMPLAR AS FALHAS DA INDOLÊNCIA NESTA VIDA

Shantideva, agora, dirige-se à mente governada pela indolência e a castiga severamente como segue:

> [4-5] Assim como os cervos e pássaros capturados na armadilha de um caçador serão finalmente mortos; sob a influência da delusão, os seres estão emaranhados na rede do samsara. Não vês que, no passado, todos os seres sencientes foram devorados pelo Senhor da Morte e que tu também terás o mesmo fim? Indiferente à idade, ao estado de saúde ou a qualquer outra consideração, o Senhor da Morte massacra sistematicamente todos aqueles ao teu redor. Se entendes isso, por que não praticas o Darma, em vez de perseguir desejos mundanos e entregar-se ao sono? Tu és como um búfalo, que estupidamente continua comendo grama, insensível ao fato de que todos ao seu redor estão sendo levados para o abate.

Conforme diz Shantideva, como podemos continuar envolvidos em atividades sem sentido, quando a morte está se aproximando furtivamente de nós? [6] Embora o Senhor da Morte esteja tentando nos matar e impedir nossa viagem pelo caminho que leva à cidade da libertação, não sentimos medo e continuamos viciados nos apegos mesquinhos e nos prazeres de dormir e de comer. [7] Em breve, a hora da morte chegará e, então, será tarde demais para abandonarmos a preguiça. Devemos acordar desse estupor indolente e praticar o Darma agora mesmo!

[8] Nossa vida está repleta de tarefas que impomos a nós mesmos; algumas nem foram começadas, outras acabam de ser iniciadas e outras foram parcialmente concluídas. No entanto, qualquer que seja o estado dos nossos assuntos mundanos, a morte descerá sobre nós subitamente. Completamente despreparados, ficaremos aterrorizados e será tarde demais para nos arrepender. Pensem no que acontecerá quando a morte finalmente chegar. Estaremos repletos de ansiedade. [9] Haverá muito choro quando nossos familiares, ao redor do nosso leito de morte, perderem qualquer esperança de nos ver recuperados. [10] Visões apavorantes, um reflexo da nossa não-virtude do passado, vão aparecer diante de nós, e ficaremos envoltos em um sentimento de profunda melancolia. Se formos renascer num dos sofredores reinos inferiores, teremos uma pequena amostra daquela dor agonizante. Nosso pavor será tão grande que perderemos o controle e ficaremos cobertos com o nosso próprio excremento. Lembrem-se, isso não é ficção. A morte chegará algum dia sem sombra de dúvida e, se nada fizermos para livrar nossa mente da delusão, ela será tão temível quanto o que foi descrito. Portanto, precisamos superar a indolência e começar nossa prática de Darma imediatamente.

CONTEMPLAR O SOFRIMENTO QUE A INDOLÊNCIA CAUSARÁ NAS VIDAS FUTURAS

[11] Um peixe vivo na areia quente passa por um tormento insuportável. Se a desgraça que vamos experienciar enquanto ainda estamos vivos é tão intolerável como esta, quão inimaginável será o nosso sofrimento se renascermos

no inferno! Ali, teremos um corpo imenso e extremamente sensível, atormentado pelo fogo e fervido vivo. Não há dúvida de que acumulamos causas suficientes para passar por tais sofrimentos infernais muitas e muitas vezes. Se não fizermos nada para neutralizá-las, não há dúvida de que experimentaremos seus dolorosos resultados. [12] Se somos honestos conosco e admitimos esse fato, como podemos permanecer sob o domínio da preguiça e deixar de praticar o Darma em troca de uma breve vida de facilidades?

Imagine que um indivíduo que cometeu muitos assassinatos foi preso e está à espera de ser executado. Pensando na punição que lhe aguarda, que alegria ou felicidade ele sentiria se fosse presenteado com jóias ou alguma comida deliciosa? Do mesmo modo, uma vez que acumulamos muito carma para renascer no inferno, como podemos desfrutar confiantemente das pequenas facilidades que temos?

Existem quatro desejos irrealistas que muitos de nós acalentamos. [13] Queremos obter rapidamente a iluminação sem precisar investir esforço e queremos ser felizes sem criar causas virtuosas. Além disso, relutando em aceitar o menor desconforto, queremos subjugar todo sofrimento e, apesar de vivermos na boca do Senhor da Morte, queremos nos perpetuar como um deus de longa vida. Por mais que almejemos a realização desses desejos, eles nunca serão atendidos. Se não despertarmos a energia necessária para treinar nossa mente com diligência, todas as nossas esperanças de felicidade serão em vão.

[14ab] O corpo humano plenamente dotado que hoje possuímos é como um barco, capaz de nos conduzir através do oceano de sofrimento samsárico até a ilha da iluminação. Se extraírmos o sentido e o valor desta preciosa vida, certamente colheremos grandes benefícios. Contudo, se essa rara oportunidade for desperdiçada, como seremos capazes de encontrar novamente essa forma humana preciosa? Sem um experiente timoneiro, um barco nunca irá a lugar algum.

Do mesmo modo, se o barco da nossa preciosa vida humana não for guiado pelo poder do Darma, como poderá cruzar o oceano de sofrimento por si mesmo? Tentando produzir uma forte imagem capaz de revelar a gravidade da situação, Shantideva declara:

> [14cd] Não desperdice esta vida sob a influência da preguiça. Não é hora de dormir, ó, tolos!

SUPERAR A PREGUIÇA DE SENTIR ATRAÇÃO POR AQUILO QUE É SEM SENTIDO OU NÃO-VIRTUOSO

[15] Sempre que somos atraídos por divertimentos triviais e tagarelice ou ficamos completamente distraídos por espetáculos ou negócios, é sinal de que nossa mente foi vencida pela preguiça: a preguiça de sentir atração por desejos mundanos e ações não-virtuosas. É insensato abandonar a alegria suprema que nasce da prática de Darma e, em vez disso, ficar feliz em criar causas de sofrimento. Por que sentir atração por prazeres triviais – como cantar, dançar etc. –, é causa de sofrimento? O motivo é que tais trivialidades entulham com inúmeros obstáculos o caminho que leva à felicidade sublime. Se desejamos felicidade duradoura, devemos praticar o Darma; e se queremos algo para abandonar, devemos desistir daquelas atividades mundanas que não levam a nada, exceto a intolerável sofrimento.

Esse conselho não significa que na vida espiritual não há lugar para momentos de descontração, como ouvir música, nem quer dizer que atividades como tratar de negócios são incompatíveis com o Darma. Como foi enfatizado ao longo do *Guia* de Shantideva e neste comentário, é a nossa motivação que determina a virtude ou a não-virtude de uma ação. Com a motivação adequada – como, por exemplo, o desejo de beneficiar os outros –, existem muitas atividades chamadas de mundanas que podemos fazer, sem ter medo de estar perdendo nosso tempo ou criando causas de sofrimento futuro. O que está sendo enfatizado nesta seção, sobre o segundo tipo de preguiça, é que muitos dos nossos entretenimentos e ocupações da vida diária são diversões inúteis ou sem sentido. Nossa motivação para nos entregar a elas, geralmente, não é nada mais que um egoísmo mesquinho, sem contar que muitas de nossas atividades costumeiras são prejudiciais aos outros. É o nosso apego por esse tipo de conduta que constitui a preguiça, porque todo esforço canalizado nessa direção nos desvia dos propósitos mais elevados da nossa preciosa vida humana.

SUPERAR A PREGUIÇA DE DESÂNIMO

Às vezes, destruímos nossa coragem pensando: "Não consigo praticar o Darma; sou um caso perdido e sempre fracasso em tudo o que faço". Se nos entregarmos a tais pensamentos, não teremos como nos deleitar em realizar ações virtuosas. Como podemos abandonar essa preguiça de desânimo? [16] Antes de tudo, devemos estimular a mente reforçando nosso esforço armadura. Depois, conforme trabalhamos para completar as coleções de mérito e de sabedoria, devemos permanecer leves e flexíveis, controlando nossa mente com a corda da contínua-lembrança e o gancho da vigilância. Então, conforme será explicado mais detalhadamente no oitavo capítulo, devemos tentar obter uma realização das práticas de equalizar eu e outros e de trocar eu por outros. [17] Não devemos nos desencorajar pensando que não temos qualidades virtuosas e que, portanto, somos inaptos para alcançar a iluminação. Tais pensamentos são derrotistas. O Tatagata, que nunca falou falsamente, disse que [18] até moscas, mosquitos, outros insetos e animais possuem a natureza de Buda e, portanto, têm o potencial para alcançar a iluminação. Embora, no momento, não tenham a oportunidade de ouvir, contemplar ou praticar os ensinamentos, o simples fato de possuírem uma mente que é capaz de um desenvolvimento ilimitado significa que eles também podem se tornar um Buda. [19] Portanto, como seria possível que nós – que renascemos como um ser humano, que conhecemos os benefícios da virtude e as falhas da não-virtude, que tomamos os votos do Bodissatva e que continuamos a percorrer o caminho espiritual – deixássemos de alcançar a budeidade? Relembrando o que Buda disse e percebendo nossa própria boa fortuna, devemos abandonar por completo todos os pensamentos derrotistas e a preguiça de desânimo. Para encorajar ainda mais nossa mente, podemos lembrar que, no passado, muitas pessoas na Índia, no Tibete e em outros países alcançaram a plena iluminação graças à sua prática de Darma. Eles eram seres humanos como nós, e o Darma que seguiam era o mesmo Darma que estamos praticando agora. Se pensarmos sobre isso, nossa mente ficará repleta com a energia do esforço e nos sentiremos confiantes de que, um dia, nós também conquistaremos a meta suprema.

[20] Ao ouvir falar dos imensos sacrifícios que os Bodissatvas do passado fizeram em sua trajetória espiritual, podemos desanimar. A idéia de dar a própria carne como eles o fizeram enche-nos de pavor, e não queremos sequer pensar nessa experiência macabra. Esse medo, contudo, só surge porque somos incapazes de diferenciar um sofrimento pequeno de um grande. [21] No passado, durante incontáveis éons, fomos decepados e mutilados por armas e queimados inúmeras vezes. A despeito desse intenso sofrimento, nenhum significado ou benefício resultou daquelas existências. O sofrimento foi inútil, e nossas vidas, completamente desperdiçadas. A dor que sentimos não nos aproximou em nada da iluminação, e ainda não despertamos. Entretanto, os problemas que surgem em nossa trajetória de Darma são muito diferentes. [22] Se pudermos

aguentá-los e perseverar na prática, nossas experiências terão grande significado e valor. Ademais, esses problemas e sofrimentos são totalmente insignificantes quando comparados aos tormentos dos três reinos inferiores. As dificuldades de alguns praticantes de Darma para obter comida, roupas e abrigo não são nada quando pensamos no sofrimento causado pelas delusões. Lembrando que estamos trabalhando em prol da maior de todas as metas, a plena iluminação, teremos a força interior para suportar os problemas que encontrarmos ao longo do caminho.

[23] Ao tentar curar uma doença grave, um médico talvez tenha de prescrever remédios desagradáveis ou tratamentos dolorosos, que deverão ser seguidos por um curto período. O paciente, por sua vez, prepara-se para suportar esses procedimentos dolorosos, pois está ansioso para se livrar da doença. O mesmo deve valer para nós. A fim de remover cada vestígio de delusão da nossa mente e de alcançar a mais sublime das metas, devemos estar preparados para suportar os problemas e provações comparativamente pequenos que encontrarmos. Se nosso desejo de afastar o sofrimento de todos os seres vivos for realmente sincero, esse será um sacrifício bem pequeno a ser feito.

[24] Buda é conhecido como o Médico Supremo, porque cura as doenças crônicas da nossa mente. Ao contrário dos médicos comuns, ele não emprega métodos dolorosos quando conduz os seres sencientes à cessação do sofrimento. Não precisa de outro remédio para tratar as doenças que afligem continuamente todos os seres sencientes além de renúncia, bodichita e sabedoria que realiza a vacuidade. Ainda que seja competente, um médico não pode garantir que a doença que curou não será substituída por outra no futuro. Porém, o remédio superior de Buda – renúncia, bodichita e realização da vacuidade – erradica por completo todas as doenças físicas e mentais e garante que elas nunca mais voltarão.

A causa principal de todo sofrimento é nossa ignorância do auto-agarramento. Meditar na vacuidade com a força da concentração aperfeiçoada extirpa essa ignorância e, portanto, cura todas as doenças comuns, que são decorrentes dessa causa principal. Um Bodissatva que teve uma realização da vacuidade é capaz de cortar seu corpo em muitos pedaços, a fim de beneficiar os outros. Em virtude da sua habilidade de meditar sobre a verdadeira natureza da realidade, não sente dor e, se uma doença surgisse, o poder da sua meditação a dissiparia imediatamente.

Anteriormente, Shantideva mencionou o medo que seres comuns como nós sentimos quando pensamos em sacrificar nosso corpo para o benefício dos outros. Agora, ele esclarece que [25] Buda nunca sugeriu que abríssemos mão do nosso corpo ou de qualquer outro objeto, enquanto nossa mente não estiver treinada e preparada para fazê-lo. O treino é gradual e, no começo, o praticante deve dar coisas triviais, como comida e roupas, até que sua mente se acostume progressivamente com a prática de dar. Pela força de constante familiaridade, depois de algum tempo, seremos capazes de emular os grandes Bodissatvas e daremos até o próprio corpo sem dificuldade. [26] Quando essa época chegar, seremos capazes de dar nossa carne, do mesmo modo que, hoje, somos capazes de dar comida, e esse supremo dar não nos causará sofrimento.

[27] No momento, sofremos quando nosso corpo é cortado, mas isso só acontece porque nos agarramos a ele como se fosse inerentemente "meu". Além disso, carregamos muitas marcas não-virtuosas em nossa mente, e elas originam dor sempre que nosso corpo é atingido. O Bodissatva Superior possui uma realização direta da não existência inerente do seu corpo. Portanto, mesmo se for ferido, não sentirá dor física. [28] Em virtude de sua coleção de mérito, o corpo do Bodissatva é confortável, e, em virtude de sua profunda habilidade e sabedoria de

realizar a vacuidade, sua mente é alegre. Pelo poder de sua grande compaixão, ele não sente insatisfação, por mais que fique no samsara para o bem dos outros. [29] A força da sua bodichita dissipa toda a sua não-virtude anterior e permite-lhe acumular uma profusão de mérito e de sabedoria. Por todas essas razões, o caminho graduado do Bodissatva supera o caminho do Ouvinte – o praticante que trabalha somente por sua própria libertação do sofrimento.

Pela força da sua bodichita, o Bodissatva destrói todos os problemas e o desânimo, conforme atravessa o samsara guiando os outros para longe de seus sofrimentos. [30] Tendo montado o corcel da bodichita, ele galopa de alegria em alegria até atingir a cidade da iluminação. Seu caminho é tão maravilhoso e nobre que nenhum ser dotado de inteligência jamais sentir-se-ia desanimado de segui-lo. O caminho que Buda mostrou para alcançar a iluminação não é tosco e inflexível; não exige práticas ascéticas, como atravessar fogueiras e automortificações. Ao contrário, ele mostra um caminho confortável e feliz, que conduz a um resultado alegre. Portanto, nunca devemos ceder ao desânimo pensando que não temos como alcançar a iluminação. Se aplicarmos o esforço requerido, não há nada capaz de nos impedir de atingir nossa meta.

AUMENTAR A FORÇA DO ESFORÇO

Este tópico tem quatro partes:

1. Reconhecer os quatro poderes que aumentam a força do esforço;
2. A explicação extensa dos quatro poderes;
3. Praticar seriamente com contínua-lembrança e vigilância;
4. Usar a maleabilidade de corpo e mente para assumir uma conduta virtuosa.

RECONHECER OS QUATRO PODERES QUE AUMENTAM A FORÇA DO ESFORÇO

[31] Nosso esforço de seguir o caminho do Darma aumentará se empregarmos os quatro poderes: 1) aspiração; 2) constância; 3) alegria; 4) rejeição. Esses quatro poderes podem ser brevemente explicados como se segue. A fim de ingressar no estilo de vida do Bodissatva e beneficiar os outros, precisamos nos comprometer com as práticas virtuosas, que foram descritas por Shantideva ao longo do texto. Nosso envolvimento efetivo com essas práticas depende de desenvolvermos, de antemão, um poderoso desejo ou motivação. É o que se quer dizer com o poder de aspiração. Uma vez desenvolvido, não devemos oscilar em nossa prática ou nos desviar dela, mas, sim, completá-la com o poder de constância. O deleite que sentimos em gerar esforço ao longo do caminho deve-se ao poder de alegria. Se uma prática constante cansar nosso corpo ou mente, devemos abrandar nossos esforços empregando o poder de rejeição (às vezes, denominado poder de descontração), e então prosseguir quando tivermos recobrado nossa força. Nesse contexto, rejeição refere-se à rejeitar, ou eliminar, nossa fadiga por meio de descanso. Não se refere à rejeição do nosso esforço, o qual, de fato, é sustentado por meio do poder de rejeição.

[32] Esses quatro poderes aumentam e completam a prática de esforço. Eles são como um pelotão de soldados que conquista as forças inimigas da preguiça. Para alcançar a iluminação, temos de completar todas as práticas de esforço e, para fazer isso, temos de cultivar esses quatro poderes. Assim como um rei usa seu exército para vencer o inimigo e conquistar a vitória, o esforço derrota a preguiça – um dos maiores obstáculos no caminho que conduz à iluminação –, empregando os quatro poderes: aspiração, constância, alegria e rejeição.

A EXPLICAÇÃO EXTENSA DOS QUATRO PODERES

1. O poder de aspiração;
2. O poder de constância;
3. O poder de alegria;
4. O poder de rejeição.

O PODER DE ASPIRAÇÃO

[33] No exato momento de gerar a bodichita, o Bodissatva promete erradicar as ilimitadas não-virtudes e falhas acumuladas por ele e todos os outros, ainda que essa tarefa possa durar um oceano de éons. Entretanto, quando nós, que estamos tentando emular os feitos abrangentes de um Bodissatva, olhamos para a nossa situação realisticamente, ela corresponde à seguinte descrição sombria de Shantideva:

> [34] No momento, não possuo sequer a menor fração da habilidade de um Bodissatva e, por isso, sou a morada de muito sofrimento. Percebendo que a vasta não-virtude que cometi me levará ao sofrimento insuportável dos reinos inferiores, por que meu coração não se estilhaça imediatamente de medo?

A raiz de todos os nossos problemas é o auto-agarramento e esse tem de ser abandonado, se quisermos encontrar felicidade. No entanto, quando olhamos para nossas ações passadas, percebemos que não temos sido diligentes em tentar abandonar essa delusão, nem por cinco minutos. Como diz Shantideva:

> [35] Por mim e pelos outros, preciso cultivar as excelentes qualidades de um Buda. Mas, até agora, não realizei nem a menor parte delas. Embora eu tenha, ocasionalmente, obtido um precioso renascimento humano, des-

perdicei essas raras oportunidades em atividades sem sentido. Desde tempos sem-início, tenho vagado no samsara experienciando apenas sofrimento.

[36] Milagrosamente, alcançamos este precioso nascimento humano mais uma vez e seria realmente estranho se viéssemos a desperdiçá-lo novamente. Porém, o que temos feito com ele até agora; que sentido extraímos dele?

[37-38] Fiz oferendas extensas aos Budas? Pratiquei virtude pura? Presenteei extensivamente os outros com motivação pura? Alcancei quaisquer realizações de Darma, abandonei não-virtude e pratiquei virtude? Satisfiz as necessidades dos pobres e daqueles que têm sede de Darma? Concedi destemor aos perseguidos pelos poderosos, ladrões, inimigos ou animais selvagens? Confessei todas as minhas não-virtudes e acumulei uma profusão de virtude? Não, não fiz nada disso.

Devemos examinar de que modo nossa vida tem transcorrido. Desde as agonias do nascimento, temos nos confrontado com os sofrimentos causados por doença, envelhecimento, não conseguir aquilo que queremos e se deparar com aquilo que não gostamos. [39] Nosso tempo foi gasto de dificuldade em dificuldade, e a vida passou rapidamente, sem qualquer sentido para nós ou para os outros. Por que desperdiçamos tão completamente essa preciosa oportunidade? O motivo é que tanto nesta vida como nas vidas passadas faltou-nos a aspiração de praticar o Darma. Não cultivamos o desejo de domar nossa mente e de ficar livre das delusões; em vez disso, deixamo-nos desviar por ocupações que são, em última instância, sem sentido.

Podemos não ser carentes materialmente, mas se não temos a aspiração de desenvolver nossa mente, somos carentes de Darma. Essa pobreza é muito pior do que a falta de riquezas e posses e pode incapacitar até um opulento rei. Porque não tivemos a aspiração de praticar o Darma durante nossas vidas anteriores, estamos privados do Darma nesta vida atual. Do mesmo modo, se não cultivarmos o desejo de praticar agora, não teremos a oportunidade de encontrar o Darma no futuro. [40] Buda Shakyamuni afirmou que a raiz de toda virtude é uma aspiração correta; portanto, que pessoa inteligente negligenciaria a aspiração de praticar o Darma?

O poder de aspiração é cultivado de duas maneiras. Em primeiro lugar, devemos contemplar as inúmeras vantagens e os benefícios de cultivar uma mente de aspiração. Depois, em meditação analítica e posicionada, devemos contemplar o fato de que todo sofrimento surge de ações não-virtuosas e que toda felicidade surge daquilo que é virtuoso. Se meditarmos claramente nesses dois pontos correlatos, nos sentiremos motivados a abandonar todas as ações que são inábeis e a praticar somente o que é benéfico. Visto que são os ensinamentos de Darma que nos ajudam a discriminar entre o que deve ser abandonado e o que deve ser praticado, nossas meditações sobre as ações e seus efeitos farão surgir em nós uma aspiração de praticar o Darma.

[41] Para entender a lei infalível das ações e seus efeitos, devemos tentar averiguar que fatores estão na origem da nossa dor física, infelicidade mental, frustração, medo e tormento da separação. Essas experiências de sofrimento brotam unicamente das nossas ações não-virtuosas do passado. [42] Alguém que executa ações virtuosas e habilidosas será sustentado por felicidade onde quer que renasça; [43] mas o malfeitor, a despeito da sua busca por felicidade, terá de enfrentar as armas do sofrimento onde quer que se encontre.

[44] Uma transcendente experiência de felicidade aguarda aqueles Bodissatvas que se familiarizaram inteiramente com a prática de virtude. Eles nascem no coração refrescante de um vasto e fragrante lótus, em Sukavati, a Terra Pura de Buda Amitaba. Ali, eles são sustentados e nutridos pela

agradável voz dos Budas, dotada com sessenta excelentes qualidades. Ouvindo e contemplando o significado desses agradáveis sons, o afortunado Bodissatva é nutrido pelo alimento da sua concentração na vacuidade e, desse modo, o esplendor do seu corpo é aprimorado.

Quando Amitaba gera luz a partir do seu coração, o lótus se abre e, do seu centro, nasce o Bodissatva, adornado com todos os sinais maiores e as indicações menores de um Buda. Então, ele ou ela passa a residir na Terra Pura, sentindo grande êxtase, sem nunca ouvir sequer o som da palavra sofrimento. A causa para obter esse renascimento afortunado numa Terra Pura é a prática de virtude.

[45] Que experiências aguardam alguém que comete pesada não-virtude, que tira a vida de outro ser, por exemplo? Ele renasce no inferno, onde os capangas do Senhor da Morte rasgam sua carne com armas afiadas. Depois, eles despejam cobre derretido na boca do infeliz e transpassam seu corpo com espadas de fogo, cortando-o em centenas de pedaços. Nesse reino do inferno, o chão é um braseiro, e a infeliz vítima de sua própria não-virtude é queimada quando cada pedaço cortado do seu corpo cai e toca o solo em brasa. A causa de todo esse tormento realisticamente descrito não é outra senão as ações não-virtuosas que a própria pessoa cometeu no passado. [46ab] Se contemplarmos a diferença entre a felicidade que surge das ações virtuosas e o sofrimento que surge das ações não-virtuosas, seremos capazes de gerar uma poderosa aspiração por virtude e respeito pela autêntica prática de Darma.

O PODER DE CONSTÂNCIA

[46cd] Para desenvolver o poder de constância, devemos cultivar autoconfiança na nossa prática e meditação sobre virtude. Isso foi afirmado por Buda, no sutra Vajradotsa, que é uma seção do sutra *Guirlanda de Flores* (*Avatamsakasutra*, em

sânscrito). [47] Cultivamos autoconfiança examinando de antemão e de acordo com a nossa capacidade o que precisa ser feito e depois concluimos tudo o que tínhamos começado. [48] Se houver uma ação virtuosa que não somos capazes de concluir no momento atual, devemos adiar a tentativa de executá-la para mais tarde. A confiança em nossa capacidade crescerá se formos realistas sobre o que podemos fazer e abordarmos cada ação que assumirmos com uma mente firme e constante.

Muitas falhas e desvantagens surgirão se abandonarmos frequentemente as ações que iniciamos. É bastante inábil deixar um caminho em prol de outro e, então, abandonar esse outro para iniciar um terceiro. Esse tipo de comportamento errático deixa marcas não-virtuosas em nossa mente, que levam a uma inabilidade futura de completar nossas práticas de Darma. Tanto agora como no futuro, experienciaremos um aumento da nossa insatisfação e descobriremos que nossos feitos benéficos levam muito tempo para se consumarem e produzem resultados minguados. Esse ponto é importante porque, nos dias de hoje, muitos estudantes praticam dessa maneira. Eles pulam de uma meditação para outra e, por isso, nunca obtêm realizações. Se queremos extrair resultados de uma prática, depois de tê-la iniciado, temos de concluí-la com autoconfiança, enfraquecendo desse modo o poder da delusão. Uma vez que essa autoconfiança encoraja-nos a praticar o Darma, ajuda-nos a abandonar não-virtude e aumenta o poder dos oponentes do mal, ela é tudo, menos uma delusão.

Podemos gerar autoconfiança na prática de virtude cultivando os seguintes pensamentos:

> [49-51] Praticarei, eu mesmo, tudo o que é virtuoso. Aqueles que são fracos e estão sob o domínio do carma e da delusão são incapazes de se beneficiarem ou de atingirem seus propósitos. Pessoas mundanas são

> completamente incapazes de dar significado às suas vidas. Portanto, vou praticar o que é virtuoso para o benefício de todos os seres sencientes. Sabendo que estão envolvidos em tarefas inferiores e servis nas quais enfrentam muitas dificuldades, como posso sentar-me aqui em paz e nada fazer? Devo e vou beneficiá-los. Mas nunca sucumbirei ao veneno da vaidade.

Como no caso da maioria das qualidades positivas, a autoconfiança será fortalecida se pensarmos sobre seus benefícios e as falhas de não possuí-la. Quais são as desvantagens de não ter autoconfiança? Shantideva responde com uma analogia. [52] Quando corvos encontram uma serpente moribunda, agem como se fossem gaviões destemidos e a atacam. Do mesmo modo, quando nossa autoconfiança se deteriora, uma hoste de malefícios, não-virtudes e falhas descem sobre nós, como um bando de corvos. [53] Se não tivermos confiança para praticar o Darma, facilmente ficaremos desanimados. Separados do esforço dessa maneira, ficaremos muito distantes dos métodos para superar a delusão; portanto, nunca alcançaremos a libertação, nem a felicidade. Por outro lado, se desenvolvermos uma forte autoconfiança, nenhum obstáculo terá o poder de nos derrotar, enquanto lutamos para concluir nossas práticas de Darma.

[54] Portanto, firmes na busca por ações virtuosas, devemos lutar para conquistar o inimigo: as delusões venenosas. Se esse inimigo não for derrotado, ele será vitorioso. Deixar-nos vencer por nossas quedas cármicas negativas e continuar dizendo que desejamos a libertação não passa de uma piada. Portanto, o Bodissatva Shantideva declara:

> [55] Eu, o filho do valente Conquistador, derrotarei todas as delusões e não permitirei que nem uma única me submeta. Desse modo, permanecerei autoconfiante.

[56] Qualquer ser senciente que manifeste vaidade ou que esteja sob sua influência não é vitorioso sobre o inimigo, as delusões, porque está sob seu controle. Quem é vitorioso sobre seus inimigos não pode ser derrotado por eles. Se estivermos sob o jugo das delusões, não seremos vitoriosos sobre o verdadeiro inimigo. [57] Seguindo tal orgulho, cairemos nos reinos inferiores. Ainda que voltemos a renascer como um humano, as marcas dessa delusão vão amadurecer como uma vida de pobreza, desprovida de felicidade. Seremos como um escravo, forçados a comer o que os outros nos derem e atormentados por má reputação. [58] Estúpidos, feios e fracos, seremos desrespeitados por todos.

A pessoa que está cheia de vaidade e inflada de amor próprio interessa-se apenas por si mesma. Haveria algo mais patético? Essa pessoa arrogante nunca vence a delusão; em vez disso, é derrotada por ela. Que razão a leva a ter uma opinião tão inflada de si mesma? [59] Em contrapartida, uma pessoa que aplica as forças oponentes à delusão da vaidade e, desse modo, derrota os perigosos inimigos – o apego, a raiva e o orgulho – é um verdadeiro vencedor e merece o título de herói ou heroína.

Se destruirmos o orgulho e as outras delusões, seremos capazes de beneficiar os seres sencientes e conceder-lhes o fruto da iluminação. Quando destruídas, nossas delusões serão incapazes de nos causar mais mal. Como disse Shantideva:

> [60-62] Quando me vir em meio à multidão de delusões, devo me proteger contra seu mal de mil maneiras, como faz um leão que vive entre raposas. Quando grande perigo e tumulto surgem, as primeiras coisas que protejo são meus olhos. Do mesmo modo, devo proteger minha mente contra a hoste de perturbações mentais e distrações. Ao contemplar de que modo as delusões me prejudicam, penso que seria preferível ser queimado ou ter a cabeça decepada e a vida tirada de mim, a me curvar diante delas.

O PODER DE ALEGRIA

Sempre que praticamos o Darma, devemos fazê-lo com alegria. Se nos deixarmos abater pelos problemas físicos e mentais que podem surgir, nossa habilidade de, no futuro, praticar continuamente será obstruída. Por exemplo, se ingressarmos num retiro de meditação de um mês e nossa mente estiver lotada de problemas, provavelmente não nos sentiremos motivados a repetir a experiência. Muitos desses problemas e dificuldades surgem porque não sabemos como praticar de maneira razoável e, em vez disso, ultrapassamos nossos limites. O resultado desse modo extremista de praticar é tão-somente infelicidade.

Se pudermos manter um senso de alegria, não apenas sentiremos felicidade e paz interior, mas os frutos da nossa prática amadurecerão rapidamente. Como resultado, vamos valorizar a oportunidade de praticar ainda mais. [63] Assim como um desportista gosta da sua modalidade e não quer abandoná-la, também nós devemos praticar o Darma sem nunca nos cansar e querendo sempre fazer mais.

[64] Na busca de felicidade, as pessoas mundanas investem muito esforço em projetos arriscados, embora seja completamente incerto que serão bem-sucedidas. Pode ser que seus projetos venham a ser lucrativos, mas também é possível que resultem apenas em desgosto e frustração. A despeito dessa incerteza, elas trabalham com alegria e entusiasmo. Quando praticamos o Darma, o resultado de felicidade é inquestionável. Se as pessoas conseguem se entusiasmar por algo cujos resultados são incertos, por que não sentimos grande prazer e alegria em praticar algo que nunca nos atraiçoará?

Esse é um ponto importante a considerar. Devemos investigar profundamente se as atividades com as quais normalmente nos comprometemos trazem os resultados que esperamos ou não. [65] Em geral, nos sentimos bastante motivados a perseguir os cinco objetos de desejo: formas, sons, odores, sabores e objetos táteis agradáveis. Porém, como disse Buda Shakyamuni, todos esses objetos são como mel no fio da navalha, ou como uma bela flor que, na realidade, é venenosa. Se abordarmos esses cinco objetos com o forte apego que normalmente suscitam, continuaremos a experienciar os sofrimentos e a insatisfação do samsara interminavelmente.

Se comermos algo que parece atraente, mas é venenoso, talvez nada de ruim nos aconteça de imediato. Inicialmente, o gosto pode até nos parecer doce, mas depois que ingerirmos essa comida venenosa, ela se tornará causa de muita dor. Do mesmo modo, se usarmos os objetos atraentes com muito apego e desejo, inicialmente poderemos sentir algum prazer, mas isso diminuirá rapidamente e será substituído por insatisfação, desespero e sofrimento. Nossa atração por esses prazeres transitórios fechará a porta à libertação e abrirá os portões que levam aos três reinos inferiores.

Em outra analogia, Buda Shakyamuni compara os objetos de desejo ao fogo. Encontraremos alívio do frio sentando-nos na frente de uma lareira, mas se superestimarmos o fogo como fonte de prazer e o tocarmos, sofreremos uma grave queimadura. Com grande deleite, uma mariposa é atraída para uma chama de vela, onde será rapidamente torrada e consumida pelo fogo. Do mesmo modo, agarrar-se com apego aos pequenos prazeres que derivam de objetos atraentes priva-nos da felicidade indubitável da iluminação e nos expõe à decepção e ao sofrimento.

É muito útil nos lembrarmos dessas analogias e meditarmos nas inúmeras falhas e desvantagens dos desejos samsáricos. Quando nos cansarmos de perseguir objetos sensuais, que dão prazer momentâneo, mas sofrimento prolongado, poderemos nos questionar como faz Shantideva:

[66] Por que não ingresso no caminho à libertação, que confere felicidade temporária e definitiva, e onde não existe a palavra sofrimento? Em minha prática de Darma, serei como o elefante que, atormentado pelo calor do sol a pino, mergulha numa lagoa de água amena e refrescante.

Pensando desse modo, no tão procurado alívio do sofrimento oferecido pelo Darma, devemos abordar nossas práticas espirituais com grande entusiasmo e alegria, e não com um coração pesado.

O PODER DE REJEIÇÃO

Para que sejam frutíferas, nossas práticas de Darma têm de ser equilibradas e realistas. Cultivar uma abordagem extrema, seja de super fervor seja de indolência, é contraproducente. Um meio eficaz de garantir o equilíbrio das nossas práticas é empregar o poder de rejeição. Esse poder tem diversas aplicações. Em geral, significa que devemos saber quando fazer uma pausa ocasional numa prática virtuosa, a fim de superar (ou rejeitar) nosso cansaço e poder retomá-la quando estivermos renovados. Também significa adiar nosso ingresso em práticas mais avançadas, como a de dar nosso corpo da maneira como faz um Bodissatva Superior, e nos dedicarmos a práticas mais fáceis e controláveis, como a de dar ajuda material aos necessitados. Não é benéfico nos forçarmos a fazer práticas mais elevadas antes de estarmos preparados para elas. Por exemplo, quando tentamos cultivar uma mente plenamente concentrada, existem nove etapas de desenvolvimento progressivo a serem atravessadas. É impossível meditar nas etapas finais e obter resultados válidos sem antes termos praticado os níveis iniciais. Adiar temporariamente as práticas mais elevadas até que estejamos preparados para elas é uma das facetas do poder de rejeição.

[67] De tempos em tempos, nossa energia pode se enfraquecer ou o cansaço pode se instalar em nós. Nessas ocasiões, é prudente interromper qualquer atividade e descansar. Depois, quando estivermos prontos para continuar, retomaremos nossa prática com renovado vigor. Se não soubermos como praticar o Darma de modo correto e nos forçarmos excessivamente, estaremos seguindo o caminho da "virtude louca". Essa expressão indica falta de habilidade e mostra que até as práticas de Darma, quando são conduzidas de maneira incorreta, podem ser causa de distúrbio mental. Assim, é extremamente importante saber quando devemos aplicar o poder de rejeição.

Um terceiro aspecto desse poder é saber quando deixar nossas aquisições para trás. Não devemos nos apegar a nenhuma etapa de realização que tenhamos conquistado, por mais agradável ou repleta de êxtase que seja. Em vez disso, lembrando-nos de que nossa meta é a plena iluminação da budeidade, devemos abandonar tal apego e avançar para a próxima etapa de desenvolvimento ao longo do caminho espiritual. Assim, o poder de rejeição também se refere a compreender quando devemos deixar nossas conquistas e seguir em frente em busca de aquisições mais avançadas.

Assim termina a exposição mais detalhada dos quatro poderes que aumentam a força do nosso esforço.

PRATICAR SERIAMENTE COM CONTÍNUA-LEMBRANÇA E VIGILÂNCIA

[68] Quando um guerreiro valente e bem treinado luta numa batalha, ele protege seu corpo contra as armas do inimigo e usa de toda a sua habilidade para contra-atacar. Do mesmo modo, o praticante de Darma habilidoso protege-se contra as armas da delusão e amarra firmemente esse traiçoeiro inimigo, para contra-atacar com o remédio adequado.

Com a corda da contínua-lembrança e o gancho da vigilância mental, esse praticante corajoso contra-ataca a delusão conscienciosamente.

Continuando com a analogia da guerra, [69] um soldado que derrube sua espada no calor da batalha irá retomá-la imediatamente, temendo por sua vida. De modo similar, um praticante de Darma que perca sua contínua-lembrança deverá lembrar-se dos sofrimentos dos reinos inferiores e imediatamente reaver sua arma. Se a corda da contínua-lembrança for afrouxada, a força das nossas virtudes diminuirá, e nossas três portas de corpo, fala e mente ficarão vulneráveis ao ataque da hoste de delusões e negatividades, que nos causam imenso sofrimento, tanto agora como no futuro.

É importante que tentemos superar até o menor vestígio de delusão, aplicando imediatamente a força oponente oportuna. [70] Assim como o veneno na ponta de uma flecha, embora pouco em quantidade, pode se espalhar pelo corpo inteiro através da corrente sanguínea, também um pensamento de delusão, aparentemente pequeno e insignificante, pode facilmente se multiplicar até permear a mente inteira. Para impedir que isso ocorra, é extremamente importante cultivar as forças da contínua-lembrança e da vigilância. Shantideva apresenta uma notável analogia, que ilustra o quanto devemos ser zelosos ao empregar essas duas forças:

> [71] Imaginem quão cuidadoso deveria ser um homem que tivesse de transportar um jarro repleto de óleo de mostarda quente, por um longo trajeto, sendo perseguido por alguém que, andando atrás dele com uma espada em punho, o ameaçasse de morte caso derrubasse uma única gota! Praticantes de Darma devem ser tão cuidados quanto esse homem.

Quando estamos praticando meditação, é benéfico nos lembrar desse exemplo e manter nossa concentração focalizada num único objeto, sem permitir que nossa contínua-lembrança se deteriore.

[72] Se uma serpente venenosa subisse em nosso colo, certamente a tiraríamos dali o mais rapidamente possível. Do mesmo modo, sempre que a serpente venenosa da preguiça se esgueirar em nossa mente, devemos nos lembrar do sofrimento apavorante ao qual ela nos expõe e afastá-la imediatamente. De fato, sempre que alguma delusão ou pensamento não-virtuoso aparecer em nossa mente, devemos nos censurar da seguinte maneira:

> [73ab] Malfeitor! Por teres te distraído com pensamentos como esses no passado, estás a vagar pelo samsara, experienciando continuamente seus tormentos. E, veja só, continuas agindo da mesma maneira!

[73cd] Adotando essa maneira crítica de ver as delusões, devemos tentar não sucumbir aos pensamentos não-virtuosos e gerar a firme determinação de não deixar essa mente surgir de novo.

No quarto capítulo deste livro, contou-se a história do renomado Geshe Ben Gunguiel. Esse Professor era famoso pela maneira como empregava a contínua-lembrança enquanto vigiava sua mente. Da manhã até a noite, observava de perto sua mente, examinando se os pensamentos que surgiam eram virtuosos ou não-virtuosos. Sempre que um pensamento negativo surgia, punha uma pedra preta no solo à sua frente; sempre que um pensamento positivo surgia, punha uma pedra branca. No final do dia, somava as pedras. Se as brancas fossem mais numerosas, apertava sua mão direita vigorosamente, felicitava a si mesmo e usava o título de "Venerável Geshe". No entanto, se as pedras pretas predominassem, se recriminava dizendo: "Patife, traidor, charlatão! Não temes a morte? Como podes mostrar-te tão confiante quando tua mente é tão traiçoeira?". Então, extraía de si a promessa de nunca mais repetir aquelas ações mentais não-virtuosas.

Geshe Ben Gunguiel praticou intensamente desse modo, por um longo período. Seu método de abandonar não-virtude e de fortalecer virtude foi elogiado por muitos Professores e eruditos daquela época. Se nosso desejo de controlar a mente e de tornar nossa vida significativa for sincero, nós também devemos praticar como ele. Devemos averiguar se nossos pensamentos diários são predominantemente virtuosos ou não-virtuosos e, então, empregar meios para fortalecer a mente positiva e eliminar a negativa. É sensato assumir a responsabilidade de avaliar nossos atos virtuosos e não-virtuosos agora, porque na hora da nossa morte, quem estará fazendo esse cálculo é o Senhor da Morte e, então, será tarde demais para tomarmos qualquer providência. [74] Em resumo, devemos tentar abandonar não-virtude tanto quanto possível, familiarizando-nos com o poder de contínua-lembrança. Com esse pensamento em mente, devemos procurar um Guia Espiritual mahayana e praticar tudo o que ele ou ela nos ensina.

USAR A MALEABILIDADE DE CORPO E MENTE PARA ASSUMIR UMA CONDUTA VIRTUOSA

[75] Lembrando-nos das instruções sobre conscienciosidade explicadas no quarto capítulo e abandonando a preguiça por meio do esforço, devemos tornar nosso corpo e nossa mente bastante maleáveis para executar ações virtuosas. [76] Assim como o vento sopra um floco de algodão de um lado para outro, nossa mente – munida com a alegria de praticar virtude – deve estar no pleno comando do nosso corpo e da nossa fala. Se pudermos praticar dessa maneira, satisfaremos rapidamente todas as nossas metas e desejos.

A mensagem essencial deste capítulo é que devemos entender o quanto todas as formas de preguiça são prejudiciais. Elas bloqueiam a expansão das nossas ações virtuosas e fazem as ações não-virtuosas de corpo, fala e mente crescerem sem esforço. Buda Shakyamuni disse que um preguiçoso não pode praticar o Darma puramente. Portanto, devemos sempre lutar para gerar esforço e com isso superar essa delusão peçonhenta. Todos os fatores que se opõem ao desenvolvimento do esforço devem ser abandonados, e precisamos empregar os quatro poderes – aspiração, constância, alegria e rejeição – para levar nosso esforço à plenitude. Todas as formas de morosidade e indolência devem ser deixadas para trás. Não devemos nos desanimar com pensamentos derrotistas. Meditando sobre impermanência, morte e os sofrimentos dos reinos inferiores, devemos gerar a aspiração de extrair plena vantagem da nossa preciosa e única existência humana. Contemplando as inúmeras deficiências e falhas do samsara como um todo, devemos pôr de lado todas as distrações mundanas e os apegos ao prazer transitório.

Até alguém com poucas qualidades pode alcançar a iluminação se cultivar a perfeição de esforço. Agora que alcançamos esta preciosa vida humana e encontramos os ensinamentos perfeitos do Darma, não há razão alguma para que não alcancemos a iluminação, desde que apliquemos esforço. Devemos nos monitorar a pensar desse modo e tomar a decisão sincera de abandonar todas as formas de preguiça. Então, se cultivarmos os quatro poderes corretamente, seremos capazes de completar a perfeição de esforço.

Assim termina o capítulo intitulado "Esforço", o sétimo capítulo do texto *Contemplações significativas*, um comentário ao *Guia do estilo de vida do Bodissatva*, de Shantideva.

Geshe Chilbuwa

Concentração

COMO TREINAR A CONCENTRAÇÃO DO TRANQUILO-PERMANECER

Este capítulo tem quatro partes:

1. Por que precisamos alcançar o tranquilo-permanecer;
2. Exortação para abandonar os oponentes do tranquilo-permanecer;
3. Como abandonar os oponentes do tranquilo-permanecer;
4. Como alcançar o tranquilo-permanecer.

POR QUE PRECISAMOS ALCANÇAR O TRANQUILO-PERMANECER

[1] Tendo cultivado esforço da maneira explicada no capítulo anterior, devemos posicionar nossa mente em concentração e tentar gerar o estado do tranquilo-permanecer (*shamatha*, em sânscrito), um estado no qual temos pleno controle da nossa mente, livre de obstruções perturbadoras.

Quais são as desvantagens de não posicionar nossa mente em concentração unifocalizada? Por mais que tentemos praticar as outras perfeições, se não tivermos gerado concentração, nossa mente será constantemente distraída por delusões. Ficaremos presos entre os caninos da besta selvagem das emoções conflituosas. Em vez de controlar nossas delusões, são elas que vão nos controlar. Num estado como esse, tudo o que fizermos, seja recitar preces, visualizar deidades ou praticar outras virtudes, não terá a força nem a capacidade de produzir resultados significativos. Se estamos seriamente interessados em alcançar a iluminação, devemos descobrir quais são os objetos que nos capacitam a gerar as mentes de renúncia, bodichita e visão correta da realidade e, então, nos concentrarmos nelas unifocadamente em meditação. Não faz sentido meditar em nada mais.

No momento, nossa mente não está focalizada com acuidade nos objetos de virtude. Porque nossa mente não está intimamente misturada com tais objetos, nossas meditações não avançam, ou progridem, a contento. Se pudéssemos reter um estado firme de concentração, todas as nossas práticas de Darma iriam naturalmente melhorar e certamente colheríamos seus frutos. Pensando no quanto isso seria vantajoso, devemos lutar com diligência para gerar profunda concentração e para alcançar o estado sereno do tranquilo-permanecer.

Normalmente, quando tentamos meditar sobre um objeto virtuoso, como o nosso precioso renascimento humano, a impermanência ou a vacuidade, nossa mente não fica tranquilamente posicionada no objeto. Ao contrário, ela se distrai constantemente. Nessas ocasiões, a mente é como uma chama de vela soprada pelo vento. Essa luz bruxuleante não nos permite ver as coisas com clareza. Do mesmo modo, não conseguiremos enfocar o objeto de meditação com clareza, enquanto nossa mente estiver sendo soprada por distrações. Se pudéssemos construir uma tela protetora de concentração em torno da mente, o foco da nossa meditação se tornaria inamovível, e teríamos uma percepção imperturbável do objeto virtuoso da nossa escolha. Portanto, devemos seguir os métodos para cultivar concentração que apresentaremos a seguir.

[2ab] O meio para impedir que nossa mente se distraia é, antes de tudo, viver em solitude. Afastando-nos da família, dos amigos e dos conhecidos, lograremos a solitude física.

O que é mais importante, abandonando e nos opondo a todos os nossos pensamentos perturbadores, lograremos a solitude mental. Nesse estado de quietude, poderemos começar a cultivar a tão necessária concentração da mente.

EXORTAÇÃO PARA ABANDONAR OS OPONENTES DO TRANQUILO-PERMANECER

[2cd] Pelas razões mencionadas, Shantideva nos encoraja a deixar nossa vida mundana e a abandonar por completo os pensamentos perturbadores que povoam nossa mente.

COMO ABANDONAR OS OPONENTES DO TRANQUILO-PERMANECER

Este tópico tem seis partes:

1. Reconhecer as causas do nosso apego à vida mundana;
2. Reconhecer o oponente do apego;
3. Como gerar o oponente do apego;
4. As falhas dos divertimentos mundanos;
5. Os benefícios de viver em solitude;
6. Como abandonar concepções perturbadoras.

RECONHECER AS CAUSAS DO NOSSO APEGO À VIDA MUNDANA

[3] Por que somos apegados à nossa existência mundana? Antes do apego surgir, agarramo-nos a uma forte sensação de eu. Dela, surgem pensamentos tais como meu amigo, minha família, minhas posses. Olhamos para tudo isso como se fossem inerente e independentemente existentes e, como resultado, apegamo-nos ao que julgamos ser inerentemente nosso.

A origem de todo apego é o nosso auto-agarramento ignorante. Sendo assim, poderíamos pensar que, para cultivar o tranquilo-permanecer, precisamos primeiro abandonar o auto-agarramento. Mas não é o caso. Contemplando as falhas de ser apegado à nossa família, às nossas posses etc., podemos abandonar temporariamente nossa atitude de agarramento. Isso será suficiente para nosso propósito de gerar concentração. A plena erradicação do auto-agarramento só acontece com o desenvolvimento de sabedoria, e esta, por sua vez, depende de primeiro cultivarmos o tranquilo-permanecer. Por hora, basta usarmos remédios temporários ao nosso problema de apego; o tratamento final poderá ser aplicado mais tarde.

RECONHECER O OPONENTE DO APEGO

[4] O oponente máximo do apego e de todas as delusões é a sabedoria da visão superior que observa a vacuidade, a verdadeira natureza da realidade. Essa sabedoria, que é dotada com a força do tranquilo-permanecer (uma mente que superou todas as formas de afundamento e de excitamento mentais), pode desenraizar por completo o auto-agarramento e todas as outras delusões. No entanto, conforme foi dito, para gerar o tranquilo-permanecer, do qual a sabedoria depende para ter força plena, precisamos buscar maneiras de abandonar temporariamente nosso apego grosseiro pela vida mundana. Se não aplicarmos essas medidas temporárias, jamais conseguiremos conquistar a cessação completa do nosso sofrimento e muito menos ajudar os outros a conquistarem a sua liberdade.

COMO GERAR O OPONENTE DO APEGO

Este tópico tem duas partes:

1. Abandonar o apego aos seres sencientes;
2. Abandonar o apego às coisas inanimadas.

ABANDONAR O APEGO AOS SERES SENCIENTES

Podemos nos apegar a dois tipos de objetos, os animados e os inanimados, e Shantideva inicia esta sessão expondo o primeiro. Quais são as desvantagens de nos apegarmos aos nossos amigos, familiares, animais de estimação e assim por diante? Devemos lembrar que ambos, o sujeito e o objeto das nossas atitudes de aferramento, são transitórios, impermanentes e mudam a cada momento. [5] Se cometermos ações não-virtuosas em nome do nosso apego aos outros seres transitórios, criaremos causa para renascer em situações onde não seremos capazes de ver objetos bonitos ou agradáveis por milhares de vidas. Assim, nossa obsessão por aquilo que achamos belo é a causa para que sejamos incapazes de reencontrar algo belo durante muito tempo. [6] O resultado disso não é nada senão a infelicidade e a incapacidade de manter uma mente equilibrada e enfocada em virtude. Ademais, mesmo quando formos suficientemente afortunados para encontrar objetos atraentes, nosso exagerado apego a eles nos causará imenso desconforto e sofrimento.

[7] Sentir forte apego por nossos entes queridos bloqueia nossa habilidade para obter uma compreensão correta da vacuidade e também obstrui o desenvolvimento de renúncia e bodichita. O apego fecha a porta que leva à libertação de todas essas maneiras. Inevitavelmente irá nos causar imenso tormento quando o impiedoso Senhor da Morte nos separar de nossos familiares e amigos e formos obrigados a partir completamente sozinhos para nossa próxima vida.

[8] Interessados somente nos assuntos e apegos desta vida, desperdiçamos esta rara oportunidade que é a nossa preciosa vida humana. Embora os objetos do nosso apego sejam transitórios, eles têm o poder de obstruir nosso caminho à liberdade. Em nome de pessoas que são tão impermanentes quanto nós mesmos, abandonamos a oportunidade de obter realizações de Darma e de conquistar a eterna

iluminação. [9] Comportando-nos dessa maneira estreita e pueril, não fazemos nada além de nos aproximar resolutamente de um renascimento nos reinos inferiores. Portanto, qual é o benefício de ficarmos na dependência exclusiva dos familiares e amigos aos quais somos apegados?

Por causa dos nossos apegos, passamos grande parte do nosso tempo tentando agradar outras pessoas cujas atitudes são tão pueris quanto as nossas. [10] Por exemplo, se satisfizermos os desejos de alguém, seremos imediatamente proclamados seu melhor amigo. Porém, se um pouco depois contrariarmos seus desejos, ainda que levemente, seremos subitamente vistos como seu pior inimigo. [11] Ademais, se aconselharmos as pessoas mundanas ou as incentivarmos a praticarem o Darma, elas prontamente ficarão ofendidas e dirão: "Para que serve isso?" Se não ouvimos o que têm a dizer, elas se enfurecem, denigrem o Darma e acabam nos reinos inferiores. Referindo-se a esse tipo de comportamento, Buda chamou as pessoas mundanas de infantis.

Como foi explicado no capítulo sobre a paciência, nós também merecemos ser chamados de infantis. Ficamos exultantes quando recebemos um pequeno elogio, um ganho qualquer ou quando nossa reputação melhora um pouco. Contudo, quando nada disso acontece, imediatamente ficamos deprimidos e extremamente infelizes. [12] Igual às outras pessoas mundanas, invejamos nossos superiores, competimos com nossos pares e somos arrogantes com os que estão abaixo de nós.

Por que Shantideva explica tudo isso? Ele quer deixar claro que continuar apegado às pessoas mundanas não traz benefício algum. Em vez de continuarmos confusos e nos deixarmos distrair por interesses mundanos, devemos nos empenhar em procurar um lugar de solitude, no qual possamos apaziguar nossa mente, cultivar o tranquilo-permanecer e avançar ao longo do caminho à iluminação. [13] Se não fizermos isso, mas continuarmos a nos deixar distrair por atividades sem sentido e por apegos menores, iremos colher somente confusão. Como resultado, vamos cometer ações não-virtuosas, elogiar a nós mesmos e desprezar os outros; além disso, desperdiçaremos nosso tempo discutindo os prazeres passageiros do samsara, a despeito de sua natureza insatisfatória e dolorosa. Se examinarmos de perto nossas vidas, concordaremos com Shantideva quando ele diz:

> [14-15a] Dediquei-me a relações sem sentido por muitos anos, mas que benefícios elas me trouxeram? Se calcular corretamente, verei que não ganhei nada de valioso dos outros, nem eles de mim. Já que não houve benefício para ambos os lados, devo escapar o mais rapidamente possível daqueles que me distraem.

A conclusão é viver em solitude. [15bd] Se mais tarde voltarmos a encontrar nossos familiares e amigos, devemos ficar alegres e saudá-los com um sorriso evitando, contudo, um envolvimento exagerado com eles. Então, sem apego, devemos voltar à nossa vida solitária. É preciso notar, contudo, que esse tipo de vida é recomendado especificamente aos que estão empenhados em cultivar concentração unifocalizada. Não significa que todos os que desejam praticar o Darma tenham que se afastar de tudo a fim de viver numa caverna vazia.

[16] Quando estivermos instalados confortavelmente em solitude, devemos satisfazer nossas necessidades de comida ou roupas do mesmo modo que uma abelha extrai mel de uma linda flor. Sem se apegar à flor, a abelha retira o que precisa e retorna à colméia. Do mesmo modo, devemos buscar comida e roupas junto aos outros e, depois, sem gerar uma atitude de apego às pessoas que encontramos ou aos lugares por onde passamos, devemos voltar para nosso canto de quietude e evitar qualquer relacionamento com os outros.

ABANDONAR O APEGO ÀS COISAS INANIMADAS

O apego a posses materiais e similares é outro obstáculo que devemos abandonar em nossa busca do tranquilo-permanecer. Podemos nos opor a essa atitude de aferramento treinando da maneira que se segue. Primeiro, devemos considerar que, [17] se formos apegados à nossa riqueza, fama ou reputação e gerarmos orgulho desses atributos elogiados pelos outros, as delusões de orgulho e de apego vão nos levar a renascer em reinos inferiores, onde sofreremos terríveis medos. [18] Devemos compreender que nossa mente confusa é incapaz de discriminar entre o que é benéfico e o que é prejudicial para si mesma. Por isso, ela corre descontroladamente para os objetos de apego, inconsciente do imenso tormento que, em nome deles, terá de suportar em vidas futuras. [19] Sábia é a pessoa que permanece desapegada de riqueza, fama e coisas do gênero, porque é o nosso aferramento a esses deleites que dá origem a todos os nossos medos.

[20] Outro ponto a considerar é que todas as nossas posses e tudo aquilo pelo qual lutamos nesta vida terão de ser deixados para trás quando chegar o momento de partir sozinhos para nossa próxima vida. Portanto, lembrando-nos da morte e compreendendo que não vamos levar nada conosco a não ser as marcas cármicas gravadas em nossa mente, devemos abandonar o apego aos prazeres passageiros desta vida.

Uma consideração final refere-se à nossa atitude ao receber elogio. Não há motivo algum para ficarmos alegres quando as pessoas falam bem de nós ou infelizes quando nos criticam. Por quê? Porque nenhum elogio que recebemos tem poder para elevar ou aumentar nossas boas qualidades e nenhuma censura pode nos fazer cair. Ademais, [21] sempre haverá algumas pessoas que irão nos elogiar e outras que irão nos desprezar. Portanto, que prazer pode haver em ser elogiado e que desprazer pode haver em ser menosprezado?

AS FALHAS DOS DIVERTIMENTOS MUNDANOS

Nesse ponto, a seguinte dúvida pode surgir: "Não seria incorreto abandonar os seres sencientes e buscar solitude? Se somos seguidores do estilo de vida do Bodissatva, não deveríamos tentar beneficiar esses seres permanecendo ao seu lado?" Isso é uma concepção equivocada. Temos de admitir que, hoje, nossa mente é descontrolada. Sendo assim, [22] como esperar que possamos satisfazer os desejos de todos os seres sencientes e agradá-los? Cada um deles tem diferentes e incompatíveis tendências e intenções, e nem mesmo um Buda poderia agradar a todos. É preciso de dizer que alguém tão confuso como nós certamente não será capaz de fazê-lo?

Assim, devemos abandonar temporariamente o desejo de nos associar com pessoas mundanas e, em vez disso, fazer as práticas que irão realmente aumentar nossa habilidade de ajudar os outros – ou seja, cultivar o tranquilo-permanecer e meditar na vacuidade. Depois, quando atingirmos um estado de realização, virá o tempo em que poderemos conviver com os outros e beneficiar muitas pessoas. Alguém que deseja se tornar médico também age assim. Antes de poder prestar um grande serviço aos outros, deve ingressar numa escola de medicina para um período de intenso treinamento, no qual se qualificará para sua tarefa futura. Só depois de ter se preparado dessa maneira, terá confiança em si e a capacidade de ajudar os outros a reduzirem seu sofrimento.

Se agora nos relacionarmos constantemente com pessoas mundanas, veremos que somos incapazes de beneficiá-las efetivamente e, além disso, por causa das suas delusões, elas serão levadas a criar pesado carma negativo em relação a nós. [23] Quando adotamos uma vida ascética e simples, os mundanos nos desprezam e dizem: "Não passas de um mendigo, um coitado!" Por outro lado, quando possuímos bens materiais, eles dizem: "Não podes ser um bom praticante de Darma. Veja o quanto tu és apegado à boa vida!" Se ficarmos entre pessoas que são tão difíceis de agradar, como irão elas ver em nós algo a não ser falhas?

[24] As pessoas infantis, mundanas, só se interessam pelo seu próprio bem-estar. Se não satisfazermos seus desejos, elas se tornarão infelizes. Esse relacionamento nos expõe ao perigo de nos tornarmos semelhantes a elas e, com isso, nossas práticas de um Bodissatva vão se degenerar. Buda disse que esses seres infantis não sabem como beneficiar os outros e, por isso, não é sábio nos associarmos a eles ou ficarmos na sua dependência.

OS BENEFÍCIOS DE VIVER EM SOLITUDE

Quando estivermos profundamente convencidos da necessidade de deixar para trás nossos apegos mundanos, devemos procurar um ambiente ideal para cultivar concentração. Shantideva descreve a seguir o anseio que sente um praticante de Darma por um lugar de solitude, e diz que nós também devemos rezar para sermos capazes de encontrar e de viver num lugar assim:

> [25-28] Tendo deixado para trás os infantis, onde devo morar? Em isolamento, onde não haja ninguém para interromper minha prática de Darma. Árvores, pássaros, cervos e outros habitantes da floresta nunca irão me atrapalhar, mas ao contrário, irão me beneficiar, servindo como objetos da minha renúncia e bodichita, que aumentarão diariamente. Desses companheiros da floresta nada de mal receberei.
>
> Quando devo morar numa caverna, onde não existe base para aferramento? Em santuários vazios ou ao pé de árvores, desapegado da família e sem olhar para trás – quando poderei morar desse modo?

> Quando devo morar nesse lugar de ninguém, que não causa disputas e me permite meditar pelo tempo que quiser; um lugar limpo e aberto, onde posso viver sem apego ao meu corpo e às minhas posses? Quando serei capaz de viver sem medo, com apenas uma cuia de mendicante, uma panela e poucas roupas velhas, inúteis para os outros, e sem nada desejar? Se morar dessa maneira, não terei que proteger ou esconder meu corpo. Estarei livre do perigo de ladrões e de assaltantes, visto que não terei nada que alguém pudesse desejar.

Se cultivarmos a aspiração de morar assim e rezarmos para que isso aconteça, certamente um dia seremos capazes de fazê-lo. Se as circunstâncias não se reunirem nesta vida, é seguro que isso acontecerá numa vida futura. Atualmente, nosso apego aos objetos animados e inanimados tornaria muito difícil nossa vida em solitude. Contudo, quando tivermos abandonado esse apego, morar em solitude nos trará muita felicidade e contentamento.

No passado, muitos famosos iogues indianos e tibetanos, como Milarepa, passaram grande parte de suas vidas em reclusão. Comparados conosco – que vivemos em casas confortáveis, cercados de luxo – quem é mais feliz? Sem dúvida, iogues como Milarepa tinham um êxtase mil vezes maior que tudo o que já sentimos. A felicidade insuperável desses iogues deve-se à sua calma interior e total ausência de apego aos objetos exteriores; nossos sofrimento e insatisfação, por outro lado, devem-se à nossa completa imersão nas atitudes de apego e de aversão aos objetos exteriores.

Ao compreender as inúmeras vantagens de viver num lugar solitário, devemos rezar sinceramente para ser capaz de praticar em tais ambientes. É muito interessante lermos as biografias de Buda e de outros grandes meditadores para aprender como eles viviam e praticavam em solitude. Até 1959, haviam muitos praticantes vivendo em áreas remotas do Tibete e, atualmente, existem muitos meditadores que seguem esse estilo de vida e moram pacificamente em isolamento. Devemos nos regozijar com suas práticas e rezar para imitá-los.

Há muitas histórias sobre os grandes praticantes do passado. Contarei apenas um trecho da vida de um grande iogue tibetano chamado Kachen Yeshe Guialtsen, que foi tutor do oitavo Dalai Lama. Quando era um simples monge no monastério Tashi Lumpo, esse iogue recebeu muitos ensinamentos de sutra e de tantra dos seus Guias Espirituais. Gerou então um desejo intenso de meditar e decidiu fazê-lo nas mesmas cavernas onde, séculos antes, Milarepa havia meditado.

Certa vez, ele viajou para Kyirong, um distrito onde Milarepa havia passado muitos anos fazendo retiro em diversas cavernas. Yeshe Guialtsen procurava uma caverna chamada Kar, situada a uma elevada altitude, na lateral de uma montanha nevada, atrás de uma mata densa. O risco de nevascas nos arredores da caverna era tão grande que o acesso ao local só era viável durante poucos meses em cada verão. Assim, poucas pessoas iam a esse lugar.

Ao chegar a Kyirong, Yeshe Guialtsen perguntou a um dos habitantes do povoado onde poderia encontrar a caverna de Milarepa chamada Kar. O aldeão ficou alarmado e indagou: "Por que queres saber?" Quando Yeshe Guialtsen explicou que pretendia meditar naquele lugar, o homem deu uma gargalhada e ironizou: "Alguém que queira ficar num lugar assim é melhor que tenha um corpo de cobre e um coração de ferro. É o teu caso?" Geshe Guialtsen perguntou novamente sobre o caminho, e o aldeão voltou a rir e a fazer suas piadas. Por fim, ensinou ao meditador como chegar à caverna que procurava.

Yeshe Guialtsen foi visto pelos aldeões pela última vez quando rumava para Kar e, depois de muitos meses sem notícias, todos temeram pelo pior. Quando o verão chegou, alguns homens resolveram enfrentar a traiçoeira trilha que levava à caverna e, lá chegando, surpreenderam-se ao ver o iogue com um ar feliz e calmo fazendo suas práticas. Ao tomar conhecimento das habilidades excepcionais de Yeshe Guialtsen, as pessoas das aldeias vizinhas geraram grande fé e devoção por ele e, em pouco tempo, sua caverna de meditação tornou-se um local de peregrinação. Foram tantos os que vieram lhe homenagear, que o iogue foi forçado a procurar outro local para praticar.

Yeshe Guialtsen percorreu as antigas cavernas de Milarepa e meditou nelas por muitos anos. No final da vida, quando foi solicitado pelo oitavo Dalai Lama a escrever sua autobiografia, ele disse: "Minha prática de Darma foi mais árdua que a do grande iogue Milarepa. Ele mastigava urtigas e mendigava comida nas aldeias, mas eu tive de aguentar todos os meus problemas e dores em estrita solidão". Por fim, Yeshe Guialtsen foi reconhecido como uma encarnação do próprio Milarepa. Este é apenas um breve relato da história de um iogue, mas havia muitos outros como ele, espalhados pela Índia e pelo Tibete.

Para fortalecer nossa resolução de viver e meditar em solitude, devemos contemplar a impermanência e a morte. Isso aumentará nosso desejo de praticar o Darma. Se meditarmos sobre a certeza da nossa morte, sobre a total incerteza de quando isso irá ocorrer e sobre o fato de que na hora da morte somente a prática de Darma poderá nos beneficiar, nossa determinação de praticar puramente vai se aprimorar imensamente. [29] Visitar de vez em quando cemitérios ou locais de cremação é uma ótima idéia para aprofundarmos nosso desejo de abandonar o apego ao nosso corpo. Ao ver os cadáveres e ossos ou ao pensar neles, somos lembrados de que um dia seremos iguais a eles. Então, sentiremos o desejo de meditar num local isolado e de seguir nossas práticas espirituais até que a morte nos interrompa. Devemos pensar no quanto nossa morte numa caverna solitária passará completamente despercebida. [30] Nossa carne vai se descolar dos ossos e ficar tão podre que nem os animais selvagens que normalmente gostam disso ousarão se aproximar.

Se abandonarmos a vida mundana e pensarmos o tempo todo "quando poderei praticar em solitude?", é impossível que não obtenhamos realizações. Contudo, se hoje nos mudássemos para uma caverna isolada, acharíamos impossível obter resultados da nossa prática e, ao contrário, enfrentaríamos grandes dificuldades. Por quê? Porque no momento atual só temos um pé no Darma; o outro está firmemente plantado nas distrações da vida mundana. Embora tenhamos um pequeno desejo de praticar o Darma e de alcançar a iluminação, alimentamos desejos insaciáveis pelos prazeres do samsara. Sendo assim, não há como obtermos realizações rapidamente. Por que estamos tão divididos entre esses dois desejos opostos? Porque não nos lembramos dos sofrimentos da morte e não meditamos neles. Se desenvolvermos consciência da morte, não desperdiçaremos nosso potencial humano em afazeres mundanos, mas, em vez disso, nos sentiremos motivados a seguir o Darma puramente.

Devemos olhar para nossa condição humana da maneira mais realista possível. [31] Embora nosso corpo surja como uma unidade integrada, por fim nossos ossos e nossa carne vão se separar um do outro e se decompor. Isso é ainda mais verdadeiro quando se trata de relações entre pessoas – nossos amigos e conhecidos serão rapidamente separados uns dos outros e de nós.

[32] No nascimento, viemos para este mundo sozinhos. Até agora nunca nos separamos do nosso corpo; mas quando aparecerem os sinais indicando a aproximação do Senhor da Morte, ficará claro que temos de partir desta vida sozinhos, sem levar nem mesmo o corpo atual para nos acompanhar. Se corpo e mente terão de passar por essa separação, será preciso falar sobre a inevitável separação da nossa família e dos amigos? Por mais tempo que tenhamos vivido com as pessoas que amamos, o fato é que nascemos sozinhos e que vamos partir desta vida sozinhos. Todo o nosso sofrimento também tem de ser tolerado por nós, sozinhos. Ninguém

pode dividi-lo conosco. De que serve, então, sermos apegados aos outros e nos referirmos a eles como meu marido, minha mulher, meu amigo e assim por diante? Tais pessoas fazem pouco para nos beneficiar e só servem para impedir nossa jornada à iluminação. De que servem esses amigos causadores de obstáculos?

[33] Devemos tentar passar pela vida como um viajante que vai de um lugar para outro. Ele não se apega à hospedaria na qual fica apenas uma ou duas noites, pois entende que brevemente terá de seguir para outro lugar. Do mesmo modo, embora possamos estar rodeados por comodidades, é certeza que algum dia vamos ter que partir sozinhos e de mãos vazias. Nosso corpo não é nada além de uma hospedaria, e nossa mente, assim como o viajante, rapidamente terá que desocupar a vaga e mudar-se para outro lugar.

[34] Finalmente, os capangas do Senhor da Morte virão nos pegar e nosso corpo será levado ao cemitério por quatro carregadores. Nossos parentes estarão reunidos, sentindo-se abalados pelo luto e a chorar. Uma vez que isso certamente acontecerá, é mais sábio nos entregarmos de antemão à solitude. [35] Se nos mantivermos isolados, durante a nossa vida os objetos que despertam nossa raiva ou apego e seremos deixados em paz por amigos e inimigos. Na hora de morrer, não haverá ninguém para se entristecer, pois nossos amigos e parentes há muito nos davam por mortos. [36] Na morte, não seremos perturbados pelo choro das pessoas que amamos, nem por inimigos planejando nos prejudicar. Não haverá ninguém para nos distrair da concentração nas Três Jóias preciosas e da meditação sobre o caminho. Pensando profundamente nessas razões, [37] devemos nos convencer a viver em solitude – felizes, contentes e com poucos problemas. Devemos nos empenhar para apaziguar todas as inquietações mentais, de modo que possamos obter perfeita concentração unifocalizada, por meio da prática do tranquilo-permanecer.

COMO ABANDONAR CONCEPÇÕES PERTURBADORAS

[38] Uma vez que tenhamos abandonado o apego obsessivo aos nossos familiares e amigos e o ódio por nossos inimigos – sentimentos que perturbam nossa serenidade mental e atrasam a aquisição do tranquilo-permanecer –, devemos nos motivar unicamente pela bodichita e posicionar nossa mente unifocadamente no objeto de meditação escolhido. Cultivaremos nossa prática gradualmente até obtermos uma clara realização da vacuidade e, desse modo, subjugarmos as venenosas delusões mentais. Para que alcancemos esse alvo, que é o mais elevado de todos, temos de cortar nosso apego aos objetos de desejo e às atividades mundanas. Caso contrário, em vez de progredir até a libertação e a iluminação, estaremos nos expondo às consequências indesejáveis das nossas ações negativas. Como diz Shantideva:

> [39] Desejos dão origem a extrema infelicidade, tanto nesta vida como nas futuras. Nesta vida, sofremos assassinato, prisão e esfolamento e, na próxima vida, o sofrimento infernal dos reinos inferiores.

Nesta seção, que lida com coisas que perturbam nossa paz, Shantideva apresenta uma exposição detalhada das inúmeras falhas do apego e mostra como nossos desejos deludidos nos amarram a uma vida de interminável busca, insatisfação e tormento. Porque o apego aos prazeres sexuais é uma das formas mais universais de desejo, Shantideva enfatiza especialmente a servidão ao desejo sexual obsessivo. Uma vez que ensinava para um público de monges, Shantideva enfoca o desejo que um homem sente por uma mulher e apresenta como antídoto uma descrição da natureza impura do corpo sedutor das mulheres. No entanto, como ele próprio esclareceu, isso não significa que as mulheres sejam impuras e os homens puros, ou que só os homens sintam desejo sexual. Lembrando-se disso, os leitores devem fazer as mudanças necessárias – do ponto de vista de gênero etc. – para chegarem a uma interpretação mais pessoal dos próximos parágrafos.

[40] Alguns homens, levados pelo desejo de obter prazeres sexuais, farão praticamente tudo para possuírem uma mulher, desde enviar mensageiros e alcoviteiros aos parentes dela, até cometerem adultério com a mulher do próximo. Arriscam-se a tudo sem medir os perigos envolvidos e as consequências sobre sua reputação. [41] Para satisfazer seus desejos e intenções, os homens gastam fortunas, envolvem-se em muitas ações não-virtuosas e sacrificam sua riqueza e a própria vida. Que sentido isso faz?

O objetivo final é manter uma relação sexual com uma mulher. Mas examinemos a natureza do corpo que é o objeto de tanto desejo. [42] Ele é um agrupamento de tutano, ossos, carne, pele, sangue, pus, pulmões, fígado, intestinos, excrementos, urina etc. Esse agrupamento não contém nem uma única parte que seja pura, além de não ser autônomo ou inerentemente existente. Depois de ver as falhas e impurezas desse agrupamento imundo, como é possível manter esse nosso apego obsessivo a ele? Por que não lutamos, em vez disso, para nos livrar do vasto oceano de insatisfação samsárico e alcançar o êxtase perfeito do pleno despertar?

Como são estranhos os desejos de um homem e quão efêmeros! [43] Na Índia de antigamente, sempre que uma mulher encontrava um homem, seu rosto estava coberto por um véu. Até na cerimônia de casamento seu rosto estaria encoberto, e ela se comportaria com muita timidez. Depois, quando o marido via o rosto da esposa, um grande desejo de ter uma relação sexual com ela surgiria. Se tirar o véu do rosto feminino pode ter um efeito tão magnético sobre um homem, [44] por que ele não se sente igualmente atraído quando, depois de morta, seu rosto é descoberto pelos abutres? Por que não deseja copular com ela nessa ocasião? O corpo dela está ali, mas o homem só pensa em fugir.

[45] Homens lascivos amam tanto o corpo de uma mulher que, se outro homem viesse simplesmente a olhar para ela, um grande ciúme surgiria. Sendo assim, por que não protegemos seu corpo quando está sendo estraçalhado pelo bico dos abutres? Esse corpo vai virar a comida de animais selvagens e de pássaros; logo, não é sensato protegê-lo com tanto ciúme agora. [46] Por que se dar ao trabalho de oferecer guirlandas de flores, sândalo e jóias de ouro e prata a algo que, em breve, será devorado pelos outros? [47] Ademais, por que nos apavoramos com seu esqueleto, quando o vemos imóvel, deitado no cemitério, mas não sentimos medo agora, quando vemos seu corpo de zumbi, movimentando-se de um lugar para outro, como um cadáver andante, controlado por impulsos espasmódicos? Esse comportamento contraditório é muito estranho.

[48] Também é estranho nos sentirmos apegados ao corpo dela quando está coberto com a pele e vestido, mas sentirmos repulsa quando está exposto no cemitério.

Mas nessa ocasião ela está morta. É isso que faz a diferença. Não obstante, é ao corpo que somos apegados, e ele é o mesmo nas duas ocasiões. [49] Quando beijamos uma mulher, bebemos a saliva da sua boca. Por que gostamos desse cuspo, que surge da comida que ela ingeriu, mas não gostamos de sua urina e excrementos, que também surgem da mesma fonte? [50] Ademais, gostamos de um corpo feminino porque é suave e macio ao toque e, no entanto, não somos apegados a um travesseiro de algodão, que possui as mesmas qualidades. Na verdade, há mais motivo para gostar de um travesseiro do que de uma mulher, porque, ao contrário dela, o travesseiro não exala odores fétidos. [51] No entanto, nossa confusão é tanta que não sabemos diferenciar o limpo do sujo. Se acharmos nosso travesseiro desconfortável uma noite, provavelmente ficaremos com raiva dele. Mas nunca nos aborrecemos com o desconforto de dormir junto ao corpo impuro de uma mulher.

Mas o objeto do meu apego, o corpo de uma mulher, de fato, não é sujo. Examinemos sua natureza. [52] O corpo é uma jaula de ossos, amarrados uns ao outros por músculos e rebocada com o barro da carne. Por dentro, está cheio de impurezas; logo, como podemos dizer que não é sujo? Se seu corpo é tão impuro, por que almejamos abraçá-la? Seríamos tão apegados à sujeira? [53] Não basta a óbvia impureza do nosso próprio corpo experimentada diariamente? Seríamos tão enamorados de coisas contaminadas a ponto de querer copular com outros sacos de sujeira?

O exemplo do travesseiro de algodão é ridículo. Não estou interessado em travesseiros: [54] *gosto de tocar a pele acetinada do corpo de uma linda mulher.* Nesse caso, por que não somos apegados ao seu corpo morto? Ainda é um corpo de carne e, ao menos por algum tempo, continua sendo macio e formoso.

Mas um corpo morto é destituído de mente. Gosto da mulher porque ela possui uma mente. [55] Certo, mas visto que sua mente é impalpável, por que nos envolvemos num coito inútil?

Devemos lembrar que não é apenas o corpo de uma mulher que é sujo; um corpo masculino é igualmente contaminado. É preciso entender isso e nunca pensar que seja de outro modo. [56] Não entender a natureza suja do corpo alheio não é tão estranho, mas deixar de reconhecer a natureza suja do nosso próprio corpo é certamente algo bastante peculiar. Pensando sobre isso, devemos tentar nos contrapor ao apego que sentimos em relação aos outros.

O que me atrai é a linda forma do corpo feminino. É por isso que gosto de ter relações sexuais. [57] Mas uma flor de lótus e um lírio d'água recém-floridos, ambos possuem formas extremamente belas quando abrem suas pétalas à luz do sol. Por que não nos apegamos a eles em vez de sentir apego por essa jaula repleta de sujeira?

[58] Se não queremos tocar um lugar que foi contaminado por excremento ou vômito, por que demonstramos tanta avidez para tocar as partes do corpo feminino que emitem

tal sujeira? Todo esse excremento e vômito provêm do corpo dela, que, por sua vez, é resultado de muita impureza. [59] Ele veio do espermatozóide de seu pai e do óvulo da sua mãe e passou muitos meses dentro de um útero úmido e sujo. A essência do corpo dela, suas causas e aquilo que ele produz são sujos. Já que não há nem um único aspecto que não seja impuro, por que queremos tanto abraçá-lo? [60] Não sentimos nem uma partícula de desejo por um pequeno inseto que emerge de um monte de estrume. Então, por que somos tão apegados a um corpo feito de 36 diferentes tipos de impureza?

[61] Além de não desprezarmos nosso próprio corpo por sua natureza impura, somos capazes de nos apegar fortemente ao agrupamento impuro de outra pessoa. Isso é absurdo! Não percebemos a impureza do corpo? Vejam o que acontece com qualquer alimento que introduzimos nele. [62] Iguarias apetitosas, como arroz e vegetais, são limpas e frescas antes de serem comidas, mas se entrarem em nossa boca e depois forem cuspidas, vão sujar o solo onde aterrissarem.

[63] Se ainda houver alguma dúvida sobre a impureza do corpo, devemos ir ao cemitério e examinar um cadáver. [64] Se retirássemos a pele do nosso objeto de apego, o cheiro seria tão fétido que provocaria intensa repulsa. Ainda assim gostamos dos deleites sensuais do corpo feminino!

Agora, cale-se por um minuto: tenho algo a dizer. O corpo de uma mulher untado com essências perfumadas, pós e outros artigos de embelezamento é algo verdadeiramente digno de ser contemplado. Por que haveria de me calar? Tua afirmação é ridícula. [65] Essas fragrâncias e as essências delicadas não têm nada a ver com o corpo dela. Surgem de outras fontes, como árvores de sândalo etc. Somos apegados ao corpo dela em virtude das coisas que passa nele? Se ela não recorresse a esses artifícios e deixasse de se lavar por algum tempo, em breve veríamos seu corpo como realmente é. [66] Aí sim, ele emitiria os odores fétidos que lhe são peculiares. Se o corpo de uma mulher é tão sujo e fétido, não seria uma boa idéia não sermos apegados a ele?

Oh! Não. Quando ela se lava, passa perfume e se adorna com jóias e, então, veste roupas finas, torna-se extremamente sedutora. Nunca vistes mulheres lindas como essas? [67] Mas essa beleza pertence ou não a ela? Não há dúvida de que é temporária e foi planejada: essa aparência bonita não passa de um artifício. Com água e sabonete, ela afastou seus fétidos odores. Depois, untou os cabelos com óleo, passou pó-de-arroz e enfeitou o rosto. A seguir, cobriu-se com roupas finas e adornos brilhantes, para que viéssemos a contemplá-la como algo lindo. Contudo, se preparássemos uma boneca de madeira da mesma maneira, ela também ficaria linda. Qual é a natureza do corpo feminino sem todos esses artifícios? [68] Se ela ficasse em seu estado natural por algum tempo, sem cuidar de si, o que veríamos? Apenas um corpo assustador, nu e imundo, com cabelos longos e desgrenhados, unhas sujas e dentes amarelos e fedorentos.

Shantideva estendeu-se longamente nessa descrição da natureza basicamente impura do corpo, não por morbidez, mas com a intenção de nos ajudar a reagir às falhas do apego. Como ele diz, quem está repleto de apego e auto-apreço e sempre correndo atrás de seus objetos de desejo [69] está polindo e afiando a arma que, por fim, o matará. Não há motivo para nos envolver em atividades que não farão nada a não ser nos prejudicar; contudo, é precisamente isso que as pessoas estão constantemente fazendo no mundo inteiro. Elas estão profundamente confusas sobre o que é virtuoso e o que é não-virtuoso, limpo e sujo. [70] Apavoram-se quando vêem uma pilha de ossos humanos num cemitério, mas não sentem nenhuma aversão ou medo das necrópoles urbanas, repletas de ossos em movimento. Isso é muito estranho e revela quão perversa é sua maneira de pensar.

[71] Ademais, a desvantagem dos sedutores corpos alheios vai além da sua natureza basicamente impura. Devemos entender que, em nome do ato sexual, nos amarramos mais fortemente ainda aos aspectos insatisfatórios do samsara. Como foi dito, entregamos nossa fortuna, agimos não-virtuosamente e trabalhamos arduamente apenas para possuir o objeto do nosso desejo. Por causa disso tudo, enfrentamos inúmeros problemas durante esta vida e criamos causa para descer aos reinos inferiores, onde sofreremos ainda mais.

[72] Quando jovens, era difícil acumular riquezas e, quando ficamos um pouco mais velhos, foi preciso muito esforço para encontrarmos uma mulher. Quando por fim nos casamos, trabalhávamos tanto para ganhar nosso sustento que sobrava pouco tempo para desfrutar de sua companhia e, algumas vezes, sua companhia só servia para nos deixar infelizes. Essa é a história de vida de muitas pessoas!

[73] Os que estão sob a influência do desejo são obrigados a trabalhar exaustivamente todos os dias e de suportar muitas dificuldades apenas para garantir seu sustento e o de sua família. Quando voltam para casa, à noite, frequentemente estão cansados demais para ter uma relação e passam a noite deitados, imóveis como um cadáver. [74] Outros, querendo comidas, roupas e ganhos materiais, viajam para terras distantes ou se alistam no exército. Enquanto estão longe, passam pelo sofrimento de estarem separados da mulher que desejam e de não poderem manter relações sexuais com ela. Ninguém deseja ser separado daquilo que acha atraente, mas é exatamente isso que o apego frequentemente nos faz experienciar.

[75] Muitas pessoas, confusas sobre o que fazer para conseguir a riqueza material que ambicionam, vendem-se aos outros e são forçadas a executar pesados serviços subalternos. A fim de sustentar uma esposa e família, geralmente é necessário trabalhar e ser remunerado. Nesse tipo de situação não há liberdade, pois estamos sob o comando do nosso patrão ou benfeitor e somos levados de um lugar para outro

pelo vento das suas ações e desejos. [76] Alguns indivíduos muito desafortunados são tão miseráveis que se tornam literalmente escravos, sem nenhuma liberdade de escolha. Quando as mulheres desses infelizes vão dar à luz, a falta de condições básicas é tão grande que elas são forçadas a parir seus filhos nas piores condições, talvez até ao relento, sob a copa de uma árvore.

[77] O desejo transforma os indivíduos em tolos. Alguns ficam tão fascinados por ganho material e fama que partem para a guerra e, desse modo, arriscam a própria vida. Outros, levados por seus apegos, tornam-se escravos de terceiros e têm de suportar grande dor e sofrimento. [78] Obcecados por mulheres, ganhos materiais etc., alguns se voltam para o roubo e outros crimes e depois enfrentam o tormento de serem presos pelas autoridades e encarcerados ou de serem mutilados, empalados, esfaqueados e queimados.

[79] Devemos examinar atentamente os tormentos implícitos de acumular riqueza e coisas similares, ter de protegê-las e, por fim, perdê-las. Devemos entender que acumular riquezas traz infinitos problemas e nos leva apenas à frustração e ao desespero. Qualquer um que se deixe distrair por seu apego à riqueza, aos familiares etc., nunca terá a oportunidade de se livrar do sofrimento do samsara e de alcançar a paz e a felicidade da plena iluminação.

Existem muitas falhas de sermos apegados à vida mundana e, por mais que lutemos, o lucro que podemos ganhar será sempre insignificante. [80] Nossa situação é similar a de um cavalo forçado a puxar uma carroça. Se ousar parar por um breve instante para comer capim, ele será chicoteado por seu impaciente dono. [81] Temos uma oportunidade tão rara e preciosa de fazer algo especial com a nossa vida que seria vergonhoso esbanjá-la apenas para saciar os desejos triviais desta vida. Existem muitos animais que são mais habilidosos que nós quando se trata de encontrar objetos de desejo e evitar dor e perigo. Que desperdício seria usar nossa natureza humana em tarefas que até um animal pode fazer! Enquanto permanecermos como um ser humano, devemos nos empenhar ao máximo para extrair algum significado da nossa existência.

De que nos serve a riqueza, que tentamos tão arduamente amealhar? [82] Por mais que juntemos, por fim tudo se extinguirá. Ademais, se nos deixarmos apegar a essa riqueza, cairemos certamente nos reinos inferiores de existência. Desde tempos sem-início, temos trabalhado arduamente para desfrutar dos prazeres samsáricos, mas que sentido esse trabalho todo teve para nós? [83] Se houvéssemos despendido a mesma energia em práticas de Darma, certamente já teríamos alcançado a iluminação. No entanto, porque ficamos envolvidos em afazeres mundanos e em não-virtude, agora estamos nessa situação sem sentido. As dificuldades que tivemos que aturar enquanto perseguíamos prazeres mundanos foram maiores que as dificuldades necessárias para alcançar a budeidade; as lutas travadas para encontrar felicidade samsárica foram sem sentido e ainda não chegaram ao fim. [84] Se olharmos para o sofrimento infernal que resultará do apego a esta vida, veremos que é um milhão de vezes maior que os sofrimentos desta vida advindos de armas, veneno, fogo, lugares e inimigos traiçoeiros.

[85] Quando contemplamos corretamente as falhas do samsara e sentimos desilusão por isso tudo, geramos o desejo de viver em solitude e de lutar para desenvolver profunda concentração, por meio da prática do tranquilo-permanecer. Que tipo de solitude devemos procurar? O lugar deve estar livre de disputas e de objetos que despertem nossos pensamentos perturbadores. [86] O afortunado, que tem a oportunidade de cultivar a bodichita (o objeto de meditação dos iogues que será descrito mais à frente neste capítulo), vive numa floresta calma, refrescada pelo luar, com aroma de sândalo. Em uma casa feita de pedras planas e soprada pelas brisas calmas e silenciosas da floresta, ele contempla a

renúncia, a mente de iluminação e a vacuidade; e, para o benefício dos outros, medita de acordo com os métodos para cultivar o tranquilo-permanecer.

[87] Vivendo em casas abandonadas, ao pé de árvores ou em cavernas e tendo deixado para trás a dor de nos aferrar às nossas posses e de querer protegê-las, estaremos livres de todas as preocupações e nos tornaremos completamente independentes. [88] Podemos usar nossos poucos pertences livremente, sem apego e sem entrar em relação com os outros. Essa vida feliz e contente é despendida na busca de realizações espirituais e nem o grande Indra, o poderoso Senhor dos Deuses, tem uma vida tão feliz e alegre como essa. Refletindo desse modo, devemos nos entregar à vida de um buscador solitário a procura da verdade.

COMO ALCANÇAR O TRANQUILO-PERMANECER

Este tema, que é o principal do capítulo, tem duas partes:

1. A explicação geral das etapas da meditação do tranquilo-permanecer;
2. A explicação de como aplicar o tranquilo-permanecer às meditações de equalizar e de trocar eu por outros.

A EXPLICAÇÃO GERAL DAS ETAPAS DA MEDITAÇÃO DO TRANQUILO-PERMANECER

Os métodos para cultivar o tranquilo-permanecer não são ensinados no texto raiz de Shantideva. Apresentamos a seguir algumas explicações que foram extraídas da obra de Maitreya e de Assanga e aqui incluídas em resposta ao grande interesse que os ocidentais demonstram pela meditação em geral e pelo tranquilo-permanecer em particular. Malgrado todo esse interesse, poucos têm uma compreensão impecável dos métodos para acalmar e concentrar a mente e, consequentemente, raros são os que meditam corretamente. Oferecemos essas instruções com a esperança de que elas venham a contribuir um pouco para melhorar a compreensão dos que se interessam por esses temas.

Por que é importante alcançar um estado de tranquilo-permanecer? Apenas quando nossa mente tiver conquistado esse estado imperturbável é que poderemos nos concentrar unifocadamente nos diversos objetos de meditação e obter as necessárias realizações do caminho espiritual. Por exemplo, um dos resultados temporais da prática espiritual é a aquisição de poderes miraculosos, como clarividência. Não há dúvida de que podemos obter esses poderes, e que eles são muito úteis para beneficiarmos os outros. Como disse o grande pândita Atisha: "Se não tivermos clarividência, ainda que queiramos beneficiar extensivamente os outros, seremos como um pássaro sem asas tentando voar". Entretanto, não poderemos conquistar esses estados elevados de consciência sem primeiro desenvolver o tranquilo-permanecer.

Todas as realizações do caminho hinayana, que conduzem à libertação pessoal, e as do caminho mahayana, que conduzem à plena iluminação, nascem da mente que conquistou o tranquilo-permanecer. Se tivermos a motivação de renúncia e tomarmos a vacuidade (a verdadeira natureza da realidade, ensinada no próximo capítulo) como objeto da nossa meditação no tranquilo-permanecer, poderemos cortar o auto-agarramento e atingir a completa cessação de todo o sofrimento. Se, além disso, gerarmos a preciosa bodichita, poderemos remover todas as obstruções à onisciência e alcançar o pleno despertar da budeidade. Sem o tranquilo-permanecer, nenhuma dessas metas definitivas pode ser alcançada.

Tendo cultivado o tranquilo-permanecer, nossa mente se tornará tão inamovível como o Monte Meru, o centro do universo, e poderá ser posicionada unifocadamente em qualquer objeto virtuoso da nossa escolha. Quando entrarmos em meditação, nossa mente vai se misturar por completo com seu objeto e, desse modo, obteremos uma compreensão sem paralelo dele. Atualmente, mesmo quando meditamos no Darma, nossa mente e seu objeto nunca se unificam; permanecem sempre separados. É por essa razão que não obtemos realizações. A mente e seu objeto de meditação são como duas montanhas que nunca se encontram. No entanto, se alcançarmos o tranquilo-permanecer, superaremos todas essas falhas e facilmente obteremos o fruto de tudo o que praticarmos, do sutra ou do tantra. Nossas práticas de virtude se tornarão mais fortes e poderosas, e seremos capazes de desenvolver nossa mente de maneira ilimitada. Refletindo sobre esses numerosos benefícios repetidamente, vamos gerar a determinação de nos esforçar com alegria e entusiasmo para alcançar o tranquilo-permanecer.

A explicação geral da meditação do tranquilo-permanecer será apresentada em quatro partes:

1. As seis condições necessárias para conquistar o tranquilo-permanecer;
2. As nove permanências mentais;
3. Os cinco obstáculos à aquisição do tranquilo-permanecer;
4. Os oito oponentes dos cinco obstáculos.

AS SEIS CONDIÇÕES NECESSÁRIAS PARA CONQUISTAR O TRANQUILO-PERMANECER

Aqueles que desejam, do fundo do coração, cultivar o estado do tranquilo-permanecer devem reunir, desde o início de sua prática, seis condições necessárias que vão garantir seu sucesso nesse treino. Como disse Atisha em *Luz para o caminho* (*Bodhipathapradipa*, em sânscrito), se não reunirmos todas essas condições necessárias, será extremamente difícil cultivarmos o tranquilo-permanecer, ainda que nos sentemos em postura de meditação por muitos anos. Quando fazemos ações comuns, como preparar uma xícara de chá, sabemos que é preciso reunir todas as causas necessárias para que a ação tenha sucesso; por exemplo, não adianta ter água quente se não tivermos as folhas de chá. Se isso é verdade em atividades triviais, podemos avaliar o quanto é imprescindível quando buscamos um estado tão extraordinário como o tranquilo-permanecer!

A primeira condição para uma meditação bem sucedida no tranquilo-permanecer é encontrar um lugar, ou ambiente, adequado para praticar. Tal lugar deve possuir as seguintes cinco qualidades:

1. Um lugar onde seja fácil satisfazer nossas necessidades básicas, como comida e roupas.
2. É desejável que o local do retiro tenha sido abençoado pela presença de iogues ou até de Budas. Se isso não for possível, devemos procurar um lugar isolado e seguro, onde não haja o perigo de animais selvagens, ladrões, brigas e lutas.
3. O meio-ambiente deve ser saudável, livre de doenças e suprido com água limpa.
4. Devemos ter um ou dois amigos espirituais que vivam nas proximidades, adotem as mesmas visões que nós e observem pura disciplina moral;
5. O lugar deve ser silencioso, livre de ruídos de pessoas durante o dia e de animais durante a noite.

Essas são as preparações externas necessárias para um retiro bem-sucedido. A preparação interior, que é a mais importante, consiste em conhecer todos os métodos para meditar no tranquilo-permanecer. Uma vez que tenhamos obtido esse conhecimento por meio das instruções de um Professor qualificado, não será difícil encontrarmos um local de retiro com todas as condições exteriores requeridas. Isso conclui a primeira condição geral, a condição de lugar.

A segunda condição é ter pouco desejo por coisas materiais, como comida e roupas. Devemos abandonar a mente que pensa: "Que maravilhoso seria ter isso ou aquilo". A terceira condição é possuir contentamento, satisfazendo-nos com aquilo que possuímos, independentemente da sua qualidade. A quarta é abandonar todas as atividades que não estão relacionadas à prática do tranquilo-permanecer, como escrever cartas, ler livros sobre outros assuntos, ver amigos etc. A quinta é que devemos considerar essencial guardar pura disciplina moral, abstendo-nos em particular das dez ações não-virtuosas de corpo, fala e mente, discutidas no quinto capítulo deste comentário. Por fim, a sexta é abandonar todas as concepções perturbadoras. Essas incluem todos os pensamentos que, em vez de se dirigirem para o objeto de meditação do tranquilo-permanecer, nos desviam para qualquer dos cinco objetos de desejo: formas atraentes, sons, odores, sabores e objetos táteis.

Costuma-se dizer que, se estudarmos e compreendermos em detalhe as técnicas da meditação do tranquilo-permanecer, reunirmos as seis condições necessárias e, então, praticarmos continuamente e com esforço, poderemos alcançar um estado de tranquilo-permanecer perfeito em seis meses.

Depois de termos encontrado um local de retiro adequado, devemos preparar um assento de meditação qualificado e nos sentarmos na postura correta. De modo geral, a qualidade da nossa cadeira ou almofada de meditação não é muito importante, mas para alcançar o tranquilo-permanecer, precisamos de um assento confortável, caso contrário nossa meditação será interrompida. A almofada deve ser um pouco mais alta na parte de trás, permitindo que assumamos facilmente a postura de meditação correta e a mantenhamos por bastante tempo. Outra ajuda para tornar o assento mais estável e firme é desenhar uma suástica – o antigo símbolo indiano de imutabilidade e de auspiciosidade – e colocá-la no chão, diretamente abaixo do centro da almofada.

No topo desse desenho, dispomos dois ramos de grama-estrela, simbolizando longa-vida, e dois ramos de grama-kucha, simbolizando a clareza da sabedoria; os dois pares de ramos devem ser dispostos lado a lado, com suas extremidades apontadas para a frente. Se não conseguirmos obter as gramas, não será um erro fazer o retiro sem elas; embora úteis, não são indispensáveis.

Em retiros tântricos de aproximação, uma vez que nosso assento de meditação foi preparado, não poderemos movê-lo durante toda a duração do retiro. Contudo, quando praticamos para desenvolver o tranquilo-permanecer, podemos reposicionar a almofada para nos adequar a diversas situações. Por exemplo, se nossa mente ficar muito excitada, será bom nos sentarmos de frente para a parede. Se formos perturbados por sonolência e afundamento mental, será útil nos sentarmos na parte mais iluminada do quarto e, desse modo, reavivar nossa mente. Em suma, devemos estar conscientes do nosso estado mental e adequar as condições da meditação em função disso.

O próximo ponto importante é a postura de meditação adequada. Essa postura tem sete pontos que devem ser observados: pernas, mãos, costas, cabeça, olhos, ombros e boca (dentes, língua e lábios). O ideal é cruzar as pernas de modo que cada pé se apóie na coxa oposta, com a sola virada para cima. Esta é a postura vajra completa, mas se for muito difícil adotá-la, poderemos tentar a meia postura vajra – com um pé apoiado na cocha oposta e o outro no solo –, ou em qualquer outra posição de pernas cruzadas que seja confortável.

Devemos pôr a mão direita sobre a esquerda com as palmas viradas para cima, aproximadamente quatro dedos abaixo do umbigo, com os polegares levantados tocando-se ligeiramente nas pontas, logo abaixo do umbigo. As costas devem estar eretas, a cabeça um pouco inclinada para baixo, os olhos ligeiramente abertos e mirando suavemente ao longo da linha do nariz. Os ombros devem estar nivelados. A boca, suave e naturalmente fechada. Para evitar salivação excessiva, mantemos os dentes de cima e de baixo suavemente encostados – assegurando-nos de que não estamos cerrando os maxilares – e posicionamos a ponta da língua na parte de trás dos dentes superiores.

Essa é a melhor de todas as posturas de meditação, porque nos ajuda a evitar sonolência, mentes nubladas, torpor, distrações e outros obstáculos à concentração. Além disso, também serve para gerar clareza mental. Essa maneira de sentar é denominada "a postura dos sete gestos de Vairochana", de acordo com o Buda que a abençoou e que é representado nessa posição. Se nos familiarizarmos com ela, estaremos plantando marcas em nossa mente para alcançarmos o estado de Buda Vairochana.

O grande iogue e tradutor Marpa era famoso pela profundidade e estabilidade de sua concentração meditativa. Esse mestre da postura dos sete gestos, certa vez, declarou: "Ainda que todas as qualidades dos grandes meditadores tibetanos fossem reunidas, não seriam capazes de desafiar minha postura de meditação." Marpa não disse isso por orgulho, mas porque entendia profundamente a importância dessa postura na prática do tantra. Lembrando-nos de todas essas excelentes qualidades, devemos tentar receber uma demonstração pessoal de um mestre de meditação qualificado e nos acostumarmos com essa suprema postura de meditação.

Depois de nos sentar numa almofada que foi preparada da maneira descrita, devemos primeiro dar atenção à nossa motivação: o estado mental com o qual vamos começar a meditação. Se percebermos que nossa mente está repleta de pensamentos indisciplinados e descontrolados, devemos tentar eliminá-los. Podemos superar forte apego, raiva e todos os outros tipos de confusão mental prestando atenção à nossa respiração da seguinte maneira: respiramos normalmente pelas narinas, sem pressa ou barulho, e mentalmente contamos "um" ao completar o primeiro ciclo de inalação e exalação. (Também podemos visualizar todas as nossas não-virtudes, delusões e confusões sob a forma de uma fumaça preta e densa, que sai da nossa mente com a exalação e se dissipa por completo à nossa frente. Ao inalar, visualizamos as bênçãos de todos os Budas entrando pelas nossas narinas sob a forma de uma luz branca e pura, que então se dissolve em todo o nosso corpo e nos enche de inspiração. Essa visualização não é, contudo, essencial e fica a nosso critério praticá-la ou não). Podemos contar 21 ciclos dessa maneira de respirar. Se isso não for suficiente para acalmar a mente, o processo pode ser repetido até que o ruído das nossas perturbações mentais seja reduzido. Quando nossa mente ficar livre dessas perturbações densas, podemos procurar o objeto de meditação do tranquilo-permanecer. Esse objeto pode ser uma Deidade visualizada, uma letra-semente, o pensamento de renúncia ou de amor e assim por diante.

Nunca é demais insistir na importância de interromper o fluxo de pensamentos perturbadores. Meditar corretamente significa impedir que a mente divague distraidamente e posicioná-la para que permaneça focalizada num único objeto. Se não tivermos um objeto de meditação, a mente ficará na situação de um pássaro que deseja pousar no solo, mas não consegue encontrar um lugar onde fazê-lo. Por outro lado, se tivermos um objeto, mas nossa mente se afastar dele e divagar de um assunto para outro, seremos como um pássaro que, depois de pousar no solo, é incapaz de ficar firmemente parado no mesmo lugar. Portanto, é essencial abandonarmos as distrações mentais, e isso pode ser feito por meio da meditação respiratória que foi apresentada.

Quando essas distrações densas tiverem sido apaziguadas, devemos voltar nossa mente para o objeto de meditação escolhido da nossa prática do tranquilo-permanecer.

Por exemplo, a forma de um Buda pode ser escolhida como o objeto a respeito do qual desenvolveremos concentração unifocalizada. Se escolhermos a forma de Buda Shakyamuni, devemos selecionar uma estátua bem feita, ou uma pintura, e examiná-la em detalhes da cabeça aos pés e novamente dos pés à cabeça. Quando nos habituarmos dessa maneira com uma imagem geral de Buda e conseguirmos trazê-la à mente em visualização, teremos encontrado o objeto de meditação. É preciso reter esse objeto (a imagem visualizada) de maneira confortável, sem apertar nem afrouxar demais. Quando conseguirmos manter nossa retenção do objeto corretamente, teremos alcançado a primeira permanência mental. Então, continuaremos a praticar dessa maneira até sermos capazes de reter o objeto por aproximadamente cinco minutos. Neste ponto, teremos conquistado a segunda das nove permanências mentais.

No início da nossa prática, é preciso aplicar grande esforço para alcançar essas duas primeiras etapas puramente. Juntas, elas constituem a base para as demais etapas e, por essa razão, devem ser fortemente enfatizadas. As instruções que se seguem, explicando como as nove permanências mentais se relacionam umas com as outras e como devemos cultivá-las, foram extraídas dos ensinamentos de Buda Maitreya e do Bodissatva Superior Assanga.

AS NOVE PERMANÊNCIAS MENTAIS

1. Posicionamento da mente. Conforme foi explicado, ter encontrado o objeto e simplesmente ser capaz de retê-lo, sem conseguir ainda mantê-lo, denomina-se a concentração de "posicionar a mente". Essa etapa inicial é alcançada por meio da força de ouvir e consiste em principalmente ouvir ou ler instruções sobre a meditação do tranquilo-permanecer. Graças à força de ouvir as instruções do nosso Guia Espiritual, somos capazes de posicionar nossa mente num objeto de meditação. Nessa etapa, vamos reconhecer e perceber muitos pensamentos perturbadores conforme eles surgirem.

2. Contínuo-posicionamento. Alcançamos essa etapa familiarizando-nos continuamente com a prática da primeira permanência mental. Quando formos capazes de reter o objeto por aproximadamente cinco minutos, teremos alcançado essa segunda permanência mental. A força que empregamos para obter esse nível de concentração é a de contemplar, ou refletir, a respeito dos ensinamentos que ouvimos. Nesta etapa, algumas das nossas confusões mentais estarão apaziguadas, e outras, logo depois de surgirem, vão diminuir de velocidade e se extinguir.

O praticante que obteve essas duas primeiras permanências mentais ainda tem mais distrações do que concentração e, por isso, precisa se empenhar para abandonar essas distrações e fortalecer a retenção do objeto de meditação. Portanto, o tipo específico de atenção que ele emprega denomina-se atenção firme.

3. Reposicionamento. Na segunda etapa, somos incapazes de retomar nosso objeto de meditação logo depois de nos desviarmos dele. Mas com a terceira permanência mental, temos a habilidade de trazer o objeto de volta à mente assim que ela se desvia dele. Tanto essa permanência mental como a próxima empregam a força de vigorosa contínua-lembrança.

4. Estreito-posicionamento. O poder da nossa contínua-lembrança nesta etapa é tão forte que, durante toda a sessão de meditação, a mente nunca perde seu objeto. Nesse nível de concentração, a força da contínua-lembrança foi completada.

5. Controle. A força da contínua-lembrança empregada na etapa anterior pode fazer com que nossa mente se absorva demais e, nesse caso, o meditador corre o risco de experienciar afundamento mental sutil. Portanto, na quinta etapa, aplicamos a força da vigilância, avivando assim a nossa mente. Nesse nível de concentração, o perigo do afundamento mental denso já foi completamente eliminado.

6. Pacificação. Tendo avivado a mente em demasia na fase anterior, o meditador talvez enfrente agora um leve perigo de excitamento mental sutil. Contudo, isso também pode ser sanado pela força da vigilância, que se completa na sexta permanência mental. Durante essa etapa, nem o afundamento mental denso nem o sutil podem perturbar a mente enquanto ela se concentra no seu objeto de meditação.

7. Pacificação completa. Agora, os poderes da contínua-lembrança e da vigilância foram completados e, por isso, a mente conquistou um estado de equilíbrio. Ela não fica avivada demais ao se contrapor ao afundamento mental, nem absorta demais ao se contrapor ao excitamento mental. Embora esses dois impedimentos não mais representem um grande perigo, ainda existe a possibilidade de gerarmos um leve afundamento ou excitamento sutis. Contudo, tais obstáculos sutis serão imediatamente vencidos pela força do esforço.

Da terceira à sétima permanência mental, nossa concentração é muito forte, mas o afundamento e o excitamento mentais ainda podem ocorrer. Portanto, o tipo de atenção empregado durante essas etapas denomina-se atenção ininterrupta. Como será explicado na próxima seção, é extremamente importante reconhecer e discriminar entre as formas densas e sutis de afundamento e de excitamento mentais, e saber aplicar os remédios adequados.

8. Unifocalização. Nessa etapa, com apenas um pouco de esforço, somos capazes de manter a concentração no objeto de meditação durante toda a sessão, sem o perigo de qualquer tipo de afundamento ou de excitamento mentais. A concentração atingida nessa fase é chamada de "unifocalização" da mente e, visto que somos capazes de permanecer no objeto impecavelmente, nossa atenção tornou-se ininterrupta. Tanto a sétima permanência mental como a oitava são alcançadas por meio da força do esforço.

9. Posicionamento em equilíbrio. Em todas as etapas anteriores de concentração, foi preciso esforço para posicionar nossa mente no objeto de meditação. Nesta etapa final, tal esforço não é mais necessário, e somos capazes de enfocar o objeto pelo tempo que quisermos. Alcançamos esse nível de concentração por meio da força de completa familiaridade, e a atenção usada denomina-se atenção espontânea.

Quando tivermos completado a nona permanência mental, nossa mente poderá ficar posicionada em virtude sem esforço, pelo tempo que quisermos. Durante esse tempo, todos os nossos problemas, obstáculos, peso e obtusidade desaparecerão. Teremos alcançado um estado de contínua maleabilidade mental, que deixará nosso corpo repleto de energia benéfica. Essa energia destrói todos os obstáculos físicos, as sensações de peso e o desconforto que nos impediriam de praticar o Darma continuamente. Como resultado, alcançaremos grande maleabilidade física e nosso corpo parecerá leve como um floco de algodão. Isso nos levará à aquisição de um grande êxtase físico, com o qual vamos adquirir a habilidade de, durante as sessões de meditação, não perceber nada exceto nosso objeto escolhido de contemplação. Nenhum outro fenômeno aparecerá à nossa mente. Sentiremos que nosso corpo se dissolveu por completo no objeto de meditação.

Quando nosso corpo tiver aparentemente se dissolvido dessa maneira, conquistaremos grande maleabilidade mental. Nesse momento, por causa da intensidade do êxtase que sentimos, parecerá que nossa mente não está mais permanecendo no seu objeto de meditação. Por ser essa a primeira experiência de êxtase especial do meditador, o que aumenta bastante a vibração da sua mente, ele acha que não pode mais manter sua mente enfocada no objeto. Como resultado, a sensação de êxtase diminui um pouco, mas isso não é uma falha. Quando a experiência de êxtase se estabiliza, o meditador atinge um êxtase de concentração imutável, que é chamado de maleabilidade inamovível. Quando conquistamos essa maleabilidade mental, atingimos o efetivo tranquilo-permanecer.

Depois de ter atingido o tranqüilo-permanecer, existem dois caminhos que podemos seguir: o mundano ou o supramundano. Se estivermos interessados apenas em obter clarividência, outros poderes miraculosos, um renascimento como um deus do reino da forma etc., estaremos seguindo um caminho mundano. No entanto, se nosso interesse principal for alcançar a iluminação e se usarmos o poder do tranquilo-permanecer para gerar renúncia, bodichita e visão superior da verdadeira natureza da realidade, estaremos seguindo o incomparável caminho supramundano, que conduz à budeidade.

A fim de avançar ao longo das nove permanências mentais e conquistar o tranquilo-permanecer, temos de superar certos obstáculos, empregando poderes oponentes específicos. Esses obstáculos e suas medidas oponentes serão explicados nas próximas duas seções.

OS CINCO OBSTÁCULOS À AQUISIÇÃO DO TRANQUILO-PERMANECER

1. Preguiça. É o maior obstáculo à nossa meditação e o principal motivo pelo qual ainda não geramos o tranquilo-permanecer. Neste contexto, preguiça é a sensação de que meditar é algo muito difícil de ser feito. Relutamos em praticar e não sentimos prazer em meditar unifocadamente. Com um obstáculo como esse, não nos damos sequer ao trabalho de treinar o tranquilo-permanecer e, assim, somos enganados.

2. Esquecimento. Refere-se a perder o objeto enquanto estamos tentando meditar nele ou a ser incapaz de nos lembrar das instruções recebidas de nosso Guia Espiritual.

3. Afundamento mental e excitamento mental. Existem dois tipos de excitamento mental: o denso e o sutil. O excitamento mental denso ocorre quando a mente se desvia para um objeto de apego e, em consequência disso, perde seu objeto de meditação por completo. (Quando a mente se desvia do objeto de meditação para algo que não é um objeto de apego, isso é chamado de divagação mental.) O excitamento mental sutil ocorre quando apenas uma parte da mente se desvia para um objeto de apego e, desse modo, o objeto de meditação não é completamente perdido.

Também existem dois tipos de afundamento mental. O afundamento mental denso ocorre quando estamos retendo o objeto de meditação com a corda da contínua-lembrança. Se nossa concentração unifocalizada for forte, mas a clareza e a intensidade dela diminuírem sensivelmente, teremos sucumbido à influência do afundamento mental denso. O afundamento mental sutil ocorre quando nossa concentração e a clareza dessa concentração são fortes, mas sua intensidade diminui ligeiramente. Em geral, o afundamento mental só ocorre quando estamos efetivamente nos concentrando no objeto de meditação, mas por causa da divagação interior, a clareza ou a intensidade da nossa concentração diminuem ligeiramente.

Costuma ser muito difícil identificar o afundamento mental. Por isso, corremos o risco de confundi-lo, sobretudo na sua forma sutil, com um estado de profunda concentração. Se não conseguirmos discriminar entre um estado de verdadeira concentração e outro poluído por afundamento mental, não haverá como alcançar o tranquilo-permanecer e teremos muitos problemas na meditação. Algumas pessoas pensam que afundamento mental e mente nebulosa são iguais; na realidade, a nebulosidade mental é a causa do afundamento mental. Nebulosidade mental é um peso do corpo e da mente que leva ao sono; é também uma faceta da ignorância.

4. Não-aplicação. Durante nossas sessões de meditação, as diversas formas de excitamento e de afundamento mentais são passíveis de surgir repetidamente. Se, quando isso acontecer, deixarmos de empregar os corretivos adequados, incorreremos na não-aplicação do oponente. Deixar que os vários obstáculos à meditação surjam sem oferecer resistência é como ficar parado enquanto um ladrão entra em nossa casa e rouba nossos pertences. O excitamento e o afundamento mentais são os ladrões que tiram de nós as riquezas do tranquilo-permanecer. Se não aplicarmos os oponentes adequados, eles nos manterão na pobreza espiritual para sempre.

5. Aplicação desnecessária. Durante a meditação, há momentos em que não existe qualquer risco nem de excitamento nem de afundamento mentais. Se, então, continuarmos a aplicar os corretivos, incorreremos na falha da aplicação desnecessária do oponente. Essa aplicação errada só serve para interromper nossa concentração unifocalizada. A situação é como a de uma mãe que insiste em castigar sua filha amorosa, embora essa submeta-se respeitosamente aos desejos da mãe. Continuar a castigar a filha e a repreendê-la só servirá para atrapalhar os sentimentos amorosos e compassivos que sente pela mãe.

Esses cinco obstáculos podem ser superados com a aplicação das oito forças oponentes.

OS OITO OPONENTES DOS CINCO OBSTÁCULOS

1. Fé. É uma atitude mental que sente prazer em meditar no tranquilo-permanecer. Para gerá-la, devemos pensar repetidamente sobre as excelentes qualidades do tranquilo-permanecer conforme foi explicado.

2. Aspiração. É a forte intenção de alcançar o tranquilo-permanecer, derivada da fé.

3. Esforço. É o fator mental que surge da aspiração e nos estimula a lutar com entusiasmo e persistência para alcançar o tranquilo-permanecer.

4. Maleabilidade. É uma leveza de corpo e mente, o fruto do esforço.

Estes quatro primeiros oponentes se contrapõem ao obstáculo da preguiça.

5. Contínua-lembrança. É o fator mental que impede a mente de esquecer o objeto de meditação e o retém continuamente. É o oponente aos obstáculos de esquecer as instruções que recebemos e de perder o objeto de meditação.

6. Vigilância. É um aspecto da sabedoria que age como um espião, observando a mente para detectar se surge algum obstáculo à concentração e quando isso ocorre. Opõe-se ao excitamento e ao afundamento mentais. Identifica-os e verifica se estão prestes a atacar e, no caso de terem surgido, incentiva a ação das forças oponentes.

Precisamos de grande habilidade para aplicar a vigilância como se deve. Se nunca aplicarmos esse fator mental, seremos incapazes de reconhecer as interrupções à nossa concentração; e se exagerarmos na aplicação, prejudicaremos o fluir da nossa concentração. Portanto, devemos utilizar esse oponente de maneira equilibrada, nem muito nem pouco. A analogia a seguir mostra o tipo de abordagem equilibrada que precisamos empregar. Imaginem que estamos caminhando ao lado de alguém que, suspeitamos, planeja nos matar. Uma parte da nossa atenção estará voltada para o caminho a seguir, enquanto outra será dirigida de tempos em tempos para o suspeito. Do mesmo modo, enquanto cultivamos concentração, a parte principal da nossa mente deve reter o objeto de meditação, mas, ocasionalmente, outra parte deve verificar se os obstáculos de afundamento e de excitamento mentais estão surgindo.

7. Aplicação. Quando o espião da vigilância tiver identificado os inimigos, o excitamento e o afundamento mentais, ele incentivará o general, o fator aplicação, a comandar seu exército, as forças oponentes, ao ataque. A maneira de intervir desse exército dependerá do obstáculo a ser superado.

Se surgir a*fundamento mental sutil*, devemos aumentar a intensidade da nossa concentração. Entretanto, isso precisa ser feito com destreza e precisão, como quando afinamos as cordas de um violão. Se apertarmos demais nossa concentração, ficaremos expostos ao excitamento mental e, se relaxarmos demais, a ameaça virá do afundamento mental grosseiro.

Se o *afundamento mental grosseiro* surgir, devemos tentar refrescar e avivar a mente. Por exemplo, se estivermos meditando na imagem visualizada de Buda Shakyamuni e o afundamento grosseiro ocorrer, devemos prestar mais atenção aos detalhes da visualização. Se isso não bastar para concentrar nossa mente, devemos abandonar temporariamente o objeto de meditação e olhar ao nosso redor para objetos brilhantes, a claridade do sol etc., ou meditar sobre temas como a boa sorte de ter tido um precioso renascimento humano e os benefícios do tranquilo-permanecer. Esses métodos devem avivar a mente, mas se não o fizerem, há uma técnica mais incisiva que poderá ser aplicada. Visualizamos a mente, situada no coração, sob o aspecto de uma pequena esfera de luz branca. Depois, recitamos em voz alta a sílaba "PHAT" (a pronúncia é "PHÉ"), enquanto visualizamos essa luz branca subindo rapidamente pelo nosso corpo e saindo pela coroa da cabeça. A mente, sob a forma dessa luz, voa para o espaço e funde-se inseparavelmente com ele. Essa técnica é muito eficaz para energizar a mente e para superar o afundamento mental grosseiro.

Se o *excitamento mental sutil* surgir, devemos perceber que isso se deve a estarmos retendo o objeto de meditação com muita força. Portanto, vamos relaxar ligeiramente a "pressão mental" e prosseguir a meditação. Se esse remédio não tiver sucesso e a mente se afastar por completo do seu objeto, o excitamento mental grosseiro terá ocorrido.

Se o *excitamento mental denso* surgir, podemos tentar acalmar a mente meditando em tópicos como impermanência, morte, as falhas do samsara etc., e suscitar desilusão ou desencanto pelo insatisfatório estado do samsara. Se esse método falhar, devemos praticar a meditação respiratória que foi explicada anteriormente neste capítulo, até que a mente se acalme de novo e as distrações densas tenham abrandado. Então, podemos nos lembrar novamente do objeto de meditação e continuar nossa prática.

8. Não-aplicação. Se não houver perigo de afundamento mental ou de excitamento mental e nossa concentração estiver indo bem, devemos nos abster de empregar qualquer das forças oponentes. Basta permanecermos naturalmente em concentração. Aplicar corretivos nesse caso só criaria interrupções à nossa prática.

É extremamente importante estudar os métodos para alcançar o tranquilo-permanecer com um Guia Espiritual experiente. Depois, devemos reunir as seis condições necessárias, encontrar um local de retiro isolado, sentarmo-nos na posição dos sete gestos e gerarmos uma motivação pura. Abandonaremos então os cinco obstáculos aplicando as oito forças oponentes e percorreremos as nove permanências mentais por meio das seis forças e das quatro atenções. Em resumo, devemos praticar de acordo com as instruções que recebemos.

As condições para a prática do tranquilo-permanecer assim descritas não são fáceis de serem reunidas. Nos dias de hoje, é raro encontrar um lugar adequado e o tempo necessário – seis meses ou mais – para dedicar a essa meditação. Isso não significa, contudo, que não devamos treinar nossa mente em concentração. Sem gerar ansiedade sobre as seis condições ou sobre a aquisição das permanências mais elevadas, devemos concentrar nossos esforços em encontrar e enfocar o objeto de meditação. Durante nossas práticas diárias, podemos limitar nossa atenção às duas primeiras permanências mentais e tentar desenvolver nossa habilidade de reter o objeto por prazos cada vez mais longos. Quando tivermos alcançado a segunda permanência mental, poderemos pensar em como obter todas as condições adequadas para um retiro completo de tranquilo-permanecer. Se nos preparamos de antemão, teremos mais chance de sucesso quando chegar o momento de desenvolver o tranquilo-permanecer.

A EXPLICAÇÃO DE COMO APLICAR O TRANQUILO-PERMANECER ÀS MEDITAÇÕES DE EQUALIZAR E DE TROCAR EU POR OUTROS

Esta seção tem duas partes:

1. Como meditar sobre equalizar eu e outros;
2. Como trocar eu por outros.

COMO MEDITAR SOBRE EQUALIZAR EU E OUTROS

Este tópico tem cinco partes:

1. Breve explicação da meditação;
2. O significado de equalizar eu e outros;
3. A meditação efetiva de equalizar eu e outros;
4. Os benefícios de meditar sobre equalizar eu e outros;
5. Como podemos evoluir nessa meditação.

BREVE EXPLICAÇÃO DA MEDITAÇÃO

[89] Quando tivermos meditado nas qualidades de uma vida solitária, de acordo com o que foi explicado, devemos viver em isolamento, abandonar as confusões desregradas da mente e meditar na bodichita. [90] A primeira coisa a ser feita é meditar sobre equalizar eu e outros. Como? Compreendendo

Je Tsongkapa

que, assim como nós queremos ser felizes e evitar o sofrimento, todos os outros seres vivos querem o mesmo. Sendo assim, devemos proteger os outros exatamente como, hoje, protegemos a nós mesmos. Assim como temos apreciado a nós mesmos, agora devemos treinar nossa mente para apreciar os outros, entendendo que somos todos iguais no desejo de sentir prazer e de nos livrar de todo sofrimento.

O SIGNIFICADO DE EQUALIZAR EU E OUTROS

O que significa dizer que eu e outros somos iguais? Uma analogia nos ajudará a entender esse ponto. [91] O corpo tem várias partes - braços, pernas etc. -, mas todas elas são igualmente apreciadas e protegidas. Do mesmo modo, existem muitos diferentes tipos de seres neste universo – humanos, deuses, animais etc. –, mas seu desejo de ser feliz é exatamente igual ao nosso. Todos são objetos a serem apreciados e protegidos da mesma maneira que protegemos a nós mesmos. Nesse particular, eles não são diferentes de nós. A felicidade e o sofrimento dos outros não diferem de modo algum da nossa própria felicidade e sofrimento. Se meditarmos profundamente sobre isso e gerarmos a mente que busca a felicidade dos outros e deseja eliminar seu sofrimento com o mesmo empenho que hoje dedicamos para obter nossa própria felicidade e para evitar nosso próprio sofrimento, teremos entendido o verdadeiro sentido de meditar sobre equalizar eu e outros.

Essa mente benéfica e esse coração bondoso são um tesouro incomparável, que poucos possuem. No momento, dispomos de todas as circunstâncias e condições para gerar essa mente preciosa, que, se for cultivada, é maravilhosa e rara. Reis e rainhas não possuem essa mente, embora sejam reverenciados e ocupem uma eminente posição social. Nem mesmo Indra e Brama, os seres celestiais mais elevados, possuem esse tesouro. Se nem eles possuem essa mente, como esperar que os seres comuns deste mundo a possuam?

A MEDITAÇÃO EFETIVA DE EQUALIZAR EU E OUTROS

A mente que vê a igualdade entre o eu e os outros é muito rara, porque vai contra a nossa maneira comum, egoísta e egocêntrica de nos relacionarmos com o mundo. Portanto, não é surpreendente que automaticamente surjam muitas objeções quando pensamos em adotar essa visão altruísta. Como antes, Shantideva antecipa tais objeções e as responde.

Meu sofrimento não prejudica os outros, e o sofrimento deles não me prejudica. Portanto, não tenho motivo para me empenhar em dissipar o sofrimento dos outros tanto quanto me empenho para dissipar o meu. Devo me interessar somente em superar meus próprios problemas.

[92] É verdade que o sofrimento que experienciamos não prejudica os outros e vice-versa; mas o sofrimento dos outros em si não é diferente do nosso. Se nosso corpo for cortado e o sofrimento surgir, só chamaremos isso de meu sofrimento porque apreciamos este corpo e não suportamos que seja prejudicado. [93] Se viéssemos a apreciar os outros do mesmo modo que apreciamos a nós mesmos, não conseguiríamos suportar o sofrimento deles. [94] Se refletirmos sobre isso com clareza, veremos por que precisamos dissipar o sofrimento dos outros tanto quanto o nosso e dar-lhes a mesma felicidade que desejamos para nós mesmos. Afinal, todos nós somos seres sencientes e ninguém gosta de infelicidade.

Para alguém que não familiarizou longamente sua mente com o Darma durante bastante tempo e, especialmente, para alguém que não está acostumado com esses tipos de raciocínio, os ensinamentos sobre equalizar eu e outros podem parecer anormais. Não é surpreendente que essa maneira de treinar a mente pareça tão estranha. Esses ensinamentos referem-se às práticas e às experiências dos elevados Bodissatvas e fundamentam-se numa profusão de raciocínios lógicos. Portanto, não são algo que possa ser compreendido rapidamente por mentes destreinadas. Se alguém tiver um desejo sincero de estudar esses ensinamentos com profundidade, terá de permanecer sob a tutela de um Guia Espiritual qualificado por um longo período e passar por um treino gradual até adquirir uma experiência de primeira-mão sobre a verdade que está por detrás das meras palavras do ensinamento.

Qual é a causa principal que nos impede de aceitar que o sofrimento dos outros não difere do nosso? O principal impedimento é nosso hábito profundamente arraigado de nos aferrar ao "eu" e de identificá-lo com nosso corpo, ao passo que identificamos o corpo de outra pessoa como "outro". Tendo feito uma identificação tão forte, aferramo-nos a essas aparências como se fossem verdadeiras. Esse forte apego às aparências é o que torna difícil ouvir os ensinamentos sobre equalizar e trocar eu por outros.

Devemos nos perguntar o seguinte: "O eu e os outros são tão diferentes quanto parecem?" Examinemos esse ponto. A cor amarela e a cor azul são sempre diferentes. É impossível que uma clara cognição do azul seja uma clara cognição do amarelo. Quando nossa consciência visual está percebendo uma, essa mesma consciência não está percebendo a outra. Sabemos disso. Porém, o eu e o outro não são assim. Eles não são tão distintos e excludentes quanto aparentam. A despeito disso, aferramo-nos fortemente ao eu em relação a nós mesmos, e etiquetamos de outro aqueles que estão separados de nós. Por insistir em fazer essas distinções rígidas e apressadas entre nós e os outros, estamos nos afogando no oceano do samsara. Como? Por causa da nossa atitude falsamente discriminadora, sentimos inveja, apego e raiva em relação aos outros e, na dependência desses estados mentais deludidos, criamos um pesado carma não-virtuoso, que nos leva ao sofrimento e à insatisfação.

Se pensarmos claramente, veremos que o eu e os outros não são como o amarelo e o azul. Ao contrário, assemelham-se mais a esta montanha e aquela montanha. Se estivermos na montanha do leste, a montanha que estiver no oeste será chamada de aquela montanha. Mas se viajarmos até a montanha do oeste, passaremos a nos referir a ela como esta montanha, e a outra montanha de onde saímos – que anteriormente era esta montanha – passará agora a ser aquela montanha. Isso suscita algumas perguntas importantes. Seria a montanha do leste igualmente esta e aquela montanha? Se a resposta for sim, o mesmo será verdadeiro para a montanha do oeste. Se as duas montanhas forem sempre diferentes, qual delas é verdadeiramente esta montanha e qual delas é verdadeiramente aquela montanha? Não seria simplesmente uma questão de ponto de vista, algo que é intercambiável? Se examinarmos atentamente o eu e os outros, descobriremos que eles também são intercambiáveis.

Podemos igualmente comparar eu e outro com alto e baixo. Por exemplo, um menino de oito anos é ambos, alto e baixo. Comparado a um jovem de vinte, é baixo, mas comparado a uma criança de três, é alto. Portanto, não podemos dizer que seja sempre um ou outro. Alto e baixo não são sempre fenômenos diferentes como o azul e o amarelo. De modo similar, o eu e os outros não são sempre tão diferentes quanto duas cores. É errado nos aferrarmos à falsa concepção de que eles são tão distintos.

Se pensarmos nesses exemplos e linhas de raciocínio lógico e, além disso, refletirmos sobre as inúmeras desvantagens da nossa atitude de auto-apreço e as inúmeras virtudes de apreciar os outros, poderemos praticar a meditação de equalizar eu e outros e, de fato, trocar eu por outros. Entretanto, se não prepararmos nossa mente dessa maneira, será difícil, senão impossível, ter sucesso. Já que a habilidade de gerar a preciosa mente de bodichita depende de enxergar a igualdade desses dois fenômenos que costumamos considerar completamente diferentes, devemos investir grande esforço nesse treino.

[95] Nós e os outros somos iguais, pois tanto nós quanto eles desejamos ser felizes. Sendo assim, o que temos de tão especial que justifique nos interessarmos unicamente pela

nossa própria felicidade? [96] Ademais, visto que ambos, nós e os outros, somos iguais no desejo de nos livrarmos do sofrimento, por que limitamos nossos esforços a dissipar nosso próprio tormento e não o dos outros?

[97] *Como já disse, não tenho motivo para proteger os outros do seu tormento. Isso não me prejudica.* Então, por que tomamos medidas para eliminar as doenças da velhice que virão no futuro ou mesmo os desconfortos que sofreremos amanhã ou depois de amanhã? Esses sofrimentos futuros não irão nos prejudicar hoje!

[98] *Mas se esse tomento não for prevenido agora, terei de vivenciá-lo no futuro.* Isso é uma má interpretação. O eu desta vida não irá experienciar o sofrimento das vidas futuras. Esta vida e as vidas futuras são completamente diferentes. O mesmo pode ser dito sobre o sofrimento de amanhã. É errado pensar que o sofrimento de amanhã será experienciado pelo eu de hoje. Por quê? Porque quando o sofrimento de amanhã for experienciado, o eu de hoje já terá perecido. Quando encontramos uma pessoa que vimos no ano passado, aferramo-nos à pessoa do ano passado como se fosse a mesma pessoa de hoje, mas esse agarramento à permanência é uma concepção completamente equivocada.

[99] *Mas tens de concordar que todo sofrimento deve ser dissipado por aquele que está passando por ele. Não seria apropriado que outra pessoa fizesse isso no seu lugar.* Acaso não é adequado que a mão ajude a eliminar o sofrimento causado por um espinho no pé? De acordo com tua objeção, visto que o sofrimento do pé não é o sofrimento da mão, a mão não tem motivo algum para proteger o pé.

Mantenho que não é adequado aliviar o sofrimento dos outros, porque não estou ligado a eles. Isso não se aplica aos teus exemplos. [100] É adequado aliviar o sofrimento do nosso pé e das nossas vidas futuras porque nos agarramos a eles como o sofrimento do meu pé e o sofrimento das minhas vidas futuras.

É totalmente injustificável aferrar-se à existência independente do eu e à existência independente dos outros. É importante acabar com esse agarramento à existência independente, porque ele tem sido a causa raiz do nosso atolamento no pântano de sofrimento samsárico desde tempos sem-início.

Digo que o sofrimento do pé deve ser afastado pela mão e que o sofrimento de nossas vidas futuras deve ser evitado pela nossa vida atual, porque esses pares são o mesmo agrupamento e continuum. O mesmo não é verdade para o eu e os outros.

[101] No entanto, não existe um agrupamento ou continuum independentemente existente, ou auto-existente, conforme sugeres. Um agrupamento é constituído por muitas partes, às quais imputamos o rótulo mental de agrupamento. Da mesma maneira, um continuum é constituído por muitos momentos anteriores e posteriores, aos quais imputamos o rótulo de continuum. Tomemos como exemplo um mala, ou um rosário. Um mala é um agrupamento de 108 contas e um fio, e a esse agrupamento imputamos o nome mala. Do mesmo modo, imputamos o nome exército a um agrupamento de soldados que se preparam para lutar ou que já estão engajados numa batalha.

Normalmente, aferramo-nos fortemente à existência independente das coisas, dizendo, por exemplo, meu mala, quando, de fato, não há um mala independentemente existente. Esse mala foi apenas designado às suas partes por um processo de rotulação mental. Se examinarmos de perto esse agrupamento de partes e procurarmos um verdadeiro mala entre elas, jamais conseguiremos encontrar algo assim. Do mesmo modo, um exército verdadeiro, independente e auto-existente não pode ser encontrado entre os soldados, por mais que procuremos.

[102] Não existe um possuidor de sofrimento independente, auto-existente. Ademais, o sofrimento que é experienciado também não tem auto-existência. Portanto, quem

o controla? Quem o possui? No entanto, embora nem a pessoa nem o sofrimento que ela experiencia tenham a mais leve existência independente, devemos tentar dissipar esse sofrimento que existe por imputação. Além disso, visto que não há um eu inerentemente existente que possua o sofrimento, não pode haver diferença entre o sofrimento do eu e o sofrimento dos outros. Ambos, o nosso e dos outros, são reais por imputação e ambos têm de ser dissipados simplesmente porque são dolorosos.

Não havendo eu e outros inerentemente existentes, não haverá motivo para distingui-los tão categoricamente e com tanta certeza. Que sentido faria nos aferrarmos à nossa suposta auto-existência e à dos outros e, depois, com base nessa falsa suposição, achar que nosso sofrimento deve ser abandonado, ao passo que o sofrimento dos outros pode ser tolerado? [103] Como alguém poderia argumentar que não é necessário dissipar o tormento dos outros?" Se pretendemos impedir o sofrimento como um todo, devemos pretender superar o tormento dos outros tanto quanto o nosso. E se não pretendemos dissipar o sofrimento dos outros, tampouco devemos pretender nos livrar daquilo que nos aborrece.

[104-115] *É um fardo pesado demais tentar apreciar os outros tanto quanto apreciamos a nós mesmos. Os outros têm um sofrimento ilimitado. Por que deveria eu assumir mais sofrimentos do que aqueles que já tenho?* Se um Bodissatva tivesse que sofrer mais na sua missão de ajudar outros seres sencientes a superarem seu tormento, ele ou ela suportaria isso com alegria. O bondoso Bodissatva aceita qualquer coisa em nome de beneficiar os outros. Mas não devemos ficar preocupados pensando que ele terá mais sofrimento em decorrência das suas práticas. Quando vê alguém atormentado, a própria grande compaixão do Bodissatva o protege de quaisquer problemas ou sofrimento. Ele tolera as dificuldades que encontra com uma mente feliz. Seu verdadeiro deleite é trabalhar continuamente para o bem de todos os seres vivos.

Há uma história que ilustra a alegria de um Bodissatva até em situações bastante difíceis. [106] Na época do Tatagata Ratna Pemachandra, um Buda anterior a Buda Shakyamuni, havia um Bodissatva monge chamado Supushpachandra. Enquanto meditava na floresta Samantabadra, juntamente com sete mil outros Bodissatvas, ele percebeu com seus poderes de clarividência que, se fosse ao reino do Rei Viradata e ensinasse o Darma, 10 mil pessoas alcançariam a libertação. Viu também que em consequência disso seria morto pelo rei Viradata. Contou aos outros Bodissatvas que, em breve, partiria para dar ensinamentos ao povo daquele reino à custa da própria vida. Seus amigos lhe imploraram: "Não vás, não sacrifiques tua vida. Fica aqui. Pensa no bem de todos os seres sencientes e não apenas no bem daqueles dez mil". Mas Supushpachandra não deu ouvido a tais apelos. Partiu para aquele reino, ensinou o Darma e conduziu seu povo à libertação e à iluminação. Como predito, o rei ficou com raiva e inveja da influência que exercia sobre os súditos e mandou matá-lo. O Bodissatva estava tão determinado a dissipar o sofrimento dos outros que, de bom grado, sacrificou a própria vida para o benefício deles. Supushpachandra compreendera plenamente a igualdade entre o eu e os outros e, por isso, foi capaz de realizar esse notável ato de compaixão.

OS BENEFÍCIOS DE MEDITAR SOBRE EQUALIZAR EU E OUTROS

[107] Porque está habituado a meditar em equalizar eu e outros, o destemido Bodissatva tem prazer em dissipar o tormento dos outros. Com o mesmo prazer com que um ganso selvagem mergulha numa linda lagoa de lótus, o Bodissatva mergulhará alegremente nas fogueiras do mais profundo inferno se isso for benéfico para os seres

sencientes. A inabalável força interior de um Bodissatva vem da sua meditação em equalizar eu e outros. Com alegria, ele ou ela afastará os seres da dor, agindo sempre de acordo com a capacidade individual de cada um. Os Budas e Bodissatvas não podem remover o sofrimento alheio como quem extrai um espinho do pé de outra pessoa; contudo, eles não medem esforços para conduzir os outros ao longo do caminho até a completa cessação do sofrimento, ainda que isso signifique sacrificar a própria vida. Se o resultado dos esforços de um Bodissatva for resgatar um único ser do oceano do sofrimento samsárico, ele ou ela sentirá imensa felicidade, por mais que lhe tenha custado. [108] Ajudar os outros é o desejo supremo do Bodissatva.

Para um Bodissatva, não faz sentido buscar apenas a sua libertação pessoal. [109] Sempre que se empenha em ações benéficas que visam salvar os outros, ele o faz sem orgulho ou arrogância e completamente desprovido de pretensão. Executa suas ações benéficas sem pensar no fruto que receberá delas; seus feitos são totalmente incondicionais. Por exemplo, quando pratica o dar, dedica o mérito dessa ação para os outros, desejando que os benefícios amadureçam para eles. Sempre que pratica o Darma, dedica os resultados positivos da mesma maneira. O Bodissatva não tem interesse pessoal e tudo o que faz é exclusivamente para o benefício dos outros. Sua força interior de executar feitos de amor e de compaixão nasce de meditar no equalizar eu e outros.

Se meditarmos corretamente no equalizar eu e outros, seremos capazes de trocar nossa atitude de auto-apreço pela atitude altruísta de apreciar os outros. Realizando plenamente essa troca, completaremos a prática da preciosa bodichita e, rapidamente, alcançaremos a suprema iluminação. Portanto, contemplando as inúmeras vantagens de meditar em equalizar eu e outros, devemos pensar:

[110] Assim como hoje eu me protejo até do mais leve desagrado, agirei do mesmo modo em relação aos outros, com uma mente compassiva e solidária.

COMO PODEMOS EVOLUIR NESSA MEDITAÇÃO

Neste ponto, podem surgir sérias dúvidas sobre a viabilidade dessa prática altruísta. Talvez pensemos: *Não consigo gerar a mente que concebe eu enquanto se identifica com os corpos dos outros. Como posso pensar nos olhos de outra pessoa como se fossem meus? Como posso considerar os sofrimentos delas como se fossem meus? Como posso buscar felicidade para os outros tanto quanto busco a minha própria? Isso é impossível!*

Não devemos nos culpar por pensar assim, pois esse é o discurso previsível de uma pessoa sem experiência. No momento, temos forte familiaridade com o auto-agarramento e nossas experiências fundamentam-se unicamente nisso. [111] Por hábito e familiaridade, aferramo-nos à união das gotas de esperma do nosso pai e do óvulo de nossa mãe – a partir dos quais surgem os ossos e a carne respectivamente –, como se constituíssem um eu inerentemente existente. [112] No entanto, se desenvolvêssemos familiaridade com uma maneira correta de pensar, não haveria nenhuma dificuldade em identificar o eu com os corpos dos outros.

É um fato que nosso corpo pertence aos outros. Como foi explicado no quarto capítulo, este nosso corpo é uma espécie de empréstimo, pois veio de outras pessoas. Togme Sangpo, num trecho de sua obra *Trinta e sete práticas de todos os Bodissatvas* (*Leg len so dun ma*, em tibetano), anteriormente citada, diz que nosso corpo é como uma hospedaria, e que nossa mente é apenas um viajante que está ali alojado por pouco tempo. Se o Senhor da Morte chegar agora, teremos de desocupar a hospedaria e partir sozinhos para outro lugar. Se nosso corpo realmente nos pertencesse, como instintivamente achamos que sim, deveríamos ser capazes de levá-lo conosco ao partir deste mundo na hora da morte.

[113] Se nos acostumarmos com essas maneiras de olhar para a nossa situação e nos lembrarmos das vantagens de apreciar os outros e das inúmeras desvantagens da atitude de auto-apreço, não será muito difícil percebermos a igualdade e, por fim, a permutabilidade entre o nosso corpo e o corpo dos outros. Compreender as desvantagens do auto-apreço é uma poderosa arma para impedir o surgimento da mente de auto-agarramento. Se, então, nos concentrarmos nas vantagens de apreciar os outros e, de fato, geramos a mente que cuida dos outros do mesmo modo que hoje cuidamos de nós mesmos, nenhum problema poderá nos atrapalhar. Se recebermos o conjunto completo de ensinamentos sobre como meditar sobre equalizar eu e outros de um Guia Espiritual plenamente qualificado, e depois lutarmos para pôr esses ensinamentos em prática da melhor maneira, não há dúvida de que será possível alcançar essas realizações da bodichita. Tudo o que é necessário é ter a motivação correta e um esforço contínuo.

COMO TROCAR EU POR OUTROS

Tendo equalizado eu e outros, poderemos dar início à prática de trocar eu por outros. Ela tem quatro partes:

1. Breve explicação da troca;
2. A maneira de trocar eu por outros;
3. Completar a troca por meio de reflexão;
4. Completar a troca por meio de ação.

BREVE EXPLICAÇÃO DA TROCA

Depois de reconhecer que a raiz de todos os sofrimentos e falhas é a nossa atitude de auto-apreço, devemos lutar com toda a nossa energia para abandonar o auto-apreço; e tendo reconhecido que um oceano de excelência nasce de apreciarmos os outros como se fossem nós mesmos, devemos lutar para praticar dessa maneira.

Como é possível apreciar inúmeros seres sencientes? Acostumando a mente por meio de constante familiaridade. [114] Por exemplo, nosso corpo tem diversos membros e órgãos. Graças à força de intensa familiaridade, todos são igualmente apreciados como partes do nosso corpo. Da mesma maneira, se nos acostumarmos a apreciar os outros, todos os seres corporificados poderão ser considerados como autênticos membros da nossa vida.

A MANEIRA DE TROCAR EU POR OUTROS

Este tópico tem quatro partes:

1. Familiarizar-se com apreciar os outros;
2. Abandonar o auto-apreço;
3. Refletir nas desvantagens do auto-apreço e nas vantagens de apreciar os outros;
4. Sumário.

FAMILIARIZAR-SE COM APRECIAR OS OUTROS

[115] Como foi dito, é graças ao poder da familiaridade que atribuímos "eu" ao nosso corpo não-auto-existente. Assim, pelo poder da familiaridade, também podemos conceber esse eu em relação ao corpo dos outros. [116] Se nos acostumarmos a apreciar os outros, impediremos o surgimento de orgulho, soberba e arrogância ainda que estejamos fazendo muito para beneficiá-los. O Bodissatva se identifica tão estreitamente com os outros que suas ações para beneficiá-los nunca têm outra intenção. Quando alimentamos nosso corpo, não esperamos nada em troca; achamos natural e adequado cuidar daquilo que identificamos como

nosso. As ações dos Bodissatvas em relação aos outros são realizadas com essa mesma falta de expectativa e com igual senso de adequabilidade. Enquanto treinarmos o estilo de vida do Bodissatva, devemos fazer pelos outros tudo o que faríamos por nós mesmos. [117] Assim como nos protegemos do menor desprazer ou perda de reputação, devemos cultivar uma mente compassiva e solidária em relação aos outros e lutar para protegê-los até do menor sofrimento.

Os Bodissatvas sempre fizeram todo o possível para beneficiar os outros e protegê-los até do mais insignificante sofrimento. [118] O Bodissatva Superior Avalokiteshvara, por grande compaixão, esforçou-se para aliviar o medo das pessoas abençoando seu próprio nome. Ele proclamou: "Os seres sencientes amedrontados que recitarem meu nome três vezes serão libertados de todos os seus medos". Independente da causa do nosso medo ser grande ou pequena – quer o medo surja de um simples receio de falar em público ou de temermos a violência –, essa bênção compassiva é tão efetiva hoje quanto o foi no passado. Esse é apenas um pequeno exemplo de como um nobre Bodissatva aprecia os outros e deseja protegê-los.

Concordo que seria bom obter a realização de trocar eu mesmo por outros, mas é extremamente difícil fazer isso! [119] De fato, no início da nossa prática, seria difícil alcançar a mente de apreciar os outros, contudo, não devemos desanimar e desistir dessa prática só porque ela é difícil. Se treinarmos incessantemente, com certeza será possível obtermos essa mente elevada. Podemos analisar o exemplo a seguir. Havia uma pessoa que consideramos, durante muitos anos, como nosso inimigo. Agora, neste ano, ele se tornou um amigo tão próximo que, só de pensar em nos separar dele por uma hora, ficamos infelizes. O que causou uma mudança tão radical? Isso deveu-se unicamente ao poder da familiaridade. Se podemos aprender a apreciar um inimigo, certamente também podemos aprender a trocar eu por outros.

[120] Se queremos verdadeiramente nos libertar deste oceano do samsara e nos tornar capazes de proteger os outros deste círculo de sofrimento, devemos praticar o santo segredo: trocar eu por outros. Esses ensinamentos, juntamente com aqueles sobre a vacuidade, não são apropriados para todos. Aqueles que não possuem experiência de Darma, facilmente poderão interpretar mal o significado e o intento desses assuntos profundos. Por essa razão, Shantideva refere-se à prática de trocar eu por outros como um santo segredo. Outros grandes Professores do passado sentiram o mesmo em relação a esse método do treino da mente mahayana. Atisha manteve esses ensinamentos em absoluto segredo e só os transmitiu a poucos e seletos discípulos. Finalmente, contudo, o Geshe Kadampa Chekawa deu essas instruções a muitos estudantes e escreveu um famoso texto sobre o treino da mente, abordando principalmente esse santo segredo. Um comentário a esse texto, *Treinar a mente em sete pontos*, pode ser encontrado no livro *Compaixão universal*.

O melhor método para efetuar a troca do eu por outros é refletir, por um longo período, nas inúmeras desvantagens da nossa atitude de auto-apreço e nas muitas vantagens de apreciar os outros. Como foi mencionado, a fonte de todo o nosso sofrimento, sem exceção, é a mente de auto-apreço. Ademais, toda a nossa felicidade nasce de uma fonte: apreciar os outros. Vamos tomar como exemplo esta preciosa vida humana. O grande Professor indiano Chandrakirti escreveu no seu *Guia ao caminho do meio* (*Madhyamakavatara*, em sânscrito) que a causa principal de renascer como humano ou deus é a prática de disciplina moral. Visto que hoje temos uma vida como ser humano, isso significa que praticamos disciplina moral numa vida anterior. Como fizemos isso? Por apreciar a vida dos outros, abstivemo-nos de matar. Por apreciar as posses dos outros, abstivemo-nos de roubar. Por apreciar outras pessoas e seus parceiros, abstivemo-nos de praticar vários tipos de má conduta sexual. Por apreciar os outros e não querer enganá-los, semear intrigas, perturbar sua paz ou desperdiçar seu tempo, abstivemo-nos das quatro ações não-virtuosas da fala: mentir, praticar discurso divisor, discurso ofensivo e tagarelice. Do mesmo modo, porque apreciávamos os outros, considerávamo-nos como inferiores e os tínhamos como supremos e, por isso, mantivemos nossa mente livre de cobiça e maldade. Por fim, por termos apreciado as instruções que recebemos dos outros, adotamos os ensinamentos de Darma sinceramente e abandonamos as visões errôneas.

Fica claro, portanto, que todas as ações virtuosas de corpo, fala e mente – a prática de disciplina moral básica como um todo – nasce de apreciarmos os outros; e foi por causa dessas ações virtuosas que conquistamos nosso perfeito renascimento humano. Ademais, essa nossa forma humana está dotada com certos atributos adicionais e esses também são resultado de apreciar os outros. Formas atraentes são resultado da prática de paciência, abstendo-se de retaliar os outros. Longa vida é resultado de proteger a vida dos outros e abster-se de matar. Pessoas que são populares e amadas estão colhendo o fruto de amar e de apreciar os outros em vidas anteriores. Algumas pessoas estão sempre com boa saúde e isso é resultado de cuidar dos enfermos. Vemos assim que toda a felicidade, sem exceção, surge da atitude de apreciar os outros.

ABANDONAR O AUTO-APREÇO

Todos os aspectos assustadores do samsara, do maior ao menor, surgem da atitude de auto-apreço. [121] Por que sentimos medo ao ver, por exemplo, uma serpente ou um escorpião? Porque estamos repletos de apego e de apreço ao nosso próprio corpo. Nem é preciso dizer que os medos dos reinos inferiores também se devem a esse estado mental autocentrado.

Se não apreciássemos nosso próprio corpo, não teríamos apego a ele e seríamos capazes de doá-lo aos outros livremente. Não haveria, então, nenhuma base para o surgimento de problemas. Ser ou não prejudicado deixaria de nos preocupar, porque o corpo não seria mais apreciado. Portanto, quando compreendermos que o causador de tanto transtorno e medo é o nosso auto-apreço, devemos insultá-lo como nosso pior inimigo.

Por sermos muito apegados ao nosso corpo e desejarmos protegê-lo, ficamos ansiosos para dissipar todos os sofrimentos de fome, sede, frio e doenças que este corpo encontra. Não sentimos essa ansiedade quando quem sofre é o corpo dos outros. Mas quando nosso próprio corpo está desconfortável, reagimos com veemência. [122] Por exemplo, para aliviar nossa fome, matamos pássaros, peixes, cervos e outros animais. Roubamos os outros e armamos emboscadas para prejudicá-los. [123] Contamos mentiras e, em nome de lucro e ganhos, somos capazes de matar nossos amados pai e mãe! Chegamos a ponto de roubar a propriedade das Três Jóias preciosas de refúgio e, assim, criamos um vasto carma negativo das mais variadas maneiras. Como resultado de toda essa não-virtude, vamos parar no inferno e ali ficamos em meio a chamas incessantes por muitos éons. Até durante esta vida humana, passamos por tormentos como encarceramento, vida curta e repleta de doenças etc. Quem é o criador de toda essa desgraça? Se analisarmos com cuidado, veremos que quem cria tudo isso é nossa atitude de apreço em relação ao nosso corpo. [124] Quem é sábio deve considerar esse auto-apreço como seu mais odiado inimigo.

REFLETIR NAS DESVANTAGENS DO AUTO-APREÇO E NAS VANTAGENS DE APRECIAR OS OUTROS

[125ab] "Se eu der aos outros meus pertences, fortuna, roupas etc., como serei feliz? O que vou comer? O que vou vestir?" A mente de auto-apreço que pensa assim está se-

guindo os caminhos aterrorizantes dos espíritos grotescos. Em geral, sentimos medo de um espírito, mas o verdadeiro objeto de medo esconde-se dentro de nós, sob o disfarce da nossa atitude de auto-apreço. As pessoas temem os espíritos porque acham que serão prejudicadas por eles; mas se baníssemos nossa atitude de auto-apreço, não sentiríamos medo, mesmo se todo um exército de fantasmas aparecesse à nossa frente.

Desde os gloriosos reis até o mais insignificante dos insetos, todos os seres vivos são atacados pelo medo causado por sua atitude de auto-apreço. Se os maus augúrios nos apavoram, devemos saber que o egoísmo é o pior de todos os maus augúrios. Os gueshes kadampas apelidaram a atitude de auto-apreço de "demônio com cabeça de coruja". Medo, ansiedade, insatisfação e sofrimento surgirão continuamente até que esse demônio interior do auto-apreço tenha sido completamente exorcizado.

[125cd] "Se eu usar minhas posses, riqueza, roupas etc. para meu próprio benefício, o que terei para dar aos seres sencientes?" A mente que pensa assim aprecia com altruísmo os outros e está seguindo o caminho alegre das deidades afortunadas. Uma deidade é um ser elevado que concede bênçãos e iniciações. Se estivermos sob a proteção da deidade de apreciar os outros, não precisaremos nos devotar a nenhum outro ser celestial; essa deidade do vazio de self satisfará todos os nossos desejos, tanto neste mundo como nos mundos por vir.

Shantideva expande esse tema, apresentando três duplas de destinos contrastantes. [126] A primeira é que, se prejudicarmos os outros em benefício próprio, sofreremos privações nesta vida e, por fim, teremos de suportar a dor do tormento infernal. Entretanto, se formos prejudicados em nome de beneficiarmos os outros, renasceremos como humano ou deus e conquistaremos, por fim, o estado supremo da plena budeidade. [127] A segunda é que, tendo-nos em alta estima e perseguindo unicamente metas egoístas, cairemos nos reinos inferiores e, quando por fim nascermos de novo como ser humano, teremos uma posição social inferior, um corpo não-atraente e uma mente tola. Entretanto, se desviarmos o interesse que sentimos por nós e começarmos a ter os outros em alta estima, vamos obter um renascimento afortunado, angariar respeito e sempre desfrutar de boas companhias e de lugares agradáveis. [128] Por fim, se usarmos os outros com a intenção de obter lucros apenas para nós, renasceremos numa classe social inferior e experienciaremos grande servidão. Entretanto, se nos pusermos a serviço dos outros de modo que eles prosperem, renasceremos com boa aparência e um status social elevado. [129] Para resumir, toda alegria que existe neste universo surge de apreciarmos os outros e de desejarmos sua felicidade; todo sofrimento que existe surge de apreciarmos nossa própria felicidade. Haveria um único exemplo de desgraça que não esteja ligada ao demônio do auto-apreço?

O auto-apreço nasce do auto-agarramento, conforme será explicado mais à frente no nono capítulo. Primeiro, nos agarramos a um eu auto-existente e independente. A seguir, aferramo-nos a meu corpo, minha casa, minha mulher, meu marido e assim por diante. Como resultado, tornamo-nos dolorosamente apegados a pessoas e a objetos, fortemente concebidos como meus ou minhas. Já que os Arhats – os seres que abandonaram por completo o auto-agarramento e alcançaram a libertação do nirvana – não desenvolvem esse auto-apreço, eles superaram todo o sofrimento.

[130] Como diz Shantideva, não é preciso falar longamente sobre as diferenças entre o auto-apreço e as atitudes de apreciar os outros. Basta olhar para os seres infantis, que trabalham unicamente para seu próprio benefício, e ver como eles nascem repetidamente nos reinos do samsara, onde passam por incessante sofrimento, e compará-los com os Budas, que venceram o demônio do auto-apreço e estão

interessados unicamente no bem-estar dos outros. Cotejando a desgraça e a insatisfação dos seres infantis com o êxtase e a felicidade insuperáveis dos seres sagrados, rapidamente nos convenceremos da superioridade de apreciar os outros.

[131] Podemos ter a forte e sincera intenção de alcançar a budeidade; contudo, se não nos comprometermos com a prática de trocar eu por outros, não haverá nenhuma esperança de alcançarmos essa meta. E se não nos esforçarmos pela budeidade, pensando que ficar no samsara é algo indiferente, nunca encontraremos verdadeira felicidade. Mesmo se renascermos como um rei ou uma rainha, enquanto permanecermos no samsara será impossível experienciar alegria pura e estável.

Se não abandonarmos a atitude de auto-apreço e continuarmos a agir por motivos egoístas, então, como foi explicado, passaremos por sofrimento no futuro. [132] Contudo, esse não é o único resultado insatisfatório do auto-apreço; se não abandonarmos o egoísmo, até os nossos desejos da vida atual permanecerão insatisfeitos. Por exemplo, se um empregado for tão displicente com os interesses do seu patrão a ponto de recusar-se a trabalhar corretamente e, se um patrão se recusar a pagar um salário justo a seu empregado, nenhum dos dois receberá aquilo que deseja do outro.

[133] Se nos deixarmos invadir pela atitude de auto-apreço, o grande valor e o potencial desta preciosa existência humana – e os futuros estados de existência – serão perdidos. Estaremos jogando fora todas as excelentes qualidades desta vida. Ademais, se nosso auto-apreço nos levar a prejudicar os outros, tais ações confusas não nos trarão nada além de intolerável dor. Precisamos compreender com profundidade que, em qualquer universo em que habitemos, nossa atitude de auto-apreço sempre será a responsável por todo mal que nos seja infligido por humanos, não-humanos ou animais selvagens, por todos os medos e tormentos, bem como por todos os estados de existência sem liberdade. [134] Se

considerar-se o mais importante é causa de tanto tormento, como podemos ser tão complacentes enquanto o pior de todos os demônios vive em nosso peito? De que nos serve esse espírito demoníaco e assustador?

[135] Se pegarmos um pedaço de pau em brasa e não o atirarmos imediatamente para longe, não haverá como impedir a nossa mão de ser queimada. Do mesmo modo, se não formos capazes de largar a nossa atitude de auto-apreço – a mente que nos considera o mais precioso de todos –, não haverá como abandonar o sofrimento. [136] Portanto, se desejamos sinceramente superar todos os nossos problemas e ajudar os outros a fazerem o mesmo, temos de abandonar nosso auto-apreço e considerar os outros tão preciosos quanto, hoje, consideramos a nós mesmos.

SUMÁRIO

[137] Depois de termos trocado o eu por outros, conforme foi explicado, devemos cultivar o seguinte pensamento: "Agora, estou completamente à disposição dos outros; não existe mais a escolha de fazer alguma coisa só para mim". Devemos ter certeza de que nossa mente entende a nova situação. Estaremos conscientes de que, a partir de agora, temos de trabalhar unicamente para o benefício dos outros. Essa nova atitude deve permear tudo o que pensamos, dizemos e fazemos. [138] Por exemplo, nossos olhos agora estão completamente à disposição dos outros; logo, não devemos mais olhar para as coisas em benefício próprio, nem arregalar os olhos raivosamente de modo ameaçador. [139] Considerando os outros mais preciosos do que nós, devemos confiscar tudo o que pertence ao eu – tudo o que vestimos, comemos ou possuímos – e dar aos outros. Devemos cultivar a atitude que considera tudo o que usamos como uma posse dos outros, e agir como se fôssemos um servo usufruindo as roupas, a comida e as posses de seu amo, sem

jamais esquecer que nada disso nos pertence. É muito importante que aqueles que pretendem viajar pelo caminho mahayana e, em particular, aqueles que receberam os votos do Bodissatva, reflitam constantemente sobre essa atitude e a examinem com atenção.

COMPLETAR A TROCA POR MEIO DE REFLEXÃO

Esta seção tem cinco partes:

1. Breve explicação;
2. Meditação sobre inveja em relação a um superior;
3. Meditação sobre competitividade em relação a um igual;
4. Meditação sobre orgulho em relação a um inferior;
5. Os resultados dessa meditação.

BREVE EXPLICAÇÃO

Nas próximas seções, Shantideva apresenta um método radical, porém muito efetivo, para treinar a mente em trocar eu por outros. Normalmente, nossa atitude de auto-apreço nos leva a classificar as pessoas em três grupos: aquelas que são inferiores a nós em determinados aspectos; aquelas que são iguais a nós ou nossas rivais; e aquelas que são melhores do que nós. Tendo estabelecido essas categorias, nos sentimos mais importantes em relação ao primeiro grupo, competimos com o segundo e invejamos o terceiro. Todos esses estados mentais nos causam sofrimentos a curto e a longo prazo. Shantideva vai mostrar agora como podemos voltar esses estados mentais deludidos contra eles próprios e, assim, aumentar o poder da nossa bodichita.

Nas seções anteriores, Shantideva explicou claramente como o egoísmo, em vez de nos trazer a felicidade almejada, apenas nos leva à insatisfação e ao tormento. Mostrou também qual é a diferença entre nosso estado atormentado de auto-apreço e o êxtase de um Buda, um ser cuja mente se empenha de maneira espontânea e contínua para beneficiar os outros. Se contemplarmos profundamente esses pontos, nos sentiremos motivados a destruir o demônio do auto-apreço e a conquistar o estado da budeidade para o benefício dos outros. Essa motivação é a preciosa bodichita e, uma vez que a tenhamos gerado em nossa mente, seremos dignos do título de Bodissatva.

A seguir, Shantideva mostra como um Bodissatva – ou um praticante que está treinando o estilo de vida do Bodissatva – pode fortalecer sua bodichita, concluindo a troca do eu por outros como foi explicado anteriormente. Usando seus poderes de imaginação e empatia, [140] o praticante troca de lugar com aqueles que são considerados inferiores, iguais ou superiores a ele próprio e, a partir desse novo ponto de vista, olha para seu antigo eu e gera por ele um sentimento de inveja ou de competitividade ou de orgulho. Tudo isso é feito sem nenhum vestígio da concepção rastejante da dúvida, a mente indecisa que pensa: "É impossível que eu consiga fazer isso". Com determinação e uma convicção de que essa prática é possível, o Bodissatva faz a troca e cultiva pensamentos de inveja etc. Não há perigo algum de que essas atitudes originem alguma delusão, porque elas se dirigem ao próprio praticante. Na realidade, já que essas atitudes ajudam o praticante a se identificar intensamente com os outros e a apreciá-los como aprecia a si próprio, elas contribuem para aumentar o poder de sua mente virtuosa.

É importante lembrar que a troca que vai ocorrer aqui não é uma troca física; não estamos abandonando nossa forma atual e assumindo o corpo de outro ser. O que fazemos é transportar nossa atitude de apreço do lugar em que ela habitualmente reside – o eu ou self – e cultivá-la num novo campo – os pensamentos, os sentimentos e as preocupações dos outros. Para evidenciar essa troca, Shantideva literalmente altera os sujeitos gramaticais das próximas estrofes, de modo que a palavra "eu" agora será usada para se referir à outra pessoa, ao passo que "ele" (ou ela) estará se referindo ao praticante que fez a troca: o futuro Bodissatva (ou seja, nós mesmos).

MEDITAÇÃO SOBRE INVEJA EM RELAÇÃO A UM SUPERIOR

Para fazer a primeira das três meditações, devemos trocar de lugar com alguém que consideramos inferior a nós em algum aspecto (por exemplo, em prestígio, educação ou riqueza); então, passamos a nos identificar com essa pessoa o mais que pudermos. Tendo feito isso, olhamos de novo para nosso antigo eu (o suposto Bodissatva) com os seguintes pensamentos invejosos:

> [141-142] Ele (ou ela) sempre é honrado e venerado por suas boas qualidades, enquanto eu nada recebo. Ele possui imensa riqueza e posses, enquanto eu sou um miserável. Ele recebe muitos elogios, enquanto eu sou desprezado. Meu trabalho é pesado e tenho muitas tarefas, enquanto ele pode relaxar confortavelmente e descansar. Sua boa reputação espalhou-se pelo mundo, enquanto, de mim, só se conhece a inferioridade.

Ainda nos identificando com essa pessoa inferior, devemos entender que um Bodissatva só tem qualidades invejáveis graças a seu imenso esforço de praticar virtude. Se os seres inferiores praticassem da mesma maneira, eles também poderiam obter boa fortuna. Então, para aliviar qualquer desânimo que poderíamos sentir por estar numa posição inferior, devemos pensar:

[143] Esse Bodissatva talvez seja superior a mim, mas há muitos Bodissatvas que são melhores do que ele. Além disso, embora existam muitos seres que são mais elevados do que eu, há muitos outros que são inferiores. Portanto, não há motivo para que eu me sinta desanimado.

Depois de cultivar tais pensamentos, devemos investigar se esse Bodissatva Superior (que, na realidade, é nosso antigo eu), vive de acordo com sua elevada posição:

[144-146] Admito que minha ética, crenças e conduta se degeneraram, mas não é minha culpa. Não tenho escolha a esse respeito; essa degeneração foi causada por minhas delusões. Se esse Bodissatva superior fosse verdadeiramente compassivo, ele restauraria tudo o que se deteriorou em mim. Esse Bodissatva deve trabalhar arduamente para que eu e meus semelhantes possamos gerar boas qualidades e obter realizações; e enquanto trabalha em prol de nós, deve tolerar de bom grado quaisquer problemas e provações que venha a encontrar.

Mas esse pretenso Bodissatva não está fazendo nada para nos ajudar! Embora seja capaz, ele se omite. Assim, que direito ele tem de nos desdenhar? Acaso alguém aqui recebeu algum benefício dele?

A despeito de estarmos vivendo nas mandíbulas dos estados de existência inferiores por causa da nossa moralidade degenerada, esse suposto Bodissatva não tem compaixão de nós, pobres seres desafortunados. Tudo o que faz é gerar falso orgulho das suas aquisições. Chega a ponto de ter a presunção de competir com os sábios, a quem trata com ares de superioridade!

O objetivo específico de meditar sobre inveja desse modo é nos contrapor ao falso orgulho que normalmente sentimos em relação aos seres que consideramos inferiores a nós. Identificando-nos com eles – e lembrando a discrepância entre o voto da bodichita de ajudar os outros e o nosso comportamento egoísta –, todo esse orgulho deludido irá se dissipar.

MEDITAÇÃO SOBRE COMPETITIVIDADE EM RELAÇÃO A UM IGUAL

Agora, devemos trocar de lugar com uma pessoa do mesmo nível social, habilidade ou inteligência que nós e nos identificarmos com ela o mais fortemente possível, a ponto de chamá-la de eu. Então, olhamos de novo para nosso antigo eu, o Bodissatva, com intensa competitividade:

> [147-150] Esse Bodissatva é igual a mim, contudo, para brilhar mais do que ele, vou derrotá-lo de muitas maneiras, inclusive no debate. Proclamarei minhas próprias boas qualidades ao mundo todo, mas ocultarei as dele para que ninguém as conheça. Esconderei meus defeitos e anunciarei abertamente os dele. Farei tudo para ser venerado por todos e para que ele não receba nenhum elogio. Terei fama, posses e ganhos materiais, mas ele nada possuirá. Grande será meu prazer ao vê-lo cheio de problemas, sendo maltratado por todos, durante muito tempo; vou torná-lo motivo de piadas e objeto de escárnio e acusação.

Meditando deste modo em relação aos nossos rivais, estaremos aprimorando especificamente o poder do nosso esforço, além de adquirir mais familiaridade com a prática de trocar eu por outros.

MEDITAÇÃO SOBRE ORGULHO EM RELAÇÃO A UM INFERIOR

Por último, devemos trocar de lugar com alguém que seja claramente superior a nós em algum aspecto e, então, voltar a olhar para nosso antigo eu da seguinte maneira:

> [151-154ab] Esse ser deludido está tentando competir comigo, mas como se atreve a comparar seus conhecimentos, sabedoria, família e bens com os meus? Possam as minhas qualidades e realizações superiores se tornarem conhecidas por todos e, como resultado, que eu gere um êxtase tão grande que até os pêlos de meus poros vão se arrepiar de prazer! Quanto a esse Bodissatva inferior, recorrendo aos meus poderes superiores, vou tirar dele quaisquer posses, boas qualidades, comida e roupas que porventura possua, e vou usá-las para nosso benefício, meu e dos outros. Já que ele trabalha para nosso bem, vou deixá-lo com o estritamente necessário para sobreviver; o resto, usaremos para nosso proveito. Abreviarei sua felicidade e conforto, sobrecarregando-o com nosso sofrimento e afligindo-o com nossos problemas.

Esta meditação se opõe, especificamente, à preguiça do desânimo e nos motiva a trabalhar com entusiasmo para o benefício dos outros.

OS RESULTADOS DESSA MEDITAÇÃO

Por que devemos meditar dessas três maneiras? Por que é preciso trocar de lugar com outra pessoa em imaginação e depois cultivar inveja, competitividade e altivez em relação a nós mesmos? O propósito principal dessas meditações é estabilizar e aumentar nossa habilidade atual de trocar o eu por outros e, desse modo, destruir nosso auto-apreço. Dessa troca, emerge uma mente de grande compaixão invulgarmente forte e, graças a ela, desenvolvemos uma motivação de bodichita dotada com a mesma força extraordinária. De fato, a bodichita cultivada por meio dessa abordagem geralmente é mais poderosa do que aquela cultivada na meditação de sete etapas de causa e efeito, descrita no primeiro capítulo deste comentário.

Como acontece com as outras instruções apresentadas neste texto, nenhuma das meditações antes mencionadas terá utilidade se não for posta em prática. São poucos os benefícios que a simples leitura dessas práticas pode nos trazer. Na realidade, visto que esses métodos específicos de trocar o eu por outros podem soar estranhos a muitas pessoas, uma leitura superficial dos mesmos talvez só sirva para suscitar dúvidas e zombaria.

Se queremos extrair verdadeiro benefício, temos de estudar cuidadosamente essas instruções de meditação, familiarizando-nos pessoalmente com todos os argumentos de apoio que provam sua necessidade, validade e eficácia e, depois, meditar nelas profundamente. Devemos dissipar nossas eventuais dúvidas e incompreensões, confiando na orientação pessoal de um Professor qualificado, que já tenha treinado sua mente nessas meditações. O mais importante é que devemos praticar com a motivação de beneficiar todos os seres e proporcionar-lhes felicidade temporária e última

COMPLETAR A TROCA POR MEIO DE AÇÃO

[154cd-155] Desde tempos sem-início, temos sido continuamente prejudicados pela nossa atitude de auto-apreço. Dirigindo-nos à nossa própria mente, devemos pensar: "Por incontáveis éons, pensastes unicamente no teu próprio bem-estar; contudo, o que recebestes em troca? Só desgraça, dor e problemas". [156] Contemplando profundamente essa verdade, de modo que todos os defeitos da atitude de auto-apreço apareçam claramente diante de nós, devemos dedicar nossa prática para o benefício dos outros. Se depositarmos nossa confiança nos ensinamentos não-enganosos de Buda, no futuro, experienciaremos os excelentes resultados da nossa própria prática e compreenderemos as excelentes qualidades das palavras de Buda.

[157] Se houvéssemos praticado essa troca do eu por outros no passado, não estaríamos passando por sofrimento e insatisfação agora. A essa altura, já estaríamos em nosso caminho à suprema e extática conquista da plena iluminação. O que nos impede de realizar essa troca? É a nossa falta de familiaridade com apreciar os outros. Tal familiaridade pode ser desenvolvida. Por exemplo, no momento nos identificamos por completo com nosso corpo e o concebemos como "eu". Contudo, esse corpo não é de fato nosso; como foi dito, ele é apenas um agrupamento proveniente do espermatozóide paterno e do óvulo materno. [158] Do mesmo modo que viemos a considerar as células reprodutivas de outras pessoas como se fossem o nosso eu, também podemos, pelo poder da familiaridade, aprender a apreciar os outros tanto quanto apreciamos a nós mesmos. Não há nada que possa atrapalhar essa valiosa conquista, exceto nossa própria preguiça e falta de motivação.

[159] É importante examinar de perto nosso comportamento e verificar se, de fato, estamos trabalhando para o benefício dos outros. Depois, respeitando nossa capacidade, devemos utilizar nossas posses e riqueza para servir os outros, sem permitir que o egoísmo contamine nossas intenções. Devemos pensar:

> [160] Estou feliz, mas os outros estão tristes. Tenho elevada posição social, mas os outros estão numa situação inferior. Que sentido faz eu me preocupar somente com minha felicidade individual desse modo? Por que não sinto inveja de mim e demonstro amor verdadeiro pelos outros?

Tendo refletido bastante sobre essas questões, devemos gerar a seguinte determinação:

> [161] Por que continuar com essas atitudes erradas? Em vez disso, tenho de me afastar da minha felicidade, oferecê-la aos outros e tomar o sofrimento deles sobre mim. Devo examinar todas as minhas ações a procura de falhas e constantemente me perguntar por que estou agindo desse modo.

[162] Sempre que alguém nos prejudicar, devemos transformar a experiência, enxergando o prejuízo não como uma falha da outra pessoa, mas unicamente como uma falha nossa. Devemos até rezar para que os efeitos cármicos dessa ação prejudicial amadureçam em nós. E se tivermos causado ainda que um leve prejuízo a alguém, devemos declarar isso abertamente na presença de muitas testemunhas.

[163] Se os outros tiverem boa fama e renome, devemos contribuir para difundir ainda mais essa boa reputação e propiciar seu crescimento. Ao mesmo tempo, devemos trabalhar para diminuir nossa própria fama e esconder nossa eventual boa reputação. Considerando-nos um servo dos outros, devemos nos empenhar para beneficiá-los. [164] Devemos reconhecer que estamos repletos de falhas e nunca nos comprazer com nenhum elogio, por menor que seja. Nossas boas qualidades não devem ser expostas, nem mesmo a um pequeno grupo de pessoas; elas devem ser mantidas em segredo.

Em resumo, devemos pensar:

> [165] Em beneficio próprio, causei muito mal aos outros. No futuro, que todo esse mal recaia sobre mim.

[166] Não devemos ter atitudes dominadoras, altivas ou hipocritamente piedosas. Ao contrário, devemos nos lembrar da imagem que algumas sociedades têm de uma noiva

recém-casada e nos comportar de maneira discreta, tímida e contida. Precisamos nos abster de todas as atividades não-virtuosas e, se nossa mente se rebelar contra essa disciplina, devemos prendê-la com os arreios da contínua-lembrança e da vigilância. Se nossos pensamentos continuarem a ser egoístas, então, só nos restará ameaçar de destruição essa mente de auto-apreço:

> [167-169] Ó mente, se não agires virtuosamente conforme foste aconselhada, não me restará outra alternativa a não ser aniquilá-la, e farei isso sem hesitar, já que és a causa de toda a minha desgraça.
>
> No passado, por falta de discernimento, caí sob tua influência e, como resultado, sofri constantes derrotas e tormentos. Mas agora vejo claramente que tu és a fonte de todos os meus problemas; logo, nunca mais me deixarei dominar por ti. Arrancar-te-ei pela raiz e, onde quer que vás, irei te destruir.

Se a mente de auto-apreço surgir de novo, devemos pensar:

> [170-172] Tu não me pertences mais; eu te vendi aos outros. Estás agora a serviço deles; logo, não desanima e trabalha para eles!
>
> Se eu não te houvesse vendido aos outros, é certo que tu me entregarias aos guardiões do inferno. Fizeste isso comigo incontáveis vezes no passado, causando-me uma infinidade de problemas. Meu ódio por ti está vivo e estou determinado a te derrotar até o fim.

[173] Se temos um forte desejo de encontrar felicidade agora e no futuro, não devemos permanecer felizes com a atitude de auto-apreço ou continuar a tratá-la como um amigo. Do mesmo modo, se queremos nos proteger contra o sofrimento, o melhor a fazer é proteger os outros contra o

sofrimento. Enquanto continuarmos a apreciar nosso próprio corpo e a nos comportar de modo egoísta em nome dele, teremos incontáveis dificuldades e problemas e seremos constantemente frustrados na realização dos nossos desejos. [174] Quanto mais desejos de auto-apreço tivermos, maior será o sofrimento de insatisfação quando não conseguirmos satisfazê-los.

[175] É impossível satisfazer todos os desejos da mente de auto-apreço. Poderíamos receber uma fortuna do tamanho do universo e, ainda assim, continuar insatisfeitos. Não há como saciar nossos desejos, pois nossa ânsia não conhece limites. Conta-se a história do antigo rei Mantada, que havia conquistado o planeta Terra inteiro e, não satisfeito, apoderou-se da metade do reino celestial do deus Indra. Existem inúmeros outros exemplos, extraídos de fatos históricos ou da nossa experiência pessoal, que demonstram claramente essa verdade: desejos egoístas são um poço sem fundo.

[176] Quando não conseguimos realizar nossos desejos insaciáveis, sentimos a mente invadida por pensamentos perturbadores e delusões. Como resultado, qualquer virtude que tenhamos se deteriora e muitos sofrimentos aparecem. Porém, a pessoa que se contenta com aquilo que possui não sente a dor da insatisfação e recebe uma felicidade inesgotável. Dentre todas as formas de riqueza, a do contentamento é considerada suprema.

Certa vez, na Índia, um mendigo encontrou uma pedra preciosa. Como era uma pessoa bastante espiritualizada, desejou praticar generosidade e oferecer a pedra. Porém, não conseguiu encontrar entre seus colegas pedintes ninguém que fosse um objeto adequado para a sua generosidade. Embora seus amigos fossem pobres e mal tivessem o que comer e vestir, todos estavam contentes com aquilo que tinham. Finalmente, depois de procurar por toda a cidade um destinatário adequado, ele deu a jóia para o rei. Quando perguntado por que dera o presente à pessoa que, indubitavelmente, era a mais rica do reino, o mendigo respondeu: "Aos meus olhos, esse rei é um autêntico mendigo, pois nunca se contenta com a riqueza que tem. Sendo assim, ele é o melhor objeto para a prática de dar. Não encontrei ninguém mais pobre em contentamento do que esse homem supostamente muito rico. Ele só pensa em receber coisas dos outros, como um gato faminto só pensa em ratos. Assim, dei a jóia a ele".

[177] É necessário abandonar o auto-apreço em relação ao nosso corpo, abster-nos de seguir nosso apego e, desse modo, não abrir a porta do descontentamento. Uma pessoa que não sente apego por belos objetos exteriores descobrirá uma mente interior de incomparável beleza. Manter-se contente é a melhor riqueza; não se agarrar ao que é atraente é a melhor de todas as posses.

Uma vez que tenhamos enxergado as falhas da nossa atitude de auto-apreço, devemos abandoná-la por completo. É fácil dizer essas palavras, mas é difícil praticá-las. Por exemplo, podemos ter uma clara percepção das falhas e impurezas do nosso corpo e, mesmo assim, continuar a nos agarrar fortemente a ele como "meu". Em função dos costumes do nosso país de origem, este corpo acabará sendo enterrado, incinerado ou devorado por animais selvagens. [178] A despeito de estar destinado a virar pó, cinzas ou carniça, esse corpo – que sem a mente não consegue sequer se mover daqui para ali – é profundamente apreciado como "meu" e, em seu nome, cometemos ações que nos conduzirão aos tormentos agonizantes dos reinos inferiores de existência. Se vemos isso claramente, por que continuamos a nos apegar a ele e a apreciá-lo tanto?

É preciso examinar cuidadosamente esses pontos. [179] Quer vivamos quer morramos, qual é a serventia de nos agarrarmos a essa mera máquina como se fosse eu? Visto que o corpo não difere de um saco de terra, por que não abandonamos o estúpido orgulho de dizer meu corpo?

[180] Por causa da nossa mente de apego a esse corpo, passamos por muitos sofrimentos inutilmente. Qual é o sentido de sentirmos apego ou raiva por algo que se assemelha a um tronco de madeira e que, por mais que seja servido, nunca nos retribuirá no futuro? [181] Ainda que passemos a vida cuidando desse corpo e protegendo-o com todas as nossas forças, na devida hora ele será devorado pelos abutres. [182] Uma vez que o corpo em si não se alegra quando é cuidado nem se enraivece quando é devorado, por que nos sentimos tão apegados a ele? Do mesmo modo, o corpo não se importa quando é elogiado por sua beleza nem quando é ofendido por sua feiúra; então, por que devemos ligar para isso? Por que nos apegamos tanto a ele? Por que nos preocupamos tanto?

Para refutar essa linha de questionamento, alguém poderia dizer: [183] "Embora meu corpo não tenha percepção, eu continuo a desejá-lo; ele e eu somos amigos. Eu desejo e cuido desse corpo porque minha mente sabe quando ele é elogiado ou maltratado; logo, sinto-me agradado ou ferido." A resposta de Shantideva a essa objeção é a seguinte: "Se o que dizes é verdade, por que não sentes agrado ou desagrado cada vez que alguém elogia ou maltrata o corpo de outro ser? Afinal, tua mente também sabe disso".

Depois de ter considerado todos os pontos citados e refletido profundamente sobre as inúmeras falhas e desvantagens do nosso atual corpo contaminado, devemos gerar uma forte determinação:

> [184ab] A fim de beneficiar todos os seres sencientes, vou abrir mão do meu corpo sem nenhum apego e me acostumar com esse pensamento altruísta.

Significa que devemos abrir mão do nosso corpo de imediato e parar de cuidar dele por completo? Não, em absoluto. Nossa forma física atual, embora seja impura e defeituosa em muitos sentidos, deve ser considerada como o barco de que precisamos para cruzar o oceano do samsara e chegar à ilha dos tesouros – a iluminação. [184cd] Assim, é importante cuidarmos adequadamente deste corpo, para que possamos trabalhar para o benefício dos outros. O que temos de abandonar é a atitude egoísta com a qual usamos nosso corpo na vã perseguição dos prazeres samsáricos efêmeros.

[185] Assim, nossa mente não deve se voltar para comportamentos sem sentido e infantis, mas sim seguir o caminho dos sábios Bodissatvas. Lembrando-nos dos ensinamentos sobre conscienciosidade, devemos nos afastar do sono, das mentes nubladas, do afundamento mental, do excitamento mental e de todos os outros estados mentais impeditivos. [186] Seguindo o exemplo dos compassivos Filhos e Filhas de Buda, devemos aumentar o poder de todos os fatores mentais que se opõem às nossas delusões. Se não investirmos constante esforço ao longo do dia e da noite, quando a nossa desgraça chegará ao fim? Quando alcançaremos a iluminação? Contemplando desse modo, devemos lutar para alcançar o tranquilo-permanecer, a essência da concentração meditativa, e treinar a mente no trocar eu por outros.

[187] Em resumo, a fim de dissipar as obstruções à libertação e à plena iluminação, devemos afastar nossa mente de todos os caminhos equivocados e posicioná-la em equilíbrio contínuo e concentrado num perfeito objeto de meditação.

Assim termina o capítulo intitulado "Concentração", o oitavo capítulo do texto *Contemplações significativas*, um comentário ao *Guia do estilo de vida do Bodissatva*, de Shantideva.

Sabedoria

COMO GERAR A SABEDORIA DA VISÃO SUPERIOR

Este capítulo tem cinco partes:

1. Mostrar por que aqueles que desejam alcançar a libertação precisam gerar a sabedoria que realiza a vacuidade;
2. A apresentação das duas verdades;
3. Mostrar as razões pelas quais aqueles que buscam apenas libertação pessoal precisam gerar a sabedoria que realiza a vacuidade;
4. A explicação extensa das razões que estabelecem a vacuidade;
5. Encorajar o praticante a lutar para gerar essa sabedoria.

MOSTRAR POR QUE AQUELES QUE DESEJAM ALCANÇAR A LIBERTAÇÃO PRECISAM GERAR A SABEDORIA QUE REALIZA A VACUIDADE

[1] Para aqueles que praticam o caminho mahayana, Buda ensinou todos os aspectos do método de Darma, tais como cultivar a bodichita, generosidade, disciplina moral etc. Fez isso para que eles pudessem gerar a sabedoria que realiza a vacuidade e assim eliminar as obstruções à onisciência, que bloqueiam a conquista da meta suprema, a budeidade. Até aqueles que desejam simplesmente superar seu sofrimento pessoal e alcançar um estado de libertação precisam cultivar

Je Pabongkapa

essa sabedoria. Pois, além da sabedoria que realiza a vacuidade, não existem meios para erradicar a raiz do nosso sofrimento e do sofrimento alheio.

A raiz de todo sofrimento é nosso agarramento a um self de pessoas e de outros fenômenos, juntamente com as marcas dessa percepção errônea. A fim de extirpar essa raiz, precisamos gerar a sabedoria que realiza a vacuidade, apoiando-nos na mente de iluminação e nas seis perfeições. Contudo, o instrumento primordial desse processo é o aspecto sabedoria; logo, devemos investir muito esforço para gerar essa sabedoria. Como fazer isso? Temos de compreender que as duas verdades – a verdade convencional e a verdade última – não se contradizem, mas cooperam mutuamente.

Precisamos ser capazes de postular e de estabelecer a natureza convencional de um objeto sem refutar sua natureza última e vice-versa. Quando essas duas naturezas forem vistas como não-contraditórias, teremos compreendido a união das duas verdades. Para obter essa compreensão, é essencial que o praticante cultive os dois aspectos do caminho: o aspecto do método, que lhe permitirá compreender a verdade convencional, e o aspecto da sabedoria, que lhe permitirá compreender a verdade última.

Mesmo se cultivarmos por muitos éons o método e a sabedoria como práticas separadas e não-relacionadas, nunca conquistaremos o resultado, a budeidade. Se meditarmos sem gerar ambas as práticas do método e da sabedoria, seremos como um pássaro tentando voar sem usar suas asas. Aqueles que desejam alcançar a visão perfeita devem, como um pássaro com duas asas vigorosas, lutar para realizar as duas verdades. Portanto, neste nono capítulo, Shantideva apresenta de maneira extensa a natureza dessas duas verdades, cujo entendimento nos servirá como as duas asas para voar à iluminação.

A APRESENTAÇÃO DAS DUAS VERDADES

Este tópico tem cinco partes:

1. As distinções entre as duas verdades;
2. A definição das duas verdades;
3. As distinções entre os indivíduos que asseveram as duas verdades;
4. As distinções entre seus variados níveis de capacidade mental;
5. Refutar o argumento de que não é necessário realizar a vacuidade para alcançar a libertação.

AS DISTINÇÕES ENTRE AS DUAS VERDADES

[2] Existem dois tipos de objetos que podem ser conhecidos: verdades convencionais e verdades últimas. Todos os fenômenos, exceto a vacuidade, são verdades convencionais, e todas as vacuidades são verdades últimas. Por exemplo, pessoa, bem como os agregados de corpo e mente, são verdades convencionais, ao passo que a vacuidade ou ausência de existência inerente da pessoa e dos agregados é uma verdade última. Essas duas verdades, contudo, não são diferentes da mesma maneira que o chifre direito e o chifre esquerdo de um touro são distintos. A verdade convencional e a verdade última em relação a qualquer fenômeno constituem a mesma entidade, embora sejam nominalmente distintas. Enquanto forem consideradas entidades fundamentalmente distintas, a visão perfeita estará ausente. Em vários sutras e em outras escrituras, podemos encontrar muitos raciocínios lógicos demonstrando que as duas verdades não são entidades fundamentalmente distintas. Logo, é importante que entendamos essas razões.

A DEFINIÇÃO DAS DUAS VERDADES

Alguns eruditos interpretaram mal a afirmação de Shantideva, na segunda estrofe do nono capítulo, segundo a qual as verdades últimas não são objetos que possam ser experienciados pela mente. Eles inferiram que verdades últimas não são fenômenos passíveis de conhecimento. Outros concluíram que as verdades últimas não são nem objetos existentes nem não existentes. Contudo, em sua obra sobre a filosofia madyamika, Je Tsongkapa refuta claramente todas essas visões e apresenta a natureza das verdades últimas em perfeita concordância com a intenção de Shantideva. Os interessados devem consultar esses trabalhos de Je Tsongkapa e outros comentários autênticos, como *Oceano de néctar*.

Uma verdade última é definida como aquela que é realizada por um conhecedor direto válido, para o qual todas as aparências duais foram aplacadas. Uma verdade convencional é definida como aquela que é realizada por um conhecedor direto válido, para o qual as aparências duais não foram aplacadas. Entende-se por aparência dual o aparecimento de um objeto juntamente com o aparecimento de sua existência inerente.

O termo existência inerente tem um significado bastante específico no pensamento budista. Refere-se a uma suposta existência de um objeto em sua própria natureza ou do seu próprio lado. Na realidade, contudo, esse modo de existência é totalmente não existente. Ele é apenas concebido por uma mente que, por equívoco, agarra-se ao que é conhecido como existência verdadeira.

De acordo com Shantideva e a escola madyamika-prassangika a qual ele pertence, os seguintes termos referem-se a esse modo de existência falsamente concebido e são sinônimos: existência inerente, existência verdadeira, existência do seu próprio lado e existência independente.

O verdadeiro objeto a ser refutado pela vacuidade é precisamente esse falso modo de existência – fenômenos que existem do seu próprio lado sem serem meramente imputados pela mente. Assim, sempre que um desses sinônimos for usado neste capítulo, estará se referindo a uma idéia equivocada do modo como as coisas realmente existem – uma visão equivocada que é responsável por todo o nosso sofrimento no samsara. O objetivo de Shantideva será refutar qualquer pessoa ou escola (budista ou não-budista) que defenda essa visão errônea.

Voltando à discussão sobre as duas verdades, podemos considerar alguns exemplos. Para os seres sencientes, duas coisas aparecem na percepção visual de uma verdade convencional como um pote: o pote em si e a existência inerente do pote. No entanto, numa percepção direta da verdade última do pote – sua falta de existência inerente – tanto a aparência do pote como a aparência da sua existência inerente foram aplacadas, e o que se contempla é apenas a simples vacuidade de existência inerente. Assim, quando Shantideva afirma que verdades últimas não são objetos que possam ser experienciados pela mente, ele quer dizer que as verdades últimas não podem ser experienciadas por um percebedor direto no qual a aparência dual não tenha sido aplacada. Elas só podem ser experienciadas por percebedores diretos nos quais a aparência dual foi aplacada.

AS DISTINÇÕES ENTRE OS INDIVÍDUOS QUE ASSEVERAM AS DUAS VERDADES

[3] Existem dois tipos de indivíduos que asseveram as duas verdades: os iogues que reconhecem todos os fenômenos como sendo vazios de existência inerente, ou seja, aqueles que sustentam as visões da suprema escola madyamika-prasangika; e os iogues comuns, ou proponentes de coisas, que propõem que todas as coisas são inerentemente existentes, ou seja, aqueles que aderem às visões das escolas madyamika-svatantrika, chitamatra, sautrantika e vaibashika.

AS DISTINÇÕES ENTRE SEUS VARIADOS NÍVEIS DE CAPACIDADE MENTAL

As visões dos iogues comuns, que asseveram a existência inerente de todas as coisas, são refutadas pelos raciocínios lógicos apresentados pelos iogues que sustentam o ponto de vista prassangika, como Shantideva. [4] Além disso, entre os iogues que sustentam a visão prassangika, há iogues com diversos níveis de insight; portanto, aqueles com níveis de compreensão mais elevados sobrepujam e vão além daqueles que possuem níveis de realização inferiores. (Note-se que um iogue é alguém que já realizou a concentração da união do tranqüilo-permanecer com a visão superior). Mas por que Shantideva precisa mencionar os diferentes níveis de compreensão dos iogues? Ele o faz para indicar que o sistema prassangika, que representa, é superior e não pode ser contradito por nenhuma das outras escolas filosóficas.

Neste ponto, eu gostaria de explicar brevemente por que Buda ensinou os quatro diferentes sistemas filosóficos. Buda ensinou dois sistemas filosóficos hinayanas – vaibashika e sautrantika – e os dois sistemas filosóficos mahayanas – chitamatra e madyamika. Esses sistemas apresentam a vacuidade de diferentes maneiras, mas a visão final de Buda é a da escola prassangika, que é uma ramificação da escola madyamika. De acordo com essa visão, a vacuidade é a mera ausência de existência inerente e, sendo assim, a vacuidade de um fenômeno é sua ausência, ou vacuidade, de existência inerente. Existência inerente é o objeto de negação da vacuidade. Isso significa que, para realizar a vacuidade, é necessário negar a existência inerente. Compreendendo que não há existência inerente, somos levados a compreender a vacuidade. Assim, para obter uma realização correta da vacuidade, é extremamente importante reconhecer exatamente aquilo que precisa ser negado. Precisamos obter uma clara compreensão do que significa existência inerente – o objeto de negação –, pois somente então seremos capazes de refutá-la. Como estamos tão habituados à nossa maneira comum de perceber o mundo, temos muita dificuldade em entender de imediato a visão prassangika. Nossa mente precisa ser treinada de modo gradual para abordarmos com firmeza a visão que, em última instância, é correta. Foi por essa razão que Buda ensinou os quatro distintos princípios filosóficos.

Examinemos a questão da existência inerente em termos da nossa noção de self ou eu. Na dependência dos nossos agregados de corpo e mente, todos nós nos agarramos a um eu. Entretanto, nem toda a apreensão que temos do eu é o que chamamos de auto-agarramento. Ao apreender o self ou eu, dois aspectos distintos da mente estão funcionando. Um deles, que é válido, apreende o mero eu convencionalmente existente; o outro, que é inválido, apreende o eu como inerentemente existente. Esse segundo é a mente de auto-agarramento. No momento, esses dois modos de existência do eu – um verdadeiro e o outro falso – aparecem misturados e é extremamente difícil diferenciá-los. Em certas ocasiões, contudo, o eu falsamente concebido nos aparece com mais nitidez. Por exemplo, quando corremos perigo de cair de um despenhadeiro, não nos aferramos à idéia de que nosso corpo ou mente vão cair. Apenas pensamos: "Eu vou cair".

Nessas ocasiões, aparece um eu nitidamente aparecedor, independente do corpo e da mente. Se esse eu existisse, ele seria um eu inerentemente existente. No entanto, a mente que concebe tal eu é uma percepção errônea, e o objeto ao qual ela se agarra é inteiramente não existente. Essa mente é um exemplo de auto-agarramento, e o eu que ela segura com tanta força é um objeto de negação da vacuidade. Do mesmo modo, ao se realizar a vacuidade, a nítida aparência de todos os outros fenômenos como se fossem inerentemente existentes deve ser compreendida como um objeto a ser negado.

Agora, poderíamos nos perguntar se o self ou eu existe de algum modo. Ele existe, mas de uma maneira que só um intelecto muito aguçado e penetrante consegue distinguir como separado da falsa noção de eu. Além disso, poderíamos pensar que a concepção falsa do nosso eu só ocorre em ocasiões especiais, como quando estamos prestes a cair de um despenhadeiro; mas não é assim. Para nós, atualmente, não há um único instante em que esse agarramento a um eu inerentemente existente não surja. Até insetos possuem auto-agarramento. Se pusermos a mão na frente de uma formiga, por exemplo, ela pára e muda de direção. O que ela estará pensando? Provavelmente: "Alguém está me prejudicando". Nesse momento, ela não está se aferrando ao seu corpo ou mente de formiga, mas sim a um eu nitidamente aparecedor, que é independente do corpo e da mente. Essa mente que se aferra ao eu é o auto-agarramento da formiga.

De acordo com a visão prassangika, o objeto de negação da vacuidade é a existência inerente dos fenômenos. As escolas budistas inferiores apresentam um objeto de negação diferente. Embora as escolas abaixo da prassangika difiram na sua apresentação do modo de existência dos fenômenos, todas concordam que é possível conquistar a libertação do samsara por meio da realização do vazio sutil de pessoas. Com exceção de alguns vaibashikas, essas escolas asseveram que o vazio sutil de pessoas é a vacuidade de a pessoa ser auto-sustentada e substancialmente existente. Assim, de acordo com essas escolas, o objeto de negação do vazio sutil de pessoas é uma pessoa auto-sustentada e substancialmente existente. No entanto, os prassangikas dizem que esse é o objeto de negação do vazio denso de pessoas, e que o vazio sutil de pessoas é, de fato, a vacuidade de existência inerente de pessoa. Além disso, eles afirmam que até para obter a libertação pessoal não basta entender que pessoa é vazia de ser auto-sustentada e substancialmente existente, mas é necessário realizar que a pessoa é vazia de existência inerente.

Os ensinamentos de Shantideva estão de acordo com a visão prassangika e, por isso, ele trata amplamente da apresentação prassangika do vazio sutil de pessoas e não fornece tantos detalhes sobre a apresentação das escolas inferiores. Visto que existem muitos textos escritos do ponto de vista das escolas inferiores, eu gostaria de explicar brevemente a diferença entre o vazio denso e o vazio sutil de pessoas, a fim de evitar qualquer confusão.

O vazio denso de pessoas (denominado pelas escolas inferiores de vazio sutil de pessoas) é a ausência de uma pessoa ser auto-sustentada e substancialmente existente. Para compreender o que isso significa, temos de entender qual é o objeto que está sendo negado: uma pessoa auto-sustentada e substancialmente existente. Ou seja, uma pessoa capaz de aparecer à mente sem depender do aparecimento de nenhum de seus agregados. De fato, nunca percebemos uma pessoa sem que, ao menos, parte dos agregados da pessoa nos apareça. Isso indica que a pessoa é vazia de ser auto-sustentada e substancialmente existente.

Embora nosso eu seja dependente dos nossos agregados, pela força do auto-agarramento habitual sustentamos a visão oposta. Parece-nos que nossos agregados dependem do eu. Habitualmente consideramos nossos agregados de corpo e mente como nossas posses e concebemos um eu que os possui e controla. Assim, dizemos *meu* corpo e *minha* mente. Desse modo, agarramo-nos a um eu que é independente dos agregados e que pode aparecer à mente sem depender do aparecimento dos agregados. Se um eu assim existisse, ele seria uma pessoa auto-sustentada e substancialmente existente. Tal pessoa é o objeto de negação do vazio denso de pessoas, e a mente que concebe a existência disso é o auto-agarramento denso de pessoas.

O vazio sutil de pessoas é a vacuidade de existência inerente da pessoa. Qual é a diferença entre isso e o vazio denso de pessoas? A diferença reside no objeto de negação.

O vazio denso de pessoas é a negação da existência de uma pessoa capaz de aparecer à mente sem depender do aparecimento de seus agregados. O vazio sutil de pessoas é a negação de algo que vai além disso; é a negação da existência de qualquer tipo de pessoa inerentemente existente. De acordo com os prassangikas, não existe uma pessoa inerentemente existente a ser encontrada nem mesmo nos agregados. Embora as escolas inferiores neguem a existência de uma pessoa auto-sustentada e substancialmente existente, todas aceitam a existência da pessoa inerentemente existente. A mente que concebe a pessoa como sendo inerentemente existente é o auto-agarramento sutil de pessoas.

A realização do vazio denso de pessoas é muito útil; contudo, para que a libertação possa ser alcançada, é necessário avançar até a realização do vazio sutil de pessoas. Portanto, é muito importante diferenciar claramente o vazio sutil do vazio denso. Na literatura budista, é possível encontrar descrições do objeto de negação do vazio denso de pessoas e do objeto de negação do vazio sutil de pessoas que usam as mesmas palavras; logo, é preciso muito cuidado ao se interpretar os significados. Por exemplo, quando Kedrupje, um dos principais discípulos de Je Tsongkapa, explicou o objeto de negação do vazio sutil de pessoas do sistema chitamatra, ele descreveu a pessoa auto-sustentada e substancialmente existente como "o eu nitidamente aparecedor que não depende de nenhuma parte nem do agrupamento dos agregados". Exatamente a mesma frase também tem sido usada por outros eruditos e meditadores para descrever a pessoa inerentemente existente, que é o objeto de negação do vazio sutil de pessoas do sistema prassangika. Embora as palavras usadas sejam as mesmas, o sentido delas é muito diferente. Portanto, é importante não confiar em meras palavras, mas tentar obter uma verdadeira experiência interior do sentido delas, com base na autoridade das escrituras, argumentação lógica e análise habilidosa. Se eu fosse explicar em detalhes a diferença entre uma pessoa auto-sustentada e substancialmente existente e uma pessoa inerentemente existente, isso ocuparia muitas páginas. Aqueles que quiserem conhecer claramente essa diferença devem consultar *Essência das boas explicações* (*Leg she nying po*, em tibetano), de Je Tsongkapa, e *Clara explicação dos princípios intitulados: "Lindo ornamento da montanha da doutrina de Buda"* (*Thub ten lhun poi dze gyen*, em tibetano), de Jangkya.

Para alguém que não estudou a vacuidade é difícil distinguir entre o eu não existente e o eu existente, mas uma vez que a vacuidade seja compreendida, torna-se fácil ver a distinção entre os dois. Os quatro maiores sistemas da filosofia budista identificam o eu existente de diferentes maneiras. Visto que todas as maiores escolas concordam que a pessoa é vazia de ser auto-sustentada e substancialmente existente, elas aceitam que a pessoa é meramente imputada na dependência de seus agregados. No entanto, as escolas inferiores usam as palavras "meramente imputada" de maneira diferente que aquela usada pelos prassangikas. Para as escolas inferiores, essas palavras significam simplesmente que uma pessoa aparece à mente graças ao aparecimento dos agregados da pessoa. Por exemplo, dizemos que vemos Pedro, quando, o que vemos é o corpo de Pedro. Nesse caso, pelo fato de ver o corpo de Pedro, dizemos que vemos Pedro. Se estudarmos e compreendermos isso bem, realizaremos que Pedro é meramente imputado na dependência de seus agregados, tais como seu corpo. Aqui, a palavra meramente é usada para excluir uma pessoa que exista em separado dos agregados da pessoa. No entanto, todas as escolas inferiores aceitam que há uma pessoa inerentemente existente, que pode ser encontrada dentro dos agregados da pessoa. As diversas escolas inferiores diferem na maneira como cada uma identifica essa pessoa existente.

Geralmente, quando os seguidores da escola vaibashika procuram uma pessoa, ou eu, entre os agregados de corpo e mente, eles concluem que nenhum dos agregados sozinho é o eu. Em vez disso, identificam o mero agrupamento dos cinco agregados como o eu que existe. Entre as duas subdivisões do sistema sautrantika – a que segue a autoridade da escritura e a que segue a razão –, a primeira tem uma visão similar à dos vaibashikas, enquanto a outra considera que só a consciência mental é o eu existente. Os adeptos da escola chittamatra notam sérias contradições nos pontos de vista dos vaibashikas bem como dos sautrantikas. Quando procuram por um eu existente dentro dos cinco agregados, eles dizem que os agregados de forma, sensação, discriminação e fatores de composição não são o eu existente. Quando procuram dentro do agregado consciência, compreendem que as seis consciências – as cinco consciências sensoriais e a consciência mental – não são o eu existente e que tampouco a mente deludida é o eu. Por fim, postulam uma consciência base-de-tudo (*alaya-vijnana*, em sânscrito) e a consideram como sendo o eu que existe. Os svatantrikas, que juntamente com os prassangikas constituem a escola madyamika, refutam todos os pontos de vista anteriores e asseveram que o eu existente é uma consciência mental não verdadeiramente existente.

Com efeito, nenhuma dessas escolas está completamente isenta de falhas. Nenhuma foi capaz de identificar corretamente o eu que existe. Apesar disso, os sautrantikas estão mais próximos da visão correta que os vaibashikas; os chitamatrins estão mais próximos que os sautrantikas; e os svatantrikas estão mais próximos que os chitamatrins. Mas só a escola mais elevada, a escola dos incomparáveis prassangikas, compreende corretamente a natureza do eu existente. De acordo com ela, todas as demais escolas não conseguiram fazer uma identificação correta. Os prassangikas mostram que nenhum eu pode ser encontrado entre os agregados – nem em cada um nem no conjunto deles. Então, como afirmam que o eu existe? Eles aceitam que o eu existente é o eu meramente imputado pela concepção na dependência de qualquer dos agregados de pessoa. Exceto esse, não existe outro eu. Segue-se que a existência de um eu é inteiramente dependente do pensamento conceitual; não há nenhum fenômeno inerente que constitua o eu. No entanto, o eu que é imputado pela concepção pode ser considerado existente, desde que a base a qual ele é imputado seja adequada. Por convenção, qualquer dos agregados da pessoa pode servir de base válida para imputar a pessoa; logo, uma pessoa que é meramente imputada a essa base é convencionalmente existente.

Os prassangikas asseveram que todos os fenômenos existem de maneira similar: como meras imputações convencionais. Para eles, todos os fenômenos são como um elefante visto num sonho. Onde estava o imenso elefante com o qual sonhamos ontem à noite na nossa pequena cama? Estava em nosso quarto? Ou estava em nossa mente? O elefante não existia em nenhum desses lugares; ele simplesmente apareceu à nossa mente. Nesse caso, é claro que o elefante não existia de maneira inerente, mas foi meramente imputado pela nossa concepção. Do mesmo modo, todos os fenômenos que percebemos, inclusive quando estamos acordados, também são meramente imputados pela concepção.

Entre os sistemas de pensamento budistas, a escola prassangika é a que está isenta de contradição e é representativa da real intenção de Buda. O Protetor Nagarjuna, Aryadeva, Budapalita, Chandrakirti, Shantideva, Atisha e Je Tsongkapa eram todos proponentes dessa visão. Estudando os diferentes sistemas de princípios budistas, as pessoas dotadas com faculdades aguçadas terão a possibilidade de compreender a elevada visão prassangika e de gerar a compreensão correta da vacuidade.

REFUTAR O ARGUMENTO DE QUE NÃO É NECESSÁRIO REALIZAR A VACUIDADE PARA ALCANÇAR A LIBERTAÇÃO

Exceto os prassangikas, todas as demais escolas budistas sustentam que não é necessário compreender que todos os fenômenos são vazios de existência inerente para alcançar a libertação. Nas próximas seções, Shantideva vai refutar especificamente esse princípio e, ao fazê-lo, também examina e revela outras falácias nos princípios dos proponentes de coisas. Assim, esta seção do texto tem duas partes:

1. A refutação dos proponentes de coisas em geral;
2. A refutação dos chitamatrins em particular.

A REFUTAÇÃO DOS PROPONENTES DE COISAS EM GERAL

Um proponente de coisas é um defensor de princípios que assevera que os fenômenos são verdadeiramente existentes. As escolas budistas dos vaibashikas, sautrantikas e chitamatras pertencem a essa categoria. Todas as escolas inferiores afirmam que não existem provas para a asserção dos prassangikas de que todos os fenômenos são vazios de existência inerente. Contudo, Shantideva revela os meios pelos quais os prassangikas são capazes de estabelecer seu ponto de vista frente a seus críticos nas escolas inferiores. Em todas as escolas é comumente aceito que coisas como ilusões criadas por mágicos e imagens de sonhos são irreais e falsas. Referindo-se a exemplos como esses, visto que são considerados falsos por todos, os prassangikas são capazes de provar aos seus oponentes que todos os fenômenos carecem de existência inerente.

Proponente de coisas: Se sustentares que todos os fenômenos carecem de existência inerente, seguir-se-á que as seis perfeições também carecem de existência inerente. Se esse fosse o caso, então, visto que elas seriam não existentes, qual seria o propósito de praticá-las?

Prassangika: Embora a perfeição de dar e as demais perfeições sejam vazias de existência inerente, precisamos praticá-las sem investigar sua verdadeira natureza, a fim de sermos capazes de conquistar o estado resultante da budeidade. Convencionalmente elas existem como imputações conceituais e, por visto que não sejam analisadas mais a fundo, funcionam efetivamente como os meios pelos quais o caminho pode ser percorrido e a meta alcançada. Logo, não há contradição em afirmar que as seis perfeições devem ser praticadas, apesar de carecerem de existência inerente.

Proponente de coisas: Mas seguramente vês com tua percepção direta que o fogo, por exemplo, queima a madeira. Em nossa tradição, tudo o que vemos com tal percepção imediata é considerado verdadeiramente existente; logo, não faz sentido argumentar que tais objetos são não verdadeiramente existentes.

Prassangika: Tua objeção surge porque não entendestes claramente a natureza das duas verdades. [5] Com percepções diretas, os iogues da escola madyamika e aqueles que são proponentes de coisas vêem que o fogo queima a madeira. A diferença é que tu vês tais coisas e imediatamente as concebe como sendo inerentemente existentes, sem reconhecer seu caráter ilusório. Nós, por outro lado, as consideramos como não inerentemente existentes e compreendemos sua natureza ilusória. É precisamente nesse ponto que os madyamikas e os proponentes de coisas têm terreno para debate.

Proponente de coisas: [6] Nesse caso, se as formas e assim por diante são não verdadeiramente existentes, é uma contradição dizer que elas podem ser vistas por percebedores diretos válidos.

Prassangika: Percebedores diretos de coisas, tais como formas, são conhecedores válidos em termos dos objetos convencionalmente existentes, mas não são conhecedores válidos do seu modo de existência último. As formas existem, mas elas são meramente imputadas pela concepção e estabelecidas pela convenção mundana.

Na realidade, o corpo humano é impuro; contudo, ele é convencionalmente aceito pelas pessoas do mundo como algo limpo e puro. Do mesmo modo, os fenômenos são completamente vazios de existência inerente, embora apareçam às mentes das pessoas mundanas como tendo existência inerente. Assim, a maneira como as coisas aparecem e a maneira como existem não estão em harmonia.

As coisas existem de uma maneira que difere de como elas aparecem. Por exemplo, a figura ilusória de uma mulher criada por um mágico não é uma mulher de verdade, mas para aqueles que estão no público e tiveram os olhos afetados pelo feitiço do mágico, essa ilusão aparece e é tomada por uma mulher de verdade. A mulher é, portanto, considerada um fenômeno falso. Do mesmo modo, os seres cujas mentes estão afetadas pelo agarramento à existência inerente contemplam e apreendem fenômenos inerentemente existentes, quando, de fato, tais fenômenos não existem. Assim, os fenômenos também são considerados falsos e enganosos. Seu modo de existir e de aparecer não corresponde um ao outro.

Proponente de coisas: Negar a existência verdadeira, inerente, das coisas é seguramente uma negação de que elas existem ou possuem alguma natureza. Tua asserção está, portanto, em contradição com a afirmação de Buda de que todos os fenômenos condicionados, ou produzidos, possuem uma natureza, isto é, uma natureza impermanente.

Prassangika: Não há contradição alguma. [7] Buda ensinou que as coisas têm uma natureza impermanente densa e sutil, a fim de conduzir gradualmente as pessoas à visão mais elevada de que as coisas são vazias de existência inerente. Quando Buda girou a primeira Roda do Darma, em Sarnath, ele afirmou claramente que todos os fenômenos condicionados são impermanentes. Isso é verdade. Contudo, não quis dizer que seu surgimento e perecimento momentâneos eram um processo verdadeiramente existente. É apenas convencionalmente que os fenômenos surgem e perecem.

Proponente de coisas: Mas é incorreto dizer que, convencionalmente, os fenômenos condicionados são impermanentes – ou seja, que estão num estado de mudança momento a momento – porque tal mudança não pode ser testemunhada pelas pessoas mundanas. Sendo assim, a impermanência não satisfaz teu critério para ser estabelecida como uma verdade convencional. Quando as pessoas mundanas vêem um objeto pela manhã e, algumas horas mais tarde, o reencontram, não percebem nenhum sinal visível de mudança. Elas presumem, portanto, que tais coisas são não-momentâneas e permanentes.

Prassangika: Embora as pessoas mundanas vejam as coisas dessa maneira, isso é uma percepção equivocada. Jamais dissemos que, para ser uma verdade convencional válida, algo tem de ser visto pelas pessoas mundanas. Esse não é o nosso critério. A natureza impermanente dos fenômenos condicionados, por exemplo, é estabelecida pelos conhecedores válidos convencionais dos iogues que obtiveram um insight da natureza momentânea sutil das coisas. [8] Assim, não há contradição entre a compreensão dos iogues e a nossa afirmação de que as coisas existem meramente de maneira convencional.

Proponente de coisas: Mas não estaria essa tua visão em contradição com a afirmação de Buda de que contemplando a impermanência vemos a realidade?

Prassangika: Quando fez essa afirmação, Buda estava falando a indivíduos que acreditavam que as formas são permanentes e que o corpo é puro e limpo. Frente ao ponto de vista deles, foi muito correto dizer que ver a impermanência é ver a verdade. No mundo, o corpo é considerado como algo puro e limpo, mas de fato ele não é puro nem limpo. Se o fosse, a visão das pessoas mundanas invalidaria a realização do iogue de que a natureza dos corpos de homens e mulheres comuns é impura.

Proponente de coisas: Se os fenômenos não têm existência verdadeira, então, Buda também não tem existência verdadeira. Nesse caso, não havendo um Buda verdadeiro, como fazer oferendas a ele nos permitiria acumular mérito?

Prassangika: [9] Do mesmo modo que tu recebes mérito que consideras verdadeiramente existente, ao prestar homenagem a um Buda que consideras verdadeiramente existente, nós também recebemos méritos que consideramos uma ilusão, ao prestar homenagem a um Buda que consideramos uma ilusão. Quer consideremos Buda inerentemente existente quer não, se do nosso lado nos devotarmos a ele com bastante fé e veneração, sempre acumularemos mérito.

Proponente de coisas: Se os seres sencientes carecem de existência verdadeira e são como uma ilusão, como renascem depois da morte? Quando a mulher ilusória do mágico cessa, ela nunca mais volta à existência.

Prassangika: Os seres sencientes não são o mesmo que as ilusões em todos os sentidos. Essa comparação só foi feita para ilustrar o fato de que eles carecem de existência inerente tanto quanto as ilusões. A mulher ilusória criada pelo mágico não existe como uma mulher do seu próprio lado; somos nós que a concebemos como uma mulher real. De modo similar, os seres sencientes não existem inerentemente, do seu próprio lado, mas existem unicamente por meio de imputação conceitual. É apenas nesse sentido que eles são similares às ilusões.

[10] Sempre que as condições causais necessárias para produzir uma mulher ilusória estiverem reunidas, a mulher ilusória aparecerá. Do mesmo modo, enquanto os seres sencientes tiverem as causas e condições necessárias para renascerem no samsara, eles continuarão a renascer. Desse modo, o aparecimento de ambos é dependente de um determinado conjunto de causas e condições.

Proponente de coisas: Mas continua havendo uma grande diferença. A mulher criada pelo mágico é manifestada e depois permanece por um curto período, ao passo que os seres sencientes têm estado na existência desde tempos sem-início. Portanto, podemos dizer que a primeira é falsa e irreal, ao passo que os seres sencientes são verdadeiros e inerentemente existentes.

Prassangika: Sua diferença de duração não é, de modo algum, uma prova capaz de estabelecer um deles como verdadeiramente existente e o outro como falso. Se isso fosse um critério válido, seguir-se-ia que uma ilusão ou um sonho de longa duração seriam mais verdadeiros que outro de curta duração. Isso obviamente não é o caso. Ilusões e sonhos são igualmente falsos.

Proponente de coisas: Se os seres sencientes são como ilusões, não pode haver mal em matá-los. Isso teria de ser assim, uma vez que não há mal em matar uma mulher ilusória criada por um mágico.

Prassangika: [11] Não há mal efetivo em matar uma mulher criada por um mágico porque ela não tem mente; mas se causarmos qualquer prejuízo a alguém que possui mente, o mal será automaticamente acumulado. Do mesmo modo, se beneficiarmos alguém que possui mente, méritos serão colhidos. Contudo, deve-se notar que, ao matar a mulher criada pelo mágico, por exemplo, não estamos completamente livres do mal e da necessidade de experienciar um resultado desafortunado. Não acumularemos o carma efetivo de matar, mas acumularemos algum carma negativo em função da nossa intenção maldosa de matar e de prejudicar.

Proponente de coisas: Se tanto a mulher criada pelo mágico como os seres sencientes são iguais no sentido de não serem verdadeiramente existentes, por que a primeira não é dotada de mente e os segundos são?

Prassangika: [12] A mulher criada pelo mágico não tem mente porque suas causas – o mantra usado como sortilégio, a substância mágica e os pedaços de madeira e pedra –

não têm a habilidade de produzir mente. Os vários tipos de ilusões diferem de acordo com suas várias causas. [13] Não existe uma única causa que, sozinha, tenha a habilidade de dar origem a uma variedade de diferentes resultados.

Proponente de coisas: Vós, os madyamikas, asseverais que a vacuidade do samsara é o estado natural do nirvana. Portanto, os seres sencientes seriam dotados com o estado do nirvana, uma vez que essa seria sua natureza última. Nesse caso, haveria um ponto comum entre o samsara e o nirvana. [14] Seguir-se-ia igualmente que Buda, no seu estado do nirvana, também estaria no samsara e, nesse caso, qual seria o propósito de praticar o estilo de vida do Bodissatva a fim de alcançar a budeidade?

Prassangika: Embora empreguemos o termo nirvana natural para nos referir à vacuidade de existência verdadeira do samsara, isso não é a mesma coisa que o autêntico nirvana alcançado por Arhats e Budas. Jamais aceitaríamos dizer que alguém esteja em ambos, no samsara e no nirvana. É só quando a causa do samsara, a ignorância, é eliminada que o samsara é destruído e o nirvana realizado. Enquanto sua causa estiver presente, não existe possibilidade de libertação do samsara. Até no caso das ilusões, se suas causas não forem interrompidas, elas continuarão a aparecer e só cessarão quando suas causas cessarem. [15ab] Uma vez que as causas do samsara sejam destruídas, ele não acontecerá nem mesmo convencionalmente.

A REFUTAÇÃO DOS CHITAMATRINS EM PARTICULAR

Para os dois sistemas de princípios mahayanas, ou seja, os chitamatrins e os madyamikas, as consciências sensoriais dos seres comuns são consideradas mentes equivocadas. Para os chitamatrins, isso é assim porque os objetos da consciência sensorial parecem existir exteriormente; para os prassangikas, isso é assim porque esses objetos parecem ser inerentemente existentes. Assim, por diferentes razões, ambos chegam à mesma conclusão. Visto que os chitamatrins negam a existência exterior (isto é, que as coisas tenham outra natureza senão a natureza da mente), e os prassangikas negam a existência inerente (isto é, que as coisas existam do seu próprio lado ou por sua própria natureza, sem que sejam meramente imputadas pela mente), os dois consideram que a consciência sensorial é equivocada.

Chitamatrim: [15cd] Se, como asseveras, todos os fenômenos não têm existência verdadeira, segue-se que as consciências sensoriais equivocadas são não existentes. Nesse caso, qual é a consciência capaz de contemplar os objetos-ilusões, tais como a forma? Uma vez que não haveria consciência, os objetos-ilusões também cessariam de ser existentes.

Prassangika: [16] Mas, na tua opinião, as formas etc. existem da maneira como aparecem à consciência, ou não? Se responderes que sim, terás de reconhecer que elas são objetos exteriores, pois é dessa maneira que elas aparecem à consciência. Tendo admitido que são exteriormente existentes, seria sem sentido dizer que são como uma ilusão. Mas se elas não existem da maneira como aparecem, segue-se que não podem ser verdadeiramente existentes, pois ser verdadeiramente existente significa existir e aparecer da mesma maneira. No teu sistema, ser não verdadeiramente existente significa ser não existente; logo, tu também terias de admitir que as formas-ilusões são não existentes. Nesse caso, não poderia haver algo tal como a apreensão de forma.

Chitamatrim: É verdade que a forma não existe da maneira como é apreendida pela consciência visual, porque a consciência visual a vê como se existisse externamente. Portanto, não é um objeto que existe externamente; contudo, existe de outra maneira. Ela existe como a natureza da mente em si. Entretanto, não é mente, porque não tem as características da mente; contudo, também não é algo por natureza separado da mente. Assim, a forma não pode ser expressa como sendo mente, nem como sendo separada da mente; é nesse sentido que dizemos que a forma é inexprimível. Ela é como o elefante que vemos num sonho. Possui uma qualidade similar de indizibilidade, porque não podemos dizer que seja a mente, nem que seja algo inteiramente diferente da mente.

Quando assistimos a um filme, as imagens parecem existir na nossa frente, do lado da tela; porém, estão apenas sendo projetadas na tela, por um projetor que se encontra atrás de nós. Todos nós podemos entender isso. Do mesmo modo, quando vemos uma mancha de cor azul, o azul parece existir nitidamente do seu próprio lado, por si próprio. Também nesse caso, o azul não existe externamente do seu próprio lado, mas existe como a mesma entidade que a percepção subjetiva do azul. O mesmo é verdade para todos os objetos da consciência sensorial. De acordo conosco, não há azul senão o azul que aparece à consciência que apreende azul. Quando realizamos que o azul é desprovido de qualquer existência externa, realizamos a vacuidade no que se refere ao azul.

(A visão da realidade apresentada pela escola chitamatra é muito próxima da visão proposta pela escola prassangika. Por conseguinte, compreender seus princípios é bastante útil. Como suas convicções não estão em perfeito acordo com o sistema prassangika, é claro que, por fim, deverão ser postas de lado.)

Prassangika: [17] Se as formas-ilusões que aparecem à mente não têm existência externa, então, visto que não há o objeto-condição, como pode a mente surgir? Se, de acordo contigo, a mente surge, por qual conhecedor válido ela é observada e estabelecida?

Chitamatrim: A consciência visual que apreende a forma possui dois aspectos: um aspecto conhecedor do outro, que só está consciente dos objetos distintos da consciência, e um aspecto autoconhecedor, que só apreende a própria consciência e que chamamos de "autoconhecedor válido". Um autoconhecedor é sempre uma consciência não-enganosa; é também a mente que estabelece a existência da consciência visual da forma e assim por diante.

A refutação da posição chitamatra ataca esse conceito de autoconhecedores e é apresentada em quatro partes:

1. Refutar os autoconhecedores pela autoridade das escrituras;
2. Refutar os autoconhecedores por raciocínio;
3. Refutar as provas dos chitamatrins da existência de autoconhecedores;
4. Refutar a asserção de que todos os existentes-imputados devem ter por base algo verdadeiramente existente.

REFUTAR OS AUTOCONHECEDORES PELA AUTORIDADE DAS ESCRITURAS

Prassangika: [18] Admitir que um conhecedor de forma seja capaz de ser consciente de si-mesmo contradiz as escrituras. No sutra *O que foi ao Lanka* (*Lankavatarasutra*), bem como no sutra *Ratnachudapariprrcha*, Buda afirmou que, do mesmo modo que a lâmina de uma espada não pode cortar a si mesma, a mente também não pode contemplar a si mesma. Se asseveras que a consciência é autoconhecedora, estás asseverando a existência de uma consciência que não depende de um objeto de consciência. Nesse caso, o sujeito e o objeto seriam exatamente a mesma coisa, ou seja, um estado de consciência, e seria impossível fazer uma distinção entre sujeito e objeto. Se tal consciência fosse possível, ela teria de ser verdadeira ou independentemente existente, e tal modo de existência é refutado por vários raciocínios lógicos.

REFUTAR OS AUTOCONHECEDORES POR RACIOCÍNIO

Chitamatrin: Tomemos uma lâmpada como exemplo. Ela é capaz de iluminar claramente tanto a si mesma como aos demais objetos externos. De modo similar, a mente é capaz de ser consciente tanto de si mesma como dos demais fenômenos.

Prassangika: [19] Isso não é uma analogia válida, porque a luz de uma lâmpada não ilumina de modo algum a si mesma. Se a luz pudesse iluminar a si mesma, então, usando o mesmo argumento, por que não dizer que a escuridão escurece a si mesma? Se a escuridão escurecesse a si mesma, seria impossível vê-la, mas convenhamos que a escuridão é algo bastante visível.

Chitamatrin: Tomemos, então, outro exemplo. Um pedaço de cristal transparente é capaz de parecer azul quando colocado sobre um objeto azul que não seja ele próprio. Seu aparecimento como azul é dependente, portanto, de um objeto que é diferente dele próprio. O lápis-lazúli, por outro lado, não depende de nenhum outro objeto para parecer azul; por sua própria natureza, ele aparece como azul. [20] Igualmente, a consciência visual e as demais consciências estão necessariamente relacionadas a objetos que diferem da consciência, ao passo que os autoconhecedores existem como consciência sem estarem relacionados a objetos que diferem da consciência.

Prassangika: Mas, de novo, teu exemplo não é válido. É óbvio para todos que o azul do lápis-lazúli não existe independente de tudo mais; ele é dependente de outras causas e condições. Ele não cria sua própria natureza.

Chitamatrim: [21] Voltando ao exemplo anterior, admitimos que a lâmpada não ilumina a si mesma; contudo, sua natureza é a natureza da iluminação.

Prassangika: Da mesma maneira, deves asseverar que a mente não conhece a si mesma, mas é meramente da natureza da iluminação consciente. Então, o que apreende a consciência? Seria a consciência apreendida por uma consciência substancialmente diferente dela própria? Se fosse assim, iríamos precisar de uma série infindável de consciências substancialmente diferentes para serem conscientes umas das outras. Se nenhuma dessas alternativas for possível, que tipo de apreendedor da consciência estaria presente? [22] Se nenhuma apreensão da consciência pode ser estabelecida, segue-se necessariamente que a consciência não pode ser um objeto de conhecimento e, portanto, ela tem de ser não existente. Nesse caso, seria completamente inútil discutirmos se a consciência é auto-iluminadora ou não. Fazê-lo seria como tentar descrever as feições da filha de uma mulher sem filhos.

REFUTAR AS PROVAS DOS CHITAMATRINS DA EXISTÊNCIA DE AUTOCONHECEDORES

Chitamatrim: [23] Se a consciência visual e as outras consciências não tiverem um aspecto autoconhecedor, como seria possível relembrá-las no futuro? Não apenas relembramos o objeto como somos capazes de relembrar a consciência que o apreendeu. Esse fato deixa claro que, além de apreender um objeto que difere dela própria, a consciência também contempla a si mesma. O processo da memória nos permite estabelecer a existência de autoconhecedores.

Prassangika: Isso não é uma prova válida. A consciência do objeto é relembrada simplesmente graças ao fato dela ter tido uma relação com o próprio objeto. Por exemplo, existe um determinado tipo de roedor que, na época do inverno, tem o hábito de morder pessoas e outros animais; mas o veneno que ele inocula na hora da mordida não faz efeito imediatamente e só será sentido na primavera seguinte. Isso significa que alguém pode ter sido mordido pelo roedor e não se lembrar do veneno que foi injetado no seu organismo. Mais tarde, no início da primavera, começará a sentir dor. Nessa ocasião, perceberá que é primavera e se lembrará que no inverno passado foi mordido por aquele tipo de roedor. Na dependência desses fatores, concluirá corretamente que foi envenenado ao ser mordido pelo roedor. De modo similar, a lembrança da consciência que experienciou uma determinada forma está implícita na recordação do seu objeto, a forma.

Chitamatrim: Se não aceitas a memória como prova da existência de autoconhecedores, eis outro argumento. [24] Quando uma pessoa olha à distância e é capaz de enxergar um objeto pequeno, como uma agulha, não é preciso dizer que também será capaz de enxergar uma montanha que esteja nas proximidades. Igualmente, tendo obtido o tranquilo-permanecer e outras condições, torna-se possível ver, com clarividência, as mentes de outras pessoas que estão à grande distância. Sendo assim, não deve haver dificuldade alguma em ver a nossa própria mente tão próxima de nós.

Prassangika: Existe uma loção mágica que, quando aplicada aos nossos olhos, nos capacita a enxergar nitidamente tesouros enterrados, mas isso não significa que podemos ver a própria loção. De modo similar, o simples fato de a mente estar muito próxima não significa que possa ser contemplada por ela mesma.

Chitamatrin: Mas se refutas a existência de autoconhecedores, então, como a consciência pode ser estabelecida como existente? Nesse caso, estarias refutando as percepções de formas, sons etc.

Prassangika: [25] Não temos intenção alguma de refutar a existência de percepções visuais, auditivas e outras. Estamos apenas refutando os autoconhecedores; fazê-lo não pressupõe que estamos refutando também as outras percepções. Não há necessidade de abandoná-las, porque elas não nos fazem sofrer no samsara e são possuídas até pelos Arhats. A mente que deve ser abandonada é o agarramento conceitual a formas verdadeiramente existentes, sons etc. Isso tem de ser rejeitado porque é a causa fundamental do sofrimento no samsara.

Nesse ponto os chitamatrins iniciam uma nova argumentação sobre o que eles consideram como sendo formas verdadeiramente existentes.

Chitamatrim: [26] As formas-ilusões não são objetos externos diferentes da mente, tampouco a mente em si. Elas são, portanto, o que denominamos "inexprimíveis".

Prassangika: Não obstante, tu asseveras que as formas são fenômenos verdadeiramente existentes. Nesse caso, uma vez que são verdadeiras, elas devem existir da maneira como aparecem à consciência visual que as observa e devem ser os objetos exteriormente existentes que aparentam ser. Sendo assim, por que sustentas que a forma não é outra senão a mente? Por outro lado, se a forma não existir da maneira como é observada pela consciência visual, não faz sentido dizeres que a forma é verdadeiramente existente.

Assim, negar a existência externa dos objetos e asseverar a existência verdadeira desses mesmos objetos e consciências são ambas visões equivocadas. [27] Assim como os objetos de consciência (as formas etc.) são como ilusões e carecem de qualquer existência verdadeira, as próprias consciências são como ilusões e carecem de existência verdadeira.

REFUTAR A ASSERÇÃO DE QUE TODOS OS EXISTENTES-IMPUTADOS DEVEM TER POR BASE ALGO VERDADEIRAMENTE EXISTENTE

De acordo com a escola chitamatra, os fenômenos são: ou existentes-substanciais ou existentes-imputados. Um fenômeno existente-substancial é um objeto capaz de aparecer à mente sem que esta precise se reportar a objetos distintos dele. Cores, potes etc. são exemplos de existentes-substanciais. Um fenômeno existente-imputado é um objeto que é apreendido na dependência de outros objetos distintos dele próprio. A pessoa, por exemplo, é um fenômeno existente-imputado porque ela não pode ser apreendida sem que a mente também apreenda o corpo ou a mente, que são objetos distintos de pessoa. Do mesmo modo, o samsara não pode ser apreendido independentemente da apreensão dos seres que o experienciam. Assim, o samsara também é um existente-imputado. Na escola prassangika, contudo, essa distinção não é feita e todos os fenômenos são tidos como existentes-imputados.

Chitamatrim: O samsara e todos os existentes-imputados precisam ter como base de imputação algo verdadeiro e realmente existente. De outro modo, tornar-se-iam inteiramente abstratos e não-funcionais, como o espaço.

Prassangika: [28] Mas se o samsara tivesse como sua base algo verdadeiro e realmente existente, como seria possível conquistarmos a libertação desse estado e como poderíamos nascer nesse estado? Assim, é impossível que o samsara dependa de uma base verdadeiramente existente.

De acordo com tua maneira de pensar, se a mente fosse algo verdadeiramente existente, com certeza ela não poderia estar relacionada ou depender de outros objetos; tornar-se-ia uma cognição de si própria, isolada e independente. Nesse caso, nunca poderia se tornar poluída por obstruções. [29] Se a mente fosse livre de todas as obstruções, seguir-se-ia que todos os seres que possuem mente já seriam Tatagatas, Budas plenamente iluminados. Portanto, qual seria o benefício de tentar provar, como tu fazes, que todos os fenômenos são apenas da mesma natureza que a mente?

Nesse ponto, os chitamatrins levantam as seguintes objeções à asserção prassangika de que as coisas não são verdadeiramente existentes, mas são meramente ilusões.

Chitamatrin: [30] Como é possível eliminar as delusões por meio de uma compreensão de que todos os fenômenos são como ilusões? O mágico que manifestou uma mulher ilusória, embora compreenda que ela não é uma mulher de verdade, continua a sentir desejo por ela. Do mesmo modo, ainda que vejamos todos os fenômenos como ilusões, o que impedirá que o apego e as outras delusões surjam?

A refutação a essa objeção tem três partes:

1. Por que um mágico sente desejo pela mulher ilusória que ele próprio manifesta;
2. Por que a meditação na vacuidade pode eliminar todas as delusões e suas marcas;
3. Mostrar que excelentes resultados virão de abandonar o agarramento à existência verdadeira e às suas marcas.

POR QUE UM MÁGICO SENTE DESEJO PELA MULHER ILUSÓRIA QUE ELE PRÓPRIO MANIFESTA

Prassangika: [31] Enquanto um mágico não tiver eliminado o agarramento à existência verdadeira da mulher ilusória criada por ele, pode ser que continue a sentir desejo por ela, pois ao vê-la, a tendência a perceber sua ausência de existência inerente é muito fraca. Embora o mágico entenda intelectualmente que a mulher é uma manifestação sua e, portanto, irreal, ela lhe aparece como uma mulher real; e por causa de sua tendência instintiva de apreendê-la como verdadeiramente existente, o mágico instintivamente nutre sentimentos de desejo por ela.

POR QUE A MEDITAÇÃO NA VACUIDADE PODE ELIMINAR TODAS AS DELUSÕES E SUAS MARCAS

Prassangika: [32] Só seremos capazes de abandonar qualquer traço de agarramento à existência verdadeira se nos familiarizarmos com a visão da vacuidade durante bastante tempo. Ademais, quando realizarmos que a vacuidade de existência inerente em si também é vazia de existência verdadeira, realizaremos a vacuidade da vacuidade. Desse modo, seremos capazes de abandonar a concepção de que a vacuidade possui existência verdadeira. Na prática, uma vez que tenhamos realizado que todos os fenômenos carecem de existência verdadeira, passaremos a meditar na vacuidade da vacuidade, uma das dezesseis vacuidades. Por meio dessa meditação, poderemos superar rapidamente a aparência dual. Assim, é importante nos concentrarmos nessa meditação logo que tivermos obtido um insight inicial da vacuidade.

[33-34] Quando, na dependência de um raciocínio perfeito, realizarmos a vacuidade de existência verdadeira, de que modo a existência verdadeira da vacuidade de existência verdadeira poderia aparecer? Visto que a ausência de existência verdadeira foi estabelecida, não há base para que tal equívoco jamais volte a ocorrer. Continuando a meditar sobre essa realidade por bastante tempo, finalmente o estado do darmakaya resultante, no qual não há nenhuma atividade conceitual, será alcançado.

MOSTRAR QUE EXCELENTES RESULTADOS VIRÃO DE ABANDONAR O AGARRAMENTO À EXISTÊNCIA VERDADEIRA E ÀS SUAS MARCAS

É importante notar que, quando Shantideva está aplicando a dialética prassangika às outras escolas, como os chitamatrins, sua intenção não é convertê-los de imediato ao seu modo de pensar. Com efeito, o raciocínio empregado é formulado e definido em termos que só são aceitáveis para alguém que já tenha concordado com a visão dos prassangikas, ou que, ao menos, nutra alguma simpatia por ela. Para um chitamatrim que esteja firmemente convencido de seus próprios pontos de vista, a função inicial da crítica prassangika é forçá-lo a reconsiderar a validade de suas próprias premissas e, ao fazê-lo, familiarizar-se com a posição prassangika. Apenas quando essa pessoa tiver descoberto as inconsistências do seu próprio sistema é que o raciocínio consequencial dos prassangikas mostrará sua força efetiva para estabelecer uma compreensão da vacuidade em sua mente.

Ademais, não devemos pensar que Shantideva está debatendo e tentando refutar apenas as posições de algumas escolas filosóficas. Sua dialética também se aplica à nossa própria contemplação e meditação. Conforme avançamos na análise dos fenômenos, procurando sua natureza última, estamos sujeitos a chegar a determinadas conclusões similares aos pontos de vista defendidos tradicionalmente nas filosofias dos samkyas, chitamatrins etc. Nessas ocasiões, o exame crítico dos prassangikas torna-se especialmente relevante para verificar se nossas próprias convicções interiores são justificadas ou não. Torna-se um meio para dimensionarmos nosso insight à luz de outras possibilidades e, desse modo, avançarmos para um patamar mais profundo e abrangente.

Outras escolas: Se Buda não possui mente conceitual, como é possível que considere ensinar o Darma aos seres sencientes? É contraditório sustentar, de um lado, que Buda não tem concepções e, de outro, que ele ensina o Darma.

Prassangika: Não há contradição alguma. [35] Jóias e árvores-dos-desejos não possuem mente conceitual e, contudo, são capazes de satisfazer os desejos dos homens e deuses que lhes dirigem preces. Do mesmo modo, embora Buda não tenha concepções, pela força de ter feito preces quando era um Bodissatva e pela força dos méritos acumulados por seus discípulos, ele se manifesta numa forma física e executa o feito de girar a Roda do Darma para o benefício dos seres sencientes. Na realidade, ele não tem mente conceitual, embora se manifeste como se a tivesse.

Outras escolas: Mas tais preces foram feitas há muito tempo, quando Buda era um Bodissatva. Agora que alcançou o estado da budeidade, como podem essas preces exercer algum efeito sobre ele?

Prassangika: [36] Não há falha nesse ponto. Por exemplo, se um brâmane com determinados poderes mântricos consagrar algumas substâncias especiais e as colocar num relicário, elas terão o poder de eliminar os efeitos negativos de veneno etc., não apenas enquanto o brâmane estiver vivo, mas também depois da sua morte. [37] Do mesmo modo, na dependência das coleções de mérito e de sabedoria, o Bodissatva cria o "relicário" de um Buda. Embora ele próprio, por fim, passe além da dor e entre no nirvana, ainda assim continuará sendo capaz de conceder benefícios temporários e últimos aos seres sencientes.

O ponto é que, embora o Bodissatva que fez as preces para se tornar um Buda e que acumulou as coleções de mérito e de sabedoria tenha cessado de existir, o continuum da sua consciência prossegue existindo e, por fim, torna-se a mente darmakaya de um Buda. Dessa maneira, os efeitos das ações de um Bodissatva podem se tornar manifestos na época da budeidade.

Outras escolas: [38] Contudo, se Buda não tivesse mente conceitual, de que serviria fazer-lhe oferendas? Já que não teria uma aceitação consciente de nossos presentes, que mérito resultante surgiria do ato de oferecer?

Prassangika: Embora Buda não tenha mente conceitual, foi ensinado nas escrituras que, se fizermos oferendas a um Buda encarnado ou somente a um relicário, o mérito acumulado será o mesmo. [39] Do mesmo modo, quer acreditemos que nossa oferenda é verdadeiramente existente quer entendamos sua vacuidade, receberemos méritos de acordo com nosso grau de fé. Nós recebemos méritos de fazer oferendas a um Buda-ilusório do mesmo modo que vós recebeis mérito de adorar um Buda que considerais verdadeiramente existente.

MOSTRAR AS RAZÕES PELAS QUAIS AQUELES QUE BUSCAM APENAS LIBERTAÇÃO PESSOAL PRECISAM GERAR A SABEDORIA QUE REALIZA A VACUIDADE

Os prassangikas asseveram que a realização da vacuidade é necessária não apenas para alcançar a plena iluminação, mas também para alcançar a simples libertação do samsara. No debate que se segue, a visão dos prassangikas é desafiada por um proponente dos princípios hinayanas (ou seja, um vaibashika ou sautrantika).

Hinayanista: [40] Se obtivermos uma percepção direta das quatro nobres verdades, que Buda ensinou quando girou a primeira Roda do Darma, seremos capazes de alcançar o estado de Arhat e de nos libertar do samsara. Assim, por que é necessário compreender a vacuidade de existência verdadeira?

Prassangika: Nem vamos falar da aquisição da budeidade; realizar a vacuidade é absolutamente imprescindível até para se obter uma libertação pessoal. O próprio Buda afirmou claramente nos sutras *Perfeição de sabedoria* (*Prajna-*

paramitasutra, em sânscrito) que, sem o caminho de realizar a vacuidade, somos incapazes de realizar as metas tanto do hinayana como do mahayana. (Shantideva cita essa escritura para os hinayanistas porque deseja colocar-se em posição de provar que os sutras mahayanas são a palavra de Buda, o que os hinayanistas negam).

Hinayanista: As citações que estás usando para estabelecer teu ponto de vista pertencem aos sutras *Perfeição de sabedoria*, que são textos mahayanas. [41] Porém, nós não aceitamos que as escrituras mahayanas sejam a palavra de Buda; logo, não é legítimo tentar provar teus pontos de vista invocando a autoridade desses textos. Na realidade, quais são as razões que tu alegas para pretender que tais textos sejam a palavra de Buda?

Prassangika: A propósito, de que modo tuas próprias escrituras são estabelecidas como sendo a palavra de Buda?

Hinayanista: Nossos sutras são claramente a palavra de Buda porque nós dois os aceitamos como tal.

Prassangika: No entanto, tais sutras não tinham sido estabelecidos como a palavra de Buda antes de teres aceito a validade da tua tradição. Eles só foram aceitos por ti como tal com base em determinadas razões. [42] Essas razões são igualmente capazes de estabelecer os sutras mahayanas como sendo a palavra de Buda. Ademais, o fato de duas pessoas aceitarem algo como verdadeiro não constitui realmente uma prova. Se o fosse, então, as escrituras védicas seriam verdadeiras, já que muitas pessoas acreditam nisso.

Hinayanista: [43] Há muita controvérsia a respeito das escrituras mahayanas; assim, sua credibilidade é questionável.

Prassangika: As escrituras hinayanas são bastante contestadas pelos seguidores das escolas não-budistas; no entanto, tu não questionas sua credibilidade. Além disso, entre as dezoito subdivisões das escolas dos vaibashikas, debate-se para saber se os sutras que pregam a existência do estado intermediário entre a morte e o renascimento são, de fato, ensinamentos de Buda. Portanto, se tu rejeitares a validade dos sutras mahayanas, alegando que são controversos, deverás rejeitar igualmente a validade de tuas próprias escrituras.

[44] Para ti, o critério para que um sutra seja considerado a palavra de Buda é que ele possa ser incluído no *Tripitaka*: as três categorias de ensinamentos. A maioria dos sutras mahayanas ensina tudo sobre os três treinos superiores; portanto, podem ser incluídos no *Tripitaka*. Se aceitas os ensinamentos da primeira girada da Roda do Darma como a palavra de Buda, por que não aceitas igualmente os ensinamentos da segunda e da terceira giradas? [45] Só porque os sutras *Perfeição de sabedoria* ensinam que todos os fenômenos são vazios de existência verdadeira, significa que não podem ser a palavra de Buda? Podes não reconhecê-los como ensinamentos de Buda, mas na realidade eles satisfazem teu critério para serem a palavra de Buda e dão uma explicação completa do significado dos três treinos superiores.

Com base em não aceitar os sutras *Perfeição de sabedoria* como a palavra de Buda, por que, então, não consideras todos os textos mahayanas como corruptos? E, visto que o sutra *Desembaraçando o pensamento* (*Samdhinirmochanasutra*) certamente satisfaz teu critério para ser a palavra de Buda, por que não aceitas todos os outros sutras mahayanas como sendo a palavra de Buda?

Hinayanista: Se os sutras *Perfeição de sabedoria* fossem a palavra de Buda, o sucessor imediato dele, o grande Kashyapa, deveria conhecê-los. Mas Kashyapa nunca os mencionou, o que deixa claro que não tinha conhecimento deles. Portanto, não podem ser a palavra de Buda.

Prassangika: [46] O fato de o grande Kashyapa e vós mesmos não conhecerem os sutras mahayanas não é uma razão para que não sejam a palavra de Buda. Seguramente, ninguém aceitaria tal argumento.

[47] Depois da morte de Buda, os monges Arhats mantiveram e foram responsáveis pela propagação dos ensinamentos de Buda. Tornaram-se a raiz dos ensinamentos. No entanto, caso não houvessem compreendido que todos os fenômenos são desprovidos de existência verdadeira, como tu afirmas, seria extremamente difícil sustentar que eram autênticos Arhats. É impossível que um Arhat, um ser que se libertou do samsara, ainda se aferre à existência verdadeira.

Proponente de coisas: [48] É possível abandonar o sofrimento e alcançar a libertação simplesmente meditando nas dezesseis características das quatro verdades, como a impermanência. É desnecessário realizar a vacuidade da qual tu falas para se tornar um Arhat.

Prassangika: Isso é uma visão equivocada. Meditando nas dezesseis características das quatro nobres verdades, de acordo com a tua apresentação, só se pode superar as delusões manifestas temporariamente. Pareces pensar que, ao abandonar tais delusões manifestas, o nirvana será imediatamente alcançado. Isso é impossível, porque alguém que abandonou apenas temporariamente tais delusões manifestas ainda carrega o potencial cármico para nascer de novo no samsara.

Proponente de coisas: [49] O abandono das delusões que alcançamos ao meditar nas dezesseis características das quatro nobres verdades não é temporário, mas definitivo, e inclui o abandono de todas as impurezas, igualmente. Tais Arhats estão livres do anseio, a principal causa de nascer no samsara; logo, não existe a possibilidade de que eles possam nascer de novo no samsara.

Prassangika: Para ti, existem dois tipos de confusão: a deludida e a não-deludida. Se podes falar de uma confusão não-deludida, então, por que não falar de um anseio não-deludido? Os teus assim chamados Arhats teriam esse tipo de anseio. Embora, temporariamente, pudessem não ter o anseio derivado do agarramento a um eu auto-sustentado e substancialmente existente, ainda teriam o anseio derivado do agarramento a um eu verdadeiramente existente.

Enquanto não tivermos realizado que as sensações agradáveis são vazias de existência verdadeira, esse anseio surgirá com base nelas. [50] De acordo contigo, os Arhats têm sensações agradáveis e as apreendem como verdadeiramente existentes. Portanto, eles estão necessariamente sujeitos ao anseio que surge na dependência delas. [51] Enquanto os fenômenos forem concebidos como verdadeiramente existentes, não há como evitar que o anseio surja de tais concepções. Assim como aqueles que meditam na absorção sem discriminação carecem temporariamente de sensações e discriminações, mas voltam a experienciá-las tão logo sua absorção acabe, também o teu suposto Arhat voltará a experienciar o surgimento das delusões densas, embora tenha superado temporariamente sua manifestação. Esse será sempre o caso para aqueles que não abandonaram o agarramento à existência verdadeira.

Portanto, devemos lutar para realizar a vacuidade da existência verdadeira, não apenas para alcançar a budeidade, mas também para alcançar o nirvana.

Podemos nos perguntar qual é o objetivo de todo esse debate entre as diferentes escolas: as escolas hinayanas, os chitamatrins e os prassangikas. Há dois objetivos principais: o primeiro é reconhecer que somente a visão última dos prassangikas é capaz de cortar a raiz do samsara; o segundo é refutar as outras visões que contradizem a visão prassangika impedindo-nos de identificá-la. No entanto, se a única visão correta é a dos prassangikas, por que Buda não ensinou apenas ela? Por que ensinou também as outras?

Ensinar quatro diferentes escolas de princípios ilustra claramente os meios habilidosos de Buda. Um bom médico nunca prescreve o mesmo remédio para todos os seus pacientes. Ele ou ela trata cada um de acordo com suas queixas individuais. Do mesmo modo, ao girar as diferentes Rodas do Darma, Buda estava ensinando conforme as diferentes capacidades e inclinações de seus vários discípulos. Um médico precisa curar cada paciente de acordo com um protocolo de tratamento específico; também os Budas guiam os seres sencientes à iluminação da maneira mais adequada às suas propensões individuais. Caso contrário, se só ensinassem uma visão, a visão prassangika, seriam como um médico que receita o mesmo remédio a todos os seus pacientes.

A intenção de Buda Shakyamuni é conduzir gradualmente todos os seus discípulos ao ponto de vista mais elevado dos prassangikas e, para fazê-lo, ele primeiro ensinou as visões dos vaibashikas, sautrantikas, chitamatrins e svatantrikas. Esses sistemas são como degraus de uma escada, que ascendem progressivamente até a visão prassangika. Foi por essa razão que Buda ensinou esses diferentes sistemas, embora sua intenção última fosse a visão prassangika. Portanto, se quisermos alcançar a perfeita iluminação, precisamos estudar essa visão e meditar sobre ela sinceramente.

Prassangika: [52] Os Bodissatvas Superiores não caem nem no extremo do apego nem no extremo do medo. Aqui, o extremo do apego, que também pode ser chamado de extremo do samsara, refere-se a ser apegado à existência verdadeira dos fenômenos e, como resultado, circular no samsara sob o poder das ações e das delusões. O extremo do medo, ou extremo da paz solitária, refere-se a temer os sofrimentos do samsara e, como resultado, buscar o nirvana somente para si próprio. Evitando ambos esses extremos, os Bodissatvas Superiores nascem nas moradas do samsara, motivados por grande compaixão. Fazem isso a fim de trabalhar extensivamente para o benefício dos seres sencientes, que, por causa da sua confusão, estão experienciando grande sofrimento. A habilidade dos Bodissatvas Superiores de continuarem a renascer entre os seres do samsara e de trabalharem para o benefício deles, sem cair em nenhum dos dois extremos, é fruto de sua meditação na vacuidade. Ambos os extremos são evitados porque sua meditação na vacuidade é motivada por grande compaixão.

[53] Agarrar-se à existência verdadeira é a autêntica raiz do samsara. Até que tenhamos negado seu objeto concebido, a existência verdadeira, será impossível cortar a raiz do samsara e alcançar o nirvana. Todas as obstruções – as obstruções-delusões e as obstruções à onisciência – são superadas pela realização de que todos os fenômenos são vazios de existência verdadeira. Assim, por que aqueles que desejam alcançar a iluminação o mais rapidamente possível não meditam na vacuidade?

[54] Por essas razões é incorreto rejeitar essa sagrada vacuidade da existência verdadeira. Nas estrofes a seguir, continuaremos a estabelecer essa vacuidade para que, desse modo, sejamos capazes de aprofundar nossa convicção na visão preciosa que realiza a vacuidade. Todo aquele que queira alcançar seja a budeidade seja o nirvana deve lutar para alcançar essa visão perfeita da vacuidade e meditar sobre ela, afastando todas as dúvidas.

Outras escolas: [55] Tu tens razão, mas eu não quero meditar na vacuidade porque isso me assusta.

Prassangika: Mas não é o agarramento a um self o criador de todos os medos no samsara? Sendo assim, seria bem mais sensato ficar com medo disso, e não da meditação na vacuidade. É completamente impróprio temer a vacuidade, porque todos os medos do samsara serão eliminados ao meditarmos nela. Assim, por que temê-la? [56] Se realmente existisse esse eu verdadeiramente existente, seria correto temermos certas coisas; mas visto que esse eu verdadeiramente existente não existe, quem é o medroso verdadeiramente existente? Se pensares bem, compreenderás que ele não existe. Esforça-te para obter um conhecimento correto e ficarás livre de todos os medos.

A EXPLICAÇÃO EXTENSA DAS RAZÕES QUE ESTABELECEM A VACUIDADE

Como vem sendo repetidamente afirmado, a vacuidade refere-se à ausência de existência verdadeira ou inerente de todos os fenômenos. Assim, a sabedoria que realiza a vacuidade vê que, malgrado as aparências, tudo carece de um self. Os raciocínios que sustentam essa visão são discutidos em duas partes:

1. A explicação extensa das razões que estabelecem o vazio de pessoas;
2. A explicação extensa das razões que estabelecem o vazio de fenômenos.

A EXPLICAÇÃO EXTENSA DAS RAZÕES QUE ESTABELECEM O VAZIO DE PESSOAS

Este ponto divide-se em três partes:

1. Refutar o objeto concebido do auto-agarramento inato de pessoas;
2. Refutar o objeto concebido do auto-agarramento intelectualmente formado de pessoas;
3. Refutar argumentos contrários a essas refutações.

Existem dois tipos de delusão: as intelectualmente formadas e as inatas. Delusões intelectualmente formadas só estão presentes nas mentes daqueles que são influenciados por visões que diferem daquelas que são instintivamente as suas. Se um chitamatrim conseguir nos convencer da sua doutrina – de que os fenômenos que existem pelo poder de outro fenômeno são verdadeiramente existentes – e adotarmos conscientemente seu ponto de vista, essa visão da existência verdadeira seria chamada de uma delusão intelectualmente formada. Entretanto, todos nós, independente de qualquer doutrinação exterior, temos uma tendência natural e instintiva a considerar que os objetos do mundo e nós mesmos somos verdadeiramente existentes. Essa atitude deludida é uma delusão inata. Entre os seres deste mundo, em geral apenas os seres humanos desenvolvem as delusões intelectualmente formadas; mas todos os seres sencientes têm delusões inatas.

REFUTAR O OBJETO CONCEBIDO DO AUTO-AGARRAMENTO INATO DE PESSOAS

Antes de ser capaz de negar o objeto concebido do auto-agarramento inato de pessoas, é importante primeiro reconhecer a natureza desse agarramento. O auto-agarramento inato de pessoas é a mente inata que concebe as pessoas como sendo inerentemente existentes. Quando alguém fala conosco, automaticamente pensamos: "Ele está falando comigo". Nunca nos ocorre que esteja falando com nosso corpo ou mente. Nessas ocasiões, sentimos que está falando a um eu não-relacionado com o corpo e a mente. Esse eu nitidamente aparecedor não-relacionado com o corpo e a mente é o objeto concebido do auto-agarramento inato de pessoas. Esse é o objeto de negação sutil eliminado pela visão da vacuidade. Algumas pessoas podem pensar que esse eu nitidamente aparecedor é o objeto denso a ser refutado pela realização do vazio de pessoas, mas, na realidade, esse não é o caso. Se o leitor tiver dúvidas a esse respeito, deverá ler atenciosamente a explicação dada nas páginas 385-392. O propósito de todas as próximas linhas de raciocínios que estabelecem o vazio de pessoas é erradicar esse eu nitidamente aparecedor.

Tudo o que aparece às mentes dos seres comuns é apreendido como verdadeiramente existente. Na realidade, contudo, essa existência verdadeira é totalmente não existente. Se o eu fosse verdadeiramente existente do modo como aparenta ser, então, ele deveria ser encontrado mediante investigação. Para ser encontrado, ele teria de existir num dos seguintes três lugares: em qualquer dos agregados do corpo e da mente que constituem um indivíduo; no agrupamento desses agregados; ou em outro lugar além desses dois. Entretanto, se fizermos uma cuidadosa análise, descobriremos que o eu não pode ser encontrado em nenhum desses lugares.

Por que o eu não pode estar localizado num determinado agregado? [57] Dentes, cabelos e unhas não são o eu; ossos, sangue, muco e fleuma também não são o eu; vasos linfáticos e pus tampouco são o eu. [58] Gordura corporal e suor não são o eu; nem os pulmões, o fígado e os demais órgãos internos. Excrementos e urina não são o eu. [59] A carne, a pele, o calor corporal e os ventos interiores não são o eu. As cavidades do corpo, como a abdominal, também não são o eu. Do mesmo modo, nenhuma das consciências – visual, olfativa, auditiva, gustativa, tátil e mental – são o eu. Cada uma dessas partes não pode ser individualmente o eu, porque, nesse caso, seguir-se-ia que uma pessoa teria tantos "eus" quanto o número de suas partes. Há quem pense que o eu é o cérebro, mas, por experiência própria, podemos ver que isso não é verdade. Quando nos referimos ao cérebro, dizemos "meu cérebro" e pensamos nele como algo que pertence ao eu; logo, o cérebro, obviamente, não pode ser o eu.

Muitos acham que o mero agrupamento de todas essas partes é o eu. Foi mostrado que não há um eu a ser encontrado em nenhuma das partes que constituem esse agrupamento; sendo assim, como o agrupamento em si poderia ser o eu? Também é claro que o eu não pode ser encontrado em nenhum outro lugar que não seja os cinco agregados. Fazendo essa investigação, vamos compreender que o eu não pode ser encontrado. Assim, visto que o eu existe meramente como uma imputação que depende do agrupamento de agregados, fica provado que o eu é vazio de existência verdadeira.

Todas as vacuidades estão incluídas na categoria de vazio de pessoas ou na categoria de vazio de fenômenos. A vacuidade de uma pessoa inerentemente existente é chamada de vazio sutil de pessoa e a vacuidade de existência inerente dos fenômenos, como os agregados, é chamada de vazio sutil de fenômenos. Ambos os tipos de vacuidade são vacuidades sutis.

A explicação da vacuidade de fenômenos será dada mais à frente neste capítulo; agora, continuaremos a explicar como podemos obter uma compreensão da não existência verdadeira sutil de pessoa. Por exemplo, se vislumbrarmos uma corda listrada na penumbra, poderemos facilmente confundí-la com uma serpente e, consequentemente, temê-la. Nesse momento, não apreenderemos de modo algum uma corda listrada. Assim como nos agarramos à corda como se fosse uma serpente, também nos agarramos à pessoa como se fosse inerentemente existente. Tanto a serpente como o eu inerentemente existente são os objetos concebidos das suas respectivas mentes conceituais. A corda listrada e os nossos agregados são similares porque ambos atuam como a base para tais equívocos. Por nos agarrarmos à serpente, ficamos com medo; do mesmo modo, por nos agarrarmos a um eu inerentemente existente, ficamos expostos aos medos do samsara. Compreendendo a não existência da serpente, cessamos de nos agarrar a ela como serpente; do mesmo modo, compreendendo a não existência de um eu inerentemente existente, cessamos de nos agarrar a ele. Tendo causado desse modo a cessação das nossas percepções errôneas, libertamo-nos dos medos que cada uma delas produz.

A percepção errônea não apreende uma corda listrada, mas apenas uma serpente que está sendo imputada à corda; da mesma maneira, nosso auto-agarramento inato de pessoas não apreende nossos agregados de corpo e mente, mas apenas um eu inerentemente existente, um eu nitidamente aparecedor. Essas duas mentes conceituais errôneas dão origem, por sua vez, ao medo. Para erradicar essas mentes conceituais errôneas é necessário, primeiro, identificar seus respectivos objetos concebidos – a serpente e o eu inerentemente existente – e, depois, compreender que eles são totalmente não existentes. Tendo compreendido que o eu inerentemente existente é não existente, se meditarmos continuamente sobre sua não existência, todo o agarramento a um eu inerentemente existente será totalmente desenraizado. Já que tal agarramento é a raiz de todo o sofrimento no samsara, abandonando-o também abandonaremos todo o sofrimento.

Isso merece cuidadosa reflexão. Se examinarmos esses exemplos e compreendermos o que significam, seremos levados, por fim, a reconhecer o objeto sutil negado pela vacuidade. A serpente que apreendemos com base na corda e o eu inerentemente existente que apreendemos com base nos agregados são bastante similares; ambos são meramente apreendidos pela mente e não possuem existência alguma. Uma vez que tenhamos identificado o eu inerentemente existente, teremos identificado o objeto sutil a ser negado. Ficará fácil realizar a vacuidade. Primeiro, temos de identificar exatamente aquilo que deve ser negado; somente depois, sua vacuidade poderá ser determinada. No início, talvez tenhamos alguma dificuldade para executar essa investigação e vejamos várias contradições naquilo que está sendo ensinado. Entretanto, se refletirmos com seriedade e por bastante tempo, a mente se tornará como um espaço claro, livre de todas as nuvens de confusão.

REFUTAR O OBJETO CONCEBIDO DO AUTO-AGARRAMENTO INTELECTUALMENTE FORMADO DE PESSOAS

Este ponto é explicado em duas partes:

1. Refutar o eu permanente asseverado pela escola samkya;
2. Refutar o eu permanente asseverado pelas escolas vaisheshika e naiyayika.

REFUTAR O EU PERMANENTE ASSEVERADO PELA ESCOLA SAMKYA

Os samkyas postulam a existência de um eu ou self que possui cinco características: consciência, cognição, experiência, intenção e permanência. Uma visão desse tipo não surge de maneira inata nos seres. Ao contrário, é um exemplo de uma visão de self fabricada especulativamente pelo intelecto. Assim, em termos do esquema anteriormente apresentado, ela é um objeto concebido do auto-agarramento intelectualmente formado de pessoas. No debate que apresentaremos a seguir, o prassangika Shantideva refuta esse objeto concebido e demonstra que tal entidade supostamente permanente é uma criação totalmente fictícia da mente.

Prassangika: [60] Se o eu ou self consciente que apreende som for permanente, então, quer haja ou não algum som presente, haverá sempre um apreendedor consciente de som. Contudo, como pode haver um apreendedor consciente de som, quando seu objeto não está mais presente? [61] Se uma consciência subjetiva pudesse existir sem ter um objeto de consciência, seguir-se-ia que um pedaço de madeira também poderia ser uma consciência subjetiva. Sem um objeto do qual se esteja consciente, é completamente impossível que algo seja estabelecido como consciência.

Samkya: Estamos livres dessa falha. O apreendedor consciente de som é permanente; quando não há som presente, ele apreende as formas visuais e outros objetos afins. Portanto, embora não haja som, continua havendo um objeto de consciência, a saber, as formas visuais.

Prassangika: [62] Então, por que o apreendedor de formas visuais não apreende o som? Em teoria, deveria fazê-lo, porque a apreensão consciente do som é permanente.

Samkya: Quando as formas visuais são apreendidas, nenhum som é escutado porque não há nenhum som na vizinhança.

Prassangika: Nesse momento, quando não há som na vizinhança, como pode haver um apreendedor consciente de som? O fato de não haver um apreendedor de som nesse momento contradiz tua asserção de que o self apreendedor é permanente, porque primeiramente ele apreende som e, depois, se transforma numa consciência que não apreende som. Se fosse realmente permanente, nunca estaria sujeito a mudanças. [63] Além disso, é impossível haver um apreendedor consciente que perceba ambos, os sons e as formas visuais, porque a apreensão da forma visual e a apreensão do som são estados de consciência mutuamente excludentes.

Samkya: Tomemos, como exemplo, um homem qualquer: ele é apreendido como filho por seu pai e como pai por seu filho. Desse modo, ele pode ser considerado ambos, pai e filho, embora seja apenas um indivíduo. Do mesmo modo, o eu consciente pode ser considerado como um apreendedor de som e um apreendedor de forma visual, dependendo do objeto específico a respeito do qual ele está consciente na ocasião. Dessa maneira, esses dois apreendedores distintos podem ser considerados uma só natureza.

Prassangika: Esse exemplo é incapaz de provar teu ponto de vista. A pessoa em questão é discernida como ambos, pai e filho, meramente por imputação conceitual. Ele é pai ou filho totalmente na dependência das mentes que o vêem como tal. Assim, ele é estabelecido como um fenômeno dependente e, por isso, certamente não pode ter qualquer existência verdadeira. De acordo contigo, contudo, os sons, as formas visuais e o eu consciente são verdadeiramente existentes. São pensados como fenômenos que existem do seu próprio lado, independentemente das imputações conceituais que se possa ter deles.

[64] Na tua escola, assevera-se um princípio geral definitivamente existente que tem a natureza de um estado equilibrado de três qualidades (atividade, luz e escuridão). Esse princípio geral constitui a natureza de todos os fenômenos que são manifestados a partir dele, como sons, formas visuais etc. Todas essas manifestações são consideradas da mesma natureza, visto que todas são da natureza do princípio geral sem partes, da qual se originaram. Assim, para ti, pai e filho, fogo e água, pilar e cântaro, todos se tornam da mesma natureza. Portanto, sustentas que duas entidades não-relacionadas e distintas podem ser da mesma natureza. Nesse caso, terás de afirmar que o apreendedor de som e o apreendedor de forma visual são igualmente da mesma natureza, mas quem jamais comprovou isso? Se fosse verdade, deveria ser evidente, mas isso nunca foi testemunhado por uma mente válida.

Samkya: [65] O eu ou self é como um ator, constantemente deixando um papel e assumindo outro. Quando o eu consciente apreende uma forma visual, ele cessa de apreender um som.

Prassangika: Nesse caso, seguir-se-ia que o eu é impermanente porque, exatamente como um ator, ele muda de papel e de aspecto.

Samkya: Não há equívoco porque, embora os aspectos mudem, sua natureza permanece uma só e a mesma. Assim, o apreendedor de som tem a mesma natureza que o apreendedor de forma visual.

Prassangika: Então, asseveras que dois fenômenos não-relacionados – os apreendedores de som e de forma visual – podem ser da mesma natureza. Mas tal proposição ainda não havia sido ouvida.

Samkya: [66] Os aspectos particulares de um apreendedor de som e de um apreendedor de forma visual são, de fato, falsos e inverídicos; é a natureza deles que é una, verdadeira e permanente.

Prassangika: Mas se os aspectos particulares são inverídicos, o que justificaria dizer que a natureza deles é verdadeira?

Samkya: Sua natureza é verdadeira e a mesma no sentido de que ambos são simplesmente apreendedores conscientes.

Prassangika: Nesse caso, seguir-se-ia que todos os seres sencientes são um só e o mesmo, porque todos se igualam no sentido de serem meramente apreendedores conscientes. [67] Ademais, seguir-se-ia que os fenômenos animados e os inanimados também seriam um só e o mesmo, porque ambos possuem a natureza do princípio geral impartível.

Samkya: Embora os aspectos particulares dos vários apreendedores sejam falsos, seu caráter geral é o mesmo e verdadeiro.

Prassangika: Se todas as instâncias particulares forem falsas, como poderá sua base geral, o princípio geral, ser sustentado como algo verdadeiro? É impossível provar isso. Ademais, não é possível que resultados falsos – as manifestações do princípio geral – possam surgir de uma causa verdadeira, o próprio princípio geral. Se a causa é verdadeira, o resultado também tem de ser verdadeiro; se a causa é falsa, seus resultados também têm de ser falsos.

REFUTAR O EU PERMANENTE ASSEVERADO PELAS ESCOLAS VAISHESHIKA E NAIYAYIKA

Além de permanente, o eu ou self asseverado por essas duas escolas é considerado material.

Prassangika: [68] O eu material que tu asseveras não pode ser o eu, porque ele é desprovido de mente, do mesmo modo que um cântaro é desprovido de mente.

Vaisheshika e naiyayika: Embora seja material, o eu tem uma relação com a mente e, assim, é capaz de conhecer objetos.

Prassangika: [69] Há contradição nesse ponto. De um lado, dizes que o eu é permanente e, de outro, asseguras que ele pode se relacionar com algo distinto dele próprio e, portanto, conhecer e experienciar objetos. Antes de constituir essa relação, o eu não experiencia objetos, mas, na dependência de encontrar a condição causal da mente, transforma-se num conhecedor e experimentador de objetos. Se o eu pode mudar seu status dessa maneira, seguramente ele não é permanente, conforme pretendes. Se o eu fosse permanente, seria impossível que mudasse desse modo. Por outro lado, se ele nunca mudar, como poderá estabelecer uma relação com a mente e tornar-se um conhecedor de objetos? Em suma, segue-se que estás defendendo um eu incapaz de fazer qualquer coisa, o que equivaleria a defender que o espaço é o eu. É inútil falarmos de um eu que seria incapaz de causar qualquer tipo de benefício ou de prejuízo.

REFUTAR ARGUMENTOS CONTRÁRIOS A ESSAS REFUTAÇÕES

Até aqui, Shantideva refutou a existência de um suposto eu verdadeiramente existente e permanente, quer o inato (ao qual todos os seres se agarram) quer o intelectualmente formado (ao qual os proponentes das diferentes escolas se agarram). Agora, essas outras escolas apresentam argumentos que sustentam seus próprios pontos de vista, e Shantideva os refuta igualmente.

Não-budista: [70] Se o eu ou self fosse não permanente, no momento seguinte ele pereceria. Nesse caso, como poderias sustentar que há uma relação entre o eu que comete uma ação e o eu que experiencia o resultado daquela ação? Se o eu perece logo no instante depois que a ação foi cometida, como poderia ele sobreviver para experienciar os frutos de suas ações? Seguir-se-ia que o eu que cometeu a ação nunca experienciaria os resultados de suas ações. (Isso destruiria uma das convicções básicas do pensamento budista: a lei cármica de causa e efeito, pela qual uma ação não-virtuosa leva a um resultado de sofrimento e uma ação virtuosa, a uma experiência de felicidade.) Por essa razão, asseveramos que o eu é permanente.

Prassangika: [71] É inútil debatermos sobre isso, porque nós dois defendemos que a pessoa que comete a ação e a pessoa que experiencia os resultados são diferentes. Sustentas a existência de um eu ou self permanente e imutável da pessoa que, entretanto, é revelado numa variedade de diferentes aspectos, em diversas ocasiões. Afirmas que esse self está subjacente e dá coesão aos vários aspectos assumidos, e que, ele próprio, é imutável. Assim, nós dois aceitamos que, no momento de experienciar o fruto, a pessoa que cometeu a ação causal não mais está presente. Não há nenhuma falha nessa asserção; mas tão logo pretendas que tal falha exista, ela imediatamente torna-se aplicável à tua própria posição, não à minha. [72] No momento em que a ação causal está sendo cometida, é impossível ver a pessoa experienciando seus resultados.

Não-budista: Então, de que modo, no teu sistema, o agente de uma ação é considerado como o experienciador do resultado daquela ação?

Prassangika: De acordo conosco, o agente da ação e aquele que experiencia o resultado são ambos meramente imputados pela concepção ao continuum de um agrupamento de agregados. Essa continuidade faculta uma relação entre o agente da ação e aquele que experiencia seus resultados, mas jamais diríamos que a causa de algo – a pessoa que cometeu a ação – poderia existir no momento do seu fruto.

[73] Ademais, nem a mente do passado nem a mente do futuro podem ser o eu, pois a primeira já cessou de existir, e a outra ainda não veio à existência. A mente que surge no momento presente não pode ser o eu, pois, sob investiga-

ção, o eu não pode ser encontrado de modo algum. [74] Por exemplo, quando seccionamos o talo oco de uma bananeira em muitos pedaços, nunca encontramos nada de substancial. Igualmente, mediante minuciosa análise, jamais um eu ou self poderá ser encontrado. Alguém que pense ter descoberto um eu ou self verdadeiramente existente nunca será capaz de enfrentar nossa análise lógica.

Outras escolas: [75] Se os seres sencientes não têm existência verdadeira, por quem podemos gerar amor e compaixão?

Prassangika: Os seres sencientes não têm existência verdadeira; contudo, afirmamos a existência convencional do amor, da compaixão, da bodichita etc., que conduzem à meta da budeidade. A compaixão e essas outras qualidades devem ser cultivadas em relação aos seres sencientes, que são imputados como verdadeiramente existentes por uma mente confusa.

Outras escolas: [76] Se os seres sencientes existem desse modo, por que a serpente que é imputada a uma corda listrada também não existiria? Qual é a diferença? A serpente também é uma imputação de uma mente confusa e ignorante.

Prassangika: Ainda que sejam imputados de maneira similar, os seres sencientes existem, ao passo que essa serpente não existe.

Outras escolas: Mas que diferença pode haver? Dizes que ambos são meramente imputados pela mente confusa e são desprovidos de existência verdadeira.

Prassangika: A diferença está no fato de que a mente conceitual que imputa os seres sencientes é uma mente válida, ao passo que a mente conceitual que imputa uma serpente a uma corda listrada não é uma mente válida. Por que a primeira é uma mente válida? Porque ela surge na dependência de uma base de imputação válida para imputar um ser senciente. A concepção de "serpente", no entanto, não é válida, porque naquele momento ela não se apóia numa base de imputação válida para imputar uma serpente. Os agregados de corpo e mente são uma base válida à qual um ser senciente pode ser imputado, porque eles estão aptos a executar as funções de um ser senciente. Uma corda listrada não é uma base válida à qual se possa imputar serpente, porque uma corda não pode, de modo algum, executar as funções de uma serpente ou agir como tal.

Podemos nos perguntar de que modo um processo de imputação válido acontece. Imaginemos alguém chamado Pedro. Primeiro, no seu nascimento, seus pais deram o nome Pedro ao agrupamento de seus cinco agregados (a base de imputação para Pedro). Por causa disso, todos, inclusive o próprio Pedro, passam a pensar: "Ele é Pedro" ou "Eu sou Pedro". As mentes conceituais que surgem na dependência dos agregados de Pedro são conhecedores válidos e, portanto, Pedro é estabelecido como existente. Ele existe meramente por meio de imputação conceitual, e não de uma maneira verdadeira; ou seja, não é encontrável nas suas bases de imputação, nem em cada uma nem como o agrupamento delas.

Todos os seres sencientes existem do mesmo modo. No caso da serpente imputada à corda, essa base de imputação válida não existe e, por isso, a mente conceitual que apreende serpente é um conhecedor não válido. Desse modo, a serpente não pode ser considerada existente. Portanto, embora o ser senciente imputado aos agregados de corpo e mente e a serpente imputada à corda sejam similares, no sentido de serem meras imputações e não verdadeiramente existentes, eles são apontados como diferentes por que o primeiro é existente e o segundo é não existente.

Outras escolas: Mas se nada é verdadeiramente existente, quem atingirá finalmente a meta da budeidade meditando sobre compaixão e assim por diante?

Kyabje Trijang Rimpoche

Prassangika: Embora seja verdade que a compaixão e a budeidade – a causa e seu efeito – careçam de existência verdadeira, se meditarmos numa compaixão conceitualmente imputada dirigida a seres sencientes conceitualmente imputados, alcançaremos uma budeidade conceitualmente imputada.

Outras escolas: Mas visto que os seres sencientes aparecem como verdadeiramente existentes à nossa compaixão, e visto que essa compaixão é uma mente equivocada, não deveria ela ser rejeitada tanto quanto a mente equivocada de auto-agarramento?

Prassangika: [77] A fim de remover por completo o sofrimento dos seres sencientes, é essencial meditar sobre compaixão por eles. Portanto, a compaixão nunca deve ser rejeitada. Entretanto, porque o auto-agarramento faz crescer as delusões de ignorância, apego e raiva e, portanto, todo o sofrimento, ele deve ser abandonado. Precisamos reconhecer que não é a compaixão em si que se agarra aos seres vivos como se fossem inerentemente existentes. A compaixão simplesmente enfoca os seres e seu sofrimento. Assim, até uma mente sem ignorância pode ter compaixão. É a ignorância que se agarra à existência verdadeira dos seres sencientes e dos demais fenômenos. Logo, o que deve ser abandonado é a ignorância do auto-agarramento, não a compaixão.

Outras escolas: Mas não há meios de abandonar esse auto-agarramento de modo que nunca mais retorne.

Prassangika: Só porque não sabes como fazê-lo. Meditação sincera e contínua sobre a vacuidade de existência verdadeira é o método supremo para eliminar por completo o auto-agarramento.

A EXPLICAÇÃO EXTENSA DAS RAZÕES QUE ESTABELECEM O VAZIO DE FENÔMENOS

Este item será explicado em três partes:

1. A explicação do vazio de fenômenos por meio dos quatro estreito-posicionamentos da contínua-lembrança;
2. Refutar os argumentos a respeito das duas verdades;
3. A explicação do raciocínio que estabelece o vazio do self.

A EXPLICAÇÃO DO VAZIO DE FENÔMENOS POR MEIO DOS QUATRO ESTREITO-POSICIONAMENTOS DA CONTÍNUA-LEMBRANÇA

Este ponto tem quatro partes:

1. Estreito-posicionamento da contínua-lembrança do corpo;
2. Estreito-posicionamento da contínua-lembrança das sensações;
3. Estreito-posicionamento da contínua-lembrança da mente;
4. Estreito-posicionamento da contínua-lembrança dos fenômenos.

ESTREITO-POSICIONAMENTO DA CONTÍNUA-LEMBRANÇA DO CORPO

Este ponto tem quatro partes:

1. Estabelecer a existência não-verdadeira do corpo como possuidor de suas partes;
2. Estabelecer a existência não-verdadeira das partes do corpo;

3. Portanto, é impróprio ser apegado a esse corpo-sonho não verdadeiramente existente;
4. Por meio disso, estabelecer a existência não-verdadeira de pessoa.

ESTABELECER A EXISTÊNCIA NÃO-VERDADEIRA DO CORPO COMO POSSUIDOR DE SUAS PARTES

Para pessoas comuns como nós, o corpo aparece como verdadeiramente existente, e nós nos agarramos, retemos e assentimos a essa existência verdadeira. Na realidade, o corpo não tem nenhuma existência verdadeira. De que modo nos aferramos a ele como verdadeiramente existente? Em vez de considerá-lo como um fenômeno meramente imputado pela concepção, apreendemos o corpo como algo que existe por sua própria natureza, do seu próprio lado. Essas mentes confusas, que apreendem os fenômenos como verdadeiramente existentes, são a verdadeira raiz do samsara e, na dependência delas, o auto-agarramento de pessoas surge. Até agora, não tivemos a oportunidade de conhecer um Guia Espiritual e de examinar com cuidado esse estado de coisas. Temos sempre experienciado o corpo como algo verdadeiramente existente, segundo nossa maneira falsa de apreendê-lo. Agora, devemos tentar examinar claramente de que modo nos agarramos a esse corpo como sendo verdadeiramente existente.

Quando pensamos "meu corpo é muito atraente" etc., não estamos pensando que nossa mão ou cabeça são bonitas. Estamos instintivamente apreendendo e nos agarrando a um corpo nitidamente aparecedor, que é separado de suas partes e não-relacionado com elas. É desse modo que apreendemos um corpo verdadeiramente existente. De fato, o corpo não existe do modo como nós o apreendemos e carece, ou é vazio, dessa aparente existência verdadeira. Se o corpo realmente fosse verdadeiramente existente, então, ele teria de ser encontrável: ou dentro de uma das suas partes, ou como o agrupamento das partes, ou como algo que difere dessas duas alternativas. Mediante investigação, um corpo verdadeiramente existente nunca será encontrado em nenhum desses três possíveis lugares.

[78] Nenhuma das partes individuais do corpo é o corpo. Os pés e as pernas não são o corpo, nem as coxas e a cintura. O estômago e as costas não são o corpo, nem o peito e os ombros. [79] As costelas e as mãos não são o corpo, nem as axilas e a nuca. Todos eles são partes do corpo, mas nenhum é o corpo propriamente dito. Se cada uma das partes fosse o corpo, seguir-se-ia que uma pessoa teria muitos corpos.

O agrupamento ou coleção das partes também não é o corpo, porque o corpo é meramente imputado na dependência desse agrupamento. O agrupamento é a base de imputação, e o corpo é o fenômeno imputado; mas o agrupamento em si não é o corpo. O corpo não pode ser encontrado em separado das partes individuais e do agrupamento delas. Desse modo, fica demonstrado que o corpo é meramente imputado pela mente conceitual e não existe inerentemente, do seu próprio lado.

Outras escolas: Mantemos nossa posição de que o corpo existe como um fenômeno separado de suas partes.

Prassangika: [80] Esse corpo existe parcialmente entre todas as suas diferentes partes ou o corpo inteiro existe em cada parte? No primeiro caso, não há nada de errado em sustentar que as partes do corpo existem nas mãos, pernas etc. Mas a não ser nessas partes, onde mais existiria um corpo separado que fosse o possuidor dessas partes? Ele não poderia estar dentro das suas partes nem separado delas; portanto, o corpo é visto como sendo meramente imputado na dependência delas. [81] No segundo caso, se o corpo inteiro existisse em cada parte, chegaríamos à conclusão absurda de que as mãos e todas as outras partes seriam, cada uma delas, corpos. Portanto, existiriam tantos corpos quantas fossem as partes.

[82] Investigando desse modo, veremos que um corpo verdadeiramente existente não pode ser encontrado nem dentro nem fora do corpo. Portanto, como pode haver um corpo verdadeiramente existente entre as mãos e as demais partes? E como pode haver um corpo verdadeiramente existente separado delas? Assim, fica provado que não existe, de modo algum, um corpo verdadeiramente existente.

[83] Na realidade, não há um corpo verdadeiramente existente, mas porque nossa mente confusa apreende as partes do corpo como se fossem verdadeiramente existentes, nós apreendemos um corpo verdadeiramente existente. Por exemplo, na penumbra, é fácil confundir uma pilha de pedras que tenha o formato de um homem com um homem de fato. Do mesmo modo, não há um corpo verdadeiramente existente nas mãos e nas outras partes, mas, apesar disso, apreendemos equivocadamente essas partes como se fossem um corpo verdadeiramente existente.

[84] Enquanto as causas para confundir uma pilha de pedras com um homem estiverem presentes, apreenderemos equivocadamente um homem. Do mesmo modo, enquanto continuarmos a nos agarrar às mãos e assim por diante como verdadeiramente existentes, continuaremos a nos agarrar a um corpo verdadeiramente existente.

ESTABELECER A EXISTÊNCIA NÃO-VERDADEIRA DAS PARTES DO CORPO

Prassangika: [85] Assim como o corpo é meramente imputado ao agrupamento dos membros e das demais partes, também a mão, por exemplo, é meramente imputada ao agrupamento de suas partes, como dedos, palma, unhas, falanges, juntas etc. Dessa maneira, a mão também carece de existência verdadeira. Igualmente, um dedo carece de existência verdadeira, porque também é imputado às suas partes: o agrupamento de juntas, unhas etc. A junta também é imputada ao agrupamento de suas partes e, por isso, carece de existência verdadeira. [86] Cada uma das partes da junta é meramente imputada ao agrupamento de partículas que a compõe e, assim, também carece de existência verdadeira. As partículas, por sua vez, são meramente imputadas às suas partes direcionais – norte, sul, leste e oeste – e são não verdadeiramente existentes. Do mesmo modo, até as partes das direções podem ser subdivididas. Assim, uma ausência de partes verdadeiramente existentes, vazia como espaço, é revelada.

PORTANTO, É IMPRÓPRIO SER APEGADO A ESSE CORPO-SONHO NÃO VERDADEIRAMENTE EXISTENTE

[87ab] Tendo analisado o corpo desse modo, não foi possível encontrar nem uma minúscula parte com existência verdadeira. Portanto, que pessoa sensata e inteligente geraria apego por esse corpo ilusório, por esse corpo-sonho? É totalmente impróprio tornar-se tão apegado.

POR MEIO DISSO, ESTABELECER A EXISTÊNCIA NÃO-VERDADEIRA DE PESSOA

Já que o corpo de uma pessoa carece de existência verdadeira, é impossível que uma pessoa seja verdadeiramente existente. [87cd] Nesse caso, como pode haver algo como um corpo masculino verdadeiramente existente e um corpo feminino verdadeiramente existente? Algo assim não pode existir. Logo, não há razão para termos tanto apego e desejo por corpos do sexo oposto.

Quando tivermos um insight da não existência do corpo, devemos cultivar continua-lembrança sobre esse ponto, a fim de abandonar o agarramento ao corpo como se fosse verdadeiramente existente. Essa forma de meditação é denominada uma prática de estreito-posicionamento da contínua-lembrança do corpo.

ESTREITO-POSICIONAMENTO DA CONTÍNUA-LEMBRANÇA DAS SENSAÇÕES

Este ponto tem quatro partes:

1. Refutar a existência verdadeira da natureza da sensação;
2. Refutar a existência verdadeira da causa da sensação;
3. Refutar a existência verdadeira do objeto da sensação;
4. Refutar a existência verdadeira do experienciador subjetivo da sensação.

REFUTAR A EXISTÊNCIA VERDADEIRA DA NATUREZA DA SENSAÇÃO

Este ponto tem três partes:

1. Refutar a existência verdadeira das sensações dolorosas;
2. Refutar a existência verdadeira das sensações agradáveis;
3. Explicar o ioga de meditar sobre a existência não-verdadeira das sensações.

REFUTAR A EXISTÊNCIA VERDADEIRA DAS SENSAÇÕES DOLOROSAS

No momento, nossas sensações contaminadas atuam como causa de estarmos vagando no samsara, porque sempre que uma delas ocorre, naturalmente a consideramos como verdadeiramente existente. Das sensações agradáveis, nasce o apego desejoso, e das dolorosas, a aversão e o ódio. Por causa dessas delusões, cometemos ações não-virtuosas, acumulando assim o mal que amadurecerá como mais sofrimento. Portanto, não podemos abandonar o sofrimento até que eliminemos o aferramento às nossas sensações como se fossem verdadeiramente existentes.

Outras escolas: Como podes dizer que sensações agradáveis e dolorosas são não verdadeiramente existentes?

Prassangika: [88] Se as sensações dolorosas fossem verdadeiramente existentes, seria impossível experienciar qualquer sensação agradável. Isso porque, se uma sensação dolorosa existisse verdadeiramente, ela nunca poderia ser modificada por quaisquer causas e condições. Nesse caso, como poderíamos sentir uma sensação agradável? Seguramente, uma experiência dolorosa não permitiria que uma experiência agradável surgisse. Porém, todos nós sabemos que somos capazes de ter experiências agradáveis; assim, temos uma indicação de que as sensações dolorosas não podem ser verdadeiramente existentes.

REFUTAR A EXISTÊNCIA VERDADEIRA DAS SENSAÇÕES AGRADÁVEIS

Prassangika: Se as sensações prazerosas fossem verdadeiramente existentes, seguir-se-ia que as sensações prazerosas que surgem de provar uma comida saborosa nunca poderiam mudar. O degustador da comida teria de sentir essa sensação prazerosa continuamente. Assim, um pai seria incapaz de sentir dor ao saber da morte de seu filho, porque, nessa ocasião, a sensação agradável do gosto da comida ainda estaria a lhe causar um prazer verdadeiramente existente e, portanto, imutável.

Outras escolas: [89] Quando está atormentado pela dor da morte do filho, as sensações agradáveis ainda vão ocorrer, mas serão suprimidas pelas sensações dolorosas e, por isso, não serão sentidas.

Prassangika: Como pode haver uma sensação que não é sentida? Se uma sensação não for sentida, não há razão para chamarmos isso de sensação.

Outras escolas: [90] Quando uma forte sensação agradável ocorre, uma sensação dolorosa muito sutil continua acontecendo. A presença de uma sensação agradável não implica a ausência de qualquer dor.

Prassangika: Nesse momento, dirias que há uma sensação dolorosa? Se houver uma sensação dolorosa sutil, de que modo uma forte sensação agradável a suplantaria? Se houver a presença da dor, não seria absurdo dizer que uma intensa sensação de prazer está acontecendo? Enquanto houver dor, seguramente não pode haver real felicidade.

Outras escolas: A forte sensação de prazer dissipa a sensação densa de dor, e a dor sutil que permanece torna-se a natureza de uma sensação agradável sutil.

Prassangika: Agora dizes que ela é, de fato, a natureza do prazer. Então, como continuas a sustentar que é dolorosa?

Outras escolas: [91] Aceitamos. Quando provamos uma comida saborosa e uma sensação agradável ocorre, nesse momento não há nenhuma sensação desagradável, porque a comida saborosa está atuando como uma condição na dependência da qual o prazer está sendo produzido. Assim, a comida saborosa é uma causa que produz inerentemente a sensação agradável.

Prassangika: Mas, em função da pessoa, uma comida pode ser condição para sensações agradáveis ou dolorosas. No exemplo que citas, ela é causa de prazer meramente por meio de imputação conceitual. Do mesmo modo que a causa é meramente uma imputação conceitual, segue-se que as sensações resultantes também são meramente imputações conceituais. Assim, fica demonstrado que as sensações não têm existência inerente.

EXPLICAR O IOGA DE MEDITAR SOBRE A EXISTÊNCIA NÃO-VERDADEIRA DAS SENSAÇÕES

[92] Para abandonar o agarramento às sensações como se fossem verdadeiramente existentes, é necessário meditar na sabedoria que as compreende como vazias de existência verdadeira. Esse é o antídoto direto para tal agarramento. A visão superior – que surge da análise da vacuidade juntamente com o tranqüilo-permanecer – é o alimento que nutre o corpo da realização do iogue. Ademais, uma concentração assim também sustenta e nutre o corpo físico denso do meditador. Por essas razões, devemos lutar para meditar na visão perfeita da vacuidade.

REFUTAR A EXISTÊNCIA VERDADEIRA DA CAUSA DA SENSAÇÃO

Este ponto tem três partes:

1. Refutar um encontro verdadeiramente existente entre uma faculdade sensorial e um objeto;
2. Refutar um encontro verdadeiramente existente entre um objeto e uma consciência;
3. Assim, estabelecer a existência não-verdadeira do contato que surge do encontro entre um objeto, uma faculdade sensorial e uma consciência.

REFUTAR UM ENCONTRO VERDADEIRAMENTE EXISTENTE ENTRE UMA FACULDADE SENSORIAL E UM OBJETO

(Aqui, Shantideva apresenta um argumento contra aqueles que asseveram partículas impartíveis). A causa da sensação é o fator mental contato. Contato é a resposta mental inicial ao encontro entre uma consciência, uma faculdade sensorial e um objeto. Pode-se demonstrar que esse contato carece de existência verdadeira porque sua causa – o encontro entre uma consciência, uma faculdade sensorial e um objeto – carece de existência verdadeira. [93] Em primeiro lugar, se o encontro de uma faculdade sensorial (que possui forma sutil) com um objeto fosse um encontro verdadeiramente existente, será que o encontro das partículas impartíveis da faculdade sensorial com as partículas impartíveis do objeto seria verdadeiramente existente? Para que fosse verdadeiramente existente, o encontro teria que ocorrer sob uma das seguintes condições: ou com um espaço separando as partículas impartíveis ou sem espaço a separá-las. No primeiro caso, se houver um espaço entre elas, como poderás sustentar que elas se encontraram? No segundo caso, se não houver espaço entre elas, seguir-se-á que as duas partículas vão se tornar completamente unificadas. Não existe outra possibilidade, porque, sendo impartível, um encontro tem de ser um encontro total de todos os aspectos; um encontro parcial – por exemplo, o encontro da parte de cima de uma partícula com a parte de baixo de outra – pressuporia que uma parte da partícula teve o encontro e a outra não. Nesse caso, a natureza impartível da partícula deixaria de ser defensável.

Se dissermos que duas partículas impartíveis se tornam uma só mediante um encontro total, o que se encontraria com o quê? [94] Ademais, elas nunca poderiam se tornar uma só, porque, para que isso ocorresse, uma teria de se dissolver na outra. Isso seria impossível porque elas são iguais em tamanho e não contêm espaço vazio. Sem se dissolverem uma na outra, não pode haver mistura das duas partículas impartíveis e, portanto, não há a possibilidade delas se encontrarem de todos os lados. [95] Dito de maneira simples, se duas coisas são impartíveis, como poderiam elas se encontrar? Se em algum momento te deparares com tal fenômeno, seria muito interessante observá-lo; mas, de fato, isso é impossível.

REFUTAR UM ENCONTRO VERDADEIRAMENTE EXISTENTE ENTRE UM OBJETO E UMA CONSCIÊNCIA

[96] Não pode haver um encontro verdadeiramente existente entre consciência e forma, porque a consciência não tem qualidades materiais. Se um encontro verdadeiramente existente viesse a acontecer com uma partícula de forma verdadeiramente existente, aquilo que encontra teria de se tornar uma só natureza com o que ele encontra. Nesse caso, a consciência tornar-se-ia forma pela seguinte razão: se a forma fosse verdadeiramente existente, seu modo de existência seria inerente e inalterável. Um encontro com ela não poderia ser um encontro com apenas um aspecto dela, porque, nesse caso, seu modo de existência se alteraria e se tornaria duplo, ou seja, um que se encontrou com algo e outro que não se encontrou. Como isso é obviamente inaceitável, qualquer encontro teria de ser total. Esse encontro total necessariamente implicaria uma unicidade e, portanto, uma unicidade da entidade. Assim, um encontro com a consciência requereria que a consciência se tornasse uma só entidade com a forma, passando a ter uma natureza material. Nesse caso, ela cessaria de ser consciência, e falar de um encontro seria, portanto, absurdo.

Ademais, visto que já refutamos a existência verdadeira de um agrupamento, não pode haver um agrupamento de partículas materiais verdadeiramente existente. Sendo assim, não pode haver um encontro verdadeiramente existente com ele.

ASSIM, ESTABELECER A EXISTÊNCIA NÃO-VERDADEIRA DO CONTATO QUE SURGE DO ENCONTRO ENTRE UM OBJETO, UMA FACULDADE SENSORIAL E UMA CONSCIÊNCIA

Prassangika: [97] Nas seções anteriores, refutamos um encontro verdadeiramente existente entre uma faculdade sensorial e um objeto, bem como entre uma consciência e um objeto. Isso deixa claro que a condição que dá origem ao contato não tem existência verdadeira. Se o contato – que, por sua vez, dá origem a uma sensação – não tem existência verdadeira, como podemos pensar que a sensação tem alguma existência verdadeira?

É impossível que uma causa falsamente existente – ou seja, uma causa não verdadeiramente existente que aparece de um modo, mas existe de outro – dê origem a um resultado verdadeiramente existente, ou seja, um resultado que aparece e existe do mesmo modo. Se a causa for falsamente existente, seu resultado também será falsamente existente; os dois devem portar o mesmo modo de existência. Assim, compreendendo que a causa da sensação – o contato – carece de existência verdadeira, fica provado que a sensação resultante, também carece, necessariamente, de existência verdadeira. Portanto, qual é o propósito de nos exaurirmos para ter sensações agradáveis? Isso não faz o menor sentido.

Outras escolas: Esforçamo-nos principalmente para eliminar todas as sensações dolorosas verdadeiramente existentes. É em nome disso que nos exaurimos.

Prassangika: [98] Isso também é desnecessário. A quem uma sensação verdadeiramente existente faria mal? Uma sensação dolorosa verdadeiramente existente é não existente; logo, não poderia prejudicar ninguém. Quando entendemos que não há sensação verdadeiramente existente, torna-se claro que também não pode haver uma pessoa verdadeiramente existente para experienciar qualquer sensação. Diante dessas razões, por que não começamos a abandonar nosso anseio por sensações? Se compreendêssemos plenamente a não existência verdadeira da sensação, certamente cessaríamos de ansiar por elas. O anseio nasce de nos aferrarmos às sensações como verdadeiramente existentes, e dele nascem todas as demais delusões, como o apego e o ódio, que nos levam aos reinos do samsara. Compreendendo a não existência verdadeira das sensações e da pessoa que tem sensações, seremos capazes de parar de nos agarrar a elas como verdadeiramente existentes e, assim, começar a cortar a raiz do samsara.

REFUTAR A EXISTÊNCIA VERDADEIRA DO OBJETO DA SENSAÇÃO

[99] Todos os objetos de consciência que dão origem às sensações, de formas visuais a objetos táteis, são como sonhos e ilusões, totalmente desprovidos de existência verdadeira. Eles não existem do modo como aparecem às consciências que os apreendem. Já que essas causas da sensação carecem de existência verdadeira, fica provado, uma vez mais, que a sensação resultante não tem existência verdadeira.

REFUTAR A EXISTÊNCIA VERDADEIRA DO EXPERIENCIADOR SUBJETIVO DA SENSAÇÃO

[100] A mente que experiencia sensação também não tem existência verdadeira. Se a mente-sujeito fosse verdadeiramente existente, as sensações jamais poderiam ser experienciadas, pois uma mente assim, que surge simultaneamente à sensação que ela clama experienciar, não poderia ter nenhuma relação com seu objeto. A mente e a sensação seriam fenômenos inerentemente distintos um do outro e, portanto, incapazes de manter qualquer tipo de relacionamento entre si. Ademais, a mente que antecede uma sensação, com certeza, não pode experienciar essa sensação, pois a sensação ainda não veio à existência. Do mesmo modo, a mente que vem à existência depois da sensação não pode experienciá-la, pois a sensação já cessou de existir. Como já refutamos a existência de autoconhecedores, a sensação não pode experienciar a si mesma. Além dessas possibilidades, não há nenhuma

consciência verdadeiramente existente capaz de experienciar sensações, porque sua existência verdadeira não lhe permitiria relacionar-se com nenhum outro fenômeno. [101] Se a consciência que experiencia a sensação fosse verdadeiramente existente, seguir-se-ia que a pessoa que experiencia tais sensações também seria verdadeiramente existente. Isso é claramente impossível, uma vez que tal pessoa verdadeiramente existente já foi extensamente refutada.

Agora, estabelecemos que a natureza, a causa, o objeto, a consciência subjetiva e a pessoa que experienciam sensações são todos não verdadeiramente existentes; logo, fica claro que sensações não podem ter existência verdadeira. Que sensações verdadeiramente existentes poderiam prejudicar ou beneficiar o agrupamento de agregados? É inadequado nos submetermos ao controle das nossas sensações e ao anseio que resulta delas, pois nada disso possui existência verdadeira. Para abandonar o agarramento às sensações como verdadeiramente existentes, é necessário realizar sua existência não-verdadeira por meio de uma análise inteligente e, depois, continuar a nos familiarizar com esse fato constantemente. Essa meditação é denominada "prática de estreito-posicionamento da contínua-lembrança das sensações".

ESTREITO-POSICIONAMENTO DA CONTÍNUA-LEMBRANÇA DA MENTE

Este ponto tem duas partes:

1. Estabelecer a existência não-verdadeira da consciência mental;
2. Estabelecer a existência não-verdadeira das cinco consciências sensoriais.

ESTABELECER A EXISTÊNCIA NÃO-VERDADEIRA DA CONSCIÊNCIA MENTAL

[102] Podemos provar que a consciência mental carece de existência verdadeira porque, sob investigação, ela não pode ser encontrada nas seis faculdades, nem nos seis objetos da consciência, tampouco no agrupamento dos dois. Assim, uma consciência mental verdadeiramente existente não pode ser encontrada nem dentro nem fora do corpo, tampouco em outra parte qualquer. [103] A consciência mental não é o corpo nem é algo diferente do corpo. Nossa análise nos leva finalmente à conclusão de que não existe sequer uma minúscula parte de consciência mental que seja verdadeiramente existente. Essa vacuidade de existência verdadeira das mentes dos seres sencientes é denominada "o estado de nirvana natural".

ESTABELECER A EXISTÊNCIA NÃO-VERDADEIRA DAS CINCO CONSCIÊNCIAS SENSORIAIS

[104] As cinco consciências sensoriais, ou seja, as consciências visual, auditiva, olfativa, gustativa e tátil, também não possuem existência verdadeira. Caso fossem postuladas como verdadeiramente existentes, muitas contradições apareceriam. Se uma consciência sensorial tivesse existência verdadeira, ela teria de existir anteriormente ao seu objeto, simultânea ou posteriormente a ele. Se existisse antes do seu objeto, de que objeto ela estaria consciente? Naquele momento, o objeto ainda não teria vindo à existência. Se uma consciência sensorial e seu objeto surgissem simultaneamente na dependência de que objeto ela, então, surgiria? Antes do surgimento da consciência, a condição causal de um objeto tem de ser estabelecida. Do contrário, não poderia haver nenhuma relação causal entre uma consciência e seu objeto.

[105] Mas se a consciência fosse verdadeira e independentemente existente, como poderia ela surgir mais tarde na dependência da condição de um objeto?

Dessa maneira, podemos entender que as seis consciências são vazias de existência verdadeira. Para abandonar o agarramento às seis consciências como se fossem verdadeiramente existentes, é necessário compreender sua existência não verdadeira por meio de uma análise inteligente e, depois, continuar a nos habituar com esse fato constantemente. Essa meditação é denominada "estreito-posicionamento da contínua-lembrança da mente".

ESTREITO-POSICIONAMENTO DA CONTÍNUA-LEMBRANÇA DOS FENÔMENOS

Assim como demonstramos que pessoa, corpo, sensações e mente são não verdadeiramente existentes, devemos entender que todos os fenômenos existem desse modo. Se um carro, por exemplo, fosse verdadeiramente existente, ao investigar minuciosamente todas as suas partes e o agrupamento de suas partes, deveríamos ser capazes de encontrar um carro verdadeiramente existente, um carro independente. Mas tal carro nunca é encontrado. Nenhuma das partes do carro nem o agrupamento de todas as partes podem ser considerados como sendo o carro. Se cada uma das partes fosse o carro, haveria tantos carros quanto o número de partes. Nesse caso, visto que nenhuma das partes individuais é o carro, como poderia o agrupamento delas ser o carro? O agrupamento das partes do carro não é o carro, porque ele é a base de imputação para o carro. O carro é o fenômeno imputado na dependência do agrupamento dessas partes. Como vimos anteriormente, no exemplo de Pedro, primeiro as partes são agrupadas e depois o nome, neste caso carro, é dado a tal agrupamento.

O carro não é nenhuma das partes, nem o agrupamento da sua base de imputação; ele é meramente uma imputação conceitual que existe na dependência de uma base válida. Desse modo, ele carece de existência verdadeira. Todos os fenômenos existem precisamente da mesma maneira.

Para abandonar o agarramento aos fenômenos como se fossem verdadeiramente existentes, é necessário compreender sua existência não-verdadeira por meio de uma análise inteligente e, depois, continuar a nos habituar com esse fato constantemente. Essa meditação é denominada "estreito-posicionamento da contínua-lembrança dos fenômenos".

REFUTAR OS ARGUMENTOS A RESPEITO DAS DUAS VERDADES

Outras escolas: [106] Se todos os fenômenos são não verdadeiramente existentes, segue-se que não podem existir convencionalmente e, nesse caso, a apresentação das verdades convencionais seria inválida. Se não há verdades convencionais, então, as verdades últimas (a natureza última das verdades convencionais) também não podem ser estabelecidas. Se todas as verdades convencionais são meramente imputadas pela mente enganadora de agarramento à existência verdadeira, como elas podem ser verdades convencionais? Nesse caso, como podes dizer que os seres sencientes são capazes de passar além da dor e ingressar no nirvana?

Prassangika: [107] Não há contradição nesse ponto. De acordo com nosso sistema, existir convencionalmente não significa ser imputado por uma percepção enganosa que se agarra à existência verdadeira. Todas as verdades convencionais são imputadas por uma mente conceitual válida, que surge na dependência de uma base de imputação válida. Primeiro, deve haver uma base de imputação válida; depois, uma verdade convencional é apreendida e, portanto, estabelecida por uma mente válida, que surge posteriormente na dependência daquela base. Sem essa imputação por uma mente válida, não podemos dizer que algo é uma verdade convencional.

[108] De acordo com a escola madyamika-prassangika, a mente conceitual subjetiva e o objeto que ela apreende e imputa são estabelecidos em dependência mútua um do outro. Assim, nenhum deles tem qualquer existência verdadeira, independente. Cada fenômeno distinto é postulado meramente pela força daquilo que é validamente conhecido no mundo. Todos os fenômenos são meramente imputados pela concepção; nem mesmo a menor das partículas existe verdadeiramente.

Outras escolas: [109] Quando uma mente analítica conclui que todos os fenômenos são não verdadeiramente existentes, seguramente ela não é capaz de compreender que ela própria é não verdadeiramente existente, certo? Portanto, existe ou não outra mente analítica que compreende que a mente analítica original é não verdadeiramente existente? Se não existir, isso significa que a mente analítica original teria de ser verdadeiramente existente, o que seria insustentável no teu sistema. Se admitires a necessidade de outra mente analítica, seguir-se-á que será preciso uma terceira para compreender a existência não-verdadeira da anterior e assim por diante. Nesse caso, o processo seria interminável; logo, claramente absurdo.

Prassangika: [110] Não é preciso uma mente analítica suplementar para estabelecer a existência não-verdadeira da mente analítica original. Da perspectiva da mente analítica que compreende que todos os fenômenos são vazios de existência verdadeira, nem um vestígio de existência verdadeira é estabelecido. Já que a existência verdadeira de todos os fenômenos é diretamente negada, a existência verdadeira do sujeito que a analisa também é implicitamente negada. Portanto, é desnecessário que outra mente analítica negue a existência verdadeira da mente analítica original. Essa existência não-verdadeira tanto do sujeito como do objeto também é chamada de estado de nirvana natural. Ademais, meditando por bastante tempo sobre a vacuidade, por fim, alcançaremos o estado de nirvana, no qual nos livramos de todas as delusões.

Em nosso sistema, portanto, a existência não-verdadeira do sujeito e do objeto pode ser validamente estabelecida. Podemos provar nossas asserções. Esse não é o caso para os proponentes dos princípios inferiores. [111] Os chitamatrins, por exemplo, enfrentam grandes dificuldades para estabelecer a existência verdadeira da consciência apreendedora e do objeto da consciência, pois não conseguem encontrar razões válidas para provar isso.

Chitamatrim: O fato de a consciência apreender formas e outros objetos verdadeiramente existentes é, para nós, uma prova de que aquelas formas são verdadeiramente existentes.

Prassangika: Mas que razão haveria para asseverar a existência verdadeira dos objetos de consciência? A consciência e os objetos de consciência são postulados como tais na dependência um do outro. Portanto, ambos podem ser claramente considerados vazios de existência verdadeira e independente.

Chitamatrim: [112] A mente percebe de modo imediato e direto que seus objetos são verdadeiramente existentes; portanto, essa consciência tem de ser verdadeiramente existente.

Prassangika: Então, por favor, diga-me qual é a mente que compreende que a consciência é verdadeiramente existente? Já refutamos a existência de autoconhecedores. Se afirmares que há outra consciência capaz de estabelecer a existência verdadeira da consciência, então, sucumbirás à falha de ter que admitir um processo interminável desses conhecedores.

Chitamatrim: Todos os objetos de consciência são verdadeiramente existentes porque são estabelecidos por cognição válida.

Prassangika: [113] Como isso seria possível? Consciência e objetos de consciência são estabelecidos em dependência mútua um do outro. Isso deixa claro que não possuem existência verdadeira. O longo é estabelecido na dependência do curto e o curto na dependência do longo; a montanha mais distante só pode ser estabelecida como tal na dependência de sua relação com a montanha mais próxima e vice-versa. Um homem que não tem filho não pode ser estabelecido como pai e, sem pai, não podemos falar do nascimento de uma criança. Assim, pai e filho são fenômenos mutuamente dependentes e não possuem auto-existência, ou existência verdadeira. Do mesmo modo, a consciência só é estabelecida como tal na dependência de ter um objeto do qual ela esteja consciente; e um objeto de consciência só é estabelecido como tal na dependência de uma consciência que esteja consciente dele. Portanto, consciência e objetos de consciência são fenômenos mutuamente dependentes e não têm nenhuma existência verdadeira, independente.

Chitamatrim: [114] O fato de um broto verdadeiramente existente surgir de uma semente é uma indicação perfeita de que a semente também é verdadeiramente existente. Então, por que o fato de uma consciência verdadeiramente existente surgir de um objeto de consciência não funcionaria como uma indicação perfeita para provar a existência verdadeira do objeto de consciência?

Prassangika: [115] É correto dizer que uma consciência, substancialmente distinta do broto, compreende que o broto teve como causa uma semente, usando o próprio broto como indicador. Mas que consciência poderia conhecer uma consciência verdadeiramente existente que, de acordo contigo, é uma indicação perfeita da existência de objetos de consciência verdadeiramente existentes? Já refutamos a possibilidade dos autoconhecedores cumprirem essa função e, afora isso, não podes asseverar a possibilidade de uma consciência substancialmente distinta.

A EXPLICAÇÃO DO RACIOCÍNIO QUE ESTABELECE O VAZIO DO SELF

Este tópico tem três partes:

1. O raciocínio dos fragmentos-vajra;
2. O raciocínio da relação dependente;
3. O raciocínio que refuta a produção inerente de existentes e de não existentes.

O RACIOCÍNIO DOS FRAGMENTOS-VAJRA

Este tópico tem cinco partes:

1. Refutar a produção a partir de causa alguma;
2. Refutar a produção a partir de uma causa permanente que seja outra;
3. Refutar a produção a partir de um princípio geral permanente;
4. Sumário da refutação da produção a partir de causa alguma;
5. Refutar a produção a partir de ambos, self e outro.

REFUTAR A PRODUÇÃO A PARTIR DE CAUSA ALGUMA

A escola não-budista charavaka afirma que os fenômenos – como o nascer do sol, o fluir de uma queda de água, a redondeza das ervilhas, a agudeza dos espinhos, as cores da cauda de um pavão e a maciez do caule de uma flor de lótus – não são produzidos a partir de causas, mas surgem simplesmente de sua própria natureza. Tomando essas coisas como exemplos, os charavakas passam a asseverar que as coisas não têm causas, mas vêm à existência simplesmente a partir de sua própria natureza.

Prassangika: [116] Isso é claramente incorreto, porque até as pessoas mundanas podem ver com sua percepção direta que a maioria dos fenômenos internos e externos, como as colheitas, por exemplo, tem causas. Do mesmo modo, é possível inferir que fenômenos como o nascer do sol ou o fluir de uma queda de água também são produzidos a partir de uma variedade de diferentes causas.

Charavaka: [117] Mas o que criou a variedade de diferentes causas?

Prassangika: Cada causa é criada a partir de suas próprias causas.

Charavaka: Mas como uma causa distinta é capaz de produzir um resultado distinto? Qual é a causa específica para a agudeza de um espinho ou para as cores da cauda de um pavão?

Prassangika: Todos esses fenômenos particulares são produzidos a partir de uma potencialidade específica, latente em suas causas precedentes. Na semente do espinho reside uma potencialidade latente para produzir agudeza. Desse modo, todas as coisas são derivadas de suas causas anteriores. Resumidamente, podemos dizer que todas as coisas são produzidas a partir de causas porque elas são fenômenos ocasionais, ou seja, elas vêm à existência num determinado instante e perecem noutro.

REFUTAR A PRODUÇÃO A PARTIR DE UMA CAUSA PERMANENTE QUE SEJA OUTRA

Este tópico tem três partes:

1. Refutar o que se entende por deus Ishvara;
2. Refutar que Ishvara é a causa de tudo porque é permanente;
3. Refutar que partículas impartíveis permanentes são a causa de tudo.

REFUTAR O QUE SE ENTENDE POR DEUS ISHVARA

As escolas não-budistas naiyayika e vaisheshika defendem a existência de um deus Ishvara, que possui cinco qualidades: divindade, pureza e venerabilidade, permanência, impartibilidade e ser o criador de tudo. Sendo assim, essas escolas sustentam que Ishvara é a causa de todos os seres, bem como dos mundos em que eles habitam.

Prassangika: [118] Se Ishvara for o criador e a causa de todas essas coisas, antes de mais nada, por favor, dizei-me quem ou o que ele é?

Naiyayika e vaisheshika: Nós asseveramos que os quatro grandes elementos, terra, água, fogo e ar, são Ishvara, visto que todas as coisas crescem graças ao aumento dos elementos e decrescem graças à sua diminuição.

Prassangika: Ora, sustentamos exatamente o mesmo – o aumento e a diminuição das coisas devem-se ao aumento e à diminuição dos elementos. Assim, por que acrescentar o nome "Ishvara" a tais elementos? [119] Além disso, a terra e os demais elementos são por natureza impermanentes, múltiplos, inamovíveis pela consciência, não-divinos, passíveis de serem pisados (logo, indignos de veneração) e sujos. Portanto, como podeis dizer que eles são Ishvara? É evidente que não possuem as cinco características usadas para definir Ishvara. [120] Não podeis afirmar que o espaço é Ishvara, porque o espaço é inanimado e incapaz de produzir efeitos. Também não podeis asseverar que Ishvara é um self permanente, porque isso já foi refutado anteriormente.

Naiyayika e vaisheshika: De fato, o criador deus Ishvara é incognoscível, o que torna vossa crítica irrelevante.

Prassangika: Então, qual é o propósito de falarmos de algo que é incognoscível e indescritível? Se vosso Ishvara é incognoscível, isso nos parece uma indicação perfeita da sua não existência.

REFUTAR QUE ISHVARA É A CAUSA DE TUDO PORQUE É PERMANENTE

Prassangika: [121] Se todo o sofrimento e a felicidade são resultados de ações anteriores, por favor, dizei-me exatamente o que cria Ishvara?

Naiyayika e vaisheshika: Ishvara produz o self, os átomos da Terra e assim por diante, bem como seu próprio continuum subseqüente.

Prassangika: Porque Ishvara é permanente, é impossível que crie tais coisas. Algo que é permanente não tem a habilidade de criar efeitos de nenhum tipo. No que se refere a outros fenômenos, todos os estados de consciência, como a apreensão do azul, são causados pelos objetos dos quais eles estão conscientes. [122] E, desde tempos sem-início, a felicidade e o sofrimento vêm sendo produzidos por ações virtuosas e não-virtuosas, respectivamente. Não podemos encontrar nenhum objeto que seja produzido por um deus permanente. Nesse caso, o que alegais que Ishvara cria? De acordo convosco, o sofrimento e a felicidade de hoje são diretamente criados pelo permanente deus Ishvara. Ademais, sendo permanente, o deus Ishvara não tem início. Se Ishvara – a causa direta – não tem início, não seguir-se-ia por absurdo que o sofrimento e a felicidade de hoje – o resultado – também não teriam início? Se a causa direta de algo não tem início, como podeis dizer que a coisa em si tem um início?

[123] Ademais, a fim de produzir sua criação, Ishvara tem de permanecer independente de quaisquer outras condições; caso contrário, ele deixaria de ser autônomo, e a criação não mais dependeria inteiramente dele. Por que, então, os resultados de sofrimento e de felicidade não surgem continuamente sem interrupção? Isso deveria acontecer, porque a produção deles não seria dependente

de outras condições e, portanto, não poderia ser interrompida por outras condições. De acordo convosco, não existem fenômenos senão aqueles criados por Ishvara. Ele criou todas as condições. Então, quando ele cria um efeito, de que causas e condições depende? O fato de Ishvara ser autônomo pressupõe que não pode depender de nenhum outro fenômeno.

[124] Se dissésseis que ele depende de outras causas substanciais e de condições circunstanciais para produzir sua criação, então, essas outras causas substanciais e condições circunstanciais, e não Ishvara, se tornariam a causa principal para a criação. Nesse caso, como dizer que Ishvara é quem produz todos os seres vivos e os mundos em que eles habitam? Sem essas causas e condições, mesmo se Ishvara existisse, seria impossível que manifestasse uma criação. Enquanto estivessem reunidas, essas causas e condições teriam o poder de produzir tudo. Nesse caso, Ishvara tornar-se-ia um ser cujo poder vem de outro.

[125] Não é possível que o deus Ishvara tenha o desejo de produzir o efeito sofrimento; isso é produzido pelas nossas próprias ações. Mas, sendo assim, não podereis mais sustentar que Ishvara é o criador de todos os efeitos possíveis. Alternativamente, tereis de sustentar que ele é responsável pelo sofrimento involuntário dos seres que ele cria.

Além do mais, se todos os efeitos fossem desejados por Ishvara, seguir-se-ia que a criação depende dos desejos de Ishvara. Tais desejos são impermanentes, ao passo que Ishvara é permanente; agora, parece que a criação não é produzida pelo permanente Ishvara, mas sim por seus desejos impermanentes. Portanto, como podeis dizer que Ishvara é a causa de tudo?

REFUTAR QUE PARTÍCULAS IMPARTÍVEIS PERMANENTES SÃO A CAUSA DE TUDO

A escola não-budista vaisheshika assevera que todos os seres vivos e os mundos em que eles habitam são produzidos a partir de partículas impartíveis permanentes. [126] Isso é inaceitável, visto que Shantideva já refutou a existência de tais partículas na estrofe 86.

REFUTAR A PRODUÇÃO A PARTIR DE UM PRINCÍPIO GERAL PERMANENTE

A escola não-budista samkya, os seguidores de Rishi Kapila, sustentam que todos os fenômenos conhecidos podem ser classificados em 25 categorias: o self, o princípio geral, o intelecto e o princípio eu; formas visuais, sons, odores, sabores e objetos táteis; olho, ouvido, nariz, língua e pele; fala, braço, perna, ânus e genitália; faculdade mental; terra, água, fogo, vento e espaço. Entre esses 25, o princípio geral é considerado unicamente uma causa ou natureza e não um resultado ou manifestação. Isso explica porque ele é a fonte de todas as outras categorias exceto o self e porque ele próprio não é causado por nada. O intelecto, o princípio eu, formas, sons, odores, sabores e objetos táteis são causas, bem como, resultados, porque são produzidos pelo princípio geral e também são causa para seus próprios efeitos. As outras dezesseis categorias – as cinco faculdades (dos olhos etc.), as cinco faculdades físicas (fala, etc.), a faculdade mental e os cinco elementos (terra etc.) – são considerados unicamente resultados e não causas. Finalmente, o self não é considerado nem causa nem resultado. Ele é um experienciador e utilizador de objetos.

O princípio geral é a natureza raiz ou causa fundamental de todos os resultados. Mas ele é comparado a um homem cego com pernas, porque embora seja capaz de manifestar resultados, não pode usá-los nem experienciá-los. O self, por outro lado, é comparado a um homem com boa visão e sem pernas, porque é capaz de usar e experienciar objetos, mas é incapaz de manifestá-los.

De acordo com essa escola não-budista, os termos natureza e causa são sinônimos. Uma diferença é feita, contudo, entre natureza geral e natureza. O intelecto e suas seis categorias acompanhantes são naturezas, mas não são naturezas gerais. Somente o princípio geral é chamado de natureza geral, visto que é a causa geral e principal de todos os fenômenos. Os termos natureza geral, causa geral e princípio geral são sinônimos. Além disso, o princípio geral é reconhecido como algo que possui cinco características: permanência, impartibilidade, materialidade, indivisibilidade e ser o criador de tudo.

O processo de criação e de manifestação acontece como segue. Inicialmente, o self pensa que gostaria de experienciar um objeto; imediatamente, o princípio geral começa a originar manifestações. O self passa a experienciar e a fazer uso de vários objetos, tais como forma visual, som etc. Ambos os objetos exteriores e o self aparecem ao intelecto, que, então, os concebe falsamente como um só. Ele não compreende que todos os fenômenos exteriores são a manifestação do princípio geral; portanto, em razão dessa confusão, os seres sencientes continuam a vagar no samsara.

Para alcançar a libertação do samsara, os samkyas apresentam a seguinte solução. Primeiramente, temos de receber instrução de um Guia Espiritual samkya, explicando claramente o processo de manifestação a partir do princípio geral. Desse modo, vamos compreender que todas as manifestações são produzidas a partir do princípio geral. Meditando sobre essa verdade, gradualmente passamos a fazer uma separação entre nós mesmos e o apego aos objetos. A seguir, por meio de firme concentração, cultivamos a clarividência do olho divino. Quando o olho divino é levado a contemplar o princípio geral, este fica envergonhado, como uma amante ao ser surpreendida pela esposa. Em conseqüência disso, recolhe todas as suas manifestações nele próprio. Assim, todas as formas visuais, sons etc. desaparecem e o self permanente fica sozinho e inativo, livre da experiência de objetos. Para a escola samkya, libertação é isso.

[127] Vós, samkyas, considerais que a natureza do princípio geral é um estado equilibrado de três qualidades – luz, atividade e escuridão (sattva, rajah e tamah, respectivamente em sânscrito) –, também identificadas como as três sensações: indiferença, prazer e dor, em um estado de equilíbrio. Segundo dizeis, todos os estados desequilibrados dessas três qualidades são os vários tipos de manifestação do princípio geral e constituem o mundo. Desse modo, asseverais que o princípio geral é a causa do mundo.

A refutação dessa visão tem quatro partes:

1. Refutar um princípio geral que seja a causa de todas as manifestações;
2. Refutar um princípio geral permanente;
3. Refutar um efeito que exista ao mesmo tempo que sua causa;
4. Refutar a alegação de que a escola madyamika está errada.

REFUTAR UM PRINCÍPIO GERAL QUE SEJA A CAUSA DE TODAS AS MANIFESTAÇÕES

[128] Se o princípio geral for impartível, será contraditório dizer que sua natureza é um estado igualmente equilibrado das três qualidades de prazer, dor e indiferença. Nesse caso, tendo três qualidades como natureza, ele não seria singular. No entanto, também sustentas que ele não é múltiplo. Portanto, parece que não é nem singular nem múltiplo e,

nesse caso, terá de ser não existente, já que tudo o que existe é, necessariamente, singular ou múltiplo.

As qualidades individuais em si também não podem ser de natureza singular, pois dizes que cada uma é constituída por essas mesmas três qualidades. O prazer, por exemplo, é considerado uma combinação das qualidades de prazer, dor e indiferença. Mas se essas qualidades existissem verdadeiramente na natureza do princípio geral impartível, elas também teriam de ser impartíveis. Assim como o princípio geral, as qualidades por ti mencionadas não podem ser singulares ou múltiplas e, portanto, só podem ser não existentes. [129] Logo que a existência dessas qualidades é negada, a existência de um princípio geral, cuja natureza é um estado equilibrado das três qualidades, também é refutada. Ademais, segue-se que, se essas qualidades não puderem ser estabelecidas, será impossível estabelecer as suas manifestações, tais como a forma visual e o som.

Também é absurdo dizer que roupas e outros objetos manifestos densos têm a natureza das qualidades de prazer, dor e indiferença, porque eles são materiais e não possuem qualidades mentais. Já que prazer, dor e indiferença são fenômenos mentais, tudo que os tenha como sua natureza também tem de ser um fenômeno mental. [130] Além disso, dizes que todas as manifestações do princípio geral existem verdadeiramente na natureza de sua causa, mas já refutamos a possibilidade de haver coisas verdadeiramente existentes; assim, essa pretensão também é inválida. Roupas e outras manifestações desse tipo também não podem surgir de um princípio geral, porque acabamos de refutar a existência desse princípio.

REFUTAR UM PRINCÍPIO GERAL PERMANENTE

Prassangika: [131] Extraímos prazer etc. de coisas, como vestir roupas de lã. Desse modo, elas são apontadas como causa de prazer. Se elas (a causa) estivessem ausentes, seguir-se-ia que o prazer etc. (o resultado) não poderia ocorrer. Nesse momento, quando nenhum prazer estivesse presente, um estado equilibrado das três sensações no princípio geral também não poderia existir. Nesse caso, o princípio geral teria existido primeiro num estado de equilíbrio entre as três qualidades e, depois, teria se transformado num estado desequilibrado. Isso significa que teria sofrido uma mudança; logo, tua asserção de que ele é permanente estaria seriamente prejudicada.

[132] Ademais, é incorreto afirmar que o princípio geral é permanente porque, nesse caso, sua natureza de prazer, por exemplo, também teria de ser permanente, e isso nunca foi conhecido por uma cognição válida. Se o prazer é permanente, por que ele não é apreendido quando a dor está sendo experienciada? Se disseres que nesses momentos o estado denso de prazer torna-se sutil, não estarias dizendo que ele muda? Sendo assim, como podes sustentar que ele é permanente?

Samkya: Simplesmente o estado denso torna-se sutil.

Prassangika: [133] Mas isso mostra com clareza que o prazer é necessariamente impermanente, porque tem a habilidade de mudar dessa maneira. Do mesmo modo, deves asseverar que todas as coisas são impermanentes, pois elas também têm a natureza de surgir, ou de vir à existência, e depois perecer. [134] O prazer denso é da mesma natureza que o prazer em si ou é diferente? Se fosse de uma natureza diferente, então, quando cessasse, a experiência de prazer deveria permanecer. E se fosse da mesma natureza, quando o prazer denso cessasse, o prazer também teria de cessar e, nesse caso, não poderia mais ser considerado permanente. Se as sensações estivessem sujeitas à mudança, o princípio geral também teria de estar sujeito à mudança e, assim, não poderia ser permanente.

REFUTAR UM EFEITO QUE EXISTA AO MESMO TEMPO QUE SUA CAUSA

Os samkyas asseveram que tudo o que é produzido existe no momento da sua causa. Para eles, todos os efeitos são produzidos a partir de causas de natureza idêntica à sua. Por exemplo, um broto (efeito) é produzido de uma semente (causa) e já existe no momento da semente. Os dois são uma só natureza. Não dizem, contudo, que no momento da sua causa o broto já existe em seu estado manifesto; ele existe numa condição não-manifesta. Quando o broto muda de um estado não-manifesto para um estado manifesto, dizem que ele foi produzido a partir da semente. O mesmo é verdadeiro para todos os fenômenos condicionados.

Prassangika: [135] Tu asseveras que o fenômeno manifesto não existe ao mesmo tempo que sua causa e, por isso, o produto não existe ao mesmo tempo que sua causa. Também sustentas que nada nasce pela primeira vez, mas, na realidade, terias de asseverar que as coisas nascem pela primeira vez. Um broto manifesto não existe no momento da sua causa; ele é produzido numa época posterior. Seguramente, algo que não existe no momento da sua causa e, depois, vem à existência, é um perfeito exemplo de um fenômeno recém-nascido. Se acreditas que um broto pode existir no momento da sua semente, também acreditas que o excremento existe ao mesmo tempo que sua causa, a comida? Tem de ser assim; logo, comer comida é o mesmo que comer excremento. [136] Ademais, em vez de comprar fio de algodão, deverias gastar teu dinheiro apenas com a causa, as sementes de algodão, e com isso te vestires.

Samkya: Ainda que comida e excremento, na realidade, sejam da mesma natureza, por causa da confusão, as pessoas do mundo não enxergam excremento na comida e, portanto, não comem isso.

Prassangika: Mas o que dizer do teu Professor, Rishi Kapila? Ele, com sua onisciência, certamente sabe que o excremento existe na comida; logo, estarias dizendo que ele come excremento? [137] Ademais, já que tu ensinas essa visão às pessoas do mundo, por que elas não chegam a compreender e a enxergar que o efeito já existe na sua causa?

Samkya: As percepções das pessoas mundanas não são conhecedores válidos; logo, elas são incapazes de ver o efeito no momento da sua causa.

Prassangika: Nesse caso, seguir-se-ia que uma percepção visual dos fenômenos manifestos de uma pessoa mundana também seria inválida e, portanto, não-verdadeira. Na realidade, tal percepção é correta e inequívoca no que se refere a seu objeto.

Aqueles que desejarem investigar esses pontos mais detalhadamente devem consultar os comentários de Chandrakirti e de Budapalita à obra de Nagarjuna, *Sabedoria fundamental do caminho do meio* (*Prajnanamamulamadhyamakakarika*, em sânscrito), e o livro *Oceano de néctar*, um comentário ao comentário de Chandrakirti, intitulado *Guia ao caminho do meio*.

REFUTAR A ALEGAÇÃO DE QUE A ESCOLA MADYAMIKA ESTÁ ERRADA

Outras escolas: [138] De acordo contigo, uma vez que um conhecedor válido é não verdadeiramente existente, ele tem de ser falso. Portanto, qualquer objeto estabelecido por ele tem de ser igualmente falso. Nesse caso, a vacuidade de que falas tem de ser falsa, porque a mente válida que a compreende é falsa. Sendo assim, não faz sentido meditar na vacuidade.

Prassangika: [139] Embora o conhecedor válido que realiza a vacuidade e a vacuidade em si sejam ambos não verdadeiramente existentes e, portanto, falsamente existentes, para entender o que queremos dizer por existência não-verdadeira, é preciso identificar corretamente a existência verdadeira que será negada. Sem identificar o objeto a ser negado (existência verdadeira), uma mente válida não poderá apreender sua não existência ou vacuidade. Do mesmo modo, não existe uma negação verdadeiramente existente; assim, a ausência de existência verdadeira (vacuidade) também é estabelecida como não verdadeiramente existente. Logo, quando dizemos que todos os fenômenos são não verdadeiramente existentes e falsamente existentes, não estamos dizendo que são totalmente não-verdadeiros e falsos, mas, sim, que são vazios de uma falsamente imaginada existência verdadeira, que equivocadamente atribuímos a eles. [140] Por exemplo, não podemos considerar a morte do filho de uma mulher que não tem filhos até que tenhamos identificado o próprio filho. Igualmente, sem identificar o que queremos dizer por existência verdadeira é impossível entender a vacuidade de existência verdadeira. Compreendendo o significado da existência verdadeira da maneira correta, vamos entender que não há contradição em dizer que um falso sujeito pode compreender um objeto falsamente existente.

Quando uma mãe sonha que seu filho morreu, ela apreende a não existência do filho. O efeito dessa apreensão é eliminar a concepção da existência do filho. Ambas as concepções (a do filho morto e a do filho vivo) são falsas, pois ocorrem num sonho; contudo, a primeira é capaz de superar a segunda. Do mesmo modo, a mente que realiza a vacuidade e a concepção que se agarra à existência verdadeira são ambas falsas, ou seja, não verdadeiramente existentes; contudo, a primeira é capaz de superar a segunda. Da mesma forma, não há contradição em dizer que a realização falsamente existente da vacuidade compreende a vacuidade falsamente existente.

É importante reconhecer a distinção entre os fenômenos serem falsos e serem falsamente existentes. Todos os fenômenos são falsamente existentes porque são desprovidos de existência verdadeira. Até a verdade última da vacuidade é vazia de existência verdadeira e, assim, é considerada falsamente existente. Contudo, somente as verdades convencionais são consideradas fenômenos falsos. Aqui, devemos entender que "falso" significa que o modo de aparecer e o modo de existir do fenômeno não são o mesmo. Um fenômeno convencional é falso porque, embora ele apareça como verdadeiramente existente, esse modo de aparecer é falso. Uma verdade última, ou seja, uma vacuidade, não é um fenômeno falso, porque, quando ela aparece para um percebedor direto, seu modo de aparecer corresponde a seu modo de existência.

SUMÁRIO DA REFUTAÇÃO DA PRODUÇÃO A PARTIR DE CAUSA ALGUMA

[141] Por meio dos raciocínios anteriores, estabelecemos que a produção não ocorre sem uma causa; estabelecemos também que nem o deus Ishvara nem o princípio geral são o criador do mundo e dos seres sencientes que o habitam. Mas se o mundo e seus seres não são criados dessas maneiras, podemos nos perguntar: de que modo são criados?

Para serem produzidos, todos os fenômenos condicionados dependem da reunião de uma causa substancial e de condições circunstanciais. Por exemplo, uma planta tem como causa substancial uma semente. Essa é a causa substancial porque é ela que se transforma efetivamente na planta. As condições circunstanciais para que haja planta são calor, água, adubo, terra etc. Essas são apenas causas circunstanciais, visto que simplesmente ajudam a causa substancial, a semente, a se transformar na planta. Sem as condições circunstanciais, a semente é incapaz de produzir seu fruto. Do mesmo modo, todos os fenômenos condicionados internos e externos são produzidos na dependência dessas duas causas.

A produção do mundo e dos seres sencientes dentro dele pode ser compreendida como o resultado de uma série sem-início de tais causas e condições. Quais são a causa substancial e as condições circunstanciais para o ingresso da consciência de uma criança no ventre de sua mãe? A causa substancial é o continuum da consciência que veio de uma existência anterior, e as condições circunstanciais são as ações cometidas por esse ser em suas vidas passadas. Se aceitarmos que todos os fenômenos condicionados têm de ser produzidos a partir dessas duas causas, será fácil aceitarmos a realidade do renascimento.

Algumas pessoas acreditam que vidas passadas existem, mas não acreditam em vidas futuras. Contudo, seguramente esta vida atual é a vida futura em relação a uma vida passada. Nesse caso, o que impediria que esta vida também tivesse uma vida futura em relação a ela? Se afirmas que uma vida passada tem uma vida futura, é ilógico negar a possibilidade desta vida, por sua vez, ter uma vida futura.

REFUTAR A PRODUÇÃO A PARTIR DE AMBOS, SELF E OUTRO

O broto resultante não existe na semente, na água, na terra ou no fertilizante; nem individualmente em cada um deles nem no conjunto deles. Entretanto, sustentar que o efeito é produzido a partir de uma causa que é da mesma natureza que ele próprio é aceitar a visão da produção a partir do self. Essa é a visão da escola samkya, que já refutamos anteriormente.

Ademais, o broto não é produto de nenhuma causa que seja inerentemente distinta dele próprio. Se o fosse, o broto e essas causas seriam não-relacionados e, assim, não faria sentido dizer que uma relação de causa e efeito existiu entre eles. Se um resultado pudesse surgir de uma causa não-relacionada, aleatória, seguir-se-ia, por absurdo, que a escuridão poderia surgir do fogo. Diz-se que os adeptos da visão da produção a partir de outro possuem a visão de que os efeitos são produzidos a partir de causas inerentemente distintas deles próprios. Todas as escolas budistas, exceto a prassangika, são tidas como defensoras dessa visão, porque elas corretamente aceitam a produção a partir de causas, mas incorretamente acreditam que causa e efeito são inerentemente existentes.

Tendo refutado a possibilidade desses dois modos de produção (produção a partir de self e produção a partir de outro), os prassangikas são capazes de chegar à conclusão de que todos os fenômenos condicionados não são produzidos por self ou por outro. Assim, é claro que não podem ser produzidos por self e outro juntos.

Numa forma silogística, o raciocínio dos fragmentos-vajra pode ser apresentado da seguinte maneira: a pessoa e os agregados (sujeito) não são inerentemente ou verdadeiramente produzidos (fator a ser estabelecido), porque não são produzidos a partir de self, a partir de outro, a partir de self e outro, ou sem uma causa (razão). Essa razão de quatro partes serve como a prova lógica para refutar a produção inerente. Mais esclarecimentos sobre esses raciocínios podem ser encontrados nas obras de Nagarjuna e de Chandrakirti sobre a filosofia madyamika e no livro *Oceano de néctar*.

O RACIOCÍNIO DA RELAÇÃO DEPENDENTE

Um fenômeno dependente-relacionado é um fenômeno que é estabelecido na dependência de suas partes. Esse modo de existência é verdadeiro para tudo o que existe. Entretanto, esse é somente seu modo geral de existência dependenterelacionada; além dele, existem graus mais densos e mais sutis de relação dependente. A forma densa é existir na dependência de causas e condições. Esse modo de relação dependente aplica-se somente aos fenômenos condicionados, impermanentes. É considerado denso por ser relativamente fácil de compreender. A forma sutil da relação dependente é a existência que depende de imputação por uma mente conceitual. Esse modo de existência pertence a todos os fenômenos, mas é muito sutil e difícil de ser entendido. No entanto, devemos nos empenhar para tentar compreendê-lo.

[142-43] A mulher criada magicamente pelo mágico não é uma mulher de verdade; contudo, é assim que ela aparece tanto para o mágico como para a platéia. Do mesmo modo, os fenômenos não têm existência verdadeira, mas por causa da confusão e da ignorância dos seres sencientes, eles aparecem como se a tivessem. É nesse sentido que dizemos que tudo é como um sonho, uma ilusão e uma imagem no espelho. Os cavalos e elefantes ilusórios do mágico são, de fato, manifestados por ele; da mesma maneira, todas as coisas, como formas visuais etc., são manifestadas por suas próprias causas e condições particulares. As ilusões criadas pelo mágico e coisas como formas visuais são não verdadeiramente existentes; se fossem verdadeiramente existentes, seguir-se-ia que, quando fossem produzidas, teriam de vir de algum lugar e, quando desaparecessem, teriam de partir para outro lugar. No entanto, o que descobriremos mediante análise é que, quando algo é produzido, não vem de nenhum lugar, e quando perece, não vai para lugar algum.

[144] Todos podemos ver pela percepção direta que um broto é produzido a partir de uma semente e que, sem uma semente, é impossível que haja broto. O broto é tão-somente um produto de suas causas e condições e não tem existência própria, verdadeira e independente por si próprio. Assim, dizemos que ele é como uma imagem refletida no espelho;

aparece simplesmente pela força de outras condições. Em resumo, todas as coisas são produzidas a partir de suas causas e condições individuais e são meramente imputadas ao agrupamento de suas partes. Portanto, elas não têm existência verdadeira ou inerente.

O raciocínio lógico da relação dependente que introduzimos anteriormente é conhecido nas escrituras madyamikas como o rei das razões. Assim como um ministro está subordinado ao seu rei, todas as demais razões estão subordinadas ao raciocínio da relação dependente. Uma explicação mais detalhada da relação dependente pode ser encontrada nos livros *Coração de sabedoria* e *Oceano de néctar*.

O RACIOCÍNIO QUE REFUTA A PRODUÇÃO INERENTE DE EXISTENTES E DE NÃO EXISTENTES

Este tópico tem três partes:

1. Refutar a produção inerentemente existente por meio desse raciocínio;
2. Refutar, assim, a cessação verdadeiramente existente;
3. Estabelecer, desse modo, a igualdade do samsara e do nirvana do ponto de vista da ausência de existência verdadeira.

REFUTAR A PRODUÇÃO INERENTEMENTE EXISTENTE POR MEIO DESSE RACIOCÍNIO

Prassangika: [145] Por que algo inerente ou verdadeiramente existente precisa ser causado? Isso não é necessário, porque algo que existe inerentemente não tem de ser produzido. E se o resultado é não existente, qual a necessidade de uma causa para produzí-lo? Um resultado não existente é algo incapaz de ser produzido por uma causa. Contudo, é verdade que todos os resultados são não existentes no momento da sua causa; logo, não é esse o fato que está sendo refutado aqui. Estamos refutando a produção de algo totalmente não existente. Do mesmo modo, ao refutar a produção de uma coisa existente, estamos refutando apenas a asserção de resultados inerentemente existentes. Tais asserções é que são logicamente insustentáveis. Ademais, causas e efeitos não inerentemente existentes existem, e nós os consideramos como se fossem ilusões e imagens refletidas num espelho.

Agora, passaremos a estabelecer que uma não-coisa é inadequada para atuar como causa. A categoria não-coisas abrange fenômenos permanentes, tais como o espaço, e fenômenos não existentes, tais como o filho de uma mulher que não tem filhos. Estão excluídas as coisas funcionais – a saber, fenômenos impermanentes, que são capazes de produzir efeitos, e que, por isso, também são conhecidos como fenômenos efetivos.

Não-budistas: Uma coisa existente já existe; portanto, não é preciso que seja produzida. Isso é verdade. Mas por que não podemos dizer que uma coisa não existente se torna uma coisa existente?

Essa questão surge da seguinte dúvida. As escolas budistas sustentam que um efeito ou fruto (por exemplo, um broto) não existe no momento da sua causa (uma semente). Os não-budistas inferem que, sendo assim, deve haver alguma maneira de uma coisa não existente tornar-se uma coisa existente. Por quê? Porque, primeiro, o broto era não existente (no momento da semente) e, mais tarde, tornou-se existente (no momento do efeito, o próprio broto).

Antes de apresentar a consistente refutação de Shantideva contra essa asserção – de que uma coisa não existente acaba se tornando uma coisa existente –, talvez seja útil examinarmos outros exemplos usados pelos não-budistas para defender sua teoria. Eles dizem que assim como um livro amarelo não precisa se tornar amarelo, porque já é amarelo, uma coisa não precisa produzir outra coisa. Portanto, do que uma coisa é produzida? Do mesmo modo que uma pessoa que é monge não se torna monge depois de já ser monge, mas o faz porque originariamente era um não-monge (ou seja, uma pessoa leiga), uma coisa vem à existência como coisa a partir daquilo que era uma não-coisa.

Esse raciocínio, embora sutil, é falho – como irá revelar Shantideva – e nasce de uma inabilidade para compreender de que modo um momento anterior de um continuum (uma causa) muda e se transforma num momento posterior do mesmo continuum (um efeito ou resultado). Por não terem essa compreensão, os não-budistas asseveram que uma coisa existente tem de vir à existência a partir de um não existente, ou seja, afirmam que uma não-coisa tem de se transformar, de algum modo, em uma coisa.

Prassangika: [146] Mesmo com um milhão de causas, uma não-coisa nunca se transformará em uma coisa. Não existe nenhuma condição capaz de transformar uma não-coisa numa coisa. Ninguém é capaz de trabalhar com não-coisas.

Para que uma não-coisa viesse a se tornar uma coisa, isso teria de acontecer de duas maneiras: 1) retendo sua condição de ser uma não-coisa; 2) após ter descartado tal condição. Ambas as hipóteses são impossíveis. No primeiro caso, como algo que retém a condição de não-coisa poderia ser uma coisa? Isso é impossível porque a condição de efetividade (o estado de coisa) e a condição de não-efetividade (o estado de não-coisa) são mutuamente excludentes. A segunda hipótese também é impossível; não há um estado intermediário no qual uma não-coisa poderia, primeiro, se transformar para, depois, se tornar uma coisa.

[147] Ademais, se a condição de ser não-coisa não for descartada, quando chegar o momento de deixar de ser não-coisa, ela não poderá existir como coisa. Sendo assim, quando a não-coisa se tornaria uma coisa? Além disso, fosse

ela se tornar uma coisa – tendo descartado a condição de ser não-coisa, sem primeiro ter se tornado uma coisa –, ela não seria capaz de separar-se de ser não-coisa. [148] E sem estar separada de ser não-coisa, é impossível que o estado de coisa surja. Do mesmo modo que uma não-coisa não pode se tornar uma coisa, uma coisa não pode se tornar uma não-coisa quando ela cessa de existir. Se ela existisse metade como coisa e metade como não-coisa, seguir-se-ia por absurdo que um fenômeno teria duas naturezas mutuamente excludentes.

Essas razões refutam que um não existente, ou não-coisa, possa produzir resultados. Portanto, somos implicitamente levados à refutação da produção inerente. O silogismo pode ser enunciado da seguinte maneira: um broto (o sujeito do silogismo) não é inerentemente produzido (fator a ser estabelecido), porque nem um existente nem um não existente são produzidos inerentemente (a razão), como no caso do filho de uma mulher sem filhos (o exemplo). Não havendo um broto existente nem um broto não existente inerentemente produzidos, podemos ter certeza de que o sujeito – o broto – não é, de modo algum, inerentemente produzido. Como foi enunciado, uma coisa não existente e uma coisa inerentemente existente não precisam ser produzidas.

REFUTAR, ASSIM, A CESSAÇÃO VERDADEIRAMENTE EXISTENTE

[149] Assim como a produção foi estabelecida como não verdadeiramente existente, também a cessação pode ser estabelecida como não verdadeiramente existente. Desse modo, pode-se ver que todas as coisas carecem de existência verdadeira. Os seres vivos nunca nasceram verdadeiramente nem vão cessar verdadeiramente. Desde tempos sem-início, eles são vazios de existência inerente e, por isso, considera-se que estão num estado de nirvana natural.

ESTABELECER, DESSE MODO, A IGUALDADE DO SAMSARA E DO NIRVANA DO PONTO DE VISTA DA AUSÊNCIA DE EXISTÊNCIA VERDADEIRA

[150] Aplicando as razões lógicas que foram explicadas, vamos entender que os seres sencientes não têm existência verdadeira e são como um sonho. Se analisarmos os seres sencientes à procura de uma identidade última, nada encontraremos. Será como tentar descobrir o cerne de um tronco de bananeira. Se não ficarmos satisfeitos com o fato de que os fenômenos existem como meras imputações conceituais e quisermos descobrir sua essência sólida e real, por mais que procuremos, não encontraremos nem um único átomo dessa essência. O mesmo é válido para todos os fenômenos. Portanto, o estado do nirvana que está além da dor e o estado doloroso do samsara são iguais, no sentido de que ambos carecem completamente de existência verdadeira. A esse respeito, eles são idênticos e não há a menor diferença entre os dois.

ENCORAJAR O PRATICANTE A LUTAR PARA GERAR ESSA SABEDORIA

Este tópico tem quatro partes:

1. Mostrar o significado da sublime e preciosa vacuidade;
2. A necessidade de lutar para realizar a vacuidade;
3. Explicar a grande compaixão mostrando as falhas do samsara;
4. Mostrar o objeto concebido da grande compaixão.

MOSTRAR O SIGNIFICADO DA SUBLIME E PRECIOSA VACUIDADE

[151] Se formos analisar se todas as coisas existem ou não a partir da sua própria natureza, não encontraremos sequer

um único objeto ao qual se possa ter apego. Portanto, o que podemos receber de um objeto de apego? Que prazer surge quando obtemos o objeto e que desprazer surge ao não obtê-lo? Contemplando que os objetos de apego são não verdadeiramente existentes, seremos capazes de abandonar o primeiro e o segundo dos oito interesses mundanos: ficar contente quando angariamos recursos e respeito e ficar descontente quando não angariamos recursos e respeito. Uma vez que os seres sencientes são não verdadeiramente existentes, de quem recebemos elogio e crítica? Contemplando que elogio e crítica são não verdadeiramente existentes, seremos capazes de abandonar o terceiro e o quarto dos oito interesses mundanos: ficar contente quando recebemos elogios e descontentes quando recebemos crítica.

[152] Não existe nem um único átomo verdadeiramente existente; não existe benefício verdadeiramente existente nem prejuízo verdadeiramente existente. Portanto, qual é o sentido de ficarmos felizes quando somos beneficiados e infelizes quando prejudicados? Contemplando que ambos, a felicidade e o sofrimento, são não verdadeiramente existentes, seremos capazes de abandonar o quinto e o sexto dos interesses mundanos: ficar contente quando experienciamos felicidade e descontente quando experienciamos prejuízo. Aquele que busca boa reputação e a própria reputação são ambos não verdadeiramente existentes; logo, por que ficar feliz quando recebemos boa reputação ou infeliz quando recebemos má reputação? Considerando isso e contemplando que boa e má reputação são não verdadeiramente existentes, seremos capazes de abandonar os dois últimos dos oito interesses mundanos: ficar contente quando desfrutamos de boa reputação e ficar descontente quando temos má reputação.

Essa explicação revela o método para abandonar os oito interesses mundanos por meio da meditação na vacuidade. Esse método é extremamente poderoso e efetivo. Por meio de análise, descobrimos que não existe um sujeito verdadeiramente existente; logo, quem sente anseio e por qual objeto de apego? [153] Se examinarmos os seres vivos deste universo para ver se eles existem ou não por sua própria natureza, nunca encontraremos nem um único. Portanto, todos os seres vivos deste universo são não verdadeiramente existentes. Se investigarmos desse modo: quem vive neste mundo e quem vai morrer? O que acontecerá numa vida futura? O que já aconteceu numa vida passada? Quem são os parentes agradáveis e atenciosos, e quem são os amigos simpáticos e bonitos? Todos eles são não verdadeiramente existentes.

A NECESSIDADE DE LUTAR PARA REALIZAR A VACUIDADE

Como diz Shantideva:

[154] Ó vós, que sois como eu. Depois de receber os conselhos que vos dei, por favor, lutai para compreender que todos os fenômenos são vazios, como o espaço. Essa é a espada mais afiada para cortar a raiz do samsara e o caminho principal para a aquisição da iluminação.

EXPLICAR A GRANDE COMPAIXÃO MOSTRANDO AS FALHAS DO SAMSARA

Este tópico tem cinco partes:

1. Contemplar as falhas desta vida;
2. Contemplar as falhas das vidas futuras;
3. Contemplar que até em reinos afortunados é difícil achar tempo para praticar o Darma;
4. Contemplar a raridade e o grande significado de encontrar esta preciosa vida humana;
5. Visto que nós e os outros somos afligidos pelos sofrimentos do samsara, é adequado nos compadecermos.

CONTEMPLAR AS FALHAS DESTA VIDA

[155] Todos nós, seres humanos, desejamos ter felicidade nesta vida, mas passamos a maior parte do tempo sob o jugo do sofrimento. Para obter algum prazer ou felicidade, lutamos contra nossos inimigos e agradamos nossos parentes e amigos. Como nossos desejos não são satisfeitos, sentimos grande ansiedade e insatisfação e temos problemas. Na tentativa de satisfazer nossos desejos, passamos por grandes provações e encontramos muitas dificuldades. Sempre que somos prejudicados ou quando nossos desejos são obstruídos, revidamos o mal, envolvemo-nos em brigas e disputas e ferimo-nos uns aos outros com armas; por causa disso, imensa é a nossa dor física. Para satisfazer os desejos desta vida, também cometemos muitas ações não-virtuosas por meio da nossa fala e da nossa mente. Esse precioso corpo humano plenamente dotado, tão raro de se obter, é inutilmente desperdiçado; gastamos todo o nosso tempo à procura da felicidade insignificante desta vida, expondo-nos a provações desnecessárias.

CONTEMPLAR AS FALHAS DAS VIDAS FUTURAS

[156] Em vidas futuras, talvez sejamos capazes de encontrar um Guia Espiritual uma ou duas vezes e, por causa disso, tenhamos um renascimento elevado por um curto período. Mas a alegria de um deus ou de um humano não passa de uma breve experiência antes que a morte chegue e que caiamos no sofrimento extremamente intolerável dos reinos inferiores, por muitos éons. [157] No samsara, existem muitas armadilhas que levam ao sofrimento. Desde tempos sem-início até agora, não tivemos a oportunidade de nos livrar do samsara.

Por que ainda não encontramos salvação? O nobre caminho para sair do pântano do samsara é a realização da vacuidade, mas até agora não encontramos esse caminho.

Portanto, estamos presos ao samsara pela corrente de ferro do auto-agarramento e nele continuamos a vagar, sofendo incessantemente. Até que tenhamos uma realização da sublime vacuidade, permaneceremos no samsara e sempre sofreremos, acorrentados pelas algemas desse auto-agarramento. [158] No samsara, é extremamente difícil e raro encontrar o caminho da vacuidade, mas a não ser que o encontremos, vivenciaremos um intolerável oceano de sofrimento, que está além de qualquer analogia. Sabendo disso, devemos lutar continuamente para compreender a visão correta da vacuidade.

CONTEMPLAR QUE ATÉ EM REINOS AFORTUNADOS É DIFÍCIL ACHAR TEMPO PARA PRATICAR O DARMA

Ainda que renasçamos nos reinos superiores, enquanto continuarmos no samsara, teremos pouca habilidade para praticar virtude. A vida de liberdade e dote é extremamente curta, apesar dos nossos planos para uma longa estadia nela. [159] Para garantir uma vida longa e saudável, tomamos remédios. Para evitar fome, sede e frio, investimos grande esforço e enfrentamos muitos problemas para conseguir comida, bebida e roupas. [160] Confrontados com tantos obstáculos internos e externos, sendo prejudicados pelos outros e sofrendo a influência de amigos equivocados, esta vida passa rapidamente, sem sentido ou sem tempo para praticar o Darma.

É extremamente difícil investigar e cultivar a sabedoria de realizar a vacuidade, que corta a raiz do samsara. Portanto, conhecendo minuciosamente o círculo vicioso do samsara, devemos compreender quão afortunados somos, pois hoje encontramos um precioso corpo humano plenamente dotado, juntamente com a rara oportunidade de praticar o Darma e de discriminar entre virtude e não-virtude. Encontramos os ensinamentos perfeitos e impecáveis de Buda

Shakyamuni, que nos levam ao estado da plena iluminação. Uma ocasião tão rara não pode ser desperdiçada. Devemos lutar para conquistar o estado perfeito da budeidade!

CONTEMPLAR A RARIDADE E O GRANDE SIGNIFICADO DE ENCONTRAR ESTA PRECIOSA VIDA HUMANA

[161] Desde tempos sem-início, nunca estivemos separados do nosso auto-agarramento, nem mesmo por um instante. Assim, temos forte familiaridade com raiva, apego e todos os tipos de distrações e pouco poder para nos opormos a tudo isso. Numerosos obstáculos e dificuldades nos impedem de alcançar a iluminação. Raramente tivemos a oportunidade de praticar o Darma e, quando isso aconteceu, o demoníaco mara Devaputra, empregando muitos artifícios, criou obstruções à nossa prática e nos arrastou aos vastos desertos dos reinos inferiores. Assim, são muitas as condições e as circunstâncias que nos impedem de nos livrar do samsara, ao passo que são poucas as que nos conduzem à libertação.

Ainda que tenhamos renascido como um ser humano, encontramos muitos caminhos equivocados e professores enganosos. Por causa disso, é difícil gerar forte convicção e fé no caminho e no Guia Espiritual perfeitos. Continuamos repletos de dúvidas sobre o carma e a vacuidade; por isso, é extremamente difícil cruzar este oceano de sofrimento samsárico. [162] Atualmente, encontramos um Guia Espiritual plenamente qualificado, que ensina o caminho perfeito e impecável que conduz à iluminação. Se não lutarmos para alcançar a libertação ou a iluminação, no futuro será extremamente difícil encontrarmos novamente circunstâncias tão favoráveis como essas.

Raramente um Buda aparece neste mundo e é muito difícil encontrar um Guia Espiritual mahayana qualificado. Portanto, é extremamente difícil cruzar o rio da delusão. Até que alcancemos a libertação ou iluminação, nossa mente continuará poluída pelas manchas das delusões. Nosso grande infortúnio é passar incessantemente de um tormento a outro. Considerando atentamente as falhas do samsara e cultivando as mentes de desilusão e de renúncia, devemos meditar todos os dias sobre a bodichita e a vacuidade e lutar para alcançar a iluminação.

VISTO QUE NÓS E OS OUTROS SOMOS AFLIGIDOS PELOS SOFRIMENTOS DO SAMSARA, É ADEQUADO NOS COMPADECERMOS

[163] No samsara, apesar da opressão e da aflição, causadas pelo sofrimento indesejado, certos estados são identificados como felicidade e nosso sofrimento não é reconhecido como tal. Olhando com grande compaixão para os que, por ignorância, são incapazes de reconhecer esse sofrimento, devemos pensar: "Que maravilhoso seria se sua ignorância fosse dissipada e se eles pudessem ser salvos de se afogar no oceano de sofrimento!" Portanto, é adequado sentir profunda tristeza pelos seres sencientes mães, que estão se afundando no pântano do samsara.

Devemos lutar continuamente para gerar grande compaixão e pensar de que modo os seres ignorantes acarretam tormento para si próprios. [164] Por exemplo, alguns ascetas levam adiante suas abluções em água gelada e se queimam repetidamente com fogo. Eles experienciam grande sofrimento, mas não reconhecem que estão sofrendo. De fato, eles sustentam que suas práticas conduzem à libertação! [165] Do mesmo modo, as pessoas experienciam os sofrimentos de nascer, envelhecer, morrer, não ser capaz de satisfazer seus desejos e ser confrontado com circunstâncias indesejadas, mas não conseguem reconhecê-los como sofrimento. Em vez disso, agarram-se às atividades mundanas como se fossem autêntica felicidade e, sem temerem o samsara em geral nem os sofrimentos insuportáveis dos três reinos inferiores em particular, pensam que são tão livres e felizes quanto os Arhats e continuam esquecidas do tormento futuro. No entanto, elas não têm a menor chance de evitar tal sofrimento; rapidamente experimentarão os sofrimentos de envelhecer, adoecer e morrer. Quando o Senhor da Morte finalmente chega e mata suas vítimas, os sofrimentos inexprimíveis da morte surgem e, depois da morte, elas passarão durante muitos éons por um sofrimento intolerável, num dos reinos inferiores.

MOSTRAR O OBJETO CONCEBIDO DA GRANDE COMPAIXÃO

[166] Primeiro, devemos lembrar que todos os seres sencientes estão sofrendo dores intoleráveis, similares às dores de ser atormentado por labaredas de fogo. Então, das nuvens do nosso mérito, enviamos chuvas de felicidade que extinguem essas chamas de sofrimento. Pensamos: "Que maravilhoso seria aliviar o sofrimento de todos os seres sencientes; farei tudo para livrar os outros do seu sofrimento". Meditamos nisso continuamente. Quando esse pensamento surgir espontaneamente, ele será a grande compaixão.

[167] Além do mais, devemos acumular uma coleção de sabedoria, que surge de compreender que todos os fenômenos são vazios de existência verdadeira, e uma coleção de mérito, que surge de infinitos feitos bondosos, como o dar e a paciência.

Por causa do auto-agarramento, os seres sencientes são infelizes e tristes. Portanto, a fim de apaziguar seus sofrimentos, devemos pensar: "Que maravilhoso seria se todos os seres sencientes ficassem livres dos sofrimentos do samsara! Que eu possa ensinar-lhes a vacuidade!" Pensando assim, devemos meditar com grande compaixão.

Desejar alcançar a iluminação unicamente com o propósito de beneficiar todos os seres sencientes – com o pensamento espontâneo de livrá-los do seu sofrimento e de conduzí-los ao estado último de felicidade – é a bodichita.

Os métodos para cultivar a bodichita foram explicados extensivamente nos capítulos anteriores, juntamente com a cerimônia dos votos do Bodissatva. Na realidade, Shantideva explicou todas as etapas essenciais do caminho mahayana. A visão correta da realidade é o tema deste nono capítulo, o desenvolvimento da concentração meditativa foi o tema do oitavo, e a conduta adequada de um Bodissatva foi apresentada nos capítulos anteriores. Com a união da visão, meditação e ação, podemos alcançar o almejado estado da plena iluminação muito rapidamente. Portanto, devemos considerá-los ensinamentos idôneos e palavras de aconselhamento confiáveis e praticá-los para o benefício de todos.

Assim termina "Sabedoria", o nono capítulo do texto *Contemplações significativas*, um comentário ao *Guia do estilo de vida do Bodissatva*, de Shantideva.

Geshe Kelsang Gyatso Rimpoche

Dedicatória

DEDICATÓRIA E A PRÁTICA DE DAR PARA O BENEFÍCIO DE TODOS OS SERES

Esta seção, o capítulo final do *Guia* de Shantideva, tem três partes:

1. A explicação da breve dedicatória;
2. A explicação da dedicatória extensa;
3. Reconhecimento da bondade e prostração.

A EXPLICAÇÃO DA BREVE DEDICATÓRIA

Neste décimo capítulo, Shantideva dedica todas as raízes de virtude que acumulou com a composição deste texto para o benefício dele próprio e de todos os outros seres:

> [1] Pelo mérito de compor este texto, que contém o perfeito sentido do ensinamento de Buda sobre as etapas do caminho à iluminação de um Bodissatva, que todos os seres sencientes possam gerar a bodichita e envolver-se no treino das seis perfeições e de todas as outras práticas do Bodissatva.

Em geral, é muito importante dedicar os frutos das nossas práticas de Darma. O texto kadampa *Treinar a mente em sete pontos* ensina que uma prática de Darma só será completa se for iniciada e concluída de uma maneira específica. No início de cada ação, é extremamente importante gerar uma motivação pura e, na conclusão dessa ação, é importante dedicar todos os méritos acumulados. Nossa motivação inicial determina se nossa prática é pura ou não. Por exemplo, se praticarmos o Darma unicamente em prol dos prazeres desta vida – para ganhar boa reputação e assim por diante –, nossa prática será impura. Se praticarmos com a motivação de obter um renascimento como ser humano ou deus, estaremos praticando o Darma com a aspiração de uma pessoa do escopo inicial. A motivação de querer se libertar do sofrimento e alcançar a libertação é mais elevada que a anterior; é a aspiração de uma pessoa do escopo intermediário. Por fim, se praticarmos o Darma com a motivação de alcançar a plena iluminação para o benefício de todos os seres sencientes, essa aspiração será a de uma pessoa do grande escopo. Vemos, assim, que o escopo da nossa prática depende principalmente da nossa motivação para executar a ação. Isso explica por que é extremamente importante gerarmos uma motivação pura antes de iniciarmos qualquer prática de Darma.

Gerar a motivação adequada é a maneira correta de iniciar uma ação, e dedicar o mérito é a maneira adequada de concluí-la. Uma gota de água que caia no oceano ali permanecerá enquanto o oceano existir. De modo similar, se dedicarmos o mérito que adquirimos com as nossas práticas à conquista da iluminação, esse mérito permanecerá em nossa mente sem diminuição até que a iluminação seja alcançada. Conforme explicado no sexto capítulo, a virtude dedicada não pode ser destruída pela raiva e, ao contrário, aumenta em profusão.

A dedicatória é definida como o fator mental intenção que dirige nossa virtude acumulada e funciona como causa dos resultados que almejamos. Nesse sentido, a dedicatória corresponde às rédeas do cavalo-virtude. A direção que um cavalo toma é determinada por suas rédeas, e os resultados que desejamos obter são determinados pela nossa dedicatória de virtudes. Por todas essas razões, é extremamente importante dedicarmos nosso mérito depois de cada prática de Darma, por pequena que seja.

A EXPLICAÇÃO DA DEDICATÓRIA EXTENSA

Este tópico tem três partes:

1. Dedicatória em prol dos outros;
2. Dedicatória em prol de nós mesmos;
3. Dedicatória para o florescimento do Budadarma, fonte de toda felicidade.

DEDICATÓRIA EM PROL DOS OUTROS

Este tópico tem cinco partes:

1. Dedicatória para livrar os outros da doença;
2. Dedicatória para remover os sofrimentos dos três reinos inferiores;
3. Dedicatória para todos os deuses e humanos;
4. Dedicatória universal para todos os seres vivos;
5. Dedicatória para todos os Bodissatvas e Seres Superiores.

DEDICATÓRIA PARA LIVRAR OS OUTROS DA DOENÇA

[2] Pela virtude do meu mérito, que todos os seres que vivem em todas as direções sejam libertos de seus tormentos físicos e mentais e de todas as doenças. Possam eles encontrar oceanos ilimitados de alegria e de felicidade.

DEDICATÓRIA PARA REMOVER OS SOFRIMENTOS DOS TRÊS REINOS INFERIORES

[3] Enquanto o samsara existir, que todos os seres desfrutem da felicidade temporária e da alegria dos reinos de humanos e deuses. Que todos venham a desfrutar da alegria duradoura da budeidade.

Seres-inferno. [4] Que todas as criaturas encarnadas no universo que estão sofrendo as dores do inferno encontrem alívio e venham a desfrutar do grande êxtase da Terra Pura de Sukavati. [5] Que os debilitados que sofrem a dor dilacerante dos infernos frios encontrem calor e prazer. Que os oprimidos que ardem nos infernos quentes sejam refrescados pela chuva inesgotável, vinda das grandes nuvens das coleções de mérito e de sabedoria dos Bodissatvas. [6] Que a floresta de folhas-cortantes, situada nas proximidades dos infernos quentes, transforme-se num lindo e aprazível bosque. Que as árvores de pedaços de ferro e espinhos afiados se convertam em árvores-dos-desejos.

[7] Que todas as regiões do inferno tornem-se terras alegres adornadas com vastos e fragrantes lagos de lótus, que ecoam o som encantador de gansos, patos e cisnes. [8] Que as pilhas de carvão em brasa dos infernos ardentes convertam-se em montes de diversas jóias. Que o solo de ferro em brasa brilhe como um lindo solo de cristal. Que as terríveis montanhas esmagadoras, moldadas como cabeças de cabras e carneiros, tornem-se palácios lotados de Sugatas. [9] Que as chuvas de lava, de pedras abrasadoras e de armas transformem-se, de agora em diante, numa chuva de flores. Que aqueles que se batem e se trucidam uns aos outros com armas de fogo e espadas nos infernos ressuscitadores possam se engajar, de agora em diante, numa divertida troca de flores. [10] Pelo poder da minha virtude, que aqueles que se afogam nas violentas torrentes de ácido, a carne corroída revelando ossos brancos como lírios-d'água, alcancem a

forma dos gloriosos deuses que vivem com lindas deusas em riachos de água corrente.

Quando se virem repentinamente livres do sofrimento, os seres do inferno irão exclamar: [11] "Por que os capangas do Senhor da Morte, os abutres e as outras aves horripilantes estão com tanto medo? Quem teve o poder de fazer essa alegria brotar em nós? Quem dissipou a escuridão do sofrimento?" Ao olhar para cima, vão contemplar, no meio do espaço, a forma radiante de Vajrapani. Pela força da fé e da alegria que sentirão, possam eles se livrar do mal do passado e permanecerem com o glorioso Detentor do Vajra.

[12] Quando virem as labaredas do inferno extintas pela chuva de flores e de água perfumada, os seres dos infernos vão se alegrar e se perguntar quem fez tudo isso. Que nesse momento todos os habitantes do inferno contemplem Pemapani, o Detentor do Lótus.

Então, possam os seres do inferno declarar: [13] "Queridos amigos, não tenhais medo e aproximai-vos rapidamente. Não é preciso fugir, porque acima de nós está o jovem e radiante Manjugosha, com um coque na coroa da cabeça. Dotado com grande compaixão e a preciosa bodichita, ele protege todos os seres vivos. Graças ao seu poder, todo o sofrimento é dissipado e toda a alegria aumenta. [14] Contemplai-o no seu encantador palácio, que ecoa as canções celestiais de mil deusas. Diante dele, centenas de deuses se curvam com tiaras de louros inclinadas na direção de seus pés de lótus. Uma vasta chuva de várias flores desce sobre sua cabeça e seus olhos estão umedecidos com grande compaixão".

Que todos os que estão no inferno gritem de alegria ao ver Manjugosha. [15] Pelas raízes da minha virtude, que todos os habitantes do inferno – que contemplam as chuvas refrescantes e perfumadas a cair das alegres nuvens criadas por Bodissatvas como Samantabadra, Maitreya, Ksitigarba, Akashagarba e Sarvanivaranaviskambini – sejam verdadeiramente felizes.

Animais. [16ab] Pelo poder da minha própria virtude e da virtude dos outros, que os animais possam se libertar do medo de serem devorados uns pelos outros.

Espíritos famintos. [16cd-17] Que todos os seres no continente do norte usufruam os prazeres de alimentos, roupas e outros deleites sem dificuldade. Como eles, que os espíritos famintos também sejam saciados com o alimento e a bebida que, como um riacho de leite, fluem da mão do nobre Senhor Avalokiteshvara. Banhando-se nesse riacho, que eles sejam constantemente refrescados.

DEDICATÓRIA PARA TODOS OS DEUSES E HUMANOS

Esta dedicatória tem duas partes:

1. Dedicatória para aliviar o sofrimento;
2. Dedicatória para a satisfação de desejos.

DEDICATÓRIA PARA ALIVIAR O SOFRIMENTO

[18] Que os seres humanos cegos e surdos tornem-se capazes de ver formas e ouvir sons. Que as grávidas tenham a mesma ventura de Mayadevi, a mãe de Buda, e possam dar à luz sem nenhuma dor e dificuldade. [19] Que os desnudos encontrem roupas, que os famintos encontrem alimentos e que os sedentos, água fresca e outras deliciosas bebidas. [20] Que os pobres encontrem riqueza e posses, que os enfraquecidos pelo pesar e ansiedade encontrem alegria, e que os exauridos pela perda de riqueza sejam revitalizados e suas mentes tornem-se estáveis e gloriosas. [21] Que todos os que estão doentes sejam curados de seus males, e que toda e qualquer doença seja erradicada, para nunca mais reaparecer. [22] Que os que temem seus inimigos afastem-se do medo; que todos os prisioneiros, que estão no cativeiro sem

escolha, sejam soltos. Que aqueles que não têm poder obtenham poder e, sem inveja, cultivem pensamentos benéficos uns em relação aos outros.

[23] Que os viajantes e mercadores encontrem felicidade por onde passarem e consigam realizar sem esforço tudo o que desejam. [24] Que aqueles que navegam pelos mares em barcos e navios encontrem aquilo que buscam e voltem a pisar em terra firme, sãos e salvos, para se juntarem novamente a seus amigos e familiares. [25] Que os perdidos e desolados encontrem companheiros de viagem e possam prosseguir suas jornadas sem temer ladrões ou feras selvagens; que tenham trajetos fáceis e sem fadiga. [26] Que aqueles que vagam por lugares assustadores e perigosos, bem como crianças, idosos, desprotegidos, desorientados e insanos, sejam sempre guardados por bondosos seres celestiais.

DEDICATÓRIA PARA A SATISFAÇÃO DE DESEJOS

Este tópico tem duas partes:

1. Dedicatória geral para os seres humanos;
2. Dedicatória específica para os ordenados.

DEDICATÓRIA GERAL PARA OS SERES HUMANOS

[27] Que todos os seres humanos se libertem dos oito estados de não-liberdade e sejam dotados com fé, sabedoria e compaixão; possam ter excelente comida, seguir conduta pura e estar sempre conscientes de suas vidas passadas e futuras. [28] Que todos os destituídos encontrem riqueza tão ilimitada quanto o tesouro do espaço e que, sem brigas ou ferimentos, vivam sempre em liberdade. [29] Que os que possuem pouco esplendor sejam dotados com grande magnificência. Que aqueles cujos corpos estão enfraquecidos e extenuados pelo rigor do ascetismo encontrem formas

magníficas e nobres. [30] Que todas as fêmeas do universo renasçam numa forma masculina se assim o desejarem. Que os que tiveram renascimentos inferiores alcancem grandeza, sem nunca mostrar sinais de orgulho.

[31] Pelo poder do meu mérito, que todos os seres sencientes, sem exceção, abandonem todo o mal e pratiquem virtude o tempo todo. [32] Que nunca sejam separados da bodichita e sempre se empenhem nas práticas do Bodissatva de dar e em outras virtudes. Que sejam sempre cuidados por Guias Espirituais e Budas e abandonem toda atividade demoníaca. [33] Que renasçam em reinos elevados e desfrutem de vidas inconcebivelmente longas e vivam sempre felizes, sem nunca ouvir sequer o som da palavra morte.

[34] Que todos os lugares se convertam em jardins de árvores-dos-desejos, que ecoam os suaves sons do Darma proclamados pelos Budas e seus nobres Filhos e Filhas. [35] Que o solo inteiro torne-se completamente puro, tão plano como a palma da mão, livre de rochas e espinhos, e tão liso quanto o lápis-lazúli. [36] Que os Bodissatvas com clarividência, poderes miraculosos e outras excelentes qualidades multipliquem-se em prol de seus círculos de discípulos. Seguindo o exemplo dos Bodissatvas avançados, [37] que todos os seres vivos possam ouvir continuamente o som do Darma que surge do cantar dos pássaros, do farfalhar das árvores e do próprio espaço. [38] Que todos os seres venham a encontrar os Budas e seus Filhos, e que os Guias Espirituais do mundo sejam venerados com nuvens de oferendas.

[39] Que os gloriosos deuses enviem chuvas atemporais de modo que as colheitas sejam abundantes. Que os monarcas reinem em conformidade com o Darma, e que o povo do mundo prospere. [40] Que todos os remédios sejam eficazes na cura de doenças e que a recitação de mantras satisfaça todos os desejos. Que os espíritos, canibais, animais selvagens e outros tenham a mente de grande compaixão.

[41] Que ninguém sinta dor física ou a angústia mental de frustração e infelicidade. Que ninguém tenha medo nem se sinta menosprezado.

DEDICATÓRIA ESPECÍFICA PARA OS ORDENADOS

[42] Em todos os templos e monastérios, que a prática de recitar escrituras e meditar nelas floresça eternamente. Que os membros da Sanga fiquem sempre em harmonia e que seus desejos de beneficiar os outros sejam satisfeitos. [43] Que os monges plenamente ordenados, que desejam guardar puramente seus votos de ordenação e seguir suas práticas imaculadamente, encontrem lugares silenciosos e ermos para tais propósitos. Abandonando todas as distrações, possam eles meditar com maleabilidade mental.

[44] Que as monjas plenamente ordenadas sejam materialmente providas sem dificuldade e que durante seus retiros não sejam importunadas pela maldade dos homens. Que a moralidade de todos aqueles que tomaram votos de ordenação nunca diminua, mas seja aperfeiçoada. [45] Que todos os que quebraram seus votos morais arrependam-se profundamente disso e purifiquem por completo suas quedas pelo poder da confissão. Que tenham assim renascimentos afortunados e nunca permitam que sua moralidade diminua outra vez.

[46] Que os que são versados nos três conjuntos de ensinamentos budistas sejam honrados e respeitados, e que sempre encontrem sustento e recebam ajuda material. Que suas mentes sejam puras e serenas, e que sua fama seja proclamada em todas as direções. [47] Que nunca padeçam dos sofrimentos dos reinos inferiores, nem encontrem provações físicas, verbais ou mentais. Que obtenham formas físicas dotadas com excelentes qualidades e superiores às formas dos deuses. Que velozmente alcancem a budeidade.

DEDICATÓRIA UNIVERSAL PARA TODOS OS SERES VIVOS

[48] Que todos os seres sencientes possam fazer oferendas aos Budas muitas vezes. Que pratiquem o estilo de vida do Bodissatva e, desse modo, encontrem eterna alegria no êxtase inconcebível da plena iluminação.

DEDICATÓRIA PARA TODOS OS BODISSATVAS E SERES SUPERIORES

[49] Pela virtude de compor este texto, que todos os Bodissatvas beneficiem a humanidade exatamente de acordo com sua intenção. Que os seres sencientes recebam tudo o que os Budas protetores desejaram para eles. [50] Da mesma maneira, que todos os Conquistadores Solitários e Ouvintes, que lutam para obter a felicidade do nirvana, consigam alcançá-la.

DEDICATÓRIA EM PROL DE NÓS MESMOS

[51] Pela virtude de compor este texto e pela bondade de Manjugosha, que eu sempre pense nas minhas vidas passadas e futuras, e sempre receba a ordenação até alcançar o nível do Muito Alegre. [52] Que eu seja sustentado por comida simples e possa viver em solitude durante todas as minhas vidas, e que sempre encontre condições ideais para conquistar minhas metas.

[53] Todas as vezes que quiser ver uma escritura de Buda, ou compor ainda que um único verso, seja eu capaz de ver sem obstrução o Protetor Manjugosha. [54] A fim de satisfazer as necessidades de todos os seres vivos, que se estendem sem limites pelas dez direções, possa meu estilo de vida assemelhar-se ao de Manjugosha.

[55] Enquanto o espaço existir e houver seres sencientes no samsara, que eu esteja entre eles, a fim de dissipar o seu tormento. [56] Quaisquer que sejam os sofrimentos dos

seres vivos que esses amadureçam unicamente em mim e, pelo poder da virtude e das aspirações dos Bodissatvas, que todos os seres sejam felizes.

DEDICATÓRIA PARA O FLORESCIMENTO DO BUDADARMA, FONTE DE TODA FELICIDADE

[57] Pelo poder da minha própria virtude e da virtude dos outros, que o Budadarma – o único remédio capaz de curar o sofrimento e o fundamento de toda a alegria – seja apoiado e honrado e permaneça por um longo período.

RECONHECIMENTO DA BONDADE E PROSTRAÇÃO

[58] Prostro-me a Manjugosha, por cuja bondade gerei a preciosa bodichita e tive a oportunidade de praticar as seis perfeições e de cultivar a sabedoria que me capacitou a compor este texto sobre o caminho imaculado que conduz à aquisição da budeidade. Prostro-me também aos meus Guias Espirituais, por cuja bondade recebi os votos de ordenação e cultivei as três sabedorias de ouvir, contemplar e meditar, aumentando desse modo todas as minhas qualidades positivas.

O décimo capítulo explicou em detalhes a dedicatória que Shantideva fez de seu corpo e de sua riqueza e, especificamente, de suas raízes de virtude, aos outros seres vivos. Uma dedicatória assim é, portanto, uma exposição detalhada da perfeição de dar. Explicações adicionais sobre essa perfeição podem ser encontradas ao longo dos demais capítulos deste texto.

Assim termina o capítulo intitulado "Dedicatória", o décimo capítulo do texto *Contemplações significativas*, um comentário ao *Guia do estilo de vida do Bodissatva*, de Shantideva.

Conclusão

O SIGNIFICADO DA CONCLUSÃO

Este tópico tem duas partes:

1. Sobre o autor;
2. Sobre os tradutores.

SOBRE O AUTOR

O *Guia do estilo de vida do Bodissatva* tornou-se o texto básico para as práticas de ouvir, contemplar e meditar de todos os iogues indianos do passado, bem como dos sábios e eruditos seguidores de todas as tradições do budismo mahayana. O valor do *Guia* é inestimável para o treino da mente dos praticantes, tenham eles uma inteligência superior ou inferior, sejam ordenados ou leigos, homens ou mulheres. Neste texto, o caminho mahayana em geral e a renúncia, a bodichita e a visão correta da vacuidade, em particular, são explicados de maneira clara, extensa e profunda.

Em resumo, este texto contém o caminho completo e perfeito à mais elevada iluminação. O autor do *Guia* é o grande Bodissatva Shantideva. Sob a proteção de Manjushri, ele abandonou seu reino como quem abandona um punhado de poeira. Seguindo o caminho mahayana em geral e mais especificamente o do tantra ioga superior, Shantideva alcançou a budeidade em uma vida.

SOBRE OS TRADUTORES

O *Guia do estilo de vida do Bodissatva* foi traduzido originalmente do sânscrito para o tibetano pelo abade Sarvajanadeva e pelo tradutor tibetano Bende Peltseg, com base na edição Caxemira do texto. Mais tarde, essa tradução foi revisada pelo abade indiano Darmashribadra e pelo tradutor tibetano Rinchen Sangpo. Outra tradução foi feita posteriormente pelo abade indiano Shakyamati com a assistência do tradutor tibetano Rinchen Sangpo, de acordo com a edição Magada e seus comentários. Outras excelentes revisões foram feitas pelo abade indiano Sumatikirti e pelo tradutor tibetano Gelong Loden Sherab, com base na edição Caxemira do texto.

O sentido condensado do comentário

O comentário ao *Guia do estilo de vida do Bodissatva* tem três partes:

1. As preeminentes qualidades do autor;
2. Introdução ao texto;
3. A explanação do texto.

A explanação do texto tem quatro partes:

1. O significado do título;
2. A homenagem dos tradutores;
3. A explicação do significado do texto;
4. O significado da conclusão.

A explicação do significado do texto tem duas partes:

1. A explicação preliminar;
2. A explicação efetiva das etapas do caminho à iluminação.

A explicação preliminar tem três partes:

1. A expressão de devoção;
2. A promessa de compor;
3. O motivo para compor.

A explicação efetiva das etapas do caminho à iluminação tem duas partes:

1. A exortação para captar a importância desta preciosa vida humana;
2. O método para tornar significativa esta preciosa vida humana.

O método para tornar significativa esta preciosa vida humana tem duas partes:

1. Contemplar os benefícios da bodichita;
2. Como praticar as seis perfeições depois de gerar a bodichita.

Contemplar os benefícios da bodichita tem quatro partes:

1. A explicação dos benefícios da bodichita;
2. Reconhecer a bodichita;
3. As razões que fundamentam os benefícios da bodichita;
4. Louvor àquele que gera a bodichita.

A explicação dos benefícios da bodichita tem dez partes:

1. A vitória sobre todos os grandes males;
2. A aquisição da mais sublime felicidade;
3. Satisfação de desejos;
4. A bodichita traz consigo um nome e um significado especiais;
5. Transformação do inferior em supremo;
6. O valor da preciosa bodichita, tão difícil de encontrar;
7. Os frutos da bodichita são inesgotáveis e não param de crescer;
8. O poder de proteção contra o grande medo;
9. A destruição rápida e fácil do grande mal;
10. As citações das escrituras sobre os benefícios da bodichita.

Reconhecer a bodichita tem três partes:

11. A classificação da bodichita;
12. Os benefícios da bodichita de aspiração;
13. Os benefícios da bodichita de compromisso.

Como praticar as seis perfeições depois de gerar a bodichita tem duas partes:

1. Manter a bodichita;
2. Como praticar as seis perfeições.

Manter a bodichita tem duas partes:

1. Como destruir obstáculos e purificar ruindade;
2. Como aceitar e manter a bodichita efetiva.

Como destruir obstáculos e purificar ruindade tem duas partes:

1. Os membros preliminares da prática;
2. A confissão de não-virtude.

Os membros preliminares da prática têm três partes:

1. Oferenda;
2. Prostração;
3. Buscar refúgio.

Oferenda tem duas partes:

1. A necessidade de fazer oferendas e de reconhecer os objetos de oferenda;
2. A oferenda propriamente dita.

A oferenda propriamente dita tem três partes:

1. Oferendas que não têm dono;
2. Oferenda do nosso próprio corpo;
3. Oferendas mentalmente transformadas.

Oferendas mentalmente transformadas tem duas partes:

1. Oferendas normais;
2. Oferendas sublimes.

Buscar refúgio tem cinco partes:

1. As causas de buscar refúgio;
2. Os objetos de refúgio;
3. A medida de ter buscado refúgio perfeitamente;
4. Os compromissos de buscar refúgio;
5. Os benefícios de buscar refúgio.

A confissão de não-virtude tem quatro partes:

1. O poder do arrependimento;
2. O poder da confiança;
3. O poder da força oponente;
4. O poder da promessa.

Como aceitar e manter a bodichita efetiva tem três partes:

1. As práticas preparatórias para acumular mérito;
2. Aceitar plenamente a bodichita;
3. Atividades de conclusão.

As práticas preparatórias para acumular mérito têm cinco partes:

1. Regozijo com virtude;
2. Pedido aos Budas para que girem a Roda do Darma;
3. Súplica aos Budas para que não morram;
4. Dedicatória de mérito;
5. Treinar a mente em dar.

Dedicatória de mérito tem quatro partes:

1. Dedicatória geral;
2. Dedicatória para os doentes;
3. Dedicatória para aliviar a fome e a sede;
4. Dedicatória para satisfazer os desejos dos seres sencientes.

Atividades de conclusão têm três partes:

1. Meditar na felicidade de satisfazer nossos próprios desejos;
2. Meditar na felicidade de beneficiar os outros e de satisfazer os seus desejos;
3. Exortar os outros a meditarem sobre felicidade.

Meditar na felicidade de beneficiar os outros e de satisfazer os seus desejos tem três partes:

1. Aliviar os outros do seu sofrimento;
2. Eliminar as duas obstruções;
3. Proporcionar grandes benefícios e felicidade aos outros.

Como praticar as seis perfeições tem quatro partes:

1. Meditação em conscienciosidade, para que a prática da bodichita e os preceitos não se degenerem;
2. Como treinar disciplina moral praticando contínua-lembrança e vigilância;
3. Explicação das demais perfeições: paciência, esforço, concentração e sabedoria;
4. Dedicatória e a prática de dar para o benefício de todos os seres.

Meditação em conscienciosidade, para que a prática da bodichita e os preceitos não se degenerem, tem três partes:

1. Introdução à conscienciosidade;
2. A explicação extensa da conscienciosidade;
3. Sumário.

A explicação extensa da conscienciosidade tem duas partes:

1. Meditar sobre conscienciosidade em relação à bodichita;
2. Meditar sobre conscienciosidade em relação aos preceitos.

Meditar sobre conscienciosidade em relação à bodichita tem duas partes:

1. As razões pelas quais é insensato abandonar a bodichita;
2. As falhas de abandonar a bodichita.

As falhas de abandonar a bodichita têm três partes:

1. Somos levados aos três reinos inferiores;

2. O benefício para os outros diminui;
3. Somos afastados para longe dos solos do Bodissatva.

Meditar sobre conscienciosidade em relação aos preceitos tem três partes:
1. Conscienciosidade de abandonar não-virtude;
2. Conscienciosidade de meditar na virtude;
3. Conscienciosidade de abandonar as delusões.

Conscienciosidade de meditar na virtude tem seis partes:
1. Lutar para abandonar os infinitos males acumulados em vidas passadas;
2. Simplesmente passar pelos sofrimentos dos reinos inferiores não conduzirá à salvação;
3. Não investir esforço na prática de virtude agora que obtivemos uma preciosa vida humana é trair a si próprio;
4. Se não praticarmos virtude agora, sofreremos nesta vida;
5. Se não praticarmos virtude agora, sofreremos os tormentos dos reinos inferiores em vidas futuras;
6. Segue-se que é sensato lutar para abandonar não-virtude e praticar virtude.

Conscienciosidade de abandonar as delusões tem três partes:
1. Contemplar as falhas das delusões;
2. A impropriedade de lamentar-se das provações que devem ser toleradas enquanto se abandona as delusões;
3. Contemplar a alegria de ser capaz de abandonar as delusões.

Contemplar as falhas das delusões tem seis partes:
1. As delusões não nos dão escolha;
2. As delusões trazem infinito sofrimento;

3. As delusões nos prejudicam por muito tempo;
4. Seguir as delusões como se fossem amigos é insensato;
5. Ser paciente com as delusões é insensato;
6. Gerar encorajamento para dissipar as delusões.

Contemplar a alegria de ser capaz de abandonar as delusões tem três partes:

1. Diferentemente de inimigos comuns, as delusões não retornam depois de serem erradicadas;
2. Como a causa das delusões é visão errônea, com diligência elas podem ser abandonadas;
3. Por essas razões, é conveniente abandonar as delusões.

Como treinar disciplina moral praticando contínua-lembrança e vigilância tem cinco partes:

1. O método para guardar a prática é guardar a mente;
2. O método para guardar a mente é praticar contínua-lembrança e vigilância;
3. Como praticar disciplina moral por meio de contínua-lembrança e vigilância;
4. Como impedir que nossa prática se degenere;
5. Em resumo, é preciso seguir o sentido da prática e não meramente suas palavras.

O método para guardar a mente é praticar contínua-lembrança e vigilância e tem seis partes:

1. Uma breve apresentação dos dois fatores;
2. Sem contínua-lembrança e vigilância, nossa virtude terá pouco poder;
3. Sem contínua-lembrança e vigilância, não vamos desenvolver sabedoria pura;
4. Sem contínua-lembrança e vigilância, não podemos praticar disciplina moral pura;
5. Sem contínua-lembrança e vigilância, a virtude anteriormente acumulada vai degenerar;

6. Sem contínua-lembrança e vigilância, não podemos acumular nova virtude.

Como praticar disciplina moral por meio de contínua-lembrança e vigilância tem três partes:

1. Praticar a disciplina moral de abstenção;
2. Praticar a disciplina moral de reunir virtude;
3. Praticar a disciplina moral de beneficiar os seres sencientes.

Praticar a disciplina moral de reunir virtude tem duas partes:

1. Abandonar o apego ao corpo;
2. Praticar virtude com meios habilidosos.

Praticar virtude com meios habilidosos tem três partes:

1. Manter conduta corporal pura;
2. Manter conduta habilidosa quando estiver com os outros;
3. Manter conduta habilidosa de corpo, fala e mente.

A explicação das quatro perfeições remanescentes – paciência, esforço, concentração e sabedoria – tem quatro partes:

1. Como praticar paciência;
2. Como praticar esforço;
3. Como treinar na concentração do tranquilo-permanecer;
4. Como gerar a sabedoria da visão superior.

Como praticar paciência tem duas partes:

1. O método para meditar na paciência;
2. O método para praticar paciência.

O método para meditar na paciência tem duas partes:

1. As falhas da raiva;
2. Os benefícios da paciência.

O método para praticar paciência tem cinco partes:

1. Impedir a causa da raiva;
2. Meditar na paciência de voluntariamente suportar sofrimento;
3. Meditar na paciência de pensar decididamente sobre o Darma;
4. Meditar na paciência de não retaliar;
5. A explicação extensa dos benefícios da paciência.

Meditar na paciência de pensar decididamente sobre o Darma tem quatro partes:

1. Visto que o raivoso e a raiva são ambos dependentes de causas, não há escolha;
2. Refutar a asserção de que a causa da raiva é independente;
3. A necessidade de abandonar a raiva;
4. Sumário.

Refutar a asserção de que a causa da raiva é independente tem três partes:

1. Refutar a asserção da escola samkya de que há um princípio geral e um self inerentemente existentes;
2. Refutar a asserção da escola vaisheshika de que há um self inerentemente existente;
3. Reconhecer todos os seres como ilusões e, assim, a inadequabilidade de gerar raiva deles.

Meditar na paciência de não retaliar tem três partes:

1. Refletir com atenção nos métodos para gerar compaixão;
2. Superar a causa da raiva;
3. Contemplar nossas próprias falhas quando surgem situações indesejáveis.

Como praticar esforço tem quatro partes:

1. Exortação para praticar esforço;
2. Identificar o esforço;
3. Superar o oponente do esforço;
4. Aumentar a força do esforço.

Superar o oponente do esforço tem duas partes:

1. Reconhecer o oponente, preguiça;
2. Como superar a preguiça.

Como superar a preguiça tem três partes:

1. Superar a preguiça de indolência;
2. Superar a preguiça de sentir atração por aquilo que é sem sentido ou não-virtuoso;
3. Superar a preguiça de desânimo.

Superar a preguiça de indolência tem três partes:

1. Examinar a causa da indolência;
2. Contemplar as falhas da indolência nesta vida;
3. Contemplar o sofrimento que a indolência causará nas vidas futuras.

Aumentar a força do esforço tem quatro partes:

1. Reconhecer os quatro poderes que aumentam a força do esforço;
2. A explicação extensa dos quatro poderes;
3. Praticar seriamente com contínua-lembrança e vigilância;
4. Usar a maleabilidade de corpo e mente para assumir uma conduta virtuosa.

A explicação extensa dos quatro poderes tem quatro partes:

1. O poder de aspiração;
2. O poder de constância;

3. O poder de alegria;
4. O poder de rejeição.

Como treinar a concentração do tranquilo-permanecer tem quatro partes:

1. Por que precisamos alcançar o tranquilo-permanecer;
2. Exortação para abandonar os oponentes do tranquilo-permanecer;
3. Como abandonar os oponentes do tranquilo-permanecer;
4. Como alcançar o tranquilo-permanecer.

Como abandonar os oponentes do tranquilo-permanecer tem seis partes:

1. Reconhecer as causas do nosso apego à vida mundana;
2. Reconhecer o oponente do apego;
3. Como gerar o oponente do apego;
4. As falhas dos divertimentos mundanos;
5. Os benefícios de viver em solitude;
6. Como abandonar concepções perturbadoras.

Como gerar o oponente do apego tem duas partes:

1. Abandonar o apego aos seres sencientes;
2. Abandonar o apego às coisas inanimadas.

Como alcançar o tranquilo-permanecer tem duas partes:

1. A explicação geral das etapas da meditação do tranquilo-permanecer;
2. A explicação de como aplicar o tranquilo-permanecer às meditações de equalizar e de trocar eu por outros.

A explicação geral das etapas da meditação do tranquilo-permanecer tem quatro partes:

1. As seis condições necessárias para conquistar o tranquilo-permanecer;

2. As nove permanências mentais;
3. Os cinco obstáculos à aquisição do tranquilo-permanecer;
4. Os oito oponentes dos cinco obstáculos.

A explicação de como aplicar o tranqüilo-permanecer às meditações de equalizar e de trocar eu por outros tem duas partes:

1. Como meditar sobre equalizar eu e outros;
2. Como trocar eu por outros.

Como meditar sobre equalizar eu e outros tem cinco partes:

1. Breve explicação da meditação;
2. O significado de equalizar eu e outros;
3. A meditação efetiva de equalizar eu e outros;
4. Os benefícios de meditar sobre equalizar eu e outros;
5. Como podemos evoluir nessa meditação.

Como trocar eu por outros tem quatro partes:

1. Breve explicação da troca;
2. A maneira de trocar eu por outros;
3. Completar a troca por meio de reflexão;
4. Completar a troca por meio de ação.

A maneira de trocar eu por outros tem quatro partes:

1. Familiarizar-se com apreciar os outros;
2. Abandonar o auto-apreço;
3. Refletir nas desvantagens do auto-apreço e nas vantagens de apreciar os outros;
4. Sumário.

Completar a troca por meio de reflexão tem cinco partes:

1. Breve explicação;
2. Meditação sobre inveja em relação a um superior;
3. Meditação sobre competitividade em relação a um igual;

4. Meditação sobre orgulho em relação a um inferior;
5. Os resultados dessa meditação.

Como gerar a sabedoria da visão superior tem cinco partes:

1. Mostrar por que aqueles que desejam alcançar a libertação precisam gerar a sabedoria que realiza a vacuidade;
2. A apresentação das duas verdades;
3. Mostrar as razões pelas quais aqueles que buscam apenas libertação pessoal precisam gerar a sabedoria que realiza a vacuidade;
4. A explicação extensa das razões que estabelecem a vacuidade;
5. Encorajar o praticante a lutar para gerar essa sabedoria.

A apresentação das duas verdades tem cinco partes:

1. As distinções entre as duas verdades;
2. A definição das duas verdades;
3. As distinções entre os indivíduos que asseveram as duas verdades;
4. As distinções entre seus variados níveis de capacidade mental;
5. Refutar o argumento de que não é necessário realizar a vacuidade para alcançar a libertação.

Refutar o argumento de que não é necessário realizar a vacuidade para alcançar a libertação tem duas partes:

1. A refutação dos proponentes de coisas em geral;
2. A refutação dos chitamatrins em particular.

A refutação dos chitamatrins em particular tem quatro partes:

1. Refutar os autoconhecedores pela autoridade das escrituras;
2. Refutar os autoconhecedores por raciocínio;

3. Refutar as provas dos chitamatrins da existência de autoconhecedores;
4. Refutar a asserção de que todos os existentes-imputados devem ter por base algo verdadeiramente existente.

Refutar a asserção de que todos os existentes-imputados devem ter por base algo verdadeiramente existente tem três partes:

1. Por que um mágico sente desejo pela mulher ilusória que ele próprio manifesta;
2. Por que a meditação na vacuidade pode eliminar todas as delusões e suas marcas;
3. Mostrar que excelentes resultados virão de abandonar o agarramento à existência verdadeira e às suas marcas.

A explicação extensa das razões que estabelecem a vacuidade tem duas partes:

1. A explicação extensa das razões que estabelecem o vazio de pessoas;
2. A explicação extensa das razões que estabelecem o vazio de fenômenos.

A explicação extensa das razões que estabelecem o vazio de pessoas tem três partes:

1. Refutar o objeto concebido do auto-agarramento inato de pessoas;
2. Refutar o objeto concebido do auto-agarramento intelectualmente formado de pessoas;
3. Refutar argumentos contrários a essas refutações.

Refutar o objeto concebido do auto-agarramento intelectualmente formado de pessoas tem duas partes:

1. Refutar o eu permanente asseverado pela escola samkya;
2. Refutar o eu permanente asseverado pelas escolas vaisheshika e naiyayika.

A explicação extensa das razões que estabelecem o vazio de fenômenos tem três partes:

1. A explicação do vazio de fenômenos por meio dos quatro estreito-posicionamentos da contínua-lembrança;
2. Refutar os argumentos a respeito das duas verdades;
3. A explicação do raciocínio que estabelece o vazio do self.

A explicação do vazio de fenômenos por meio dos quatro estreito-posicionamentos da contínua-lembrança tem quatro partes:

1. Estreito-posicionamento da contínua-lembrança do corpo;
2. Estreito-posicionamento da contínua-lembrança das sensações;
3. Estreito-posicionamento da contínua-lembrança da mente;
4. Estreito-posicionamento da contínua-lembrança dos fenômenos.

Estreito-posicionamento da contínua-lembrança do corpo tem quatro partes:

1. Estabelecer a existência não-verdadeira do corpo como possuidor de suas partes;
2. Estabelecer a existência não-verdadeira das partes do corpo;
3. Portanto, é impróprio ser apegado a esse corpo-sonho não verdadeiramente existente;
4. Por meio disso, estabelecer a existência não-verdadeira de pessoa.

Estreito-posicionamento da contínua-lembrança das sensações tem quatro partes:

1. Refutar a existência verdadeira da natureza da sensação;
2. Refutar a existência verdadeira da causa da sensação;

3. Refutar a existência verdadeira do objeto da sensação;
4. Refutar a existência verdadeira do experienciador subjetivo da sensação.

Refutar a existência verdadeira da natureza da sensação tem três partes:

1. Refutar a existência verdadeira das sensações dolorosas;
2. Refutar a existência verdadeira das sensações agradáveis;
3. Explicação do ioga da meditação sobre a existência não-verdadeira das sensações.

Refutar a existência verdadeira da causa da sensação tem três partes:

1. Refutar um encontro verdadeiramente existente entre uma faculdade sensorial e um objeto;
2. Refutar um encontro verdadeiramente existente entre um objeto e uma consciência;
3. Assim, estabelecer a existência não-verdadeira do contato que surge do encontro entre um objeto, uma faculdade sensorial e uma consciência.

Estreito-posicionamento da contínua-lembrança da mente tem duas partes:

1. Estabelecer a existência não-verdadeira da consciência mental;
2. Estabelecer a existência não-verdadeira das cinco consciências sensoriais.

A explicação do raciocínio que estabelece o vazio do self tem três partes:

1. O raciocínio dos fragmentos-vajra;
2. O raciocínio da relação dependente;
3. O raciocínio que refuta a produção inerente de existentes e de não existentes.

O raciocínio dos fragmentos-vajra tem cinco partes:
1. Refutar a produção a partir de causa alguma;
2. Refutar a produção a partir de uma causa permanente que seja outra;
3. Refutar a produção a partir de um princípio geral permanente;
4. Sumário da refutação da produção a partir de causa alguma;
5. Refutar a produção a partir de ambos, self e outro.

Refutar a produção a partir de uma causa permanente que seja outra tem três partes:
1. Refutar o que se entende por deus Ishvara;
2. Refutar que Ishvara é a causa de tudo porque é permanente;
3. Refutar que partículas impartíveis permanentes são a causa de tudo.

Refutar a produção a partir de um princípio geral permanente tem quatro partes:
1. Refutar um princípio geral que seja a causa de todas as manifestações;
2. Refutar um princípio geral permanente;
3. Refutar um efeito que exista ao mesmo tempo que sua causa;
4. Refutar a alegação de que a escola madyamika está errada.

O raciocínio que refuta a produção inerente de existentes e de não existentes tem três partes:
1. Refutar a produção inerentemente existente por meio desse raciocínio;
2. Refutar, assim, a cessação verdadeiramente existente;

3. Estabelecer, desse modo, a igualdade do samsara e do nirvana do ponto de vista da ausência de existência verdadeira.

Encorajar o praticante a lutar para gerar essa sabedoria tem quatro partes:

1. Mostrar o significado da sublime e preciosa vacuidade;
2. A necessidade de lutar para realizar a vacuidade;
3. Explicar a grande compaixão mostrando as falhas do samsara;
4. Mostrar o objeto concebido da grande compaixão.

Explicar a grande compaixão mostrando as falhas do samsara tem cinco partes:

1. Contemplar as falhas desta vida;
2. Contemplar as falhas das vidas futuras;
3. Contemplar que até em reinos afortunados é difícil achar tempo para praticar o Darma;
4. Contemplar a raridade e o grande significado de encontrar esta preciosa vida humana;
5. Visto que nós e os outros somos afligidos pelos sofrimentos do samsara, é adequado nos compadecermos.

Dedicatória e a prática de dar para o benefício de todos os seres tem três partes:

1. A explicação da breve dedicatória;
2. A explicação da dedicatória extensa;
3. Reconhecimento da bondade e prostração.

A explicação da dedicatória extensa tem três partes:

1. Dedicatória em prol dos outros;
2. Dedicatória em prol de nós mesmos;
3. Dedicatória para o florescimento do Budadarma, fonte de toda felicidade.

Dedicatória em prol dos outros tem cinco partes:

1. Dedicatória para livrar os outros da doença;
2. Dedicatória para remover os sofrimentos dos três reinos inferiores;
3. Dedicatória para todos os deuses e humanos;
4. Dedicatória universal para todos os seres vivos;
5. Dedicatória para todos os Bodissatvas e Seres Superiores.

Dedicatória para todos os deuses e humanos tem duas partes:

1. Dedicatória para aliviar o sofrimento;
2. Dedicatória para a satisfação de desejos.

Dedicatória para a satisfação de desejos tem duas partes:

1. Dedicatória geral para todos os seres humanos;
2. Dedicatória específica para os ordenados.

O significado da conclusão tem duas partes:

1. Sobre o autor;
2. Sobre os tradutores.

Glossário

Absorção sem discriminação Concentração do quarto reino da forma que observa o nada e que é atingida pela interrupção das sensações e discriminações densas. Consultar *Oceano de néctar*.

Ações não-virtuosas Caminhos que levam aos reinos inferiores. Existem incontáveis ações não-virtuosas, mas a maioria delas está incluída nas dez seguintes: matar, roubar, má conduta sexual; mentira, discurso divisor, discurso ofensivo, tagarelice; cobiça, maldade e adotar visões errôneas. Consultar *Caminho alegre da boa fortuna.*

Afundamento mental Um fator mental que destrói a clareza da concentração e sua firme detenção do objeto. Consultar *Entender a mente.*

Agregados Em geral, todas as coisas funcionais são agregados, pois são uma agregação de suas próprias partes. Uma pessoa do reino do desejo ou da forma possui cinco agregados: forma, sensação, discriminação, fatores de composição e consciência. Seres do reino da sem-forma não têm o agregado forma, só os outros quatro. O agregado forma de uma pessoa é o seu corpo. Os outros quatro são aspectos de sua mente. Consultar *Coração de sabedoria.*

Amitaba Manifestação do agregado discriminação de todos os Budas. Seu corpo é vermelho. Consultar *Oito passos para a felicidade.*

Amor Mente que deseja que os outros sejam felizes. Existem três tipos de amor: afetuoso, apreciativo e grande amor. Consultar *Caminho alegre* e *Oito passos para felicidade.*

Atisha (982-1054) Renomado erudito e mestre de meditação indiano. Foi abade do grande monastério budista Vikramashila, na época em que o budismo mahayana florescia na Índia. Tempos depois, foi convidado a visitar o Tibete e contribuiu para o restabelecimento do puro budismo naquele país. Autor de *Luz para o caminho*, o primeiro texto sobre as etapas do caminho, ou Lamrim. Sua tradição tornou-se conhecida como "Tradição Kadampa". Consultar *Caminho alegre da boa fortuna.*

Avalokiteshvara A corporificação da compaixão de todos os Budas. Às vezes, aparece com uma face e quatro braços; outras, com onze faces e mil braços. Na época de Buda Shakyamuni, ele se manifestou como um de seus discípulos Bodissatvas. Chamado Chenrezig, em tibetano. Consultar *Viver significativamente, morrer com alegria.*

Avareza Fator mental deludido que, motivado por apego desejoso, agarra-se firmemente às coisas e não deseja ser separado delas. Consultar *Entender a mente.*

Buda Shakyamuni O quarto de mil Budas que vão aparecer neste mundo durante este Éon Afortunado. Os primeiros foram: Krakuchchanda, Kanakamuni e Kashyapa. O quinto será Maitreya. Consultar *Introdução ao budismo.*

Bênção Transformação da mente de um estado negativo para um estado positivo, de um estado infeliz para um estado feliz, ou de um estado de fraqueza para um estado de força, por meio da inspiração de seres sagrados, como nosso Guia Espiritual, os Budas e os Bodissatvas.

Budista Qualquer pessoa que busque sinceramente refúgio nas Três Jóias - Buda, Darma e Sanga. Consultar *Introdução ao budismo* e *Caminho alegre*.

Budismo Kadampa Escola do budismo mahayana fundada pelo grande mestre budista indiano Atisha (928-1054). Ver Kadampa, Tradição Kadampa e Nova Tradição Kadampa.

Carma Termo sânscrito que significa ação. Por força da intenção, executamos ações com nosso corpo, fala e mente, e todas essas ações produzem efeitos. O efeito das ações virtuosas é felicidade, e o efeito das negativas é sofrimento. Consultar *Caminho alegre* e *Novo manual de meditação*.

Causa substancial Sinônimo de causa principal.

Chandrakirti (séc.VII) Estudioso budista e mestre de meditação indiano que compôs, entre muitos outros, o famoso *Guia ao caminho do meio*, no qual explica claramente a visão da escola madyamika-prassangika, de acordo com os ensinamentos dados por Buda nos sutras *Perfeição de sabedoria*. Consultar *Oceano de néctar*.

Chekawa, Geshe (1102-1176) Eminente Bodissatva kadampa, autor do texto *Treinar a mente em sete pontos*, um comentário ao texto *Os oito versos do treino da mente*, de Langri Tangpa. Chekawa difundiu o estudo e a prática do treino da mente em todo o Tibete. Consultar *Compaixão universal*.

Coisa funcional Um fenômeno que é produzido e se desintegra num instante. Sinônimo de fenômeno impermanente, coisa e produto.

Coleção de mérito Ação virtuosa motivada por bodichita e que é a causa principal para alcançar o corpo-forma de um Buda. Exemplos: fazer oferendas e prostrações aos seres sagrados com a motivação de bodichita e praticar as perfeições de dar, disciplina moral e paciência.

Coleção de sabedoria Ação mental virtuosa motivada por bodichita e que é a causa principal para alcançar o corpo-verdade de um Buda. Exemplos: ouvir, contemplar e meditar na vacuidade com a motivação de bodichita.

Compromissos Promessas e votos assumidos quando fazemos certas práticas espirituais.

Conhecedor válido Um conhecedor não-enganoso em relação ao seu objeto conectado. Existem dois tipos: conhecedor válido inferido e conhecedor válido direto. Consultar *Coração de sabedoria* e *Entender a mente.*

Conhecedor válido direto Um conhecedor que apreende seu objeto manifesto. Consultar *Entender a mente.*

Conquistador Solitário Um dos dois tipos de praticante hinayana. Também conhecido como Realizador Solitário. Ambos os Ouvintes e Conquistadores Solitários são hinayanistas, mas diferem na sua motivação, comportamento, mérito e sabedoria. Em todos esses quesitos os Conquistadores Solitários são superiores aos Ouvintes. Consultar *Oceano de néctar.*

Consciência As seis consciências, ou mentes primárias, são: consciência visual, consciência auditiva, consciência olfativa, consciência gustativa, consciência tátil e consciência mental. Consultar *Entender a mente*.

Contato Fator mental cuja função é perceber seu objeto como agradável, desagradável ou neutro. Consultar *Entender a mente*.

Continuum mental O continuum da mente, que não tem começo nem fim.

Corpo-emanação *Nirmanakaya*, em sânscrito. O corpo-forma de um Buda, capaz de ser percebido pelos seres comuns.

Corpo-fruição Sambogakaya, em sânscrito. Corpo-forma sutil de um Buda, que só pode ser percebido pelos praticantes mahayana superiores. Ver *Corpos de Buda*.

Corpo-natureza A natureza última da mente de um Buda. Também conhecido por "corpo-entidade". Consultar *Caminho*, *Solos e caminhos tântricos* e *Oceano de Néctar*.

Corpo-verdade Ver *Corpos de Buda*.

Corpos de Buda Um Buda possui quatro corpos: o corpo-verdade sabedoria, o corpo-natureza, o corpo-fruição e os corpo-emanação. O primeiro é a mente onisciente de Buda; o segundo é a vacuidade, ou natureza última dessa mente; o terceiro é seu corpo-forma sutil e o quarto são os corpos-forma densos, que cada Buda manifesta em número incontável, e que podem ser vistos pelos seres comuns. O corpo-verdade sabedoria e o corpo-natureza estão incluídos no corpo-verdade, e o corpo-fruição e o corpo-emanação estão incluídos no corpo-forma. Consultar *Caminho alegre, Oceano de Néctar e Novo manual de meditação.*

Deidade (*Yidam*, em sânscrito) Ser iluminado tântrico.

Delusão *Fator mental que surge em virtude de atenção imprópria e atua para tornar nossa mente agitada e descontrolada.*

Delusões inatas Surgem naturalmente e não são produto de especulação intelectual. Consultar *Entender a mente.*

Delusões intelectualmente formadas Delusões que surgem como resultado de confiar em raciocínios incorretos ou em princípios equivocados. Consultar *Entender a mente.*

Destruidor de Inimigos Arhat, em sânscrito. Praticante que abandonou todas as delusões e suas sementes pelo treino nos caminhos espirituais, e que nunca mais vai renascer no samsara. Nesse contexto, o termo "inimigo" refere-se às delusões. Ver *Ouvinte.*

Deus *Deva, em sânscrito.* Um ser do reino dos deuses, o mais elevado dos seis reinos do samsara. Há muitos tipos de deuses: alguns pertencem ao reino do desejo, outros aos reinos da forma e da sem-forma. Consultar *Caminho alegre.*

Dez direções Os quatro pontos cardeais, os quatro intermediários e as direções de cima e de baixo.

Dezesseis características das quatro nobres verdades Buda ensinou que cada uma das quatro nobres verdades possui quatro características especiais. As quatro características dos verdadeiros sofrimentos são: impermanência, sofrimento, vacuidade e vazio do si-mesmo; as quatro características das verdadeiras origens são: causa, origem, forte produção e condição; as quatro características das verdadeiras cessações são: cessação, paz, aquisição suprema e abandonador definitivo; e as quatro características dos verdadeiros caminhos são: caminho, antídoto, conquista e abandono definitivo. Consultar *Oceano de néctar*.

Dúvida Um fator mental que oscila a respeito do seu objeto. Consultar *Entender a mente*.

Desperto, O Epíteto para Buda, que se refere a qualquer um que tenha despertado do sono da ignorância e esteja completamente livre dos problemas e sofrimentos quiméricos do samsara. O "sono da ignorância" é o sono do autoagarramento, do qual os seres que nunca se libertam enquanto estão no samsara.

Espírito faminto Um ser do reino dos espíritos famintos, um dos três reinos inferiores do samsara. Também chamado de fantasma faminto. Consultar *Caminho alegre da boa fortuna*.

Estado intermediário Bardo, em tibetano. O estado entre a morte e o próximo renascimento. Começa no instante em que a consciência deixa o corpo e termina quando ela ingressa no corpo da próxima vida. Consultar *Caminho alegre*.

Excitamento mental Fator mental deludido que divaga em objetos de apego. Consultar *Entender a mente*.

Faculdade sensorial Um poder interior localizado no exato centro de um órgão sensorial, cuja função é produzir diretamente uma percepção sensorial. Existem cinco faculdades sensoriais, uma para cada tipo de percepção sensorial – a visual etc. São também chamadas de "faculdades sensoriais que possuem forma". Consultar *Entender a mente*.

Fator mental Conhecedor que apreende, principalmente, um atributo particular de um objeto. Há 51 fatores mentais específicos. Cada momento da mente é composto por de uma mente primária e vários fatores mentais. Consultar *Entender a mente.*

Fé Fator mental cuja função principal é eliminar a antifé. A fé é uma mente naturalmente virtuosa que atua, principalmente, para se opor à percepção de falhas em seu objeto observado. Existem três tipos de fé: a fé de acreditar, a fé de admirar e a fé de almejar. Consultar *Transforme sua vida, Caminho alegre* e *Entender a mente.*

Felicidade Existem dois tipos de felicidade: mundana e supramundana. A primeira é a felicidade limitada que pode ser encontrada no samsara, como a de humanos e deuses. A segunda é a felicidade pura da libertação e da iluminação.

Fenômeno impermanente Fenômenos podem ser permanentes ou impermanentes. Impermanente significa transitório ou aquilo que dura só um momento; assim, um fenômeno impermanente é produzido e se desintegra dentro de um instante. Fenômeno impermanente, coisa funcional e produto são sinônimos. Existem dois tipos de impermanência: densa e sutil. A densa é a que se percebe por meio da percepção sensorial comum – por exemplo, o envelhecimento e a morte de um ser senciente. Impermanência sutil é a desintegração de uma coisa funcional que ocorre momento a momento. Consultar *Coração de sabedoria.*

Fenômeno permanente Fenômenos são permanentes ou impermanentes. Um fenômeno permanente é aquele que não depende de causas e que não se desintegra momento a momento. Ele não possui as características de produção, permanência e desintegração.

Guia ao caminho do meio Texto budista mahayana clássico, que foi composto pelo grande erudito e iogue indiano Chandrakirti. Apresenta uma explicação clara e completa da visão madyamika-prassangika sobre a vacuidade, conforme é ensinada nos sutras *Perfeição de sabedoria.* Tradução e comentário completo a esse texto podem ser encontrados no livro *Oceano de néctar.*

Guia Espiritual *Guru em sânscrito, Lama em tibetano.* Um Professor ou Professora que nos guie ao longo do caminho espiritual. Consultar *Caminho alegre* e *Grande tesouro de mérito.*

Guru raiz O principal Guia Espiritual que nos concedeu as iniciações, instruções e transmissões orais de nossa prática principal. Consultar *Caminho alegre, Grande tesouro de mérito* e *Jóia Coração.*

Hinayana Palavra sânscrita que significa "pequeno veículo". A meta do hinayana é atingir tão-somente a libertação pessoal do sofrimento, por meio do completo abandono das delusões. Consultar *Caminho alegre.*

Ignorância Fator mental que está confuso sobre a natureza última dos fenômenos. Consultar *Entender a mente.*

Imputação, mera De acordo com a mais elevada das escolas filosóficas budistas, a escola madyamika-prassangika, todos os fenômenos são meramente imputados pela concepção na dependência de suas bases de imputação. Portanto, são meras imputações e não existem, de modo algum, do seu próprio lado. Consultar *Coração de sabedoria* e *Oceano de néctar.*

Ingressante na Corrente Ver *Ouvinte.*

Intenção Fator mental cuja função é mover sua mente primária para o objeto. Serve para comprometer a mente com objetos virtuosos, não-virtuosos ou neutros. Todas as ações corporais ou verbais são iniciadas pelo fator mental intenção. Consultar *Entender a mente.*

Iogue/ioguine Palavra sânscrita que designa alguém que alcançou a união do tranquilo-permanecer e da visão superior.

Je Tsongkapa (1357-1419) Emanação de Manjushri, o Buda da sabedoria, que se manifestou como um monge tibetano, no século XIV. Je Tsongkapa difundiu o puro budadarma por todo o Tibete, mostrando como combinar as práticas do sutra e do tantra e como praticar o puro Darma em tempos degenerados. Sua tradição ficou conhecida mais tarde como Gelug ou Tradição Ganden. Consultar *Jóia Coração* e *Grande tesouro de mérito.*

Kadampa Termo tibetano, no qual *ka* significa palavra e se refere a todos os ensinamentos de Buda; *dam* refere-se às instruções especiais de Lamrim que foram dadas por Atisha e que são conhecidas como etapas do caminho à iluminação; e *pa* refere-se a um seguidor do budismo kadampa, que incorpora todos os ensinamentos de Buda em sua prática de Lamrim. Ver *Budismo Kadampa*, *Tradição Kadampa* e *Nova Tradição Kadampa.*

Letra-semente Letra ou sílaba sagrada a partir da qual uma deidade é gerada. Cada deidade tem uma letra específica. Por exemplo, a de Majushri é DHI, a de Tara é TAM, a de Vajrayoguini é BAM e a de Heruka é HUM. Para alcançar realizações tântricas, precisamos reconhecer que as deidades e suas letras-sementes são uma mesma natureza.

Libertação Liberdade completa do samsara e de suas causas, as delusões. Consultar *Caminho alegre.*

Madyamika Termo em sânscrito, que literalmente significa "Caminho do Meio". É a mais elevada das duas escolas que adotam os princípios mahayanas. Esta visão foi ensinada por Buda nos sutras *Perfeição de sabedoria*, na segunda girada da Roda do Darma, e elucidada posteriormente por Nagarjuna e seus seguidores. Subdivide-se em duas: a escola madyamika-svatantrika e a escola madyamika-prassangika. A segunda representa a visão última, ou definitiva, ensinada por Buda. Consultar *Oceano de néctar.*

Mahayana Termo sânscrito para "grande veículo", o caminho espiritual que conduz à grande iluminação. A meta mahayana é alcançar a budeidade para o benefício de todos os seres sencientes, abandonando por completo as delusões e suas marcas. Consultar *Caminho alegre.*

Mala Rosário para contar recitações de preces ou de mantras, em geral, com 108 contas. Consultar *Guia à Terra Dakini.*

Maleabilidade Há dois tipos de maleabilidade: a mental e a física. A primeira é uma flexibilidade da mente induzida por concentração virtuosa. A segunda é um objeto tátil, flexível e leve, dentro do corpo, que se desenvolve quando a meditação faz com que um vento puro permeie o corpo.

Manjushri Corporificação da sabedoria de todos os Budas. Na época de Buda Shakyamuni, manifestou-se como um discípulo Bodissatva. Consultar *Grande Tesouro* e *Jóia coração.*

Mara Termo sânscrito para demônio. Refere a tudo que obstrui a aquisição da libertação ou da iluminação. Há quatro tipos principais: mara delusões, mara agregados contaminados, mara morte descontrolada e maras Devaputra. Só os Devaputras são seres sencientes. O principal mara Devaputra é o Ishvara irado, o mais elevado dos deuses do reino do desejo, que mora na Terra Controladora de Emanações. Buda é chamado Conquistador por ter derrotado esses quatro tipos de maras. Consultar *Coração de sabedoria*.

Marcas Existem dois tipos de marca mental: marcas de ações e marcas de delusões. Toda ação que fazemos deixa uma marca em nossa consciência mental, e essas marcas são potenciais cármicos para experienciarmos certos efeitos no futuro. As marcas das delusões permanecem mesmo depois de as delusões terem sido abandonadas, assim como o cheiro de alho permanece num recipiente mesmo depois de o alho ter sido removido. As marcas das delusões são obstruções à onisciência e são completamente abandonadas por completo pelos Budas.

Marpa (1012-1096) Marpa Lotsawa, ou Marpa "O Tradutor", foi um grande iogue tântrico leigo e o Guia Espiritual de Milarepa. Consultar *Caminho alegre*.

Meditação Mente que se concentra num objeto virtuoso e ação mental que é causa principal de paz. Existem dois tipos: analítica e posicionada. Quando usamos imaginação, contínua-lembrança e raciocínio para encontrar um objeto de meditação, estamos praticando a meditação analítica. Quando encontramos o objeto e o retemos unifocadamente, praticamos a meditação posicionada. Existem diferentes tipos de objeto. Alguns são objetos apreendidos pela mente, como impermanência e vacuidade. Outros objetos são estados mentais, como amor, compaixão e renúncia. Fazemos a meditação analítica até que o objeto específico que estamos procurando apareça com clareza à nossa mente, ou até que um determinado estado mental seja gerado. Esse objeto, ou estado mental, será o objeto da meditação posicionada. Consultar *Novo manual de meditação*.

Mente Aquilo que é clareza e que conhece. A mente é clareza porque sempre carece de forma e tem o poder de perceber objetos. A mente conhece porque sua função é conhecer ou perceber os objetos. Consultar *Entender a mente*, *Mahamudra Tantra* e *Clara luz de êxtase*.

Mérito Boa sorte criada por ações virtuosas. Potencial para aumentar nossas boas qualidades e produzir felicidade.

Milarepa (1040-1123) Grande meditador budista tibetano e discípulo de Marpa, louvado por suas belas canções de realização.

Monastério Nalanda Grande centro de ensino e de prática budista da antiga Índia.

Monte Meru De acordo com a cosmologia budista, montanha divina no centro do universo.

Nagarjuna Famoso erudito indiano e mestre de meditação budista. Reviveu os ensinamentos mahayanas no século I e esclareceu os sutras *Perfeição de sabedoria*. A vida e os feitos extraordinários de Nagarjuna foram preditos por Buda Shakyamuni. Consultar *Oceano de néctar*.

Não-virtude Fenômeno que funciona como causa principal de sofrimento. Não-virtude pode se referir às mentes, ações ou marcas não-virtuosas. Também pode se referir à não-virtude última do samsara. Consultar *Entender a mente*.

Naropa (1016-1100) Mahassida budista indiano e guru-linhagem da prática de Vajrayoguini, no tantra ioga superior. Consultar *Guia à Terra Dakini*.

Natureza última e convencional Todos os fenômenos possuem duas naturezas – uma natureza convencional e uma natureza última. Por exemplo, a natureza convencional de uma mesa é a própria mesa, seu formato, cor etc. A ausência de existência inerente da mesa é a sua natureza última. Consultar Coração de sabedoria e Oceano de néctar.

Nirvana Termo sânscrito para "estado além da dor". Liberdade completa do samsara e de suas causas, as delusões. Consultar *Compaixão universal* e *Caminho alegre.*

Nova Tradição Kadampa – União Budista Kadampa Internacional (NKT-IKBU) União dos centros budistas kadampas, uma associação internacional de centros de estudo e de meditação, que segue a pura tradição do budismo mahayana originária dos meditadores e eruditos budistas Atisha e Je Tsongkapa, e introduzida no ocidente pelo mestre budista Venerável Geshe Kelsang Gyatso. Ver *Kadampa.*

Nunca Retornado Ver *Ouvinte.*

Objeto de negação Objeto explicitamente negado pela mente que realiza um fenômeno negativo. Na meditação sobre a vacuidade, ou ausência de existência inerente, refere-se à existência inerente. Também conhecido como "objeto negado".

Objeto imputado Objeto imputado pela mente na dependência da sua base de imputação. Consultar *Coração de sabedoria* e *Oceano de néctar.*

Obstruções à libertação Obstruções que impedem a conquista da libertação. Todas as delusões, como ignorância, apego e raiva, juntamente com suas sementes, são obstruções à libertação. Também chamadas de "obstruções-delusões".

Obstruções à onisciência Marcas das delusões, que impedem uma realização simultânea e direta de todos os fenômenos. Só os Budas superaram esse tipo de obstruções.

Oferecimento do mandala Oferecimento do universo, visualizado como Terra Pura, e de todos os seus habitantes, como seres puros. Consultar *Guia à Terra Dakini* e *Grande tesouro de mérito.*

Oito interesses mundanos Os objetos dos oito interesses mundanos são felicidade e sofrimento, riqueza e pobreza, elogio e crítica, boa e má reputação. São denominados mundanos, porque as pessoas mundanas estão constantemente preocupadas com eles, desejando uns e tentando evitar outros. Consultar *Compaixão universal* e *Caminho alegre.*

Orgulho Fator mental deludido que, ao levar em consideração e exagerar nossas próprias boas qualidades ou posses, nos torna arrogantes. Consultar *Entender a mente.*

Ouvinte Um dos dois tipos de praticante hinayana. Ouvintes e Realizadores Solitários são ambos hinayanistas, mas diferem em motivação, comportamento, mérito e sabedoria. Os Realizadores Solitários são superiores aos Ouvintes em todos esses aspectos. Existem oito níveis de Ouvintes de acordo com o nível de delusões que eles abandonaram: 1) aproximadores da conquista de Ingressante na Corrente; 2) permanecedores na conquista de Ingressante na Corrente; 3) aproximadores da conquista de Uma vez retornado; 4) permanecedores na conquista de Uma vez retornado; 5) aproximadores da conquista de um Nunca retornado; 6) permanecedores na conquista de um Nunca retornado, 7) aproximadores da conquista de Destruidor de Inimigos; 8) permanecedores na conquista de Destruidor de Inimigos.

Parinirvana Termo sânscrito que literalmente significa "passar para um estado além-da-dor". Refere-se ao corpo-emanação de um Buda que parece morrer e passar além deste mundo.

Percebedor direto Conhecedor que apreende seu objeto manifesto. Consultar *Entender a mente*.

Percepção equivocada, mente Mente que está equivocada a respeito de seu objeto aparecedor. Embora todas as mentes dos seres comuns sejam equivocadas, elas não são necessariamente errôneas. Uma mente errônea é uma mente que está equivocada a respeito de seu objeto conectado. Assim nossa percepção visual que percebe esta página é uma percepção equivocada, porque a página aparece como se fosse inerentemente existente; contudo, é uma mente correta, porque ela apreende corretamente a página como uma página. Consultar *Entender a mente*.

Percepção errônea Conhecedor que está equivocado a respeito de seu objeto conectado ou de seu objeto apreendido. Consultar *Entender a mente*.

Pessoa Um eu imputado na dependência de qualquer dos cinco agregados. Pessoa, ser, self e eu são sinônimos. Consultar *Entender a mente*.

Prassangika Ver *Madyamika*.

Prática do método Qualquer caminho espiritual que sirva para amadurecer nossa linhagem búdica. Treinar em renúncia, compaixão e bodichita são exemplos de práticas do método.

Preceptor Guia Espiritual que nos dá os votos e compromissos que devemos observar.

Quatro maneiras de reunir discípulos As quatro maneiras de reunir discípulos, praticadas pelos Bodissatvas, são: agradar os outros dando-lhes coisas materiais ou o que quer que necessitem; ensinar o Darma para conduzir os outros à libertação; ajudar os outros na prática do Darma, encorajando-os; e dar bom exemplo, praticando sempre o que é ensinado. Consultar *Caminho alegre.*

Quatro nobres verdades Verdadeiros sofrimentos, verdadeiras origens, verdadeiras cessações e verdadeiros caminhos. Denominam-se "nobres" porque são os objetos supremos de meditação. Meditando sobre as quatro nobres verdades, podemos realizar a verdade última diretamente e nos tornar um Ser Superior, ou nobre. De acordo com a escola madyamika-prassangika, existem dois tipos de quatro nobres verdades: as densas e as sutis. Essa divisão corresponde aos dois tipos de auto-agarramento de pessoas – o denso, que apreende uma pessoa auto-sustentada e substancialmente existente, e o sutil, que se agarra a uma pessoa inerentemente existente. Ver Dezesseis características das quatro nobres verdades. Consultar *Como solucionar nossos problemas humanos*, *Caminho alegre* e *Oceano de Néctar.*

Reinos inferiores O reino do inferno, o reino dos espíritos famintos e o reino animal. Ver *Samsara.*

Renúncia O desejo de se libertar do samsara. Consultar *Caminho alegre.*

Retiro Período de tempo durante o qual estabelecemos várias restrições às nossas ações de corpo, fala e mente a fim de poder nos concentrar de modo mais profundo numa determinada prática espiritual. Consultar *Guia à Terra Dakini* e *Jóia Coração.*

Retiro aproximador Retiro no qual tentamos nos aproximar de uma determinada deidade. Pode ser entendido de duas maneiras: ficar mais próximo no sentido de desenvolver uma relação especial com um amigo e ficar mais próximo no sentido de nos tornarmos cada vez mais iguais à Deidade. Consultar *Jóia Coração*, *Guia à Terra Dakini*, *Essência do Vajrayana* e *Solos e caminhos tântricos*.

Roda do Darma Coleção dos ensinamentos de Buda. Buda transmitiu seus ensinamentos em três fases principais, conhecidas como "as três giradas da Roda do Darma". Na primeira, ensinou as quatro nobres verdades; na segunda, ensinou os sutras *Perfeição de Sabedoria* e revelou a visão madyamika-prassangika; na terceira, ensinou a visão chitamatra. Esses ensinamentos foram dados em conformidade com as inclinações e as capacidades dos discípulos. A visão final de Buda foi apresentada na segunda girada. O Darma é comparado à roda preciosa dos legendários reis chakravatins. Consultar *Introdução ao Budismo*.

Samsara Há seis reinos samsáricos, listados em ordem ascendente segundo o carma causador do renascimento neles: dos seres-inferno, espíritos famintos, animais, humanos, semideuses e deuses. Os três primeiros são reinos inferiores ou migrações infelizes; os outros três, reinos superiores ou migrações felizes. Embora do ponto de vista do carma que causa o renascimento, o reino dos deuses seja o mais elevado do samsara, considera-se o reino humano o mais afortunado, pois este estado é o que provê as melhores condições à libertação e à iluminação. Consultar *Caminho alegre*.

Sanga Segundo o vinaya, uma comunidade de, no mínimo, quatro monges plenamente ordenados. Em geral, pessoas ordenadas ou leigas que tomaram ou os votos do Bodissatva ou tântricos podem ser consideradas como Sanga.

Senhor da Morte Embora o mara, ou demônio, da morte descontrolada não seja um ser senciente, ele é personificado como o Senhor da Morte, ou "Yama". O Senhor da Morte é representado no diagrama da Roda da Vida, apertando-a entre suas garras e dentes. Consultar *Caminho alegre.*

Sensação Fator mental cuja função é nos fazer experienciar os objetos como se fossem agradáveis, desagradáveis ou neutros. Consultar *Entender a mente.*

Ser senciente Qualquer ser que tenha a mente contaminada por delusões ou pelas marcas das delusões. O termo ser senciente ou ser vivo é usado para distinguir entre os seres que têm as mentes contaminadas por uma das duas obstruções e os Budas, cujas mentes estão totalmente livres dessas obstruções.

Ser superior Arya, em sânscrito. Alguém que possui uma realização direta da vacuidade. Existem hinayanas e mahayanas superiores. Consultar *Caminho alegre.*

Sete membros Práticas especiais para purificar negatividade e acumular mérito. Elas são: 1) prostração; 2) oferenda; 3) a confissão de não-virtude; 4) regozijo com virtude; 5) pedido aos Budas para que girem a Roda do Darma; 6) súplica para que os Budas não morram; 7) dedicatória. São chamadas de membros porque dão suporte ao corpo principal da nossa prática, que são as meditações nos caminhos do sutra e do tantra. Consultar *Caminho alegre* e *Grande tesouro de mérito.*

Shariputra Um dos principais discípulos de Buda Shakyamuni. Ele aparece sob o aspecto de um praticante hinayana Destruidor de Inimigos. Consultar *Coração de sabedoria.*

Solo, solo espiritual Uma clara realização que serve de base para diversas boas qualidades. Clara realização é aquela mantida por renúncia e bodichita espontâneas. Os dez solos são as realizações dos Bodissatvas Superiores. Tais solos denominam-se: Muito Alegre, Imaculado, Luminoso, Irradiante, Difícil de Superar, Aproximando-se, Que Foi Longe, Inamovível, Boa Inteligência e Nuvem de Darma. Consultar *Oceano de néctar* e *Solos e caminhos tântricos.*

Sugata Outro termo, em sânscrito, para Buda. Indica que os Budas atingiram um estado de êxtase imaculado e indestrutível.

Sukavati Termo sânscrito para "Terra de Êxtase", a Terra Pura de Buda Amitaba.

Sutra Ensinamentos de Buda que podem ser praticados por qualquer pessoa, sem que seja necessário receber uma iniciação. Abrange os ensinamentos dados nas três giradas da Roda do Darma.

Sutras Perfeição de Sabedoria Sutras da segunda girada da Roda do Darma, em que Buda revelou sua visão final sobre a natureza última dos fenômenos – a ausência de existência inerente. Consultar *Coração de sabedoria.*

Svatantrika Ver *Madyamika.*

Tantra Sinônimo de mantra secreto. Ensinamentos que diferem do sutra por revelarem métodos de treinar a mente que consistem em trazer o resultado futuro, a budeidade, para o caminho atual. Praticantes tântricos superam as aparências e concepções comuns visualizando seu corpo, ambiente, prazeres e feitos como se fossem os de um Buda. O tantra é o caminho supremo à plena iluminação. Práticas tântricas devem ser realizadas reservadamente e apenas por aqueles que receberam uma iniciação tântrica. Consultar *Mahamudra tantra* e *Solos e caminhos tântricos.*

Tantra ioga superior O supremo caminho rápido à iluminação. Os ensinamentos do tantra ioga superior são a intenção última de Buda. Ver *Tantra.* Consultar *Mahamudra tantra, Guia a Terra Dakini* e *Solos e caminhos tântricos.*

Tatagata Termo sânscrito para "um ser que passou além". Refere-se a Buda.

Terra Pura Ambiente puro em que não existem os verdadeiros sofrimentos. Há muitas terras puras. Exemplos: Tushita, de Buda Maitreya; Sukhavati, de Buda Amitaba; Terra Dakini, ou Keajra, de Buda Vajrayoguini e Buda Heruka. Consultar *Viver significativamente, morrer com alegria.*

Tradição Kadampa A pura tradição do budismo mahayana fundada por Atisha. Até a época de Je Tsongkapa, os seguidores dessa tradição eram chamados "Antigos Kadampas", e após Je Tsongkapa, os seguidores dessa tradição passaram a ser conhecidos como "Novos Kadampas".

Três Jóias Os três objetos de refúgio: Buda, Darma e Sanga. Chamados de "jóias" porque são raros e preciosos. Consultar *Caminho alegre.*

Três treinos superiores Treinos em disciplina moral, concentração e sabedoria, realizados com a motivação de renúncia ou de bodichita.

Uma vez retornado Ver *Ouvinte.*

Vajra Palavra em sânscrito que, geralmente, significa "indestrutível como o diamante e poderoso como o raio". No contexto do mantra secreto, refere-se à indivisibilidade do método e da sabedoria.

Vajrapani Corporificação do poder de todos os Budas. Aparece sob um aspecto irado para demonstrar seu poder de superar obstáculos externos, internos e secretos. Na época de Buda Shakyamuni, manifestou-se como um discípulo Bodissatva.

Vajrayoguini Deidade feminina do tantra ioga superior, a corpo¬rificação do êxtase e da vacuidade indivisíveis. Ela possui a mesma natureza que Heruka. Consultar *Guia à Terra Dakini.*

Verdadeira cessação Natureza última da mente que foi libertada de todas as obstruções por meio de um verdadeiro caminho. Consultar *Caminho alegre* e *Coração de sabedoria.*

Verdadeira origem Ação ou delusão que é a causa principal de um verdadeiro sofrimento. Consultar *Caminho alegre* e *Coração de sabedoria.*

Verdadeiro caminho Caminho espiritual sustentado pela sabedoria que realiza diretamente a vacuidade. Consultar *Caminho alegre* e *Coração de sabedoria.*

Verdadeiro sofrimento Objeto contaminado, produzido por delusões e carma. Consultar *Caminho alegre* e *Coração de sabedoria.*

Virtude Fenômeno que funciona como causa principal de felicidade. Virtude pode se referir a mentes, ações ou marcas virtuosas ou à virtude última do nirvana. Consultar *Entender a mente.*

Voto Determinação virtuosa de abandonar determinadas falhas, gerada em associação com um ritual tradicional. Os três conjuntos de votos são: os votos pratimoksha de libertação individual, os votos do Bodissatva e os votos do mantra secreto ou votos tântricos. Consultar *O voto do Bodissatva* e *Solos e caminhos tântricos*.

Yongdzin Trijang Rinpoche (1901-1981) Um Lama tibetano especial do século XX, que era uma emanação de Buda Shakyamuni, Heruka, Atisha, Amitaba e Je Tsongkapa. Também conhecido como Kyabje Trijang Rimpoche, Trijang Dorjechang e Losang Yeshe.

Bibliografia

Geshe Kelsang Gyatso é um respeitado mestre de meditação e um ilustre erudito da tradição do budismo mahayana fundada por Je Tsongkapa. Desde sua chegada ao Ocidente, em 1977, Geshe Kelsang tem trabalhado incansavelmente para estabelecer o puro Budadarma no mundo todo. Durante esse tempo, deu extensos ensinamentos sobre as principais escrituras mahayanas. Esses ensinamentos foram publicados em inglês e estão sendo traduzidos em muitas línguas. Eles constituem uma exposição completa das práticas essenciais do budismo mahayana, tanto as de sutra quanto as de tantra.

TÍTULOS DISPONÍVEIS EM PORTUGUÊS

Caminho alegre da boa fortuna. O completo caminho budista à iluminação. (1999; 3ª ed. 2005)

Compaixão universal. Soluções inspiradoras para tempos difíceis. (2001; 3ª ed. 2007)

Como solucionar nossos problemas humanos. (2004; 3ªed. 2009)

Contemplações significativas. Como se tornar um amigo do mundo. (2009)

Coração de sabedoria. Uma explicação do *Sutra Coração.* (2000; 2ª ed. 2005)

Entender a mente. A natureza e o poder da mente. (2002)

Guia à Terra Dakini. A prática do tantra ioga superior de Buda Vajrayoguini. (2001)

Guia do estilo de vida do Bodissatva. Como desfrutar de uma vida de grande significado e de altruísmo. (2003)
Introdução ao budismo. Uma explicação do estilo de vida budista. (1992; 5ª ed. 2009)
Jóia Coração. As práticas essenciais do budismo kadampa. (1999; 3ªed. 2008)
Mahamudra Tantra. Uma introdução à meditação no Tantra. (2006)
Novo manual de meditação. Meditações para tornar nossa vida feliz e significativa. (2005; 2ª ed. 2009)
O voto do Bodissatva. Um guia prático para ajudar os outros. (1991; 2ª ed. 2005)
Viver significativamente, morrer com alegria. A prática profunda da transferência de consciência. (2007)
Transforme sua vida. Uma jornada de êxtase. (2006)
Oito passos para a felicidade. A maneira budista de amar. (2007)

PRÓXIMOS LANÇAMENTOS

Grande tesouro de mérito. Prática de confiar no Guia Espiritual.
Solos e caminhos tântricos. Como ingressar, progredir e completar o caminho Vajrayana.

SADANAS

Geshe Kelsang também supervisionou a tradução de uma coleção essencial de sadanas, ou livretos de orações.

A confissão bodissatva das quedas morais. A prática de purificação do *Sutra Mahayana dos Três Montes Superiores.*
A Grande Mãe. Um método para superar impedimentos e obstáculos, por meio da recitação do sutra denominado *Essência da sabedoria* (*Sutra Coração*)

Caminho rápido ao grande êxtase. Sadana de autogeração de Vajrayoguini.
Cerimônia de refúgio mahayana e *Cerimônia do voto do Bodissatva.*
Cerimônia do Powa. Transferência de consciência para aqueles que morreram.
Dakini Ioga. Guru ioga em seis sessões combinado com a autogeração como Vajrayoguini.
Essência da boa fortuna. Preces das seis práticas preparatórias para a meditação sobre as etapas do caminho à iluminação.
Essência do vajrayana condensado. Sadana de autogeração do corpo mandala de Heruka, de acordo com o sistema do Mahassida Gantapa.
Festa de grande êxtase. Sadana de auto-iniciação de Vajrayoguini.
Gota da essência de néctar. Uma prática especial de jejum e purificação em associação com Avalokiteshvara de Mil Braços.
Grande Mãe Compassiva. A sadana de Arya Tara.
Jóia Coração. O Guru ioga de Je Tsongkapa combinado com a sadana condensada de seu Protetor do Darma.
Jóia dos Desejos. O Guru ioga de Je Tsongkapa combinado com a sadana de seu Protetor do Darma.
Libertação da dor. Preces e pedidos às 21 Taras.
Meditação e recitação de Vajrassatva Solitário.
Melodioso tambor vitorioso em todas as direções. O ritual extenso de cumprimento e de renovação do nosso compromisso com o Protetor do Darma, o grande rei Dorje Shugden, juntamente com Mahakala, Kalarupa, Kalindewi e outros Protetores do Darma.
O estilo de vida kadampa. As práticas essenciais do Lamrim kadam.
O ioga de Buda Amitayus. Um método especial para aumentar tempo de vida, sabedoria e mérito.
Oferenda ao Guia Espiritual (Lama Chöpa). Uma prática especial do Guru ioga da tradição de Je Tsongkapa.
Manual de práticas diárias dos Votos Bodissatvas e Tântricos.

Prece do Buda da Medicina. Um método para beneficiar os outros.
Preces para meditação. Breves preces preparatórias para meditação.
Sadana de Avalokiteshvara. Preces e pedidos ao Buda da Compaixão.
Sadana do Buda da Medicina. Um método para obter as aquisições do Buda da Medicina.
Tesouro de sabedoria. A sadana do venerável Manjushri.
Via à Terra Pura. Treino em powa, a transferência de consciência.
Vida pura. A prática de tomar e guardar os oito preceitos mahayanas.

Os livros e sadanas de Geshe Kelsang Gyatso podem ser adquiridos nas principais livrarias do país, ou diretamente no seguinte endereço:

Rua Fradique Coutinho, 701, cep 05416-011, S.Paulo-SP
Fone: 11 3812-7509 Fax 11 3476-2329
www.tharpa.com.br

ou ainda pelo e-mail:
contato@tharpa.com.br

Programas de estudo do budismo kadampa

O budismo kadampa é uma escola do budismo mahayana fundada pelo grande mestre indiano Atisha (982-1054). Seus seguidores são denominados kadampas: *ka* significa palavra e refere-se aos ensinamentos de Buda e *dam* refere-se às instruções especiais de Lamrim ensinadas por Atisha, conhecidas como etapas do caminho à iluminação. Os budistas kadampas incorporam todos os ensinamentos de Buda em sua prática de Lamrim e integram esse conhecimento em sua vida diária. Os kadampas são incentivados a usar os ensinamentos de Buda como métodos práticos para transformar atividades diárias em caminho à iluminação. Os grandes professores kadampas são famosos não apenas por sua erudição, mas por praticarem com imensa pureza e sinceridade.

A linhagem desses ensinamentos, tanto a transmissão oral como as bênçãos, foi passada de mestre a discípulo e propagou-se por grande parte da Ásia e, nas últimas décadas, por diversos países do mundo ocidental. Os ensinamentos de Buda, conhecidos como Darma, são comparados a uma roda que vai passando de um país a outro, segundo as condições e as tendências cármicas de seus habitantes. A maneira de apresentar o budismo adapta-se às diferentes culturas e sociedades, mas sua autenticidade essencial é assegurada pela continuidade de uma linhagem ininterrupta de praticantes realizados.

O budismo kadampa foi introduzido no Ocidente em 1977, pelo renomado mestre budista Venerável Geshe Kelsang Gyatso. Desde então, ele vem trabalhando incansavelmente para difundir o budismo kadampa por todo o mundo, dando extensos ensinamentos, escrevendo textos profundos sobre o budismo kadampa e fundando a Nova Tradição Kadampa - União Budista Kadampa Internacional (NKT-IKBU), que hoje congrega mais de mil centros budistas em todo o mundo. Esses centros oferecem programas de estudo sobre a psicologia e a filosofia budistas, instruções para meditar e retiros para todos os níveis de praticantes. A programação enfatiza a importância de incorporarmos os ensinamentos de Buda na vida diária, de modo que possamos solucionar nossos problemas humanos e propagar paz e felicidade duradouras neste mundo.

O budismo kadampa da NKT-IKBU é uma tradição totalmente independente e sem filiações políticas. É uma associação de centros budistas e de praticantes, que se inspiram no exemplo e nos ensinamentos dos mestres kadampas do passado, de acordo com a apresentação feita por Geshe Kelsang.

Existem três razões para estudarmos e praticarmos os ensinamentos de Buda: desenvolver nossa sabedoria, cultivar um bom coração e manter paz mental. Se não nos empenharmos em desenvolver nossa sabedoria, permaneceremos ignorantes da verdade última – a verdadeira natureza da realidade. Embora almejemos felicidade, nossa ignorância nos leva a cometer ações não-virtuosas, a principal causa de sofrimento. Se não cultivarmos um bom coração, nossa motivação egoísta destruirá a harmonia e tudo o que existe de bom nos nossos relacionamentos com os outros. Não teremos paz nem chance de obter felicidade pura. Sem paz interior, a paz exterior é impossível. Se não mantivermos um estado mental apaziguado, não conseguiremos ser felizes, mesmo que estejamos desfrutando de condições ideais. Por outro lado, quando nossa mente está em paz, somos felizes ainda que as condições exteriores sejam ruins. Portanto, o desenvolvimento dessas qualidades é da maior importância para nossa felicidade diária.

Geshe Kelsang Gyatso, ou Geshe-la, como é chamado por seus discípulos, organizou três programas espirituais especiais para o estudo sistemático e a prática do budismo kadampa. Esses programas são especialmente adequados para a vida moderna.

PROGRAMA GERAL

O Programa Geral (PG) introduz a visão, a meditação e a prática budistas básicas e é ideal para iniciantes. Inclui também alguns ensinamentos e práticas mais avançadas de sutra e de tantra.

PROGRAMA FUNDAMENTAL

O Programa Fundamental (PF) fornece uma apresentação sistemática de certos tópicos do budismo mahayana, para ajudar os praticantes a aprofundarem sua compreensão e experiência do budismo:

1. *Caminho alegre da boa fortuna* – um comentário às instruções de Lamrim de Atisha, as etapas do caminho à iluminação.
2. *Compaixão universal* – um comentário ao *Treino da mente em sete pontos*, do Bodissatva Chekawa.
3. *Coração de sabedoria* – um comentário ao *Sutra coração.*
4. *Contemplações significativas* – um comentário ao *Guia do estilo de vida do Bodissatva*, escrito pelo Venerável Shantideva.
5. *Entender a mente* – uma explicação detalhada da mente, com base nos trabalhos dos eruditos budistas Darmakirti e Dignaga.
6. *Oito passos para a felicidade* – um comentário aos *Os oito versos do treino da mente,* do Bodissatva Langri Tangpa.

Os benefícios de estudar e de praticar esses textos são:

1. *Caminho alegre da boa fortuna* – aprendemos a pôr em prática todos os ensinamentos de Buda, os de sutra e os de tantra. Se os estudarmos e praticarmos, progrediremos e concluiremos facilmente as etapas do caminho à felicidade suprema da iluminação. Do ponto de vista prático, o Lamrim é o corpo principal dos ensinamentos de Buda e os demais ensinamentos são seus membros.

2 e 6. *Compaixão universal* e *Oito passos para a felicidade* – aprendemos como incorporar os ensinamentos de Buda em nossa vida diária e como solucionar todos os nossos problemas humanos.

3. *Coração de sabedoria* – obtemos a realização da natureza última da realidade. Por meio dessa realização, podemos eliminar a ignorância do auto-agarramento, que é a raiz de todos os nossos sofrimentos.

4. *Contemplações significativas* – aprendemos a transformar nossas atividades diárias no estilo de vida de um Bodissatva, tornando significativo cada momento da nossa vida humana.

5. *Entender a mente* – compreendemos a relação entre nossa mente e seus objetos exteriores. Se entendermos que os objetos dependem da mente subjetiva, poderemos transformar a maneira como tais objetos nos aparecem, mudando nossa própria mente. Aos poucos, vamos adquirir a habilidade de controlar nossa mente e de solucionar todos os nossos problemas.

PROGRAMA DE FORMAÇÃO DE PROFESSORES

O Programa de Formação de Professores (PFP) fornece uma apresentação mais ampla de determinados assuntos do budismo mahayana, para habilitar os praticantes a aprofundarem seu conhecimento e experiência e se tornarem Professores qualificados da Nova Tradição Kadampa. Além de completar o estudo de 14 textos de sutra e de tantra, que incluem os seis textos antes citados, o estudante deve observar determinados compromissos relativos a seu comportamento e estilo de vida, além de concluir um certo número de retiros de meditação.

Todos os centros kadampas são locais abertos ao público. Sintam-se à vontade para nos visitar a qualquer momento. Anualmente, realizamos festivais nos quais as pessoas se reúnem para receber ensinamentos, iniciações e tirar férias espirituais e significativas. Todos são bem-vindos.

CONTATO PARA INFORMAÇÕES

Visite a website do budismo kadampa e descubra qual é o centro mais próximo de você.

www.budismo.org.br
www.kadampa.org

Escritórios da Tharpa no mundo

Atualmente os livros da Tharpa são publicados em inglês, chinês, francês, alemão, italiano, japonês, português e espanhol. Livros na maioria desses idiomas estão disponíveis em qualquer dos escritórios da Tharpa abaixo relacionados.

Inglaterra
Tharpa Publications UK
Conishead Priory
ULVERSTON
Cumbria, LA12 9QQ, UK
Tel: +44 (0)1229-588599
Fax: +44 (0)1229-483919
Web: www.tharpa.com/uk/
E-mail: info.uk@tharpa.com

Austrália
Tharpa Publications Australia
PO Box 63
MONBULK VIC 3793
AUSTRALIA
Tel: +61 (3) 9752-0377
Web: www.tharpa.com/au/
E-mail: info.au@tharpa.com

Estados Unidos
Tharpa Publications USA
47 Sweeney Road
GLEN SPEY NY 12737
USA
Tel: +1 845-856-5102
Toll-free: 888-741-3475
Fax: +1 845-856-2110
Web: www.tharpa.com/us/
E-mail: info.us@tharpa.com

Brasil
Editora Tharpa Brasil
Rua Fradique Coutinho 701
Vila Madalena
05416-011 São Paulo - SP
BRASIL
Tel/Fax: +55 (11) 3812 7509
Web: www.tharpa.com.br
E-mail: info.br@tharpa.com

Canada
Tharpa Publications Canada
631 Crawford Street
TORONTO ON M6G 3K1
CANADA
Tel: +1 905-274-1842
Toll-free: 866-523-2672
Fax: +1 905-274-1714
Web: www.tharpa.com/ca/
E-mail: info.ca@tharpa.com

França
Editions Tharpa
Château de Segrais
72220-SAINT-MARS-
D'OUTILLÉ FRANCE
Tél : +33 (0)2 43 87 71 02
Fax : +33 (0)2 76 01 34 10
Web: www.tharpa.com/fr/
E-mail: info.fr@tharpa.com

Hong Kong
Tharpa Asia
Flat H, 4th Floor, Bo Wah
Mansion
54 Queen's Road East
Wanchai
HONG KONG
Tel: +852 25205137
Fax: +852 25072208
Web: www.tharpa.com/hk-cht/
E-mail: info.hk@tharpa.com

Espanha
Editorial Tharpa España
Camino Fuente del Perro s/n
29120 ALHAURÍN EL
GRANDE (Málaga)
SPAIN
Tel.: +34 952 596808
Fax: +34 952 490175
Web: www.tharpa.com/es/
E-mail: info.es@tharpa.com

Suiça
Tharpa Verlag
Mirabellenstrasse 1
8048 ZURICH
SWITZERLAND
Tel: +41 44 401 02 20
Fax: +41 44 461 36 88
Web: www.tharpa.com/ch/
E-mail: info.ch@tharpa.com

Leituras complementares

GUIA DO ESTILO DE VIDA DO BODISSATVA

COMO DESFRUTAR DE UMA VIDA DE GRANDE SIGNIFICADO E ALTRUÍSMO

Esse poema para a vida diária, famoso e mundialmente admirado, vem inspirando muitas gerações de budistas e de não-budistas, desde que foi composto por Shantideva, no século VIII. Essa nova tradução, feita sob a orientação de Geshe Kelsang Gyatso, revela a grande lucidez e beleza poética do original, ao mesmo tempo que conserva plenamente seu impacto e insight especial.

CAMINHO ALEGRE DA BOA FORTUNA

O COMPLETO CAMINHO BUDISTA À ILUMINAÇÃO

Todos nós temos o potencial para uma auto-transformação e uma capacidade ilimitada para incrementar boas qualidades. Contudo, para efetivar esse potencial, precisamos conhecer o que fazer a cada etapa da nossa jornada espiritual. Com esse livro, Geshe Kelsang Gyatso oferece-nos um guia, passo a passo, sobre as práticas de meditação que nos conduzirão à paz e à felicidade duradouras. Com extraordinária clareza, ele apresenta todos os ensinamentos de Buda na sequência em que devem ser praticados, enriquecendo sua explicação com histórias e analogias esclarecedoras.

CORAÇÃO DE SABEDORIA

UMA EXPLICAÇÃO DO SUTRA CORAÇÃO

Seriam as coisas realmente tão sólidas e reais quanto aparentam? O autor nos guia a uma profunda e inabalável felicidade explicando habilidosamente a natureza onírica de todos os fenômenos, a relação entre nossa mente e nosso mundo e até que ponto criamos nossa própria realidade.

O *Sutra Coração*, uma das mais famosas e populares escrituras do budismo mahayana, contém a essência dos ensinamentos de Buda sobre a vacuidade e os métodos para desenvolver a sabedoria capaz de nos libertar dos sofrimentos.

Índice remissivo

C

D

E

F

N

T